21世纪高职高专精品教材·经贸类通用系列

经济学原理与应用

主　编　殷建国　罗碧华
副主编　李予东　程云翔
　　　　张继宏　曾天地

中国人民大学出版社
·北京·

前　言

应对培养高技能人才的需要，开发适应“校企合作、工学结合”人才培养模式、满足“能力本位、项目导向、任务驱动、学生主体”要求的高职高专教材，是高等职业院校专业建设的迫切需要。

全书以“基于工作过程的教材开发理念”为指导，从根本上摒弃“重知识、轻能力；重课堂讲授、轻实践教学”的弊端，突出高等职业教育职业性、实践性、生产性的特点，紧密结合实际经济生活问题，打破传统的以知识传授为主导的教材体系，构建新型的以职业能力培养为主导的教材体系，满足社会经济发展对高技能人才的需求。

本书编写的思路是：

1. 项目导向，任务驱动。打破传统的教材编写思路及体例，基于工作过程和认知规律，将传统的经济学内容整合为十三个生产性项目；同时又将每个项目依据认知规律转化为学习型工作任务，按照“实践（案例剖析）—理论（经济学原理）—再实践（问题研讨、项目实训）”认知规律完成生产性项目训练。

2. 能力本位，学生主体。以培养高技能应用型人才为目标，教材内容的整合以能力培养为本位，注重技能养成的系统性，兼顾知识形成的完整性。

3. 贴近实际、注重应用。本书对理论与原理的整合是为了学以致用，在选取案例时，尽量贴近实际、贴近生活，以增强学生的应用能力和学习兴趣。

本书的创新之处在于：

1. 定位的创新。根据高等职业教育人才培养目标的要求，彻底抛弃传统的普通高等教育学科型教材编写模式，转为采用高等职业教育课程型教材编写模式。在教材的编写中，不是把它作为一门学科去研究，而是当作特定专业中的课程去开发。以专业能力培养为主线、以职业岗位对技能的需求为导向，确立课程的内容和形式，进行课程定位。

2. 编写思路的创新。以校企合作、工学结合为载体，围绕工学结合的专业人才培养模式，与行业企业专家骨干一道进行教材研发和课程开发，体现了教材研发的开放性、生产性、职业性。

3. 编写体例的创新。打破传统教材的章、节、目体例，按照基于工作过程的“项目导向、任务驱动”的思路进行体例再造，形成了“案例剖析—原理学习—问题研讨—项目实训”的新体例，更适合学生按照“教、学、练、做”一体化的教学模式进行学习。

本书由殷建国，罗碧华任主编，由李予东、程云翔、张继宏、曾天地任副主编。参与编写的作者均是来自高职高专院校长期从事高职教学和行业一线的专家学者，具有丰富的教学经验和较强的科研开发能力。具体编写分工如下：项目一、项目八、项目十由殷建国编写，项目二、项目三、项目十二由罗碧华编写，项目五、项目六由李予东编写，项目七由张继宏编写，项目九、项目十三由程云翔编写，项目四、项目十一由曾天地编写。全书由殷建国统稿、审定。

本书在教材编写过程中，参考了大量文献、资料，在此谨向这些文献、资料的作者表示衷心地感谢!

在本书的编写过程中，我们力求创新，力求编写出一本适合高职高专学生学习的教材，由于编者认识水平和业务能力有限，加之时间仓促，我们感到离我们的构想还有差距，离高职高专教学改革的要求还有差距。书中不当之处在所难免，希望有关专家和广大读者批评指正。我们虚心接受所有的批评和帮助。

编　者

2016 年 6 月

目　录

项目一　走进经济学 …… 1

任务 1　案例剖析 …… 1

任务 2　经济学认知 …… 3

任务 3　问题研讨 …… 13

任务 4　项目实训 …… 15

项目二　供求原理与应用 …… 16

任务 1　案例剖析 …… 16

任务 2　供求原理 …… 18

任务 3　问题研讨 …… 48

任务 4　项目实训 …… 50

项目三　消费者行为原理与应用 …… 51

任务 1　案例剖析 …… 51

任务 2　消费者行为原理 …… 52

任务 3　问题研讨 …… 71

任务 4　项目实训 …… 72

项目四　厂商行为原理与应用 …… 73

任务 1　案例剖析 …… 73

任务 2　厂商行为原理 …… 75

任务 3　问题研讨 …… 92

任务 4　项目实训 …… 93

项目五　市场结构原理与应用 …… 95

任务 1　案例剖析 …… 95

任务 2　市场结构原理 …… 98

任务 3　问题研讨 …… 118

任务 4　项目实训 …… 119

项目六　生产要素原理与应用 …… 121

任务 1　案例剖析 …… 121

任务 2　生产要素原理 …… 125

任务 3 问题研讨 …… 143
任务 4 项目实训 …… 144
项目七 市场失灵与政府微观经济政策原理与应用 …… 146
任务 1 案例剖析 …… 146
任务 2 市场失灵与政府微观经济政策原理 …… 150
任务 3 问题研讨 …… 170
任务 4 项目实训 …… 173
项目八 国民收入核算原理与应用 …… 174
任务 1 案例剖析 …… 174
任务 2 国民收入核算原理 …… 176
任务 3 问题研讨 …… 187
任务 4 项目实训 …… 189
项目九 国民收入的决定原理与应用 …… 190
任务 1 案例剖析 …… 190
任务 2 国民收入的决定原理 …… 193
任务 3 问题研讨 …… 219
任务 4 项目实训 …… 220
项目十 失业和通货膨胀原理与应用 …… 221
任务 1 案例剖析 …… 221
任务 2 失业和通货膨胀原理 …… 223
任务 3 问题研讨 …… 238
任务 4 项目实训 …… 239
项目十一 汇率与国际收支原理与应用 …… 240
任务 1 案例剖析 …… 240
任务 2 汇率与国际收支原理 …… 246
任务 3 问题研讨 …… 254
任务 4 项目实训 …… 255
项目十二 经济周期与经济增长原理与应用 …… 257
任务 1 案例剖析 …… 257
任务 2 经济周期与经济增长原理 …… 261
任务 3 问题研讨 …… 277
任务 4 项目实训 …… 278
项目十三 宏观经济政策原理与应用 …… 280
任务 1 案例剖析 …… 280
任务 2 宏观经济政策原理 …… 285
任务 3 问题研讨 …… 298
任务 4 项目实训 …… 299

参考文献 …… 301

项目一　走进经济学

学习目标

1. 知识目标：理解并掌握经济学的相关概念。
2. 技能目标：能运用经济学的原理分析和解决现实生活中的经济问题。
3. 态度目标：养成创新思考的学习习惯和团结协作的职业精神。

学习型工作任务

任务 1　案例剖析
任务 2　经济学认知
任务 3　问题研讨
任务 4　项目实训

任务 1　案例剖析

1. 地狱与天堂

从前，有一个幸运的人被上帝带去参观天堂和地狱。

他们首先来到地狱，只见一群人，围着一大锅肉汤，但这些人看起来都营养不良、绝望又饥饿。仔细一看，每个人都拿着一只可以够到锅子的汤匙，但汤匙的柄比他们的手臂长，所以没法把东西送进嘴里。他们看起来非常悲苦。

紧接着，上帝带他进入另一个地方。这个地方和先前的地方完全一样：一锅汤、一群人、一样的长柄汤匙。但每个人都很快乐，吃得也很愉快。上帝告诉他，这就是天堂。

这位参观者很迷惑：为什么情况相同的两个地方，结果却大不相同？最后，经过仔细观察，他终于看到了答案：原来，在地狱里的每个人都想着自己舀肉汤；而在天堂里的每一个人都在用汤匙喂对面的另一个人。结果，在地狱里的人都挨饿而且可怜，而在天堂的人却吃得很好。

资料来源：www. bookschina. com。

这个寓言有助于说明什么是经济学。你看明白了吗？请加以解释。

2. 理性成就快乐：像经济学家那样思考

在日常生活中，每个人其实都在自觉或不自觉地运用着经济学知识。比如在自由市场里买东西，我们喜欢与小商小贩讨价还价；到银行存钱，我们要想好是存定期还是活期。经济学对日常生活到底有多大作用，有一则关于经济学家和数学家的故事可以参考。

故事说的是三个经济学家和三个数学家一起乘火车去旅行。数学家讥笑经济学家没有真才实学，弄出的学问还摆了一堆诸如“人都是理性的”之类的假设条件；而经济学家则笑话数学家们过于迂腐，脑子不会拐弯，缺乏理性选择。最后经济学家和数学家打赌看谁完成旅行花的钱最少。三个数学家于是每个人买了一张票上车，而三个经济学家却只买了一张火车票。列车员来查票时，三个经济学家就躲到了厕所里，列车员敲厕所门查票时，经济学家们从门缝里递出一张票说，买了票了，就这样蒙混过关了。三个数学家一看经济学家们这样就省了两张票钱，很不服气，于是在回程时也如法炮制，只买了一张票，可三个经济学家一张票也没有买就跟着上了车。数学家们心想，一张票也没买，看你们怎么混过去。等到列车员开始查票的时候，三个数学家也像经济学家们上次一样，躲到厕所里去了，而经济学家们却坐在座位上没动。过了一会儿，厕所门外响起了敲门声，并传来了“查票”的说话声。数学家们乖乖地递出车票，却不见列车员把票递回来。原来是经济学家们冒充列车员，把数学家们的票骗走，躲到另外一间厕所去了。数学家们最后还是被列车员查到了，乖乖地补了三张票，而经济学家们却只掏了一张票的钱，就完成了这次往返旅行。这个故事经常被经济学教授们当做笑话讲给刚入门的大学生听，以此来激发学生们学习经济学的兴趣。但在包括经济学初学者在内的大多数人看来，经济学既枯燥又乏味，充满了统计数字和专业术语，远没有这则故事生动有趣；而且经济学总是与货币有割舍不断的联系，因此，人们普遍以为，经济学的主题内容是货币。其实，这是一种误解。经济学真正的主题内容是理性，其隐而不彰的深刻内涵就是人们理性地采取行动的事实。经济学关于理性的假设是针对个人而不是团体。经济学是理解人们行为的方法，它源自这样的假设：每个人不仅有自己的目标，而且还会主动地选择正确的方式来实现这些目标。这样的假设虽然未必总是正确，但很实用。在这样的假设下发展出来的经济学，不仅有实用价值，能够指导我们的日常生活，而且这样的学问本身也由于充满了理性而足以娱人心智，令人乐而忘返。尽管我们在日常生活中时常有意无意地运用了一些经济学知识，但如果对经济学知识缺乏基本的了解，就容易在处理日常事务时理性不足，给自己的生活平添许多不必要的烦扰。比如，刚刚买回车子，没过两天，这款车子却降价了，大部分人遇到这种情况的时候都垂头丧气，心里郁闷得很；倘若前不久刚刚买了房子，该小区的房价最近却上涨了，兴高采烈是一般购房者的正常反应。这些反应虽然符合人之常情，但跌价带来的郁闷感觉却是错误的。

经济学认为，正确的反应应该是：无论是跌价，还是涨价，都应该感觉更好。经济学认为，对消费者而言，最重要的是你消费的是什么——房价、车价是多少以及其他商品的价格是多少。在价格变动以前，你所选择的商品组合（房子、车子加上用收入余款购买的其他商品）就是对你来说是最好的东西。如果价格没有改变，你会继续这样的消费组合。

在价格变化以后，你仍然可以选择消费同样的商品，因为房子、车子已经属于你了，所以，你不可能因为价格变化而感觉更糟糕。但是，由于房子、车子与其他商品的最佳组合取决于房价、车价，所以，过去的商品组合仍然为最佳是不可能的。这就意味着现在还有一些更加吸引人的选择，因此，你的感觉应该更好。新的选择虽然存在，但你却更钟情于原来的最佳选择（原来的商品组合）。

在日常生活中，我们还常常烦扰于别人为什么挣得比我多，总是觉得自己得到的比应得的少，而经济学却告诉我们这样的感觉是庸人自扰，也是错误的。经济学认为别人比自己挣得多是正常的，自己得到的就是应得的，如果自己不能理性地坦然面对，只会给自己的生活带来不必要的烦扰和忧愁。

我们之所以在日常生活中遇到这样那样的烦扰，主要还是因为对经济学有一些误解，这可能是经济学说起来比较简单的缘故。“供给与需求”“价格”“效率”“竞争”等都是大家耳熟能详的经济学词汇，而且这些的词汇的意思也是显而易见的，因此，很多时候，似乎人人都是经济学家。人们不敢随便在一个物理学家或数学家面前班门弄斧，但在一个经济学家面前，谁都可以就车价跌了该高兴还是该郁闷等实际问题随意发表自己的见解。其实，经济学中有许多并非显而易见的内容，并不是每个人想象的那么简单。在经济学领域，要想从“我听说过”进入“我懂得”的境界并不是件轻而易举的事情。

因此，掌握正确的经济学知识，将经济学思考问题的方法运用到日常生活中来，使我们能够更加理性地面对生活中的各种琐事，小到油盐酱醋，大到谈婚论嫁，就会减少生活中的诸多郁闷和不快，多一些开心，多一些欢笑。

资料来源：梁小民：《微观经济学纵横谈》，北京，生活·读书·新知三联书店，2011。

谈谈学好经济学对你的思维方法和生活有何帮助。

任务 2　经济学认知

“经济”这个词来源于希腊语，其意为“管理一个家庭的人”。乍一看，这个起源似乎有点奇特。但事实上，家庭和经济有着许多共同之处。

一个家庭面临着许多决策。它必须决定哪些家庭成员去做什么，以及作为回报每个家庭成员能得到什么：谁做晚饭？谁洗衣服？谁在晚餐时多得到一块甜点？谁有权选择看什么电视节目？简言之，家庭必须考虑到每个成员的能力、努力和愿望，以便在各个成员中配置稀缺资源。

和家庭一样，一个社会也面临着许多决策。一个社会必须决定将要做哪些工作和谁做这些工作。社会需要一些人种粮食，另一些人做衣服，还有一些人设计电脑软件。一旦社会分配人们（以及土地、建筑物和机器）去做各种工作，它还应该分配他们生产的物品与劳务量。社会必须决定谁将吃鱼子酱而谁将吃土豆。它还必须决定谁将开保时捷跑车而谁将坐公共汽车。

由于资源稀缺，社会资源的管理就很重要。稀缺性是指社会提供的东西少于人们想拥有的。正如一个家庭不能给每个成员想要的每一件东西一样，一个社会也不能给每个人以他们向往的最高生活水平。

经济学研究社会如何管理自己的稀缺资源。在大多数社会中，资源并不是由一个中央计划者来配置，而是通过千百万家庭和企业的共同行动来配置的。因此，经济学家研究人们如何作出决策：他们工作多少，购买什么，储蓄多少，以及如何把储蓄用于投资。经济学家还研究人们如何相互交易。例如，经济学家探讨一种物品众多的买者与卖者如何共同决定该物品的销售价格和销售量。最后，经济学家分析影响整个经济的力量和趋势，包括平均收入的增长，人口中找不到工作的人的比例，以及价格上升的速度。

虽然经济学的研究是多方面的，但可以用几个中心思想把这个领域统一起来。这里的介绍是要让你了解经济学研究内容的概况。

1 经济学的产生——资源的稀缺性与选择

稀缺性是一个相对的概念，即相对于人类欲望的无限性来说，经济物品和资源总是有限的。

由于资源稀缺性的存在，人们必须考虑如何使用有限的相对稀缺的生产资源来满足无限多样化的需要。

面对稀缺性，人类社会必须作出选择。但是人类无限的欲望与有限的经济物品和资源之间是互相矛盾的，如何用有限的物品和劳务在有限的时间内去满足最重要、最迫切的欲望，便成为人类经济生活的首要问题。这就是所谓的“经济问题”。

【知识链接】

资源的分类

经济学家把满足人们欲望的物品分为两类：自由物品（free goods）和经济物品（economic goods）。前者是指在大自然中大量存在，因此需要者在通常情况下可以自由取用而无须付费的物品，如空气、阳光等；后者是指就总需求而言总是稀缺的那些物品，为获得这些物品，需求者通常必须支付一个正的价格。经济学研究资源配置，是指经济物品或经济资源的配置。

经济资源大致可以分为三种，它们是土地、资本和劳动力。经济学中的土地代表一切自然资源，包括耕地、草原、森林、地下矿藏、地下水源等。资本是指生产出来的工具并用于生产过程的物质产品，如机器、设备、工具、厂房、库房、交通工具等。劳动力是指可用于生产过程的体力与脑力。

资料来源：刘华：《经济学》，大连，大连理工出版社，2006。

2 经济问题的解决——资源配置与资源利用

经济学是为解决选择问题而产生的，也就是说经济学的研究对象是由稀缺性而引起的选择问题，即资源配置问题，而资源配置问题又引出了资源利用的问题，经济学研究的是一个社会如何利用稀缺的资源以生产有价值的商品和劳务，并将它们在不同的人中间进行分配。这个含义由三个重要概念组成，即人类无限的欲望、经济物品和资源的稀缺性以及由此而产生的资源配置和利用问题。

在作出选择时，一个重要的原则就是要使从这种选择中所得的收益与为此而付出的代价平衡。因此在决定生产某种产品来满足某种欲望时，必须放弃另一些产品的生产和其他欲望的满足。于是西方经济学家提出了生产可能性边界和机会成本两个概念。这两个概念非常重要。

【知识链接】

生产可能性边界

在既定的资源之下所能生产商品的最大产量的组合，就是生产可能性边界。

为了简化起见，假定这个社会用既定的经济资源和生产技术只生产两种商品 X 和 Y，多生产 X 就得少生产 Y，反之则相反。假定全部经济资源用来生产 X，可生产 5 个数量单位，全部用来生产 Y，可生产 15 个数量单位。在这两个极端的可能性之间，还存在着各种可能的 X 与 Y 的组合。即通过经济资源从这一用途不断地转移到另一用途的分配，会使两种产品的数量形成此消彼长的格局。假定共有 A、B、C、D、E、F 六种可能性（见表 1—1），如果用纵轴表示 Y 产品量，用横轴表示 X 产品量，根据表 1—1 中的数据找出坐标点，连接各点便得到一条曲线，这条曲线就叫生产可能性边界（也称生产可能性曲线），如图 1—1 所示。它表明在既定的经济资源和生产技术条件下，一个经济社会所能达到的两种产品的最大产量的组合。

表 1—1　　生产可能性表

可能性	X 产量	Y 产量
A	0	15
B	1	14
C	2	12
D	3	9
E	4	5
F	5	0

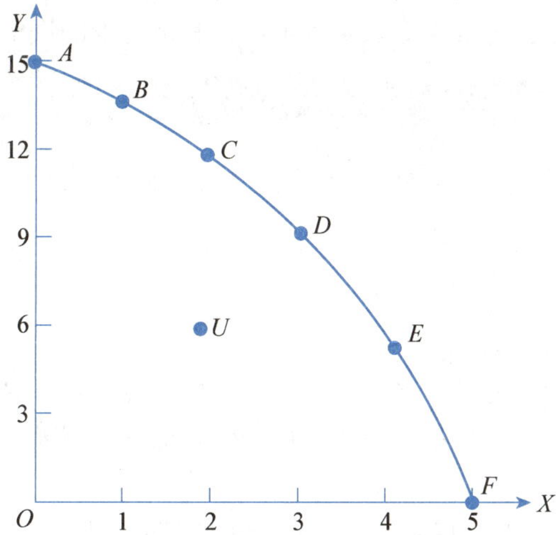

图 1—1　生产可能性边界

机会成本

当具有多种用途的稀缺资源使经济主体需要选择时，选择会带来成本，选择的成本称为机会成本，当把一定资源用于生产某种产品时所放弃的另一种产品的数量就是机会成本，它是做出一次决策时所放弃的其他可供选择的最好用途。

假如某人拥有1 000美元资金，如果存入银行，一年可得利息120美元，如果用来开一个小吃店，一年可得利润500美元。那么，他储蓄1 000美元的机会成本是500美元，而他开个小吃店的机会成本是120美元。

经济问题的解决被归结为如何使选择的机会成本达到最低。

根据生产可能性边界，可用X产品与Y产品的数量来表示不同生产方案的机会成本。比较一下图1—1中的C点与E点，要多生产2个单位X产品就必须少生产7个单位的Y产品。这样，2个单位X产品的机会成本是7个单位的Y产品。反过来也可以说，7个单位Y产品的机会成本是2个单位的X产品。处在生产可能性边界以下的U点，表示社会未能以已知的最好方式来使用全部资源，即存在资源闲置。如果社会充分使用了这部分资源，即把U点移向D点，就可以得到更多的X和Y产品。但经济资源的闲置并不是造成产品处于生产可能性边界以内的唯一原因，当经济资源使用缺乏效率时，也会产生这种后果。要使社会生产处在生产可能性边界上，必须充分利用现有的经济资源和提高资源的使用效率。当社会生产处在生产可能性边界上时，表示社会经济资源处于充分就业状态。但在这种状态下，社会在选择两种产品的组合时，还必须确定最佳的比例，是选择D点还是E点，或者是其他点。

2.1 资源配置

资源的稀缺性使得社会不得不作出选择。作为经济学意义上的选择，也就是资源配置，主要包括以下三个相关的问题：

一是生产什么的问题。生产什么取决于消费者的货币选票。

二是如何生产的问题。如何生产取决于不同生产者之间的竞争。

三是为谁生产的问题。为谁生产取决于生产要素市场上的供给与需求。

【知识链接】

市场如何解决三大经济问题

“我们的晚餐并非来自屠宰商、酿酒师和面包师的恩惠，而是来自他们对自身利益的关切。”

“每个人都力图利用好他的资本……他所追求的仅仅是他个人的利益和所得。但在他这样做的时候，有一只看不见的手在引导着他去帮助实现另一种目的，这种目标并非是他本意所要追求的东西。通过追逐个人利益，他经常增进社会利益，其效果比他真的想促成社会利益时所能够得到的那一种要更好。”

资料来源：［英］亚当·斯密：《国富论》，西安，陕西人民出版社，2007。

2.2 资源利用

由于资源是稀缺性的，所以就必须考虑资源的使用效率的问题。因此，资源利用就是人类社会如何更好地利用现有的稀缺性资源，使之生产出更多的物品。

资源使用效率的问题主要涉及以下三个方面的问题：

一是稀缺性资源是否得到充分利用的问题。即一般所说的"充分就业"问题。

二是在资源既定的情况下为什么产量会有变动的问题。即所谓产量不能始终保持在生产可能性曲线上的问题。也就是一般所说的"经济波动与经济增长"的问题。

三是货币稳定性的问题。即一般所说的"通货膨胀与通货紧缩"的问题。

2.3 经济学的含义

资源稀缺性不仅引起资源配置问题，而且还引起了关于资源利用效率的问题。所以，经济学就是研究稀缺性资源在各种可供选择的用途之间进行配置和利用的科学。

从这层意义上来看，资源最优配置＝合理地选择＋高效率地利用。

2.4 经济制度与资源配置

在不同的社会制度下，解决资源配置与利用问题的方法也各不相同。就目前来看，主要存在着三种经济制度，即自由放任的市场经济制度、中央集权的计划经济制度和混合经济制度。

2.4.1 自由放任的市场经济制度

自由放任的市场经济制度是指完全没有政府干预，而由企业和个人自主决策和自主行动的市场经济，即完全由市场经济机制安排和决定企业和个人经济行为的一种经济制度。

在自由放任的市场经济中，家庭或个人以自身的满足为动机，以市场价格为信息，自主决定每种产品的购买量；生产者以利润为动机，根据市场价格决定生产的方式以及购买投入的数量；家庭和生产者的相互作用决定商品的价格和生产数量。

2.4.2 中央集权的计划经济制度

中央集权的计划经济制度是指中央当局或机构决定生产什么的计划，确定生产目标和生产方式，并制定分配规则。

在中央集权的计划经济制度下，通过计划调节，中央集权的计划经济决定了社会资源的配置。

2.4.3 混合经济制度

混合经济制度是指政府和私人部门按照一定的原则制定决策的经济制度。

在混合经济制度下，通过市场机制的自发作用，经济社会解决生产什么和生产多少、如何生产和为谁生产的基本问题，在市场机制出现错误时，则通过政府干预以促进资源使用的效率、增进社会平等和维持经济稳定与增长。

3 经济学十大原理

3.1 人们如何做出决策

3.1.1 原理一　人们面临权衡取舍

关于作出决策的第一课可以归纳为一句谚语："天下没有白吃的午餐。"为了得到我们喜爱的一件东西，通常就不得不放弃另一件我们喜爱的东西。作出决策要求我们在一个目标与另一个目标之间有所取舍。

一个学生必须决定如何配置她的最宝贵的资源——时间。她可以把所有的时间用于学习经济学；她可以把所有的时间用于学习心理学；她也可以把时间分配在这两个学科上。她把某一个小时用于学习一门课时，她就必须放弃本来可以学习另一门课的一小时。而且，对于她用于学习一门课的每一个小时，她都要放弃本来可以用于睡眠、骑车、看电视或打工赚点零花钱的时间。

另一个例子是父母决定如何使用自己的家庭收入。他们可以购买食物、衣服，或全家度假。或者他们也可以为退休或孩子的入学教育储蓄一部分收入。当他们选择把额外的一美元用于上述物品中的一种时，他们在其他某种物品上就要少花一美元。

当人们组成社会时，他们面临各种不同的交替关系。典型的交替关系是“大炮与黄油”之间的交替。我们把更多的钱用于国防以保卫我们的海岸免受外国入侵（大炮）时，我们能用于提高国内生活水平的个人物品的消费（黄油）就少了。在现代社会里，同样重要的是清洁的环境和高收入水平之间的交替关系。要求企业减少污染的法律增加了生产物品与劳务的成本。由于成本高，结果这些企业赚的利润少了，支付的工资低了，收取的价格高了，或者是这三种结果的某种结合，因此尽管污染管制给予我们的好处是更清洁的环境，以及由此引起的健康水平提高，但其代价是企业所有者、工人和消费者的收入减少。

社会面临的另一种交替关系是效率与平等之间的交替。效率是指社会能从其稀缺资源中得到最多东西。平等是指这些资源的成果公平地分配给社会成员。换句话说，效率是指经济蛋糕的大小，而平等是指如何分割这块蛋糕，在设计政府政策的时候，这两个目标往往是不一致的。

例如，我们来考虑目的在于实现更平等地分配经济福利的政策。某些这类政策，例如，福利制度或失业保障，是要帮助那些最需要帮助的社会成员。另一些政策，例如，个人所得税，是要求经济上成功的人士对政府的支持比其他人更多。虽然这些政策对实现更大平等有好处，但它以降低效率为代价。当政府把富人的收入再分配给穷人时，就减少了对辛勤工作的奖励；结果，人们工作少了，生产的物品与劳务也少了。换句话说，当政府想要把经济蛋糕切为更均等的小块时，这块蛋糕也就变小了。

认识到人们面临交替关系本身并没有告诉我们，人们将会或应该作出什么决策。一个学生不应该仅仅由于要增加用于学习经济学的时间而放弃心理学的学习。社会不应该仅仅由于环境控制降低了我们的物质生活水平而不再保护环境，也不应该仅仅由于帮助穷人扭曲了工作激励就忽视他们。然而，认识到生活中的交替关系是重要的，因为人们只有了解他们可以得到的选择，才能作出良好的决策。

3.1.2 原理二 某种东西的成本是为得到它所放弃的东西

决策过程中，从备选方案中选取某一方案而放弃另一方案时所丧失的潜在的收益是机会成本。而做出决策的前提在于你通晓每个选择所带来的成本和收益。

考虑上大学的决策，收益是使知识丰富和一生拥有更好的工作机会。但成本是什么呢？成本不单是住房和伙食，而是时间，因为即使不上大学，也要租房和吃饭。如果把上大学的时间用于工作，能赚到的工资就是上大学最大的单项成本，即机会成本。因此，很多正值上大学年龄的职业运动员如果放弃运动而上大学，可能每年少赚几百万美元，因此他们上大学的成本比普通人高得多。这也是为什么许多职业运动员一定要退役后才去上大学的原因。

3.1.3　原理三　理性人考虑边际量

许多决策涉及对现有行动计划进行微小的增量调整，此调整称为边际变动。边际变动是围绕你所做的事的边缘的调整。个人和企业通过考虑边际量，将会做出更好的决策。假设一架 200 个座位的飞机飞一次的成本是 10 万美元，每个座位的成本是 500 美元，有人会说：票价决不应低于 500 美元。但是当飞机即将起飞时仍有 10 个空座，在登机口等机票的乘客愿意支付 300 美元买一张票，应该卖给他吗？当然应该。如果飞机有空座，多增加一位乘客的成本微乎其微。虽然一位乘客飞行的平均成本是 500 美元，但是边际成本仅仅是这位额外的乘客将消费的一包花生米和一杯饮料而已。只要其所支付的钱大于边际成本，卖给他机票就是有利可图的。由此说明，个人和企业通过考虑边际量将会做出更好的决策。只有一种行动的边际收益大于边际成本，一个理性决策者才会采取这项行动。

3.1.4　原理四　人们会对激励做出反应

激励反应实际上就是利益原则。当商品价格上升时，人们就会减少该产品的购买数量，而选择其他的替代品，而当价格下调或是搞促销时，人们购买该商品的数量就会大大增加。这就是价格激励下做出的反应，即激励反应原理。再如，当火车票涨价了之后，好多路远的同学就开始考虑乘坐飞机了，因为飞机票有折扣，还有好多同学手头拮据，只好留在学校了。

3.2　人们如何相互交易

3.2.1　原理五　贸易能使每个人状况更好

贸易被认为是人类最伟大的发明之一，贸易使每个人可以专门从事自己最擅长的活动。

通过与他人交易，人们可以按合理的价格买到各种各样的物品与劳务。例如，一个国家在服装生产方面位居世界前列，而汽车制造的优势不及服装生产，那么该国就应大力发展服装生产用于出口，汽车则以进口为主，这就是比较优势原理，结果使每个人状况更好。

也许你在新闻中听到过，在世界经济中美国人和日本人是竞争对手。在某些方面，这是真的，因为美国和日本企业生产许多相同的产品。福特公司和丰田公司在汽车市场上争夺同样的顾客。惠普公司和东芝公司在个人电脑市场上争夺同样的顾客。

但在思考国家之间的竞争时，这种想法很容易成为误导。美国和日本之间的贸易并不像体育比赛一样，一方赢而另一方输。实际上，事实正好相反：两国之间的贸易可以使每个国家的状况都变得更好。

为了说明原因，我们考虑贸易如何影响你的家庭。当你的一个家庭成员找工作时要与也在找工作的其他家庭成员竞争。当各个家庭购物时，他们也相互竞争，因为家庭都想以最低的价格购买最好的东西。因此，从某种意义上说，经济中每个家庭都在与其他家庭竞争。

尽管有这种竞争，但把你的家庭与其他家庭隔绝开来并不会过得更好。如果是这样的话，你的家庭就必须自己种粮食，自己做衣服，盖自己住的房子。显然，你的家庭在与其他家庭交易的过程中受益匪浅。无论是在耕种、做衣服还是盖房子方面，贸易都使每个人可以专门从事自己最擅长的活动。通过与其他人交易，人们可以按较低的价格买到各种各样的物品与劳务。

国家和家庭一样也从相互交易的过程中获益。贸易使各国可以专门从事自己最擅长的活动，并享有很多各种各样的物品与劳务。日本人和法国人、埃及人、巴西人一样，既是我们的竞争对手，又是我们在世界经济中的伙伴。

3.2.2 原理六 市场通常是组织经济活动的一种好办法

现在大部分曾经是中央计划经济的国家都已经放弃了这种制度，并努力发展市场经济。在市场经济中，中央计划者的决策被千百万企业和家庭的决策所取代。企业决定雇用谁和生产什么。家庭决定为哪家企业工作，以及用自己的收入买什么。这些企业和家庭在市场上相互交易，价格和个人利益引导着它们的决策。

乍一看，市场经济的成功是一个谜。千百万利己的家庭和企业分散作出决策似乎会引起混乱。但事实并非如此。事实已经证明，市场经济在以一种促进普遍经济福利的方式组织经济活动方面非常成功。

经济学家亚当·斯密（Adam Smith）在他1776年的著作《国富论》中提出了全部经济学中最有名的观察结果：家庭和企业在市场上相互交易，它们仿佛被一只“看不见的手”所指引，引起了合意的市场结果。

当你学习经济学时，你将会知道，价格就是“看不见的手”用来指引经济活动的工具。价格既反映了一种物品的社会价值，也反映了生产该物品的社会成本。由于家庭和企业在决定购买什么和卖出什么时关注价格，所以，它们就不知不觉地考虑到了它们行动的社会收益与成本。结果，价格指引这些个别决策者在大多数情况下实现了整个社会福利最大化的结果。

关于看不见的手在指引经济活动中的技巧有一个重要推论：当政府阻止价格根据供求自发地调整时，它就限制了看不见的手协调组成经济的千百万家庭和企业的能力。这个推论解释了为什么税收对资源配置有不利的影响：税收扭曲了价格，从而扭曲了家庭和企业的决策。这个推论还解释了租金控制这类直接控制价格的政策所引起的更大伤害。

3.2.3 原理七 政府有时可以改善市场结果

虽然市场通常是组织经济活动的一种好方法，但这个规律也有一些重要的例外。政府干预经济的原因有两类：促进效率和促进平等。这就是说，大多数政策的目标不是把经济蛋糕做大，就是改变蛋糕的分割。

看不见的手通常会使市场有效地配置资源。但是，由于各种原因，有时看不见的手不起作用。经济学家用“市场失灵”这个词来指市场本身不能有效配置资源的情况。

市场失灵的一个可能原因是外部性。外部性是一个人的行动对旁观者福利的影响。污染是一个典型的例子。如果一家化工厂并不承担它排放烟尘的全部成本，它就会大量排放。在这种情况下，政府就可以通过环境保护来增加经济福利。

市场失灵的另一个可能原因是市场势力。市场势力是指一个人（或一小群人）不适当地影响市场价格的能力。例如，假设镇里的每个人都需要水，但只有一口井。这口井的所有者对水的销售就有市场势力——在这种情况下，它是一个垄断者。这口井的所有者并不受残酷竞争的限制，而正常情况下看不见的手正是以这种竞争来制约个人的私利。你将会知道，在这种情况下，规定垄断者收取的价格有可能提高经济效率。

看不见的手也不能确保公平地分配经济成果。市场经济根据人们生产其他人愿意买的东西的能力来给予报酬。世界上最优秀的篮球运动员赚的钱比世界上最优秀的象棋棋手多，只是因为人们愿意为看篮球比赛比看象棋比赛付更多的钱。看不见的手并没有保证每个人都有充足的食品、体面的衣服和充分的医疗保健。许多公共政策（例如所得税和福利制度）的目标就是要实现更平等的经济福利分配。

我们说政府有时可以改善市场结果并不意味着它总能这样。公共政策并不是天使制定的，而是由极不完善的政治程序制定的。有时所设计的政策只是为了有利于政治上有权势的人。有时政策由动机良好但信息不充分的领导人制定。学习经济学的目的之一就是帮助你判断，什么时候一项政府政策能够促进效率与公正，而什么时候不行。

3.3　整体经济如何运行

3.3.1　原理八　一国的生活水平取决于该国生产率

世界各国生活水平的差别是惊人的。1993 年，美国人的平均收入为 2.5 万美元。同一年，墨西哥人的平均收入为 7 000 美元，而尼日利亚人的平均收入为 1 500 美元。毫不奇怪，这种平均收入的巨大差别反映在生活质量的各种衡量指标上。高收入国家的公民比低收入国家的公民拥有更多电视机、更多汽车，更好的营养、更好的医疗保健，以及更长的预期寿命。

随着时间推移，生活水平的变化也很大。在美国，从历史上看，收入的增长每年为 2%左右（根据生活费用变动进行调整之后）。按这个比率，平均收入每 35 年翻一番。在一些国家，经济增长甚至更快。例如，在日本，近 20 年间平均收入翻了一番，而韩国在近 10 年间平均收入翻了一番。

用什么来解释各国和不同时期中生活水平的巨大差别呢？答案之简单出人意料。几乎所有生活水平的变动都可以归因于各国生产率的差别——一个工人一小时所生产的物品与劳务量的差别。在那些每单位时间工人能生产大量物品与劳务的国家，大多数人享有高生活水平；在那些工人生产率低的国家，大多数人必须忍受贫困的生活。同样，一国的生产率增长率决定了平均收入增长率。

生产率和生活水平之间的基本关系是简单的，但它的意义是深远的。如果生产率是生活水平的首要决定因素，那么，其他解释的重要性就应该是次要的。例如，有人想把 20 世纪美国工人生活水平的提高归功于工会或最低工资法。但美国工人的真正英雄行为是他们提高了生产率。另一个例子是，一些评论家声称，美国近年来收入增长放慢是由于日本和其他国家日益激烈的竞争。但真正的敌人不是来自国外的竞争，而是美国生产率增长的放慢。

生产率与生活水平之间的关系对公共政策也有深远的含义。在考虑任何一项政策如何影响生活水平时，关键问题是政策如何影响我们生产物品与劳务的能力。为了提高生活水平，决策者需要通过让工人受到良好的教育，拥有生产物品与劳务需要的工具，以及得到获取最好技术的机会。

例如，过去 10 年间美国许多争论集中在政府的预算赤字上——政府的支出超过了政府的收入。正如我们将要说明的，对预算赤字的关注主要根据它对生产率的不利影响。当政府需要为预算赤字筹资时，它就要在金融市场上借钱，这就像学生要借钱为上大学筹资，或者企业要借钱为新工厂筹资一样。因此，当政府借钱为赤字筹资时，就减少了其他借款者所能得到的资金量。这样，预算赤字就减少了人力资本（学生的教育）和物质资本

(企业的工厂)的投资。由于现在的低投资意味着未来的低生产率，因此，一般认为预算赤字抑制了生活水平的增长。

3.3.2 原理九 当政府发行了过多货币时，物价上升

1921年1月，德国一份日报价格为0.3马克。1922年11月，一份同样的报纸价格为7 000万马克。经济中所有其他价格都以类似的程度上升。这个事件是历史上最惊人的通货膨胀的例子，通货膨胀是经济中物价总水平的上升。

虽然美国从未经历过接近于德国20世纪20年代的情况，但通货膨胀有时也成为一个经济问题。例如，70年代，物价总水平翻了一番还多，杰拉德·福特总统称通货膨胀是“公众的头号敌人”。与此相比，在90年代，通货膨胀是每年3%左右：按这个比率，物价20多年才翻一番。由于高通货膨胀给社会带来了各种代价，所以世界各国都把保持低通货膨胀作为经济政策的一个目标。

是什么引起了通货膨胀？在大多数严重或持续的通货膨胀情况下，罪魁祸首结果总是相同的——货币量的增长。当一个政府创造了大量本国货币时，货币的价值就下降了。在20年代初的德国，当物价平均每月上升3倍时，货币量每月也增加了3倍。美国的情况虽然没有这么严重，但美国经济史也得出了类似的结论：70年代的高通货膨胀与货币量的迅速增长是相关的，而90年代的低通货膨胀与货币量的缓慢增长也是相关的。

3.3.3 原理十 社会面临通货膨胀与失业之间的短期交替关系

如果通货膨胀这么容易解释，为什么决策者有时却在使经济免受通货膨胀之苦上遇到麻烦呢？其中一个原因是人们通常认为降低通货膨胀会引起失业暂时增加。通货膨胀与失业之间的这种交替关系被称为菲利普斯曲线，这个名称是为了纪念第一个研究了这种关系的经济学家而命名的。

在经济学家中菲利普斯曲线仍然是一个有争议的问题，但大多数经济学家现在接受了这样一种思想：通货膨胀与失业之间存在短期交替关系。根据普遍的解释，这种交替关系的产生是由于某些价格调整缓慢。例如，假定政府减少了经济中的货币量。在长期中，这种政策变动的唯一后果是物价总水平将下降。但并不是所有的价格都将立即作出调整。在所有企业都印发新目录，所有工会都作出工资让步，以及所有餐馆都印了新菜单之前，需要几年时间。这就是说，可以认为价格在短期中是黏性的。

由于价格是黏性的，各种政府政策都具有不同于长期效应的短期效应。例如，当政府减少货币量时，它就减少了人们支出的数量。较低的支出与居高不下的价格结合在一起就减少了企业销售的物品与劳务量。销售量减少又引起企业解雇工人。因此，在对价格的变动作出完全的调整之前，货币量减少就暂时增加了失业。

通货膨胀与失业之间的交替关系只是暂时的，但可以持续数年之久。因此，菲利普斯曲线对理解经济中的许多发展是至关重要的。特别是决策者在运用各种政策工具时可以利用这种交替关系。短期中决策者可以通过改变政府支出量、税收量和发行的货币量来影响经济所经历的通货膨胀与失业的结合。由于这些货币与财政政策工具具有如此大的潜在力量，所以，决策者应该如何运用这些工具来控制经济，一直是一个有争议的问题。

资料来源：http://211.70.209.157/jjx/kcxx/wgjjx/ebook/8.htm。

4　微观经济学与宏观经济学

根据经济学理论研究解决的问题不同，经济学从总体上可以分为微观经济学和宏观经济学两大块。前者研究资源配置问题，后者研究资源利用问题。

4.1　微观经济学

微观经济学是以单个经济单位为研究对象，通过研究单个经济单位的经济行为和相应的经济变量单项数值的决定，来说明如何解决社会资源的配置问题。

微观经济学的基本内容是：(1) 均衡价格理论，主要是研究商品的价格是如何决定的，以及价格如何调节整个经济的运行。(2) 消费者行为理论，主要研究消费者的消费行为如何实现效用最优化。(3) 生产理论，主要研究生产者的生产行为如何实现利润最优化。(4) 分配理论，研究产品按什么原则分配给社会各个成员。(5) 一般均衡理论与福利经济学，研究社会资源配置最优化的实现，以及社会经济福利的实现问题。(6) 市场失灵与微观经济政策，主要针对市场机制失灵而导致社会资源达不到最优配置，所应采取的经济调节政策。

4.2　宏观经济学

宏观经济学以整个经济的总体行为为研究对象，通过研究经济中各种有关经济总量的决定及其变化，来说明社会的资源如何才能达到充分利用。

宏观经济学的基本内容是：(1) 国民收入核算理论，从总供给和总需求的角度，分析国民收入决定及其变动的规律。(2) 失业与通货膨胀理论，把失业问题与通货膨胀问题联系起来，分析其原因及相互关系，以便从中找出解决这两个问题的方法和途径。(3) 经济周期理论，从动态的角度来分析国民收入是如何决定的问题，即通过研究分析影响经济周期变动的各种原因，进而提出实现经济长期稳定发展的一般方法和手段，确定国家干预经济的必要性。(4) 经济增长理论，通过对国民收入决定理论长期化和动态化的分析研究，提出实现经济长期增长的各种具体模型，确立以期实现经济长期增长的一般方法和途径。(5) 宏观经济政策，基于宏观经济学的任务说明国家为什么必须干预经济，以及应该如何干预经济，分析研究宏观经济政策制定的理论依据，以及宏观经济政策的目标、种类、作用及其效应等问题。(6) 开放经济理论，从开放性经济的角度出发，把国内经济与国外经济作为一个整体来进行分析，即分析一国国民收入的决定与变动如何影响他国经济，如何受他国经济的影响，以及如何在国际经济范围内进行调节等相关问题。

任务3　问题研讨

1. 描述下列每种情况所面临的权衡取舍。

(1) 一个家庭决定是否买一辆新车。

(2) 国会议员决定对国家公园支出多少。

(3) 一个公司总裁决定是否新开一家工厂。

(4) 一个教授决定用多少时间备课。

2. 小王决定是否去度假。度假的大部分成本（机票、旅馆、放弃的工资）都用人民币来衡量，但度假的收益是心理的。小王将如何衡量度假的收益与成本呢？

3. 小张计划用星期六去从事业余工作，但一个朋友请他去滑雪。去滑雪的真实成本是什么？现在假设小张已计划这天在图书馆学习，这种情况下去滑雪的成本是什么？请解释。

4. 小李有 100 元。他可以选择现在花掉它或者在支付 5%利率的银行账户中存一年。现在花掉 100 元的机会成本是什么呢？

5. 某公司在开发一种新产品过程中已经投资 500 万元，但开发工作还远远没有完成。在最近的一次会议上，销售人员报告说，竞争性产品的进入使新产品的预期销售额减少为 300 万元。如果完成这项开发还要花费 100 万元，应该继续进行这项开发吗？为了完成这项开发应该最多花费多少？

6. 三位魔力饮料的经理正在讨论可能的生产增加。每位经理提出了做出这个决策的一种方法。

王梅：我们应该检查一下我们公司的生产率（即每个工人生产的加仑数）是上升了还是下降了。

张军：我们应该检查一下我们的平均成本（每个工人的成本）上升了还是下降了。

李想：我们应该检查一下多卖一加仑饮料的额外收益大于还是小于额外的成本。

你认为他们三个谁说得对？为什么？

7. 社会保障制度为 60 岁以上的人提供收入。如果一个社会保障的领取者决定去工作并赚一些钱，他（或她）所领到的社会保障津贴通常会减少。

(1) 提供社会保障如何影响人们在工作时期储蓄的激励？

(2) 与较高收入相关的津贴减少如何影响 60 岁以上的人的工作激励？

8. 最近改革政府反贫困计划的法案限制许多福利领取者只能领取两年的津贴。

(1) 这些变动如何影响对工作的激励？

(2) 这些变动如何反映了平等与效率之间的权衡取舍？

9. 甲做饭比乙好，但乙清扫房间比甲快。如果甲承担全部做饭工作，乙承担全部清扫工作，这比两人平均分摊每一项工作时所要花费的时间多了还是少了？试举一个类似的例子说明专业化和贸易如何使两个国家的状况变得更好。

10. 解释下列每一项政府活动是出于关注平等的动机还是出于关注效率的动机。在关注效率的情况下，讨论所涉及的市场失灵的类型。

(1) 管制有线电视频道的价格。

(2) 向一些穷人提供可用来购买食物的票证。

(3) 在公共场所禁止吸烟。

(4) 把中国石油公司分解为几个较小的公司。

(5) 对收入高的人实行高个人所得税税率。

(6) 制定禁止酒后开车的法律。

11. 从平等和效率的角度讨论下面每种说法。

(1) 应该保证社会上每个人得到好的医疗。

（2）当工人被解雇时，应该能使他们在找到一份新工作之前一直领取失业津贴。

12. 你的生活水平在哪些方面不同于你的父母或祖父母在你这个年龄时的生活水平。为什么会发生这些变化？

13. 假设我国居民决定把他们更多的收入用于储蓄。如果银行把这笔钱借给企业，企业用这笔钱建设新工厂，这种高储蓄会如何加快生产率增长呢？谁会从更高的生产率中获益呢？社会会得到免费的午餐吗？

14. 假设一个决策者正要决定是否降低通货膨胀率，为了做出理智的决策，他对通货膨胀、失业和两者之间的权衡取舍关系需要了解哪些情况？

任务4 项目实训

项目目标

1. 理解并能运用机会成本解决实际问题。
2. 建立成本与收益比较的经济观念。
3. 对资源的稀缺性有具体认识。

1 请企业财务总监介绍企业投资一个项目时是怎样考虑的

项目要求

1. 学生要对讲述的内容进行归纳和概括。
2. 把其中的具体事例编写成小案例。
3. 了解机会成本对于投资决策（资源配置）的作用。

2 网上冲浪——搜集我国资源信息和现有的及预测的需求信息

项目要求

1. 搜集我国主要资源的总量及分配状况。
2. 分析我国人均资源占有量并与其他主要发达国家比较。
3. 以小轿车为个案，搜集我国现有的和预测的需求信息以及所需的资源支撑。
4. 体会“我国是一个地大物薄（不是地大物博）的国家”这一说法，更充分地说明资源的稀缺性。

项目二 供求原理与应用

学习目标

1. 知识目标：了解需求与供给的基本概念；掌握供求规律、供给弹性与需求弹性。
2. 技能目标：能运用供求原理分析和解决现实生活中的经济问题。
3. 态度目标：养成勤奋严谨的学习习惯和创新思考的职业精神。

学习型工作任务

任务1　案例剖析
任务2　供求原理
任务3　问题研讨
任务4　项目实训

任务1　案例剖析

1. 牛奶为什么倒入下水道

不久前我在报纸上见到一则报道：西南乳业老大——成都市华西乳业公司工人把成吨的鲜牛奶倒入下水道，以避免巨额的损失。很快和其有合同关系的奶牛养殖户也不得不把部分牛奶倒入下水道。

这使我联想起30年代美国经济萧条时的一幕：工人把成吨的鲜牛奶倒入下水道，以避免巨额的损失。牛奶为什么要倒掉？其实原因很简单：用我们学过的弹性理论分析，无论是美国还是我们现在的中国，牛奶是生活必需品，弹性小，降价增加的销售收益，弥补不了降价的损失。因为养奶牛毕竟不是做服装，生产周期长，供给弹性小，对市场感应并不灵敏。3年前，成都地区乳业发展看好，所以很多企业（在政府的鼓励下）纷纷从事乳业生产，这样奶源偏紧，曾经出现鲜奶短缺。牛奶价格上升，由于需求弹性小，提高价格增加了奶牛养殖量和华西乳业公司的收入和利润。因此，市场调节（加上政府鼓励）的结果是，使奶牛养殖量的增大，大大小小奶牛饲养户加起来，1 天的产奶量便达 1 000 吨。其中，80 吨鲜奶潮水般涌进了四川乳业三强之一的华西乳业有限公司。3 年后的今天，在大大小小各家乳业公司的参与下，市场这个蛋糕在目前的技术水平已经被挖到极致，换句话说，市场供给量增加而消费者的需求根本就没有消化这么多牛奶的能力。反映在华西乳业公司，只能按照每天处理 60 吨鲜奶的规模运作，过剩了整整 20 吨。这 20 吨怎么处理，和奶农签订的合同是长期合同，不能随便毁约，否则就会丧失奶源，无论是降价收购还是拒绝收购都会断掉未来的业务联系。在如今乳业诸强以规模优势争夺市场和资源的时候，如此做法，就是把自己的货源拱手让人，最后的损失不是倒掉这些牛奶能比拟的。即便目前倒了部分牛奶，市场也有了反应，300 毫升的华西奶售价已从春节前的 2.20 元骤降至 1.50 元；每件华西奶也由 50 多元降至 39 元，比可乐、中档纯净水还要便宜。由于牛奶缺乏弹性降价的结果是减少收入和利润。

市场经济发展到今天，中国人对这样的事情也不太怎么吃惊了，不会像过去一样问出"弱势群体还买不起牛奶，你们却把它倒掉，怎么可以?"这样对市场经济完全陌生的问题了。美国 30 年代大萧条时把牛奶倒到河里是由于缺乏政府宏观调控，是无政府经营的恶果，那么中国造成倾倒牛奶这一现象则是什么原因？这足以引起我们的思考。

资料来源：梁小民：《微观经济学纵横谈》，北京，生活·读书·新知三联书店，2011。

2. 房租管制的后果

最低限价和最高限价能够而且也的确会影响人们的日常生活。自 1943 年起，纽约市就实行了一个规定房租最高价格的房租管制制度，其目的当然是使房租低于其均衡价格水平。主张对房租实行最高限价的一个重要理由，是使低收入家庭免受由于房屋短缺造成的租金不断上涨的困扰，以便使穷人住得起房子。当然，这些法令意图都是好的。

随着时间的推移，租金控制可能产生一些非常不合意的影响。最高限价会导致住房短缺，即对公寓的需求量超过其供给量。据一些观察家的估计，尽管 20 世纪 70 年代纽约人口大约减少了 100 万，并且美国对中等收入阶层和低租金公共住房实施了规模最大的资助计划，但纽约仍短缺价值大约 30 亿美元的可供出租的新住房。据报道，在 1986 年，有些人不得不花费一年，甚至更长的时间去寻求租房。

都有哪些人会租到房屋？租到的价格又如何呢？当时的州参议院少数党领袖居住的可以俯瞰中央公园的 10 居室公寓，每月只付 100 美元。而新来者若在曼哈顿附近租一套一居室的公寓，每月就需要花 1 500 美元。一位负责审理房租案件的法官有一套两居室的公寓，每月只付 93 美元，而在同一栋楼里，一套小型公寓（没有分开的居室）每月就要花 1 200 美元。但是由于租金控制实际上是一种最高限价，考虑到供求规律，经济学家预计它会带来不少问题。实际经济效果如何呢？在需求这一边，低于均衡租金的租金的确使更多的家庭愿意租借出租房，对出租房的需求因价格的降低而上升。但问题出在供给方，价格管制使房东在出租房市场上出租其房屋的动力降低。

由于需求量超过供给量，现有的公寓不得不采用价格以外的措施来进行分配。如房东采取微妙的歧视方式来选择房客；房东也可能从那些急于寻找住所的客房手中接受额外的支付或贿赂；房东可能会减少对房屋的维修；由于住房短缺，求租人也可能接受较差的服务，许多事都得靠自己去做；在可能的情况下，房东会把一套公寓分成几个部分出租，因为从划分后的几个部分各自的最高限价下得到的租金超过原来整套公寓的租金。房东就通过这些办法来对付和在一定程度上逃避最高限价的限制。

在短期内，业主可能会卖掉其出租房或将它们改装为高级公寓。从长期看，低房租使业主修理或装修他们的出租房无利可图（租金管制正是在许多大城市中公寓楼被废弃的原因之一），几乎没有修建新的出租住房。而且，潜在的新的投资者，如保险公司、养老基金等，会发现在不受租金控制的办公楼、购物中心或汽车旅馆上投资回报更高。租金控制扭曲了市场信号，使资源配置不当；太少的资源被用在出租房上，太多的资源被配置到其他用途上。当许多人在努力获得为数不多的公寓时，美国的穷人一般是得不到的。

尽管租金控制是为减少房屋短缺所做的立法，但实际上它却成了造成房屋短缺的一个主要原因。提供廉价和低成本的住房本来是一个有价值的公共目标。但是纽约和其他实行租金控制的城市的例子表明，即使目标是值得的，供求规律也不会消失。

任务 2　供求原理

1　需求原理与应用

1.1　需求及影响需求的因素

1.1.1　需求与需求量

1. 需求

需求（demand）是指消费者在某一特定时期内，在每一价格水平下愿意而且能够购买的商品和劳务的数量。

需求应该具备两个条件：一是消费者要有购买欲望，二是消费者要有购买能力。二者缺一不可。

需求有个人需求和市场需求之分。个人需求是指单个消费者对应于某商品每一可能的价格愿意并能购买的数量。市场需求是对市场上某一商品所有的个人需求的加总，具体地说，是把市场上每一可能的价格对应的每个人的需求加总的结果。

2. 需求量

需求量（demand quantity）是指在一定时期内，按照某种给定的价格人们愿意并能够购买的商品数量。需要注意的是，需求量的前提是假定影响需求量的其他因素（非价格因素）不变。例如，2007 年 10 月，假定收入、分配、政策、人口、预期等一系列非价格因素不变，某一汽车价格 5 万元时，该汽车需求量为 50 万辆，这 50 万辆就是定义中的需求量。

从需求量的定义可以看出，需求量应该具备三个条件：一是消费者要有购买欲望，二是消费者要有购买能力，三是特定的时间单位。三者缺一不可。

1.1.2　影响需求的因素

1. 商品本身的价格

商品本身价格与需求量呈反方向变动。即商品本身价格高，需求量小；价格低，需求量大。

2. 相关商品的价格

许多商品之间存在着相关的联系。商品之间的相关关系有两种情况：一种是互补关系，另一种是替代关系。互补关系商品是指当一种商品价格上升时，对另一商品的需求就下降，反之亦然，如钢笔与墨水、汽车与汽油、香烟与打火机等。替代关系商品是指当一种商品价格上升时，对另一种商品的需求就上升，反之亦然，如羊肉与牛肉、面粉与大米、公路与铁路等。两种互补商品之间价格与需求呈反方向变动，因为它们共同满足一种欲望，它们之间是互补的。两种替代商品之间价格与需求成同方向变动，因为它们可以互相替代来满足同一种欲望。

3. 收入水平和分配平等程度

平均收入增加，收入分配趋向平等，会使需求增加，反之则下降。富裕的国家或家庭几乎对一切物品的需求，都高于不发达的国家或家庭对汽车、电器、水果、住宅、电力等的需求。仔细观察会发现，由于各种商品需求上的差异，市场需求量对收入的反映也是不同的。生活必需品对收入变化的反应不大，而奢侈品、高消费品对收入变化的反应则较大。应当注意，并不是任何商品的需求都与收入同方向变动，前面介绍的低档商品就是例外。

4. 消费者的偏好

偏好是消费者基于不同的文化背景、不同的价值观念而产生的不同的口味和嗜好。一般来说，偏好的商品需求量最大，反之需求量小。而消费者嗜好的变化受许多因素影响，其中，广告宣传可以在一定程度上影响偏好的形成，这就是为什么许多厂商不惜血本大做广告的原因。

5. 消费者对未来的预期

消费者对自己的收入水平、对商品价格水平的预期直接影响其消费欲望。如果预期未来收入水平上升，商品价格水平也会上升，则消费者会增加目前的需求与消费；反之则会减少现在的需求与消费。

6. 人口数量与结构

人口数量的增减直接影响需求的变化。人口结构的变动主要影响需求的结构，进而影响某些商品的需求。例如，人口的老龄化会减少对碳酸饮料、时髦服装、口香糖、儿童用品等的需求，但会增加对保健用品、药品的需求。

7. 政府的经济政策

例如，偏紧的财政政策和货币政策会抑制消费需求，而鼓励消费的消费信贷制度则会增加需求。

以上7种因素是影响商品需求的主要因素，商品的需求随着这些因素的变化而变化，这些因素的共同作用决定需求。

【原理应用】

汽油价格与小型汽车的需求

如果市场对某几种产品的需求相互影响，纠缠不清，可能出现什么情况呢？其中一种情况就是，导致一种产品的价格发生变化的因素，将同时影响对另一种产品的需求。例如，在20世纪70年代，美国的汽油价格上升，这一变化马上对小型汽车的需求产生了影响。

回顾20世纪70年代，美国市场的汽油价格两次上升，第一次发生在1973年，当时石油输出国组织切断了对美国的石油输出；第二次是在1979年，由于伊朗国王被推翻而导致该国石油供应瘫痪。经过这两次事件，美国的汽油价格从1973年的每加仑0.27美元猛增到1981年的每加仑1.40美元。作为“轮子上的国家”，石油价格急剧上升当然不是一件小事，美国人面临一个严峻的节省汽油的问题。

既然公司和住宅的距离不可能缩短，人们只好继续奔波于两地之间。美国司机找到的解决办法之一就是当他们需要放弃自己的旧车，购置新车的时候，选择较小型的汽车，这样每加仑汽油就可以多跑一段距离。

分析家们根据汽车的大小来分类确定其销售额。就在第一次汽油价格上升之后，每年大约出售250万辆大型汽车、280万辆中型汽车以及230万辆小型汽车。到了1985年，这三种汽车的销售比例出现明显变化，当年售出150万辆大型汽车、220万辆中型汽车以及370万辆小型汽车。由此可见，大型汽车的销售自70年代以来迅速下降；反过来，小型汽车的销售却持续攀升，只有中型汽车勉强算是保持了原有水平。

对于任何产品的需求曲线均假设其互补品的价格保持恒定。以汽车为例，它的互补品之一就是汽油。汽油价格上升导致小型汽车的需求增加，与此同时大型汽车的需求下降。

造成这种变化的理由是显而易见的。假设每年需要驾驶汽车行驶15 000英里，每加仑汽油可供一辆大型汽车行驶15英里，如果是一辆小型汽车就可以行驶30英里。这就是说如果选择大型汽车，每年必须购买1 000加仑汽油，如果选择小型汽车，那么只需购买一半的汽油，也就是500加仑就足够了。当汽油价格处于1981年的最高点，即每加仑1.40美元的时候，选择小型汽油意味着每年可以节省700美元。即便曾经是大型汽车的拥有者，在这种情况下，在每年700美元的数字面前，难道就不觉得有必要重新考虑一下小型汽车的好处吗?

1.1.3 需求函数

如果把影响需求的各种因素作为自变量，把需求量作为因变量，则可以用函数关系来表示“影响需求的因素与需求量之间的关系”，这就是需求函数。以 Q_d 代表需求量，P 代表商品自身价格，P_r 代表其他商品价格，F 代表消费者偏好，M 代表消费者的货币收入，P_e 代表预期价格，f 代表函数对应关系，则需求函数可以表示为：

$$Q_d = f(P, P_r, F, M, P_e \cdots\cdots)$$

如果假定其他因素不变，只考虑商品本身的价格与该商品的需求量的关系，并以 P 代表价格，则需求函数可以表示为：

$$Q_d = f(P)$$

也可称之为需求的价格函数。如果需求函数是线性的，则可把函数写成：

$$Q_d = a - bP\ (a, b > 0)$$

式中，a 为一常数，是与价格 P 无关的自发性需求；b 为一正数，$-b$ 则表明需求量与价格成反比例关系。

1.2　需求表和需求曲线

影响人们对某种商品的需求量有很多因素，但最重要的因素莫过于商品本身的价格，因为价格决定了消费者在购买某种商品时所支付货币量的大小。需求量与价格的关系除用需求的价格函数加以抽象的表述外，还可用需求表和需求曲线加以具体、形象地刻画。

1.2.1　需求表

需求表是用数字表示某一商品的价格和需求量之间的函数关系。需求表提供的价格—数量的各种组合，说明了在各种价格下可能有的需求量，以表格的形式来说明价格与需求量的关系会更加具体、明确。例如：当某一商品的价格为 1 元时，需求量为 100 个单位；价格为 2 元时，需求量为 90 个单位；价格为 3、4、5、6、7、8、9、10 元时，需求量顺次为 80、70、60、50、40、30、20、10 个单位；价格为 11 元时，需求量为 0。这些价格—数量组合，可用需求表来表示（见表 2—1）。

表 2—1　某商品的需求表

价格—数量组合	价格（元）	需求量（单位数）
A	0	110
B	1	100
C	2	90
D	3	80
E	4	70
F	5	60
G	6	50
H	7	40
I	8	30
J	9	20
K	10	10
L	11	0

1.2.2　需求曲线

需求曲线是表明商品价格与需求量之间关系的一条曲线。以需求量为横坐标，以价格为纵坐标，根据表 2—1 中的价格—数量组合，在坐标平面上找出表中价格—数量组合 *A*、*B*、*C*、*D*、*E*、*F*、*G*、*H*、*I*、*J*、*K*、*L* 各点，然后将各点连接起来，便得到线性需求曲线，如图 2—1 所示。

从图 2—1 可以看出，需求曲线是表示其他条件不变时，商品价格和需求量之间的函数关系的几何图形。当某一商品的价格为 0 时，需求量为 110，这时价格—数量组合为横轴上的 *A* 点；价格为 11 时，需求量为 0，价格—数量组合为纵轴上的 *L* 点；其他组合都

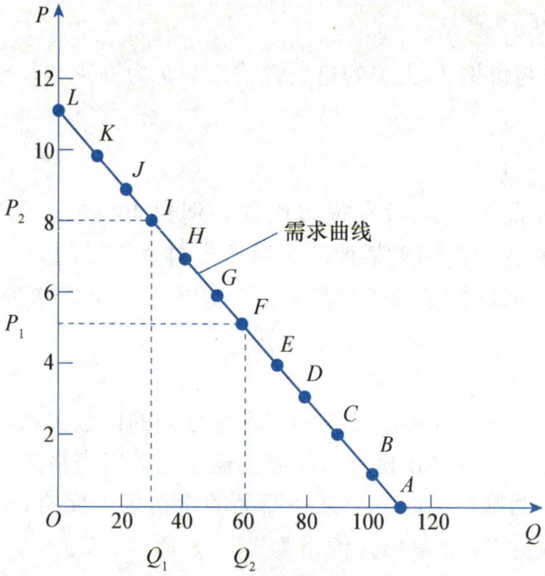

图 2—1　线性需求曲线

位于连接这两点的直线上，例如 I 点为（P_2，Q_1），F 点为（P_1，Q_2）等。需求曲线是一条光滑的曲线，它是建立在价格和需求量的变化都是连续的这一假设上的。西方学者认为这一假设有简便的优点，尽管它很难完全符合实际。

需求曲线向右下方倾斜，斜率为负。价格和需求量之间的关系可以是线性关系，也可以是非线性关系。当二者之间存在线性关系时，需求曲线是一条向下方倾斜的直线，直线上任一点的斜率都相等，图 2—1 中的需求曲线便是如此；与此不同，当二者之间存在非线性关系时，需求曲线是一条向右下方倾斜的曲线，曲线上不同点的斜率是不同的，如图 2—2 所示。

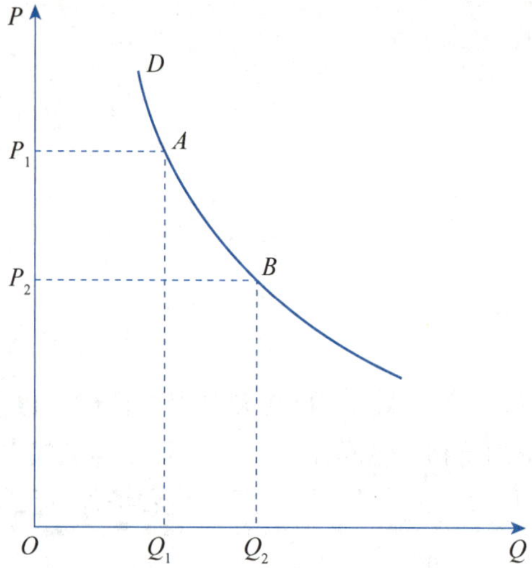

图 2—2　非线性需求曲线

在需求曲线的坐标图中，纵轴表示的是商品的价格（P），横轴表示商品的数量（Q）

即商品的需求量，曲线上任何一点都代表其价格与需求量的对应关系。在此应注意以下两点。

一是西方经济学与数学在表示上的区别。在数学中一般用横坐标轴表示自变量，用纵坐标轴来表示因变量；但在西方经济学中，用纵坐标表示自变量，用横坐标表示因变量。这样做的一个原因是一种传统的沿袭，英国经济学家马歇尔最早把数学分析方法引入经济学时，作了这样一种安排，后来人们沿袭了这一安排；另一个原因是这种安排会带来行文上的方便，比如，在表述“在相同价格上，需求量增加或减少”就是要观察在同一价格水平上需求量的变化，这就需要把价格放在纵轴。

二是需求曲线是一条从左上方向右下方倾斜的曲线。当需求曲线被简化为一条直线时，向右下方倾斜意味其斜率为负；当需求曲线是一条曲线时，向右下方倾斜则意味该曲线不同点的切线的斜率为负，它是需求量与价格反比关系的几何表示。

1.2.3 需求定理

需求定理也被称为需求法则，是指在其他条件不变的情况下，商品的需求量与价格成反比，即商品价格低则需求量大，商品价格高则需求量小。为什么需求量与价格反方向变动呢？这是收入效应和替代效应共同作用的结果。

收入效应是指价格变化导致居民实际收入的变化，从而引起需求量的变化。当一种商品价格提高时，引起居民实际收入降低，导致对该种商品的需求量的下降。

替代效应是指商品价格的变化使消费者在替代品中间的选择方向发生了变动，此时居民的实际收入并未发生变化。如果某种商品价格上涨了，而其他商品的价格没变，那么，其他商品的相对价格下降，消费者就要用其他商品来替代该商品，从而对这种商品的需求就减少了。简单地讲，就是通过购买非涨价商品来替代涨价商品，减少对涨价商品的需求量，达到实际收入不减少的目的。例如，大米涨价而面粉价格不变，面粉相对就便宜了，消费者就会更多地购买面粉而减少大米的购买量。这种某种商品价格上升而引起的其他商品对该商品的取代就是替代效应。

替代效应使价格上升的商品需求量减少，使价格下降的商品需求量增加，即较高的价格挤走一些购买者，较低的价格带来新的购买者；收入效应使消费者价高时少买，价低时多买，即价格的高低变化影响每一个消费者对该商品的购买量。所以，替代效应和收入效应说明了需求定理成立的原因。

需求定理就绝大多数商品而言是成立的，但在现实生活中也有一些例外。这种例外可以概括为吉芬商品、炫耀性商品和投机性商品三类。

1. 吉芬商品

英国统计学家罗伯特·吉芬（Robert Giffen）在研究爱尔兰土豆销售状况时发现，当土豆价格下降时，消费者购买的较少；当土豆价格上升时，需求量反而上升。因为是吉芬最先发现这种现象，所以具有这种性质的商品被称为吉芬商品。

2. 炫耀性商品

社会心理因素也会导致需求定理例外，即导致某些商品的需求量与价格的变化方向出现“反常”。比如有些消费者为了显示其地位和富有，愿意购买价格昂贵的名画、名车、古董等，而当这些商品价格下跌到不足以显示其身份时，就会减少购买。具备这种炫耀性消费特征的商品被著名经济学家托斯丹·邦德·凡勃伦（Thorstein B. Veblen）称为炫耀性商品。

3. 投机性商品

如股票、债券、黄金、邮票等，其价格发生波动时，需求呈现出不规则变化，受心理预期影响大，有时出现“买涨不买落”现象。

1.3 需求量的变动和需求的变动

需求量的变动，即由于价格变化引起的需求量的变化。其考察范围限于 $Q_d=f(P)$。例如 $Q_d=40-2P$，价格从 2 变动到 4 时，需求量从 36 变动到 32。从需求表上看，需求量的变动表现为同一需求表中“价格—数量”组合的移动。从需求曲线图上看，需求量的变动即商品价格变动（自变量）所引起的需求量的变动（因变量），表现为同一条需求曲线上的点的移动。“点的移动”是需求函数（如 $Q_d=40-2P$）中 P 变化时对应的 Q_d 变化，即函数中自变量与因变量的关系，如图 2—3 所示。

如果再把影响需求量的其他因素加以考察，假定商品本身价格不变，影响需求量的其他诸因素中的一个或多个发生变化，这会导致消费者对该商品需求量的增加或减少，表现在需求曲线上是需求曲线的平行移动，如图 2—4 所示。

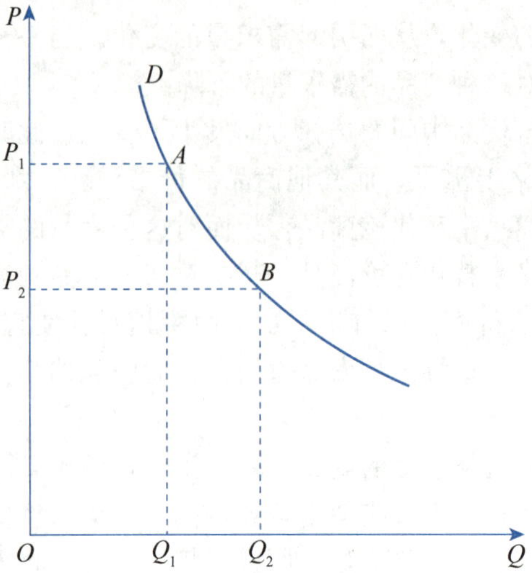

图 2—3 需求量的变动

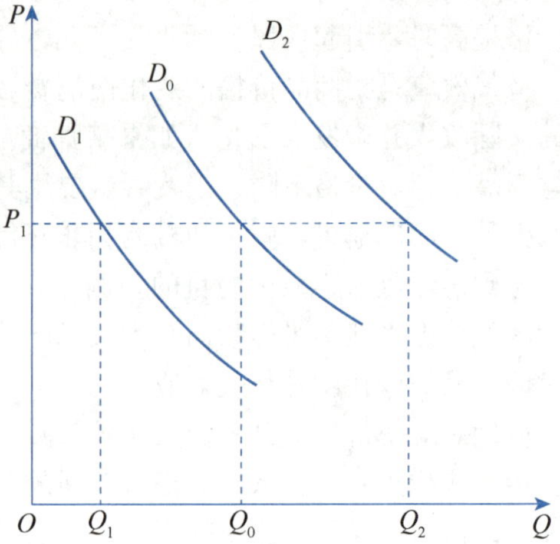

图 2—4 需求的变动

图 2—3 说明的是需求量的变动，在同一条需求曲线上，因价格不同引发的需求量的变化，即价格由 P_1 变为 P_2 时，需求量由 Q_1 变为 Q_2，这就是需求量的变动。图 2—4 说明的是需求的变动，在同一价格 P_1 下，由于需求曲线的左移为 D_1 使需求量由 Q_0 变为 Q_1；由于需求曲线的右移为 D_2 使需求量由 Q_0 变为 Q_2，这就是需求的变动。需求曲线的右移表示需求的增加，需求曲线的左移表示需求的减少。

【原理应用】

减少香烟需求量的两种方法

公共政策制定者经常想减少人们吸烟的数量，方法有两种。

减少吸烟的一种方法是使香烟和其他烟草产品的需求曲线移动。公益广告、香烟盒上有害健康的警示以及禁止在电视上做香烟广告，都旨在减少任何一种既定价格水平时香烟需求量。如果成功了，这些措施就使香烟的需求曲线向左移动。

此外，政策制定者可以试着提高香烟的价格。例如，如果政府对香烟制造商征税，烟草公司就会以高价的形式把这种税的大部分转嫁给消费者。较高的价格鼓励吸烟者减少他们吸的香烟量。在这种情况下，吸烟量的减少就不表现为需求曲线的移动。相反，它表示为沿着同一条需求曲线移动到价格更高而数量较少的一点上。

2　供给原理与应用

2.1　供给及影响供给的因素

2.1.1　供给与供给量

1. 供给

供给（supply）是指生产者在某一特定时期内，在每一价格水平上愿意并且能够出卖的某种商品的数量。作为供给要具备两个条件：一是有出售愿望，二是有供应能力。二者缺一不可。

供给也有个别供给和市场供给之分。个别供给是指单个厂商对应于某个商品的每一可能的售价愿意并有能力提供的数量。市场供给是指该商品市场所有的厂商在一定价格条件下个别供给的总和。

2. 供给量

供给量（supply quantity）是指厂商或企业在一定时期内，当非价格因素不变时，在某一给定价格水平上愿意并且能够提供的商品数量。供给量应该具备三个条件：一是要有出售欲望，二是要有供给能力，三是特定的时间单位。三者缺一不可。

2.1.2　影响供给的因素

影响供给的因素也是多种多样的，概括起来主要有以下几种。

1. 商品本身的价格

一般来说，一种商品的价格越高，厂商提供的产量就越大；反之，商品的价格越低，厂商提供的产量就越小。

2. 生产要素的价格

生产要素价格的高低影响到厂商的成本，生产要素价格上升，会使成本上升；反之，则使成本下降。生产要素在商品卖价既定的条件下，成本上升，厂商利润减少，甚至会发生亏损，厂商会减少该产品的产量；反之，利润增加，厂商会增加对该产品的供给数量。

3. 相关商品的价格

在一种商品的价格不变，而其他相关商品的价格发生变化时，该商品的供给量会发生变化。比如，小麦价格不变而棉花价格提高，生产者将增加棉花的生产，减少小麦的种植面积，小麦的供给量会减少。

4. 生产技术水平

在一般情况下，生产技术水平的提高能够降低生产成本，增加厂商利润，厂商会提供更多的产量。

5. 厂商对未来的预期

对自己所处的行业的预期如果是乐观的，将会增加供给；相反，预期如果是悲观的，厂商会减少供给。

6. 厂商目标

经济学一般假定厂商以利润最大化为目标，即利润大小决定厂商供给多少。但厂商有时也为市场占有率、销售最大化以及政治、道义、名誉等目标而决定其供给。

7. 政府的政策

政府的财政政策、价格政策、产业政策、分配政策、货币政策等会刺激或抑制供给。

以上 7 种因素是影响商品供给的主要因素，商品的供给随着这些因素的变化而变化，这些因素的共同作用决定供给。

2.1.3 供给函数

如果把影响供给的各种因素作为自变量，把供给量作为因变量，则可以用函数关系来表示“影响供给的因素与供给之间的关系”，它表示供给是各种影响供给的因素的函数，供给函数的公式为：

$$Q_S=f(a_1,a_2,a_3,\cdots,a_n)$$

式中，Q_S 代表供给量；f 表示函数关系；a_1，a_2，a_3，…，a_n 分别代表商品本身的价格、生产要素的价格、相关商品的价格、生产技术水平、厂商对未来的预期，等等。

如果只考虑商品本身价格而不考虑其他自变量的影响，那么供给函数可以表示为：

$$Q_S=f(P)$$

式中，Q_S 代表市场供给量；P 代表所供给商品的价格；f 为函数关系。

如果供给函数是线性的，则可写为：

$$Q_S=-c+dP(c,d>0)$$

式中，c 为一常数，是与价格 P 无关的自发性供给；d 为一正数，表明供给量与价格成正比例关系。

2.2 供给表和供给曲线

市场实践证明，不同的价格对应着不同的供给量，即厂商在特定时期内，愿意并且能够提供的商品数量与该商品的价格之间存在着一一对应的关系。与用需求表和需求曲线来表示价格与需求量的关系相类似，也可以用供给表和供给曲线来表示价格与供给量之间的关系。

2.2.1 供给表

供给表是用数字表示某一商品的价格和供给量之间的函数关系。不同的价格对应着不同的供给量，即厂商在特定时期内，愿意并且能够提供的商品数量与该商品的价格之间也存在着一一对应的关系。表 2—2 提供了价格—数量的各种组合，说明了在各种价格上可能有的供给量。

表 2—2　　某一商品的供给表

价格—数量组合	价格（元）	供给量（单位数）
A	0	0
B	1	10
C	2	20
D	3	30
E	4	40
F	5	50
G	6	60
H	7	70
I	8	80
J	9	90
K	10	100
L	11	110

2.2.2　供给曲线

供给曲线是用来表示商品的供给量与价格关系的曲线。根据表 2—2 绘制出一条供给曲线，如图 2—5 所示。

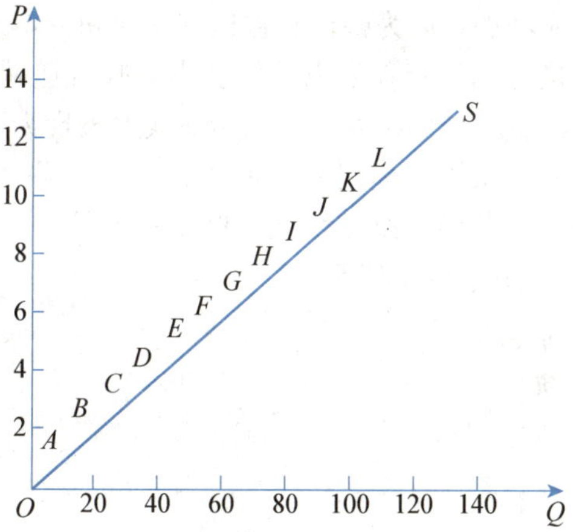

图 2—5　线性供给曲线图

与需求曲线的坐标图相同，在表示供给曲线的坐标图中，也是用纵轴表示价格（P），用横轴表示数量（Q）。图 2—5 是一条直线，即线性供给曲线。价格与供给量之间的关系也可以是非线性关系（见图 2—6）。非线性供给曲线上的斜率在每一点上是不同的，而线性关系则是相同的，但它们的区别不影响供给曲线的性质。

供给曲线是一条从左下方向右上方倾斜的曲线。当供给曲线是一条直线时，向右上方倾斜意味着供给曲线的斜率为正；当供给曲线是一条曲线时，向右上方倾斜意味着供给曲线任何一点切线的斜率为正，它是市场供给量与价格成正比的几何表示。

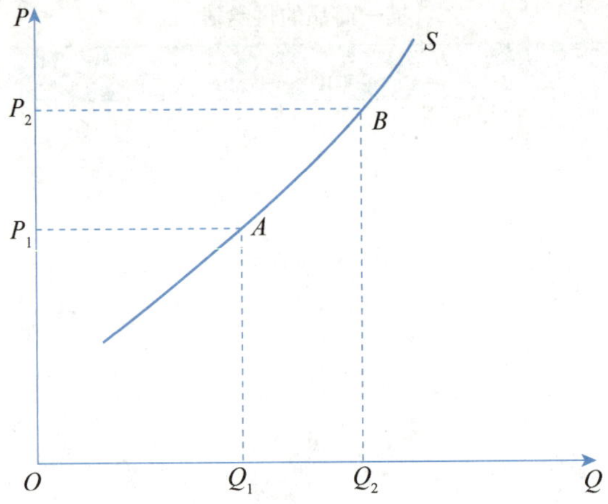

图 2—6　非线性供给曲线图

2.2.3　供给定理

供给定理是指当非价格因素不变时，某种商品的供给量与其价格呈同方向变动，即供给量随着商品本身价格上升而增加，随着商品本身价格的下降而减少。供给定理是在假定价格以外的因素不变的前提下，商品本身价格与供给量之间的关系。

供给定理存在的原因有两个。一是企业对最大利润的追求。较高的价格意味着较多的利润，较多的利润驱使企业扩大生产、增加供给。当价格下降时，利润也下降了，这又促使企业缩减生产，从而减少了供应量。二是商品价格必须同增加的成本（边际成本）相适应，才能使商品供给量相应增加，因为根据收益递减规律和成本递增规律，在一定的技术条件和生产规模之下，产量达到一定程度以后便会出现收益递减和成本递增现象，这时，价格提高的幅度会大于供给量增加的幅度，在供给曲线上表现为逐步变陡。

同需求定理有例外一样，供给定理也有一些例外情况，最为典型的例外是劳动的供给。当工资增加时，一般会有劳动供给量增加的结果；但是，当工资增加到一定限度后，劳动的供给量反而会下降，如图 2—7 所示。

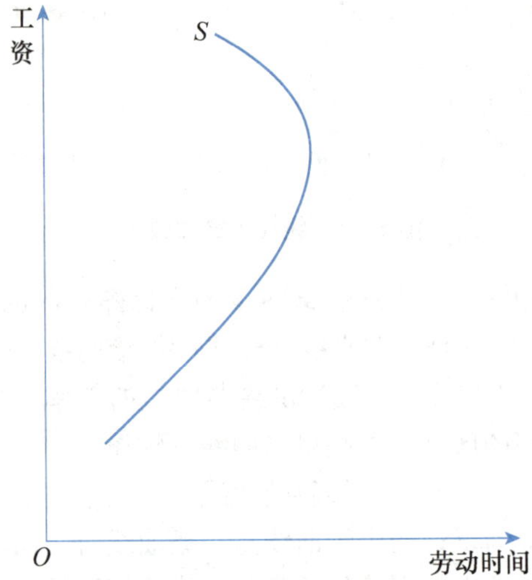

图 2—7　弯曲的劳动供给曲线

劳动供给之所以呈现图 2—7 中的形状，是因为随着工资率（每小时工资水平）的进一步提高，劳动者仅用较少的工作时间就可以获得原先需要较多的工作时间才能获得的维持基本开支所需的工资收入，这时，他在闲暇与收入（工作）之间更倾向于前者。

除了劳动的供给特例之外，土地、古董、古画、名贵邮票、证券、黄金等物品的供给曲线也很可能呈不规则变化。

2.3　供给量的变动和供给的变动

当影响供给的其他因素不变时，商品本身价格的变化所引起的供给量的变化称为供给量的变动。这种变动是在同一供给曲线上点的移动，如图 2—8 所示。

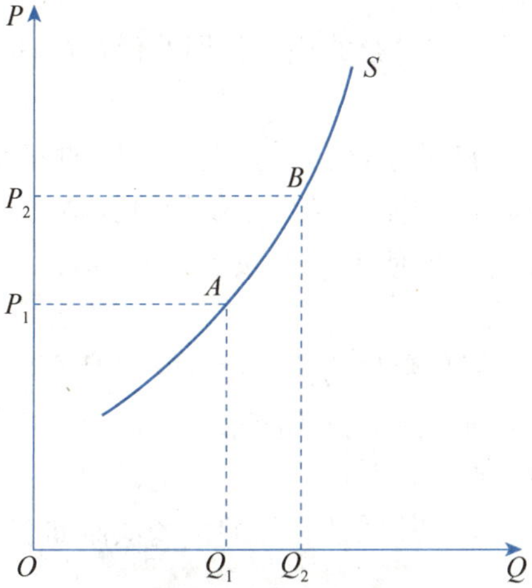

图 2—8　供给量的变动

供给的变动是指在商品本身价格不变的情况下，其他因素变动所引起的供给的变动。其他因素中的一个或几个发生变化，会导致供给量的增加或减少，反映在供给曲线上表现为供给曲线的平行移动。供给曲线向右下方移动，表示供给增加，供给曲线向左上方移动，表示供给减少，如图 2—9 所示。

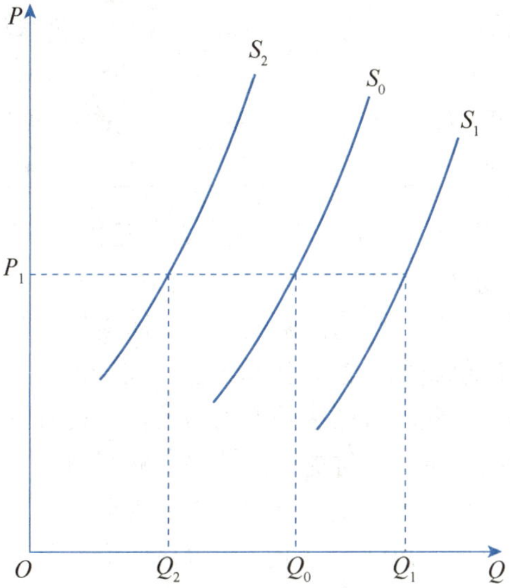

图 2—9　供给的变动

3 价格理论与应用

3.1 均衡价格及其形成

3.1.1 均衡价格

均衡是指供给与需求达到了平衡的状态。在曲线图上，均衡是指供给曲线和需求曲线的相交点。均衡价格是指供给与需求达到了平衡的状态，需求价格与供给价格相一致的价格，即供给曲线和需求曲线交点所对应的价格。

3.1.2 均衡价格的形成

均衡价格是经过市场上需求与供给的相互作用及价格波动形成的。这可从以下两个方面来理解。

一是价格过高的情况。价格过高，会刺激生产者增加商品的供给量，但会减少消费者的需求量，这样会导致该商品的需求量少于供给量，造成供过于求。供过于求会形成一种迫使市场价格下降的压力，促使生产者减少该商品的生产或供给，使供给趋向于平衡点。

二是价格过低的情形。当一种商品的价格过低时，对该商品的需求量会增加，供给量会减少，需求数量多于供给数量，造成供不应求。这样会形成提高价格的推力，抑制需求刺激供给，使供求趋向于均衡点。

下面看一个具体的例子。某一地区某商品的市场供需如表 2—3 所示。

表 2—3　　某商品的市场供需

价格（元/千克）	市场需求量（千克/月）	市场供给量（千克/月）	供求状态	价格的变动趋势
8.0	0	400	剩余	下降
6.0	100	350	剩余	下降
5.0	180	320	剩余	下降
4.0	280	280	供求相等	不变
3.5	360	240	短缺	上升
3.0	450	180	短缺	上升
2.5	550	150	短缺	上升

从表 2—3 可以看到，当市场价格为 5.0 元、6.0 元和 8.0 元时，供给量超过需求量，出现了过度供给，此时市场处于非均衡状态，存在着降价压力。这种降价压力来自生产者，因为有些生产者愿意在更低一些的价格上生产，而更低一些的价格又会促使消费者购买更多的数量从而克服过度供给的状态。当价格为 3.5 元、3.0 元、2.5 元时，需求量超过供给量，出现了过度需求，此时市场也是不均衡的，存在着涨价的压力。这种压力来自购买者，因为有一部分购买者愿意支付更高的价格来购买商品，而这一更高的价格又将促使生产者生产更多的产量，从而逐渐克服过度需求的现象。

再从需求曲线和供给曲线的角度看一下均衡价格的形成过程。先不考虑非价格因素对供求的影响，即在供求不发生变化的情况下进行静态分析。需求与供给是市场中两种相反的力量，市场上的需求方和供给方对市场价格变化作出的反应是相反的。所以，大多数情况下，需求量与供给量是不相等的，或者供过于求，或者供不应求，如图 2—10 和图 2—11 所示。

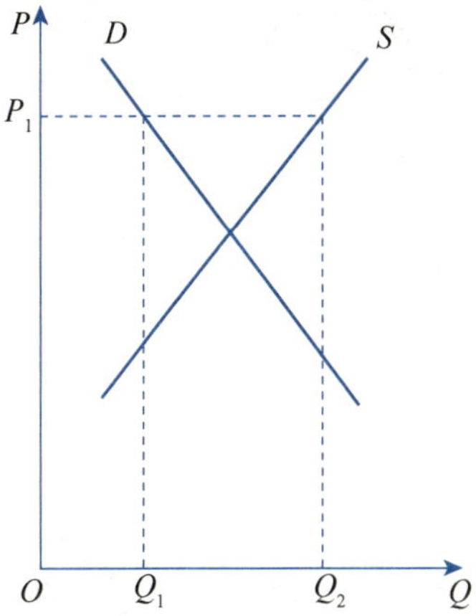

图 2—10　供过于求

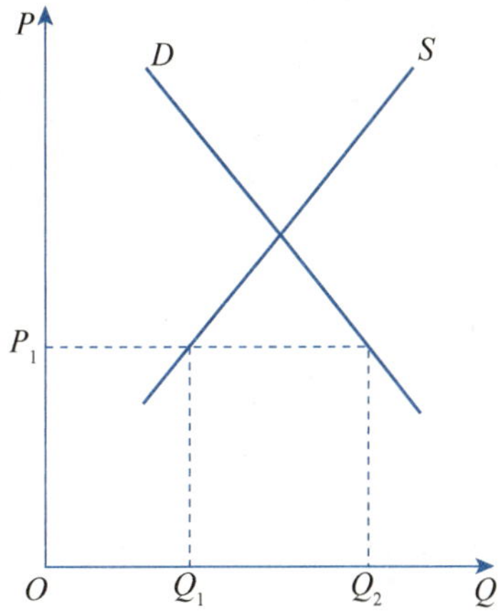

图 2—11　供不应求

当供不应求时，市场价格会上升，从而导致供给量增加，需求量减少；当供过于求时，市场价格会下降，从而导致供给量减少而需求量增加。供给与需求相互作用最终会使商品的需求量和供给量在某一价格上正好相等。这时既没有过剩（供过于求），也没有短缺（供不应求），这种需求量与供给量在某一价格水平上正好相等的情况，经济学称为均衡状态，此时的价格为均衡价格，此时的供给量和需求量正好一致，称为均衡产量。如图 2—12 所示。

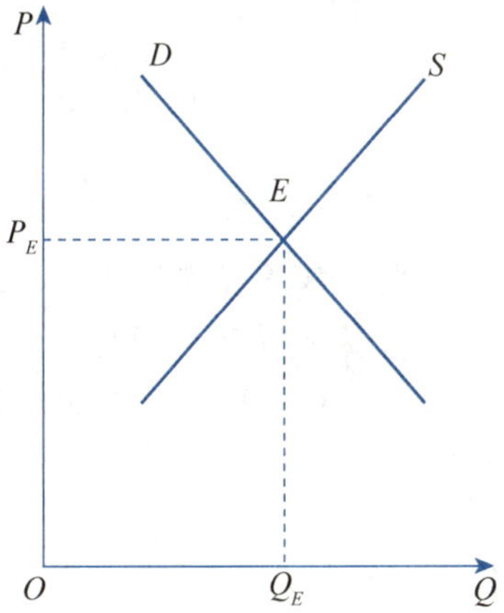

图 2—12　均衡价格和均衡产量

均衡价格的形成如图 2—13 所示。假设市场价格为 P_1 时，供给量大于需求量，此时，出现过度供给，存在着价格下跌的趋势，所以 P_1 不是一个能保持住的价格，即不是均衡价格；当市场价格为 P_2 时，需求量大于供给量，此时出现供不应求，价格必然存在上升趋势，因此，P_2 也不是一个能保持住的价格，即也不是均衡价格；只有当市场价格为 P_E 时，市场的供给量和需求量正好相等，它们均为 Q_E，此时，既没有供过于求，也没有供不应求，市场出现了均衡。此时的商品价格为均衡价格，商品数量为均衡数量。

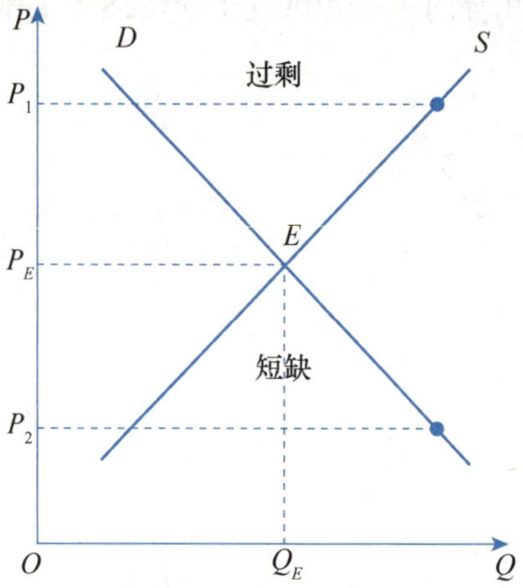

图 2—13 均衡价格的形成

均衡价格的形成与竞争是分不开的。当某种商品供不应求时，会出现买者的竞争，买者竞相抬价，使卖者处于有利的位置，结果商品价格上升；当某种商品供过于求时，会出现卖者的竞争，卖者竞相削价，使买者处于优势，结果商品市场价格下降；当某种商品的供求均衡时，买卖双方势均力敌，价格趋近不变，从而决定了均衡价格和均衡产量。

总而言之，需求和供给的相互作用以及价格的波动，最终会使一种商品的价格确定在需求量等于供给量的水平上。在这个水平上，既没有供过于求，也没有供不应求，市场正好“出清”。因此，所谓的均衡价格，就是能使一种商品的需求量与供给量保持平衡的价格，或者说，这种价格能促使需求和供给趋向平衡，形成稳定的市场。

【原理应用】

1. 旱灾对价格的冲击

1988 年，美国中西部出现了有史以来最严重的旱灾。当年的玉米产量比原来雨季下降 35%，黄豆产量下降超过 20%，小麦产量下降超过 10%，有必要对其后果作出预测，以供政府参考，制定有关应变措施。而他们的预测依据并不是什么特别高深的手段和理论，而是有关供求关系的基本法则。

首先确定一件事，即这场旱灾已经大幅度减少了谷物的产量，供不应求的局面已经不可避免。因此这场旱灾可以看作将谷物的供给曲线向左移动，由此得出结论：在需求曲线一定的前提下，供给曲线大幅度左移应该导致农产品价格大幅度上升。具体而言就是当年夏末时节玉米价格已经迅速上升 80%，黄豆价格也上升了接近 70%，而小麦价格则上升 50%。

由于谷物是许多其他产品（尤其是畜牧产品）的基础，经济学家同时运用供求关系模型预测这场旱灾对其他产品的供求状况的影响。例如，谷物是牲畜的主要食粮，随着谷物价格的上升，养殖牛羊等各种牲畜的利润便相应下降，农民的积极性难免受到负面影响。因为牲畜每天都需要喂养，多留一天无疑意味着耗费更多的谷物，成本也相应提高，于是农场里出现了农民纷纷提前宰杀牲畜出售的现象。结果在1988年，市场上可供选择的肉类供应量稍稍上升，虽然只是短期现象，却引起了肉类价格的轻微下降。

另外一个例子就是谷物作为养鸡场的主要饲料来源，其价格大幅度上升必然导致鸡的数量下降，鸡肉和鸡蛋供给曲线向左移动，价格因此略上升。与此同时，农产品的价格上升引起相关替代产品的需求曲线向左移动，即需求上升。结果证明这样的分析相当准确，仅在当年7月间，不受中西部旱灾影响的其他农产品（包括蔬菜和水果）的价格已经上升5%，而且继续看涨。

2. 价格管制的经济学分析

某些重要产品价格的变化会引起供求关系的显著变化，不利于生产的稳定。而供求严重失衡时，不利于社会稳定。为调节和稳定某些产品的供求，政府会采取支持价格政策或限制价格政策。

支持价格（最低限价）是指政府为了扶植某一行业而规定的该行业产品的最低价格。如图2—14所示，政府规定的价格为P_1，高于均衡价格，供过于求。过剩部分通常由政府收购建立库存或出口。最低限价一旦取消，市场价格将会迅速下降，回复到原有的均衡价格水平。

限制价格（最高限价）是指政府为了限制某些生活必需品的涨价而规定的某种商品的最高价格。如图2—15所示，政府限价为P_1，低于均衡价格，供不应求。为了不让价格上涨，不得不实行配给制。限制价格下，由于价格固定，供给也固定化，需求大于供给得不到缓解，产品出现短缺，于是出现抢购、定量配给、黑市交易、走后门、浪费等现象。

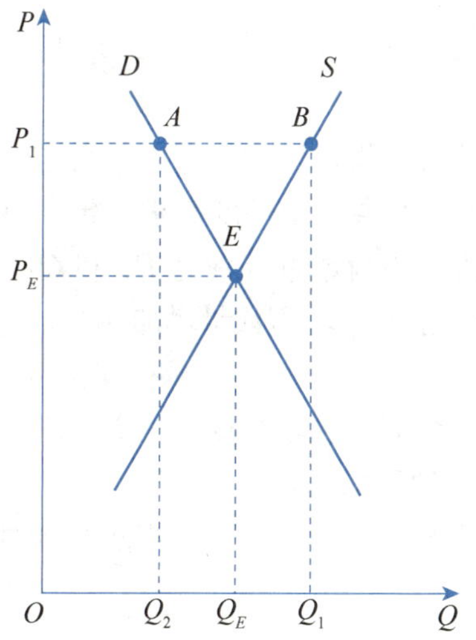

图2—14　最低限价（支持价格）

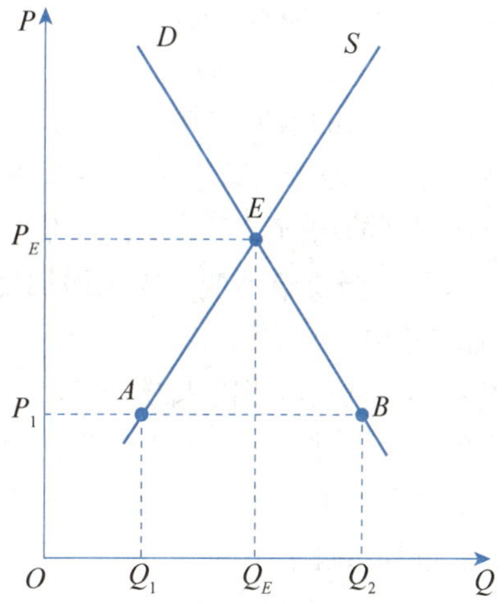

图2—15　最高限价（限制价格）

所以，经济学者一般反对长期采用限制价格政策（通过政府规定房租、利率、粮食等商品的价格）。

3.2 均衡价格的变动

前面在分析均衡价格的形成时，实际上是在假定其他条件不变，只有商品自身的价格变化，如图 2—16 所示，需求量或供给量的变动（从 A 到 D、从 D 到 E，或者从 B 到 E、从 E 到 C），不会引起均衡点或曲线交叉点的移动。现在要考虑以前被忽略的“其他条件”。在其他条件变化的情况下，来考察原有的均衡如何被打破，新的均衡如何形成。均衡价格与均衡数量是由需求和供给两股力量共同决定的，所以原有均衡的打破和新的均衡的建立都离不开需求与供给，需求和供给的任何变动，都会引起均衡价格和均衡产量的变动。

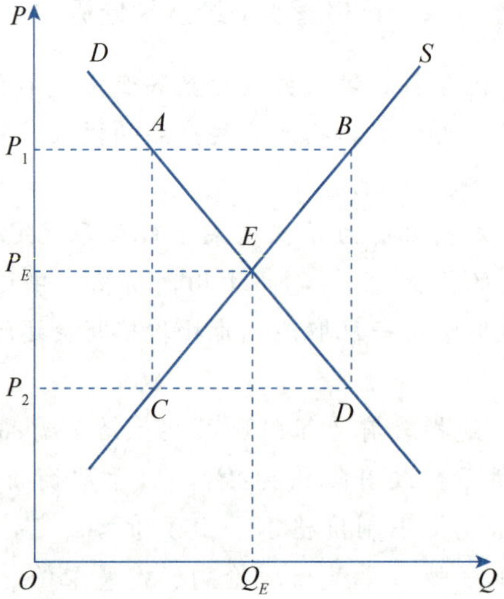

图 2—16 需求量或供给量的变动

3.2.1 需求变动对均衡的影响

1. 需求增加

由于人们收入的增加或其他因素的影响，导致市场需求增加，那么，需求曲线就会从 D_0 平移到 D_1，如图 2—17 所示，原均衡价格 P_0 上就会出现过度需求，价格有上升的趋势，直至达到新的均衡点 E_1 为止，新的均衡价格和均衡数量分别为 P_1 和 Q_1。从图 2—17 中可以看到，当供给不变，需求增加使均衡价格上升，均衡数量增加。

2. 需求减少

如图 2—17 所示，当需求减少时，需求曲线会由 D_0 移动到 D_2，在原均衡价格 P_0 的水平上，会出现供过于求，产生降价压力，直至达到新的均衡点 E_2 为止，新的均衡价格和均衡数量分别为 P_2 和 Q_2。从图 2—17 中可以看到，当供给不变，需求减少时，均衡价格和均衡数量都出现了下降。

3.2.2 供给变动对均衡的影响

当需求不变时，供给的变动也会对均衡产生影响，这种影响也分为两种情况，即供给的增加和供给的减少。

1. 供给增加

如图 2—18 所示，当供给增加时，供给曲线会从 S_0 向右移动到 S_1，在原有均衡价格 P_0 的水平上，会出现供过于求的市场供求状态，必然有降价的趋势，直至达到新的均衡

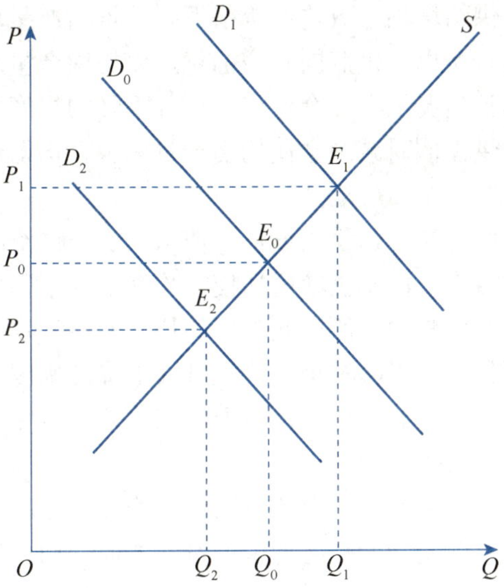

图 2—17　需求变动对均衡的影响

点 E_1 为止，形成了新的均衡价格 P_1 和均衡数量 Q_1。从图 2—18 可以看出，需求不变，供给增加，使得均衡价格下降，均衡数量增加。

2. 供给减少

如图 2—18 所示，当供给减少时，供给曲线会从 S_0 向左移动到 S_2，在原有均衡价格 P_0 的水平上，会出现供不应求的市场供求状态，市场有涨价的压力，直至达到新的均衡点 E_2 为止，形成了新的均衡价格 P_2 和均衡数量 Q_2。从图 2—18 可以看出，需求不变，供给减少，使得均衡价格上升，均衡数量下降。

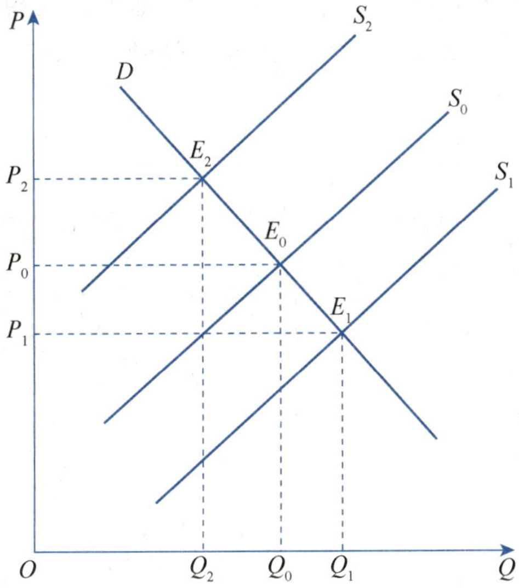

图 2—18　供给变动对均衡的影响

3.2.3　需求与供给同时变动对均衡的影响

1. 供给需求同向变动

供给需求同向变动分两种情况，即同时增加或同时减少。

(1) 供需同时增加。供给增加导致均衡价格下降，均衡产量增加；需求增加使得均衡价格上升，均衡产量增加。所以，供需同时增加肯定使均衡产量增加，均衡价格的变动方向不能确定，它取决于两种情况下哪一个价格上升或下降的幅度大些。

(2) 供需同时减少。供需同时减少会使均衡产量减少，均衡价格不定。

2. 供给需求反向变动

供求反向变动可分为两种情况：供给增加，需求减少；供给减少，需求增加。

(1) 供给增加，需求减少。由于供给增加使得均衡价格下降，均衡产量上升；需求减少使均衡价格下降，均衡产量减少，所以此时新的均衡价格肯定下降，但均衡产量变动方向则不一定，它取决于两种情况下哪一个数量上升或下降的幅度更大些。

(2) 供给减少，需求增加。此时均衡价格上升，均衡产量变动不定。

3.2.4 供求规律

综上所述，可以得到以下结论：需求的变动引起均衡价格和均衡产量同方向变动；供给的变动引起均衡价格反方向变动而引起均衡产量同方向变动。这就是供求规律。

【原理应用】

相关因素对供求的影响分析

如图 2—19 所示，对生产者征直接税 x 元，使生产者供给减少，供给曲线向左移动 ($S \to S'$)，价格上升。赋税到底是主要由买者还是卖者承担取决于供给和需求的相对弹性。如果需求价格弹性大于供给价格弹性，赋税主要转嫁给生产者；反之转嫁给消费者。如图 2—20 和图 2—21 所示。

如图 2—22 所示，政府可以通过限制种植农产品的数量来提高农民的收入。如图 2—23 所示，政府限制医生的数量能够使医疗价格上涨，医生收入增加。如图 2—24 所示，政府对进口征收关税，使进口供给减少，价格上升。如图 2—25 所示，生产技术的提高使生产成本大幅度下降，价格下降。

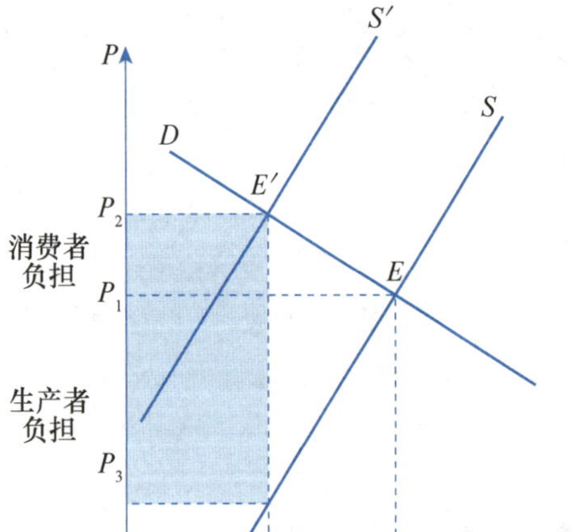

图 2—19 税赋承担

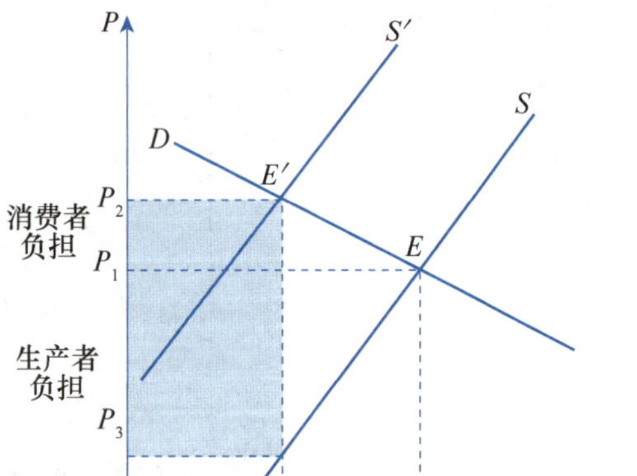

图 2—20 税赋主要由生产者承担

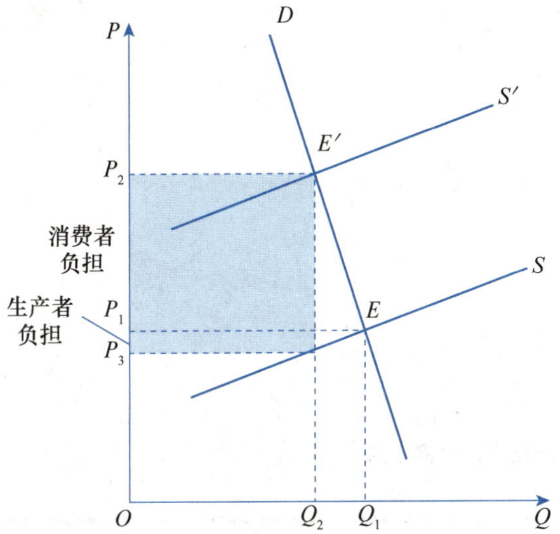

图 2—21　赋税主要由消费者承担

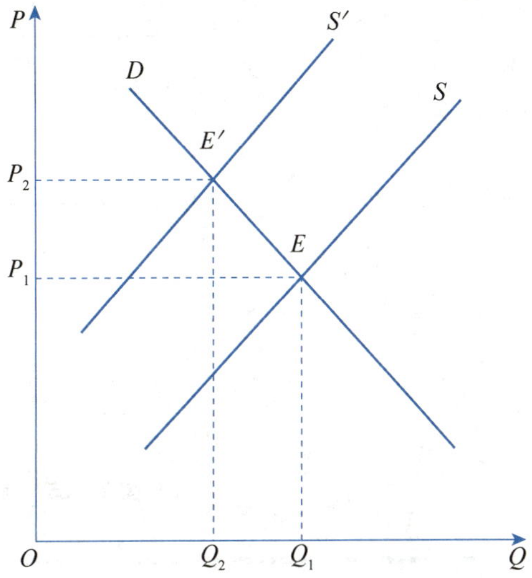

图 2—22　限制种植数量，提高农民收入

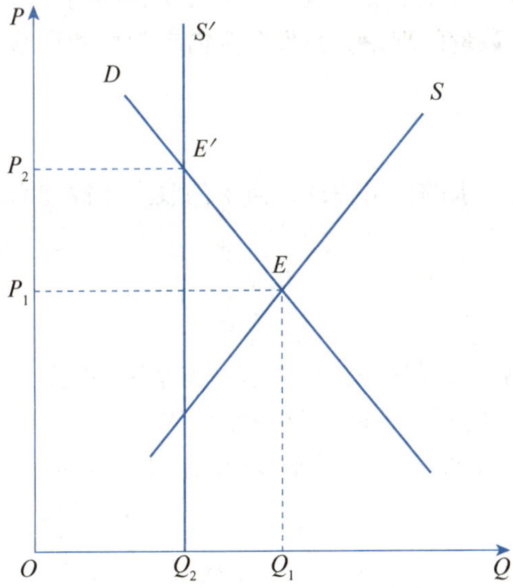

图 2—23　限制医生数量，提高医生收入

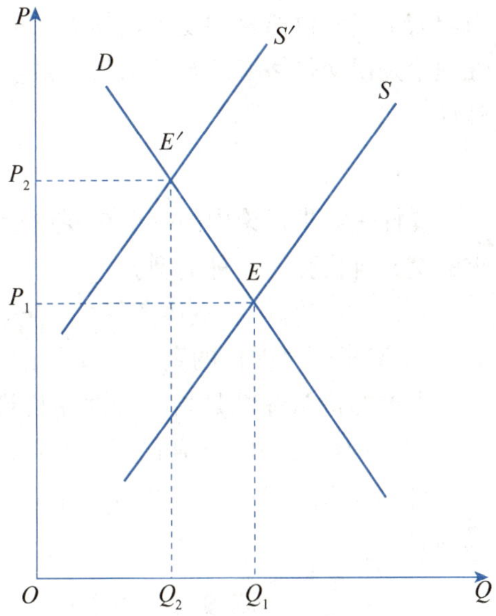

图 2—24　增加关税，价格上涨

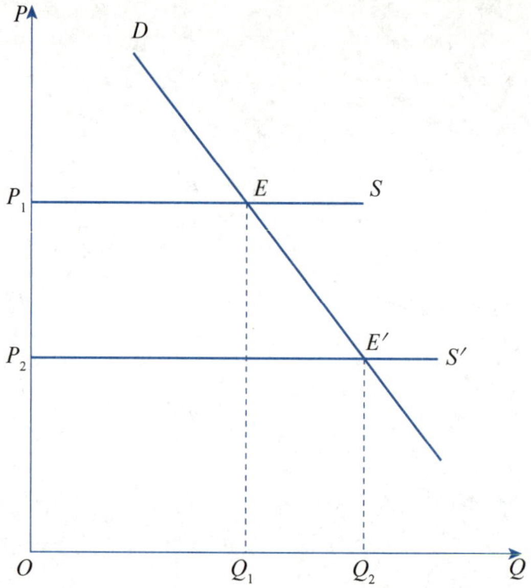

图 2—25 提高生产技术，价格下降

4 弹性理论与运用

在需求函数和供给函数中，价格是自变量，需求量和供给量是因变量。价格的变动会引起需求量和供给量的变动，但需求量和供给量对价格变动的反应程度是各不相同的。弹性理论是说明价格变动与需求量、供给量变动之间数量的理论。弹性分为需求弹性和供给弹性。

4.1 弹性

弹性是需求理论中的一个重要概念，它又分为需求的价格弹性、需求的收入弹性和需求的交叉价格弹性三种类型。

4.1.1 需求的价格弹性

1. 需求价格弹性的定义

需求的价格弹性是指一种商品价格变动的比率所引起的需求量变动的比率，即需求量变动对价格变动的反应程度，通常用需求量变动的百分比除以价格变动的百分比来表示。这两个变动的百分比的比值，称为需求的弹性系数。弹性系数计算的基本公式为：

$$E_d=-\frac{\text{需求量的变动率}}{\text{价格的变动率}}=-\frac{\Delta Q/Q}{\Delta P/P}=-\frac{\Delta Q}{\Delta P}\cdot\frac{P}{Q}$$

式中，Q 是需求量；ΔQ 是需求量增量；P 是价格；ΔP 是价格增量；E_d 是需求价格弹性的弹性系数。由于价格与需求量变化方向是相反的，所以 E_d 公式中加一个负号，在比较不同商品 E_d 的大小时取绝对值。

2. 需求价格弹性的计算

需求价格弹性可分为弧弹性和点弹性。

（1）弧弹性及其计算。所谓弧弹性就是需求曲线上两点之间的平均弹性。其计算公式是基于上面介绍的基本公式。这里需要注意的是：$\Delta Q=Q_2-Q_1$，$\Delta P=P_2-P_1$，$Q=(Q_1+Q_2)/2$，$P=(P_1+P_2)/2$。

【原理应用】

某商场销售的饮料在价格为 4 元/听时，每天能够销售出 340 听，后价格调整为 3 元/听，每天销售 360 听，计算这两个调整点之间的弧弹性。

把 $Q_1=340$、$Q_2=360$、$P_1=4$、$P_2=3$ 代入下式

$$E_d=-\frac{\Delta Q}{\Delta P}\cdot\frac{P}{Q}=-\frac{(360-340)}{(3-4)}\times\frac{(4+3)\div 2}{(360+340)\div 2}=0.2$$

（2）点弹性及其计算。点弹性是与弧弹性相对应的概念，所谓点弹性实际就是需求曲线上某一点的弹性。依据数学推理，可根据弹性系数计算的基本公式，令 ΔP 趋于零，于是 $\Delta Q/\Delta P$ 就趋于一个极限值，即 Q 对 P 的导数。根据基本公式 $E_d=(\Delta Q/\Delta P)\cdot(P/Q)$ 可得出点弹性系数的计算公式为：

$$E_d=-\frac{\lim\limits_{\Delta P\to 0}\Delta P}{\Delta Q}\cdot\frac{P}{Q}=-\frac{dQ}{dP}\cdot\frac{P}{Q}$$

式中，dQ/dP 即为需求曲线的斜率；P 是给定点的价格；Q 是给定点的需求数量。

【原理应用】

已知一需求函数的代数式为 $Q=10-2P$，求价格为 4 时的需求价格弹性系数。

将 $P=4$ 代入需求函数式，得出 $Q=2$，又知 dQ/dP 为 -2，把以上三个数字代入点弹性公式 $E_d=-(dQ/dP)\cdot(P/Q)$ 得

$$E_d=-(-2)\times(4/2)=4$$

3. 需求价格弹性的类型

不同商品的需求在其弹性上是有差异的。必需品（如食品）的需求通常对于价格变动作出的反应微小，而奢侈品（如航空旅行）则常常具有很高的价格敏感性。根据商品的需求对价格变动的反应程度，可将商品区分为以下五种类型。

（1）需求富有弹性。当 $E_d>1$ 时，需求对价格富有弹性，也就是需求量对价格的变动反应是灵敏的，价格有一个较小的变动，需求量有一个较大的变动，如图 2—26 所示。

（2）需求缺乏弹性。当 $0<E_d<1$ 时，需求对价格缺乏弹性，也就是需求量对价格的变动反应较为迟钝，价格有一个较大的变动，需求量有一个较小的变动，如图 2—27 所示。

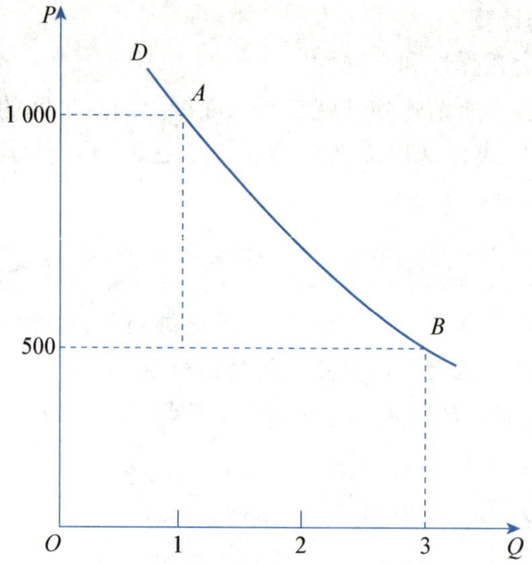

图 2—26 需求富有弹性

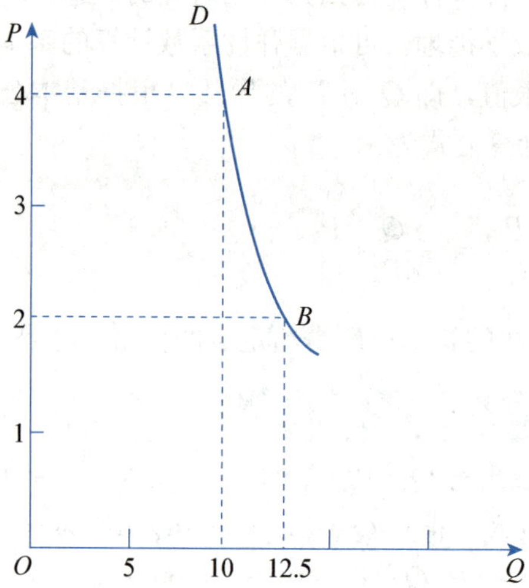

图 2—27 需求缺乏弹性

（3）需求单位弹性。当 $E_d=1$ 时，需求对价格为单位弹性，即价格的变动率与需求量的变动率相等，如图 2—28 所示。价格上升 1%，需求量就减少 1%；价格下降 1%，需求量就增加 1%。单位弹性是一种理论状态，在现实生活中很难找到弹性系数恰好等于 1 的商品。

（4）需求完全弹性。当 $E_d=\infty$ 时，需求对价格是具有完全弹性的，表现为需求曲线是一条平行于横轴的直线，其价格为常数，需求量可以任意变化，如图 2—29 所示。这种需求变化是由价格以外的因素引发的，比如战争年代政府在给定的价格下对军火的需求是无限的。

（5）需求完全无弹性。当 $E_d=0$ 时，需求对价格是完全无弹性的，也就是说需求量对价格变动没有任何反应，价格下降，需求一点也不增加；价格上升，需求量一点也不减少。其需求曲线为一条垂直于横轴的直线，如图 2—29 所示。此类商品在现实生活中比较少见，较为接近的例子是丧葬用品。一般来说，这类用品不会因降价而增加需求，也不会因提价而减少需求。

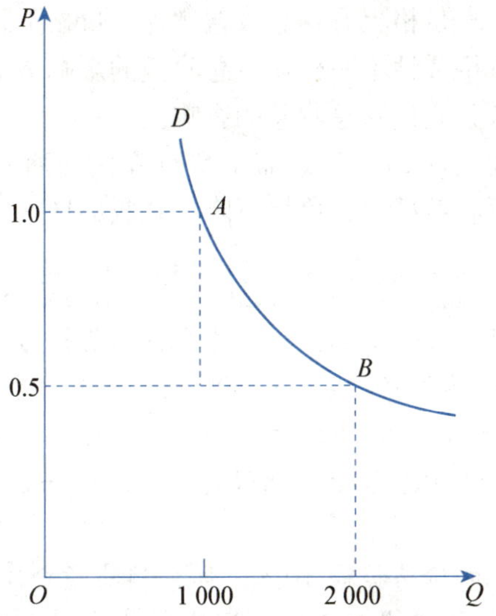

图 2—28　需求单位弹性

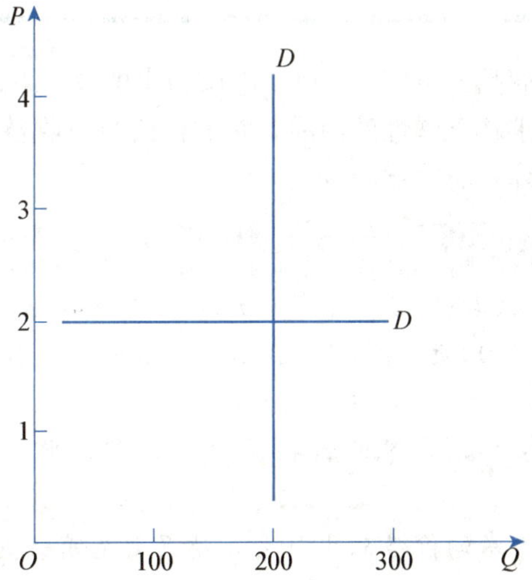

图 2—29　需求完全弹性和完全无弹性

4. 影响需求价格弹性的因素

需求价格弹性的大小取决于以下几个因素：

（1）收入比重。即商品销售价格在消费者预算中所占的比重。

（2）替代性。即该商品是否存在替代产品，存在多少替代产品。

（3）依赖程度。即消费者对商品的依赖性或必需程度。

（4）时间长短。即消费者是否有时间对价格变化作出反应，时间越长，消费者越有条件对价格变化作出反应，反之只能被动接受。

5. 需求价格弹性与总收益的关系

商品需求弹性的大小直接影响厂商在价格决策中的总收益大小。例如，家电、化妆品、旅行、航空等需求富有弹性的商品，它的价格与总收益呈反方向变动——价格上升，总收益减少；价格下降，总收益增加。而像食品、药品等需求缺乏弹性的商品，它们的价格与总收益呈同方向变动——价格上升，总收益增加；价格下降，总收益减少。

由于不同商品的需求价格弹性不一样，对总收益的影响势必会不同。这里，以需求价格弹性的三种情况为例来考察它们对总收益的影响。

（1）需求富有弹性的商品（$E_d>1$）。需求富有弹性的商品，它的价格与总收益呈反方向变动——价格上升，总收益减少；价格下降，总收益增加。

【原理应用】

假定洗衣机的需求富有弹性，如 $E_d=2$，洗衣机的价格为 500 元/台时，销售量为 100 台，这时，总收益是 500 元/台×100 台=50 000 元。如果洗衣机的价格从 500 元/台下降到 450 元/台，下降幅度为 10%。由于 $E_d=2$，销售量便会增加到 120 台，这时的总收益是 450 元/台×120 台=54 000 元。二者相比较，虽然后者每台洗衣机的价格下降了，但总收益却增加了 4 000 元。

反过来看，如果洗衣机的价格提高 10%，那么销售量会减少 20%，这时的总收益是 550 元/台×80 台=44 000 元。二者相比较，虽然后者每台洗衣机的价格提高了，但总收益却减少了 6 000 元。

（2）需求缺乏弹性的商品（$0<E_d<1$）。应该指出的是，并不是任何降价都会增加销售，从而增加总收益。需求缺乏弹性的商品，它的价格与总收益呈同方向变动——价格上升，总收益增加；价格下降，总收益减少。

【原理应用】

假设大米的需求弹性系数为 $E_d=0.5$，大米的价格为 2.00 元/千克时，销售量为 100 千克，这时总收益是 2.00 元/千克×100 千克=200 元。如果大米的价格下降 10%，由于 $E_d=0.5$，销售量则上升 5%，这时的总收益是 1.80 元/千克×105 千克=189 元。二者相比较，虽然后者每千克大米的价格下降了，但总收益并未增加，反而减少了 11.00 元。

反过来看，若每千克大米的价格上升 10%，情况则是销售量下降 5%。这时的总收益是 2.20 元/千克× 95 千克=209 元。二者相比较，虽然后者每千克大米的价格上升了，但总收益并未减少，反而增加了 9.00 元。

（3）单位需求弹性的商品（$E_d=1$）。单位需求弹性的商品价格变动与总收益无关。

综上所述，需求价格弹性与总收益的关系，如表 2—4 所示。

表 2—4　需求价格弹性与总收益的关系

价格的变动方向	$E_d=1$	$0<E_d<1$	$E_d>1$
价格上升	总收益不变	总收益上升	总收益下降
价格下降	总收益不变	总收益下降	总收益上升

【原理应用】

博物馆门票的定价

假如你是一个大型艺术博物馆的馆长。你的财务经理告诉你，博物馆缺乏资金，并建议你考虑改变门票价格以增加总收益。你将怎么办呢？你是要提高门票价格，还是降低门票价格？

回答取决于需求弹性。如果参观博物馆的需求是缺乏弹性的，那么提高门票价格会增加总收益。但是，如果需求是富有弹性的，那么提高价格就会使参观者人数减少，以至于总收益减少。在这种情况下，你应该降价，参观者人数会增加，以至于总收益增加。

为了估算需求的价格弹性，你需要请教你的统计学家。他们会用历史资料来研究门票价格变化时，参观博物馆人数的逐年变动情况。或者他们也可以用国内各种博物馆参观人数的资料来说明门票价格如何影响参观人数。在研究这两种资料时，经济学家还需要考虑到影响参观人数的其他因素（天气、人口、藏品多少等），以便把价格因素独立出来。最后，这种资料分析会提供一个需求价格弹性的估算，你可以用这种估算来决定你的财务问题做出什么反应。

4.1.2　需求的收入弹性

需求的收入弹性是指一种商品的需求量对消费者收入的反应程度。收入弹性系数是需求量变动的百分比与收入变动的百分比的比值，用公式表示为：

$$E_m=\frac{\Delta Q/Q}{\Delta M/M}=\frac{\Delta Q}{\Delta M}\cdot\frac{M}{Q}$$

式中，M 表示收入；Q 表示需求量；$\Delta Q=Q_2-Q_1$；$\Delta M=M_2-M_1$；$Q=(Q_1+Q_2)/2$；$M=(M_1+M_2)/2$。

【原理应用】

当某人的月薪由 2 000 元增加到 3 000 元时，肉的需求量从每月 10 千克增加到 15 千克。求需求的收入弹性。

此例中 $Q_1=10$，$Q_2=15$，$M_1=2\ 000$，$M_2=3\ 000$，将这些数字代入式 $E_m=(\Delta Q/\Delta M)\cdot(M/Q)$ 得

$$E_m=\frac{15-10}{3\ 000-2\ 000}\times\frac{(3\ 000+2\ 000)\div 2}{(10+15)\div 2}=1$$

在影响需求的其他因素不变的条件下，由于需求量与消费者的收入一般是同方向变化的，收入越高，需求量越大，反之，则越小，因此，需求的收入弹性系数一般应为正值。西方经济学家借助需求收入弹性系数对商品进行分类：当 $E_m>0$ 时，该商品为正常品；当 $E_m=0$ 时，该商品为收入中性品；当 $E_m<0$ 时，该商品为劣等品。其中，正常品又可

分为奢侈品和必需品，奢侈品的 $E_m>1$，必需品的 $0<E_m<1$。

4.1.3 需求的交叉弹性

需求的交叉弹性是对需求的交叉价格弹性的简称。一种商品的需求量往往要受其他商品价格变动的影响，这样，这一商品价格的变动会与另一商品需求量的变动产生交叉影响。所以，需求的交叉弹性是指一种商品的需求量对另一种商品价格变动的反应程度，其弹性系数等于一种商品需求量变动的百分率与另一种商品价格变动的百分率之比，用公式表示为：

$$E_{xy}=\frac{\text{x 商品需求量变动率}}{\text{y 商品的价格变动率}}=\frac{\Delta Q_x/Q_x}{\Delta P_y/P_y}=\frac{\Delta Q_x}{\Delta P_y}\cdot\frac{P_y}{Q_x}$$

式中，$\Delta Q_x=Q_{x2}-Q_{x1}$；$\Delta P_y=\Delta P_{y2}-P_{y1}$；$Qx=(Q_{x1}+Q_{x2})/2$；$P_y=(P_{y1}+P_{y2})/2$。

需求交叉弹性系数可以是正，也可以是负，它取决于两种商品的相关性质。

一般说来，替代品交叉弹性是正值，即 $E_{xy}>0$。因为在这种情况下，一种商品的需求量与另一种商品的价格是同方向变动的。比如肉与鸡蛋互为替代品，如果肉价格上升，而鸡蛋的价格不变，使鸡蛋的相对价格下降，人们更多地购买鸡蛋而减少肉的购买，其结果是肉价格上升，鸡蛋需求量增加，交叉弹性系数为正。

而互补品交叉弹性系数则是负值，即 $E_{xy}<0$。因为在这种情况下，一种商品的需求量与另一种商品的价格是反方向变动的。比如西服与领带互为互补品，它们往往一起消费，当西服价格上涨后，人们对西服的需求量减少，自然也就减少对领带的需求，其结果是西服价格上升，领带需求减少，交叉弹性为负。

$E_{xy}=0$ 则表明 x 商品与 y 商品既不是替代品也不是互补品，而是不存在交叉关系的独立品。

【原理应用】

食品的国际价格和食品的收入弹性

对于生活在相对贫困的国家的许多人来说，赚取足够食品维持生计是每天最重要的工作。但是在富裕国家，维持生计绝对不是什么问题。

食品需求的收入弹性随着收入的提高而下降，从而引出一个直观解释：贫困人口的收入如果提高，他们会比富裕国家的人民更加愿意将增加的那部分收入的较大部分用于购买食品。以印度为例，如果人均收入增加 10%，食品需求就会增加 7.6%。在像美国和加拿大这样的富裕国家，如果人均收入增加 10%，食品的需求只会增加 1%。

在比较富裕的国家，人们在食品方面的花费多半用于享受奢侈品，例如上餐厅吃饭，享用龙虾和牛排。你可能因此觉得价格弹性在富裕国家比在贫困国家要大一些。但是，其中还有一个重要因素需要考虑，在贫困国家，人们已经将收入的较大部分用于购买食品，如果食品的价格上升，他们可能别无选择，只能被迫减少食品消耗量。这样的情况不会发生在富裕国家。在贫困国家，由于食品支出占据了收入的较大部分，食品价格上升对收入效应的影响也比较大。

4.2 供给弹性

4.2.1 供给弹性及其计算

供给弹性有供给的价格弹性和供给的价格交叉弹性两种类型，但由于供给的价格弹性是供给弹性最主要的一种类型，因此，通常讲的供给弹性指的是供给的价格弹性。供给的价格弹性，简称供给弹性，是指一种商品的供给量对价格变动反应的灵敏程度，其弹性系数等于供给量变动的百分比与价格变动的百分比的比值。其计算公式为：

$$E_S = 供给量变动率/价格变动率 = (\Delta Q/Q)/(\Delta P/P) = (\Delta Q/\Delta P)\cdot(P/Q)$$

式中，E_S 代表供给弹性系数；ΔQ 代表供给量的变化量；ΔP 代表价格的变化量；$\Delta Q = Q_2 - Q_1$；$\Delta P = P_2 - P_1$；$Q = (Q_1 + Q_2)/2$；$P = (P_1 + P_2)/2$。

由于商品的供给量与其价格成同方向变化，所以供给弹性系数 E_S 一般为正值。

4.2.2 供给弹性的类型

同需求的弹性系数一样，供给弹性系数也可分为以下五种类型：

（1）完全无弹性。当 $E_S = 0$ 时，称为供给完全无弹性，如图 2—30 所示。

（2）供给有无限弹性。当 $E_S = \infty$，称为供给有无限弹性，如图 2—30 所示。

（3）供给单位弹性。当 $E_S = 1$ 时，称为供给单位弹性，如图 2—30 所示。

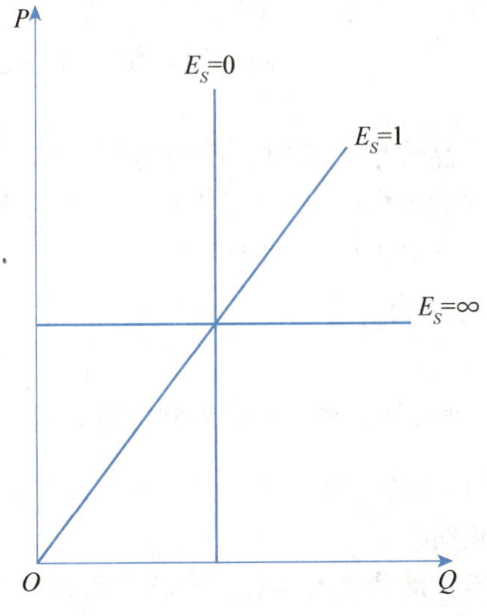

图 2—30　完全无弹性、供给有无限弹性和供给单位弹性

（4）供给富有弹性。当 $E_S > 1$ 时，称为供给富有弹性，如图 2—31 所示。

（5）供给缺乏弹性。当 $E_S < 1$ 时，称为供给缺乏弹性，如图 2—32 所示。

4.2.3 影响供给弹性大小的因素

供给弹性的大小主要受以下几个方面的影响：

（1）生产的难易程度。在一定时期内，容易生产的产品，当价格变动时其产量的变动速度快，供给弹性大；反之，供给弹性小。

（2）生产规模和规模变化的难易程度。生产规模大的资本密集型企业，因受设计能力和专业设备的制约，其生产规模较难变动，调整的周期较长，因而其产品的供给弹性小；

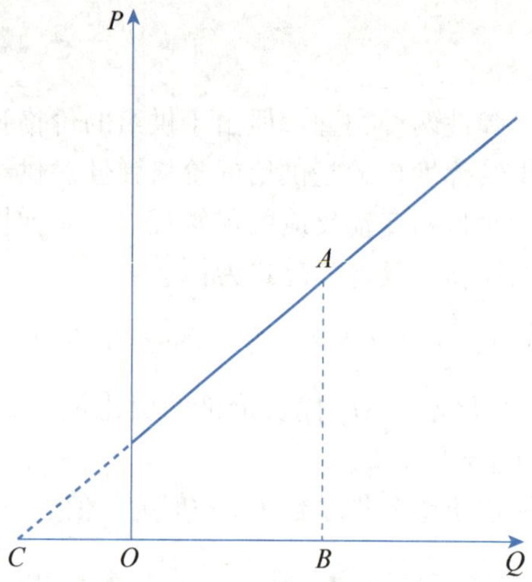

图 2—31　供给富有弹性

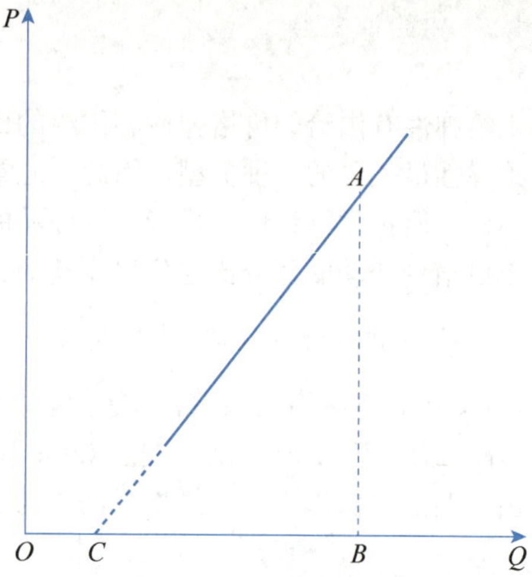

图 2—32　供给缺乏弹性

反之，其产品的供给弹性大。

（3）生产成本的变化。如果一种产品产量的增加，只引起单位成本的稍稍提高，那么，供给弹性就较大；反之，如果产品的增加促使成本的大幅度增加，供给弹性就较小。

（4）时间的长短。商品价格变化后，要改变供给量需要有一段调整生产的时间，即价格变动后供给量的反映有一个“时滞”。时间越短，供给弹性越小；时间越长，供给弹性越大。

（5）对价格的预期。当产品价格上涨时，厂商是否立即增加生产以及增加幅度的大小，取决于厂商预期这种上涨的价格能否持久；同样，当产品价格下跌时，厂商对这种下跌的价格的预期，也会影响厂商是否减产及减产多少。

【原理应用】

弹性与谷贱伤农和限制种植分析

“谷贱伤农”是中国流传已久的一句成语，它描述了在丰收年份，农民收入反而减少。这一现象可用弹性理论加以说明。

长期统计研究的结果显示：随着收入增长，食物需求的增长相对较慢，使农产品需求曲线有限右移。

供给的增长超过了需求的有限增加，从而导致农产品价格下降。如图 2—33 所示，决定价格的均衡点 E 移动到均衡点 E'。由于需求缺乏弹性，随价格下降，农业收入减少。

在政府支援农业的方案中，引起最多争议的是要求农民限制产量。图 2—34 说明了这一政策的经济影响。

如果美国农业部要求每一个农民减少上年耕种的玉米面积的 20%，这就引起玉米的供给曲线向左方移动。由于食物需求缺乏弹性，限制种植不仅提高了玉米和其他农作物的价格，而且增加了农民的总收入和利润。

当然，消费者在限制种植和较高的价格中遭受了损失，这正如他们在水灾或旱灾造成的粮食稀缺中的情形一样。但这是通过闲置生产性农业资源达到支持农民的目的时，社会必须付出的代价。

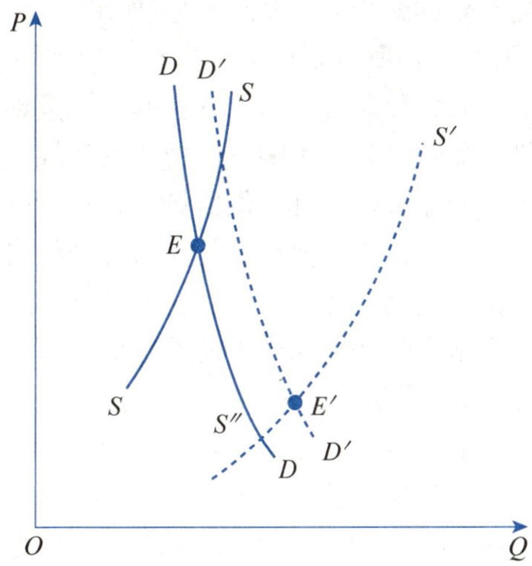

图 2—33 供给的增加和需求的相对稳定导致谷贱伤农

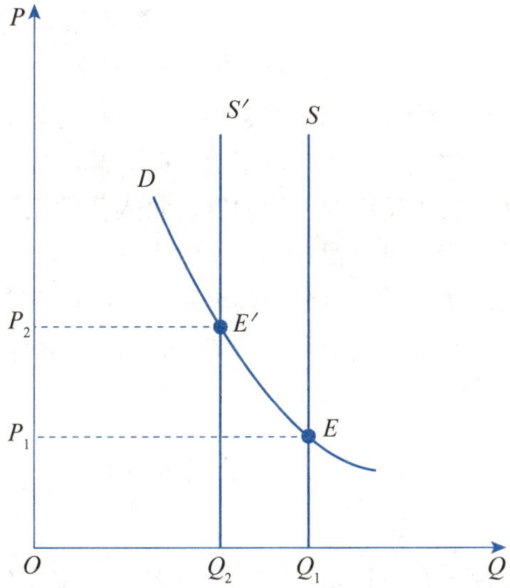

图 2—34 限制种植提高了价格

5 原理与知识小结

5.1 影响需求量的主要因素有：商品本身的价格、相关商品的价格、预期价格、消费者收入水平、消费者的偏好。商品本身的价格是影响需求量的主要因素，可以用需求函数、需求表和需求曲线来分析影响需求的特点和规律。需求定理说明在价格以外的其他条件不变的情况下，商品价格上升，需求量减少；价格下降，则需求量上升。需求变动不同于需求量的变动，引发需求量变动的是商品自身价格的变动，这种变动是在同一条需求曲线上点的移动；需求变动则是由于商品自身价格以外的“其他条件”变动，如消费者收入、消费者偏好等的变化而产生的整个需求曲线的移动。

5.2 影响供给的主要因素有：所供给商品的价格、生产要素的价格、相关商品的价格、生产技术水平、厂商对未来的预期等。商品本身的价格是影响供给量的主要因素，可以用供给函数、供给表和供给曲线来分析影响供给的特点和规律。供给定理说明在价格以外的其他条件不变的情况下，商品价格上升，供给量上升；价格下降，则供给量减少。供给变动不同于供给量的变动，引发供给量变动的是商品自身价格的变动，这种变动是在同一条供给曲线上点的移动；供给变动则是由于商品自身价格以外的“其他条件”变动，如生产要素的价格、生产的技术水平等变动而产生的整个供给曲线的移动。

5.3 供给和需求双方的综合作用最终形成市场均衡价格，均衡价格是供求相等时的价格。供给或需求的变动会改变原有的均衡价格，形成新的均衡价格。支持价格和限制价格是政府干预市场的两种方法，但应注意其负面影响。

5.4 弹性是定量地研究需求或供给量对价格等自变量变动反应灵敏程度的一个重要概念。需求弹性可分为需求的价格弹性、需求的收入弹性、需求的交叉弹性。需求的价格弹性有两种计算方法即弧弹性和点弹性，弧弹性是指需求曲线一段弧的弹性；点弹性是指需求曲线上一个点的弹性。根据弹性系数的不同可以把商品分成五类：完全弹性、完全无弹性、单位弹性、富有弹性和缺乏弹性。需求的价格弹性状态与商品的销售总收益密切相关。商品富有弹性，商品价格下降时，总收益会增加；价格上升时，总收益会下降。商品缺乏弹性，商品价格下降时，总收益会下降；价格上升时，总收益会增加。需求的收入弹性是指一种商品的需求量对消费者收入反应的灵敏程度。收入弹性系数是需求量变动率与收入变动率之比。需求的交叉弹性是指一种商品的需求量对另一种商品价格变动反应的灵敏程度，其弹性系数等于一种商品需求量变动的百分率与另一种商品价格变动的百分率之比。

5.5 供给弹性是指一种商品的供给量对价格变动反应的灵敏程度。

任务 3 问题研讨

1. 药品的需求曲线向右下方倾斜吗？市场价格是怎么决定的？

2. 票贩子为什么打击不尽？试对投机作出评价。

3. 我国政府对粮食实行的是支持价格还是限制价格？为什么？

4. 画出供求均衡图及变化并确定以下几件事涉及的是需求曲线的移动还是需求量的改变：①汽车销售量随消费者收入的增加而上升；②征收汽车油税减少了汽油的消费；③在一场灾难性的小麦病虫害之后，面包销售量下降；④小麦病虫害之后，花生酱和果子冻的销售量下降。

5. 你控制着某产品的供给（垄断厂商）。你在考虑，把该产品价格提高 10%是不是对你合算。要是知道该产品的需求价格弹性，对你有帮助吗？为什么？

6. 在 1973 年—1974 年，石油输出国组织决定，把原油价格提高 500%对它们有利。这对原油需求曲线有什么影响？

7. 说明为什么下列判断题的答案都是“错”：①巴西咖啡作物歉收会降低咖啡、茶、柠檬和奶油的价格；②爱好长裙的时尚会降低羊毛的价格并提高盐的价格；③一种新出现的吃肉的瘾头会降低谷物的价格并且提高兽皮和兽角的价格；④甜菜的种植提高了热带甘蔗田地的地租。

8. 画出供求图及变化并确定以下事件涉及的是供给曲线的移动还是供给量的改变：①卫生部门在医生的压力下，取缔了无照行医和美容美发厅；②通过关税提高价格，达到减少汽车进口、维持国内汽车行业工人高就业的目的；③新技术的运用使煤炭供给成本下降、供给增加；④虚假误导性广告的废止，减少了人们对“保健食品”的需求；⑤对房屋开发商和房屋购置者征税减少了房屋的数量。

9. 某报有这样一段论述：“乍一看来，向物品征税会提高消费者支付的价格。但是，价格的上升会降低需求。需求下降又会使价格下降。因此，无论如何，可以认为，向物品征税不会提高商品价格。”这段话对吗？为什么？画出图形并说明。

10. 西方学者说：“价格告诉人们干什么，人们自觉对价格变化作出反应；价格波动自动地实现稀缺资源的供求平衡、安排资源和收入分配；价格还提供了生产、需求、产业结构和资源流动的信息。”你能说明不利用价格，经济如何运转吗？

11. 用供求图分析劝导性的“吸烟有害健康”广告与征收高额烟草税对香烟市场的不同影响。

12. 大规模的广告活动使健身器材价格狂涨。在高兴的同时，健身器材经销商又担心价格上升会抑制需求，需求下降拉动价格下降。这种担心对吗？用供求图进行分析。

13. 用供求图解释下面每一种表述：①当寒流袭击长江中下游和长江以南地区时，全国超市中橘子汁的价格上升；②当每年夏天新英格兰地区天气变暖时，加勒比地区旅馆房间的价格直线下跌；③当中东爆发战争时，汽油价格上升，而二手凯迪拉克车的价格下降；④“练习本需求增加提高了练习本的需求量，但没有增加练习本的供给量。”这句话对还是错？解释原因。

14. 考虑家用旅行车市场，根据下面所列的每一个事件，确定哪一种需求或供给的决定因素要受到影响，还要指出，需求或供给增加了还是减少了，然后说明对旅行车价格和数量的影响：①人们决定多生孩子；②钢铁工人罢工提高了钢材价格；③工程师开发出用于家庭旅行车生产的新的自动化机器；④客货两用车价格上升；⑤股市崩盘减少了人们的财产。

15. 20世纪90年代期间，技术进步降低了电脑芯片的成本。你认为这会如何影响电脑市场？对电脑软件呢？对打字机呢？

16. 运用供求图，说明下列事件对衬衣市场的影响：①新疆的暴雨飓风影响了棉花作物的产量；②皮夹克价格下降；③所有大学要求早晨的自由体操要穿合适的服装；④发明了新织布机。

17. 假定2005年是一个孩子出生的暂时高峰。这种婴儿高峰对2010年和2020年的保姆服务价格有什么影响？（提示：5岁的孩子需要保姆，而不小于15岁的人可以当保姆。）

18. 番茄酱是热狗的互补品（以及调味品）。如果热狗价格上升，番茄酱市场会发生什么变动？番茄呢？番茄汁呢？橘子汁呢？

19. 把香烟税收作为减少吸烟的一种方法。现在考虑其他烟草产品市场，例如，雪茄烟和鼻烟：①这些产品是香烟的替代品还是互补品？②运用供求图，说明如果提高对香烟征收的税收，雪茄烟和鼻烟市场会发生什么变动；③如果决策者想减少烟草消费总量，与香烟税配合的政策是什么？

任务 4　项目实训

项目目标

1. 加深对均衡价格形成的认识。
2. 能够用均衡价格理论解释价格变动的原因。
3. 能够用均衡价格理论判断价格的变动方向。

1　市场调研——家电新产品上市后价格的变动特点

项目要求

1. 把学生分成 4～5 个小组到不同的家电专业市场调研。
2. 访谈产品营销人员，搜集出 3 个不同新产品上市后价格变动的实际数据。
3. 总结归纳新产品上市后价格变动的规律并运用所学的微观经济学原理进行分析。

2　“为什么情人节时玫瑰价格上涨很大幅度，而巧克力也有大量需求，但价格只是微幅上涨”

项目要求

1. 小组讨论“需求等幅度上升，为什么价格不是等幅度上升”。
2. 小组派代表陈述对问题的解释。
3. 教师点评。

3　“为什么 20 世纪 90 年代初伊拉克入侵科威特在导致美国石油价格上涨的同时其天然气价格也大幅上升”

项目要求

1. 小组讨论“伊拉克入侵科威特导致石油短缺，美国石油价格上升可以理解，为什么美国的天然气价格也大幅上升”。
2. 小组派代表陈述对问题的解释。
3. 教师点评。

项目三　消费者行为原理与应用

学习目标

1. 知识目标：掌握边际效用递减规律、消费者均衡。
2. 技能目标：能运用消费者行为原理分析和解决现实生活中的经济问题。
3. 态度目标：养成勤奋严谨的学习习惯和创新思考的职业精神。

学习型工作任务

任务 1　案例剖析
任务 2　消费者行为原理
任务 3　问题研讨
任务 4　项目实训

任务 1　案例剖析

1. 是穷人幸福还是富人幸福

对于什么是幸福，美国的经济学家萨缪尔森用“幸福方程式”来概括。这个“幸福方程式”就是：幸福=效用/欲望，从这个方程式中我们看到欲望与幸福成反比，也就是说人的欲望越大越不幸福。但我们知道人的欲望是无限的，那么多大的效用不也等于零吗？因此我们在分析消费者行为理论的时候我们假定人的欲望是一定的。那么我们在离开分析效用理论时，再来思考萨缪尔森提出的“幸福方程式”真是觉得他对幸福与欲望关系的阐述太精辟了，难怪他是诺贝尔奖的获得者。

在社会生活中对于幸福不同的人有不同的理解，政治家把实现自己的理想和抱负作为最大的幸福；企业家把赚到更多的钱当做最大的幸福；我们教书匠把学生喜欢听自己的课作为最大的幸福；老百姓往往觉得平平淡淡衣食无忧才是最大的幸福。幸福是一种感觉，自己认为幸福就是幸福。但无论是什么人一般都把拥有的财富多少看作衡量幸福的标准，一个人的欲望水平与实际水平之间的差距越大，他就越痛苦。反之，就越幸福。从“幸福方程式”使我想起了“阿Q精神”。

鲁迅笔下的阿Q形象，是用来唤醒中国老百姓的那种逆来顺受的劣根性。而我要说的是人生如果一点阿Q精神都没有，会感到不幸福，因此“阿Q精神”在一定条件下是人生获取幸福的手段。市场经济发展到今天，贫富差距越来越大，如果穷人欲望过高，那只会给自己增加痛苦。倒不如用“知足常乐”，用“阿Q精神”来降低自己的欲望，使自己虽穷却也活得幸福自在。富人比穷人更看重财富，他会追求更富，如果得不到他也会感到不幸福。是穷人幸福还是富人幸福完全是主观感觉。

我们消费的目的是为了获得幸福。“幸福方程式”就是：幸福＝效用/欲望，从这个方程式中我们看到欲望与幸福成反比，也就是说人的欲望越大越不幸福。幸福是一种感觉，自己认为幸福就是幸福。但一般把拥有的财富多少看作衡量幸福的标准，其实不尽然，一个人的欲望水平与实际水平之间的差距越大，他就越痛苦。因此，“知足常乐”“适可而止”“随遇而安”“退一步海阔天空”“阿Q时得阿Q”，这些说法有着深刻的经济含义，我们要为自己最大化的幸福作出理性的选择。

资料来源：梁小民：《微观经济学纵横谈》，北京，生活·读书·新知三联书店，2011。

2. 手机款式为什么变化这么快

通信市场上，各商家为了在竞争中取胜，不断地提高手机的功能、款式和型号，以获取市场的占有率。我身边很多赶时尚的人，也经常地变换手机。

从经济学的理论看消费者连续消费某一款式的手机给消费者所带来的边际效用是递减的。如果企业连续只生产一种型号的手机，它带给消费者的边际效用就在递减，消费者愿意支付的价格就低了。因此，企业的产品要不断创造出多样化的产品，即使是同类产品，只要不相同，就不会引起边际效用递减。

边际效用递减原理告诉我们，企业要进行创新，生产不同的产品满足消费者需求，减少和阻碍边际效用递减。消费者购买物品是为了效用最大化，而且，物品的效用越大，消费者愿意支付的价格越高。根据效用理论，企业在决定生产什么时首先要考虑商品能给消费者带来多大效用。要分析消费者的心理，能满足消费者的偏好。一个企业要成功，不仅要了解当前的消费时尚，还要善于发现未来的消费时尚。这样才能从消费时尚中了解到消费者的偏好及变动，并及时开发出能满足这种偏好的产品。比如，同类服装做成不同式样，就成为不同产品，就不会引起边际效用递减。如果是完全相同，则会引起边际效用递减，消费者不会多购买。这就是手机型号为什么变化这么快的经济学道理。

资料来源：梁小民：《微观经济学纵横谈》，北京，生活·读书·新知三联书店，2011。

任务2　消费者行为原理

1　认识效用论

如果对任意两个消费者的消费行为进行一番比较，就会发现很大的差异：为什么一个消费者会购买某一特定的商品组合而不是其他的商品组合？在回答这些问题的过程中，将会加深对需求规律的理解。微观经济学很重要的任务之一就是解释消费者行为。消费者选择商品的依据是什么呢？是购买商品的成本与收益的比较，成本是消费者支付的货币，收益就是效用或满足。19 世纪后期，经济学家将“效用”作为消费者在不同消费可能性之间进行选择的基准。

1.1　效用的定义

效用（utility）是指消费者从消费某种商品或劳务中得到的主观上的享受或有用性，也可以说，效用是指消费者在消费商品时得到的满足程度。商品或服务效用的大小，取决于它满足人们的欲望或需要的程度，例如：食物可以满足人们充饥的需要，衣物可以满足人们御寒和装饰的需要，艺术品可以满足人们欣赏的需要，等等。经济学家用效用来解释有理性的消费者如何把他们有限的资源分配在能给他们带来最大满足的商品上。

效用是消费者对商品和劳务的主观评价，是一种主观的心理感受。效用和有用性不是同义词，凡·高的名画可能没有什么实际的用处，但对于艺术鉴赏家却有很大的效用。效用本身并不包括有关是非的价值判断。商品和劳务效用的大小，是要看在多大程度上能满足人们的愿望和需要，不是这一欲望或需要本身的好坏。例如，对吸毒的瘾君子来说，从道德角度来看是不好的欲望，但毒品（如海洛因、吗啡）能满足这种欲望，因此它就具有效用。

效用是主观的，效用因人、因时、因地而异。同一商品对偏好不同的两个人而言，效用大小是不相同的。例如，一人爱喝白酒，一人根本不喝白酒，于是一瓶茅台酒对于这两个人的效用大小就不一样；眼镜对于远视或近视的人效用极大，而对于一个双目视力正常的人来说毫无效用；冰激凌在夏天效用较大，在冬天，效用相对较小；在正常的生活中，一杯水对于人没有什么效用，而对于在沙漠中旅行的人来说，一杯水的效用就很大。

1.2　基数效用论和序数效用论

经济学家先后提出了基数效用和序数效用的概念。一些经济学家认为效用大小的衡量可以用具体数字来表示，另有一些经济学家认为效用作为一种心理现象，是不能用具体数字来表示的，这样产生了基数效用论（Theory of Cardinal Utility）和序数效用论（Theory of Ordinal Utility），并形成了分析消费者选择的两种方法：基数效用论的边际效用分析及序数效用论的预算线及无差异曲线分析。

基数和序数这两个术语来自数学。基数是指 1、2、3……基数是可以加总求和的，例如，基数 2 加 8 等于 10，且 20 是 4 的 5 倍等；序数是指第 1、第 2、第 3……序数只表示顺序或等级，例如序数第一、第二、第三……序数只表示顺序或等级，序数是不能加总求和的。

在 19 世纪末和 20 世纪初期，西方经济学家普遍使用基数效用的概念。基数效用论者认为，效用如同宽度、重量、体积等概念一样，可以具体衡量，并加总求和，具体的效用量之间的比较是有意义的。表示效用大小的计量单位称为效用单位。例如，对某一个人来说，看一场篮球比赛和听一场音乐会的效用分别是 5 效用单位和 10 效用单位，则可以说两种消费的效用之和为 15 效用单位，后一种效用是前一种效用的 2 倍。

到了 20 世纪 30 年代，序数效用的概念被大多数西方经济学家所使用。序数效用论者认为，效用的大小是无法具体衡量的，效用之间的比较只能通过顺序或等级来表示。仍以上面的例子来说，消费者其实难以确定篮球比赛和音乐会的效用到底是多少，消费者只能描述自己在篮球比赛和音乐会中更喜欢哪一种消费，即哪一种消费的效用是第一位的，哪一种消费的效用是第二位的。

【原理应用】

吃三个面包的感觉

美国总统罗斯福连任三届后，曾有记者问他有何感想，总统一言不发，只是拿出一块三明治面包让记者吃，这位记者不明白总统的用意，又不便问，只好吃了。接着总统拿出第二块，记者还是勉强吃了。紧接着总统拿出第三块，记者为了不撑破肚皮，赶紧婉言谢绝。这时罗斯福总统微微一笑："现在你知道我连任三届总统的滋味了吧?"这个故事揭示了经济学中的一个重要的原理：边际效用递减规律。

为什么记者不再吃第三个面包，是因为再吃不会增加效用，反而是负效用。还比如，水是非常宝贵的，没有水，人们就会死亡，但是你连续喝超过了你能饮用的数量时，那么多余的水就没有什么用途了，再喝边际价值几乎为零，或是在零以下。现在我们的生活富裕了，我们都有"天天吃着山珍海味也吃不出当年饺子的香味"的体验。这就是边际效用递减规律。设想如果不是递减而是递增会是什么结果，吃一万个面包也不饱。

资料来源：梁小民：《微观经济学纵横谈》，北京，生活·读书·新知三联书店，2011。

2 基数效用论与边际效用分析

2.1 总效用和边际效用

基数效用论者将效用分为总效用（total utility，TU）和边际效用（marginal utility，MU）。总效用是指消费者在一定时间内从消费一定数量的商品中所得到的效用量或满足程度的总和。边际效用是指消费者在一定时间内增加一单位商品的消费所得到的效用量的增量。如果消费者连续消费了 5 个单位商品，那么第 5 个单位给他带来的效用被称为边际效用。假设消费者对一种商品的消费数量为 Q，则总效用函数为：

$$TU=f(Q)$$

边际效用函数为：

$$MU=\Delta TU/\Delta Q$$

当 $\Delta Q\rightarrow 0$ 时，边际效用函数可表示为：

$$MU=\mathrm{d}TU/\mathrm{d}Q$$

表 3—1 所示的是某消费者消费商品的总效用和边际效用。表 3—1 中，如 A 先生消费

4 个单位，他的总效用是第一到第四个边际效用之和，即 7＋6＋5＋4＝22。随着消费量增加，只要边际效用为正值，其总效用也增加。但是，当边际效用下降为零时，即第八个时，总效用便停止增加。

边际效用能否变为负值呢？如果消费者的产品多到必须扔掉部分，多到给消费者造成麻烦、破费或痛苦时，它就变为负值。

图 3—1（a）表示某消费者消费茶叶的总效用和边际效用。每一长方形的高度表示每增加 0.5 千克茶叶消费所得到的边际效用。长方形的高度一直往下减，最后到零。横轴上从 0 点到任一点上长方形面积的总和表示消费产生的总效用。例如，如果每月消费 2 千克茶叶，总效用就是图中深色的面积。在表 3—1 和图 3—1（a）中都可以看到，当消费者消费越来越多时，得到的总效用会越来越以缓慢的速度增长。这就是随着消费者消费商品数量的增加，边际效用递减造成的。

表 3—1　　某消费者消费商品的效用

商品数量	总效用	边际效用
0	0	7
1	7	6
2	13	5
3	18	4
4	22	3
5	25	2
6	27	1
7	28	0
8	28	−1
9	27	

在图 3—1（b）中，*MU* 曲线是向右下方倾斜的，它反映了边际效用递减规律，相应地，*TU* 曲线是以递减的速率先上升后下降的。当边际效用为正值时，总效用曲线呈上升趋势；当边际效用为零时，总效用曲线达最高点；当边际效用继续递减为负值时，总效用曲线呈下降趋势。从数学上来说，如果效用曲线是连续的，则每一消费量上的边际效用值就是总效用曲线上相应点的斜率，这一点也体现在边际效用的定义公式中。

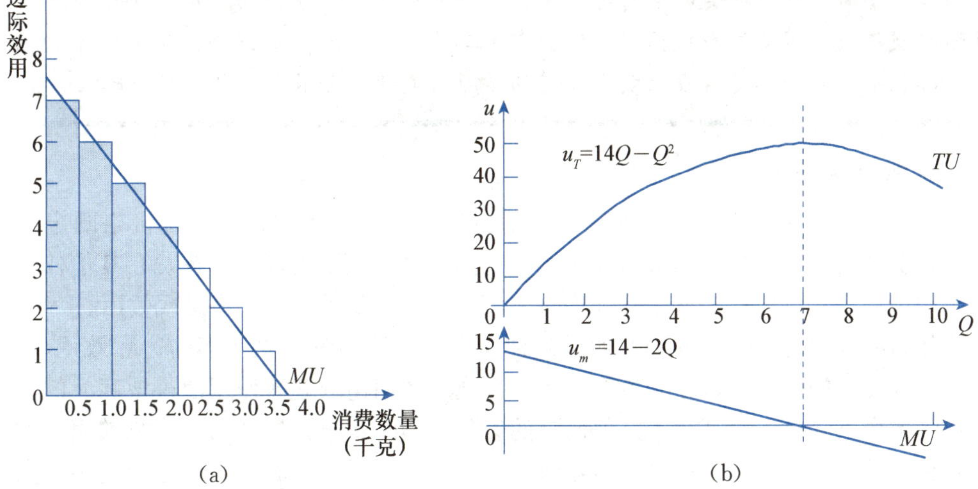

图 3—1　总效用与边际效用

2.2 边际效用递减规律

从表3—1和图3—1可以看出，边际效用是递减的。边际效用递减规律成立的原因是，随着相同消费品的连续增加，从人的生理和心理的角度讲，从每增加一单位商品的消费中所感受到的满足程度是递减的。还可以是由于在一种商品具有几种用途时，消费者总是将第一单位的消费品用在最重要的用途上，第二单位的消费品用在次重要的用途上，等等。

边际效用递减规律是指随着个人连续消费越来越多的某种商品，他从中得到的增加的或额外的效用量是递减的。边际效用递减规律的特征如下：(1) 边际效用的大小与欲望强弱成正比，与消费商品的数量成反比；(2) 边际效用是在特定的连续的时间段里起作用，不同的时间里具有再生性、反复性；(3) 边际效用具有主观性，商品价格由边际效用决定，数量少，边际效用大，价值就高。

个别商品有例外（如成套邮票等），不过这不影响边际效用递减规律的合理性和普遍性，多样化、少而精、自由选择等现象都可以在边际效用递减规律中找到解释。

【原理应用】

有用的经济学：边际效用递减

边际效用递减规律在经济学中意义重大。以农业为例，当我们增加劳动后产出会大大增加——田地更加精细耕作，更整齐的灌溉沟渠，装束更鲜艳的稻草人。但是，增加的劳动带来增加的产出却越来越少。一天中的第三次除草和第四次给机器上油只能增加很少的产出。最后，当大量劳动力涌向农场，产出几乎不会再增加。过多的耕作者会毁坏农田。

边际收益递减规律是解释为什么亚洲许多国家如此贫穷的关键因素之一。在拥挤的中国和印度，生活水平之所以低，是因为在每一英亩的土地上有如此众多的劳工，而不是因为农民在经济激励面前无动于衷。

我们也可以使用学习中的例子来说明边际收益递减规律。你也许会发现一天中学习经济学的第一个小时的收效最大——你能轻松地学习新的定律和数据，增长新的见识和体会；第二个小时中你可能会稍微有些失神，学到的东西减少了；而在第三个小时中，边际收益递减规律——报复的形式出现，使你在第二天根本想不起第三个小时中所学的任何东西。边际收益递减规律是否在表明考试前的学习时间应该分散而不是挤在一起？

2.3 消费者均衡

消费者效用最大化的均衡条件是：在消费者的收入和各种商品市场价格既定的条件下，当花费在任一种商品上的最后一元钱所得到的边际效用正好等于花费在其他任何一种商品上的最后一元钱所得到的边际效用时，该消费者得到了最大的满足或效用。

为什么必须保持这一条件呢？如果某种商品一元钱能够提供更多的边际效用，那么，把钱从其他商品的花费中转移到该商品上去，边际效用递减规律作用使得该商品的每一元钱的边际效用下降。一直到等于其他商品的边际效用时为止，这就增加了总效用。如果花费在某种商品上的每一元钱提供的边际效用少于普通水平，那么，可以减少购买该商品的数量，直到花费在该商品上的最后一元钱所提供的边际效用上升到普通水平为止。消费者均衡的这一基本条件可以用不同商品的边际效用和价格，以如下简练的方式来表达：

假设消费者用既定的收入购买 n 种商品，P_1，P_2，…，P_n 分别为 n 种商品的既定价格，以 X_1，X_2，…，X_n 分别表示 n 种商品的数量，MU_1，MU_2，…，MU_n 表示 n 种商品的边际效用，λ 是货币的边际效用。则消费者效用最大化的均衡条件可以用公式表示为：

$$P_1X_1+P_2X_2+\cdots+P_nX_n=I\text{（预算约束）}$$
$$MU_1/P_1=MU_2/P_2=\cdots=MU_n/P_n=\lambda\text{（均衡条件）}$$

预算方程是限制条件 $MU_1/P_1=MU_2/P_2=\cdots=MU_n/P_n$ 是在限制条件下消费者实现效用最大化的均衡条件，表示消费者应该选择最优的商品组合，使得自己花费在各种商品上的最后一元钱所带来的边际效用相等。

例子可以帮助解释效用最大化规律。为了简单起见，我们的讨论仅限于两种商品，这种分析对多种商品也适用。假设某一消费者正在考虑如何选择茶叶和咖啡的组合，消费者能用于购买的预算为每天 10 美元的固定收入。消费者在每一数量上对茶叶和咖啡的边际效用，如表 3—2 所示。

表 3—2　　茶叶与咖啡的边际效用

数量	1	2	3	4	5	6	7
茶叶的边际效用	10	8	7	6	5	4	3
咖啡的边际效用	24	20	18	16	12	6	4

消费者应该怎样在茶叶和咖啡之间分配 10 美元收入以取得最大的效用呢？在 10 美元钱用尽时，消费者得到茶叶和咖啡的组合是什么？已知茶叶的价格是 2 美元 1 斤，咖啡的价格为 4 美元 1 斤，那么消费者最终消费 1 斤茶叶、2 斤咖啡恰好用完 10 美元，并且 1 个数量的茶叶的边际效用与价格之比与 2 个数量的咖啡的边际效用与价格之比恰好相等，即：

$$MU_{茶叶}/P_{茶叶}=MU_{咖啡}/P_{咖啡}$$

此时消费者达到了最大的总效用，即总效用为 54。那么，当消费者选择两种商品时，消费者效用最大化的均衡条件可写为：$MU_1/P_1=MU_2/P_2=\lambda$。进而选择一种商品的效用最大化的均衡条件可改写为 $MU_1/P_1=\lambda$。

【原理应用】

1. 物以稀为贵

水对生命如此不可缺少，为什么价格却很低，而对于生命并非必不可少的钻石却具有如此高的价格呢？

200 年以前，这一悖论困扰着亚当·斯密。现在，我们知道如何解答这一问题了，其答案如下："水的供给和需求曲线相交于很低的均衡价格（见图 3—2），而钻石的供给和需求曲线相交所决定的钻石的均衡价格很高（见图 3—3）。"这样回答后，我们自然还会问："为什么水的供给和需求相交于如此低的均衡价格呢？"

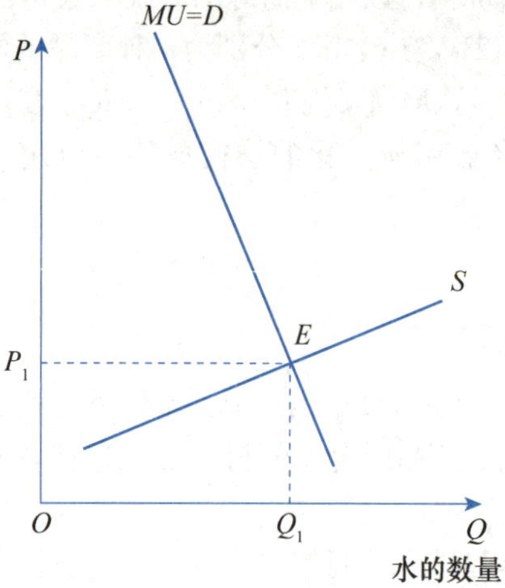

图 3—2　水的均衡价格

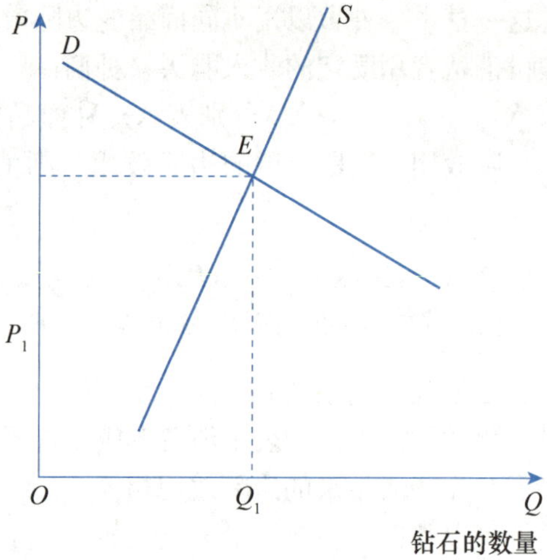

图 3—3　钻石的均衡价格

从成本或供给看，其答案在于：钻石是十分稀缺的，得到 1 单位钻石的成本很高，它的供给线往往很高。而相对于钻石而言水是相当丰富的，得到 1 单位水的成本很低，在世界上的许多地方都可以几乎不费代价而得到，供给线往往很低。

从需求角度看：我们对水的需求大于钻石，需求曲线处于较高的位置，总效用大，但水的价格不决定于总效用。相反，水的价格取决于它的边际效用，取决于最后一杯水的有用性，即边际效用决定了消费者对每单位水愿意支付的价格越来越低（边际效用递减决定需求曲线向右下方倾斜）。由于有如此之多的水，所以，最后一杯水只能以很低的价格出售。即使最初的几滴水相当于生命自身的价值，但最后的一些水仅仅用于浇草坪或洗汽车。因此我们发现，商品的数量越多，它的最后一单位的相对购买愿望越小，大量的水价就越低。为什么必不可少的水在一些地方成为免费商品？正是无限供给量使其边际效用大大减少。因而降低了这一极其重要商品的价格。从均衡图看，需求曲线位置虽然很高，但却很陡峭，给定的陡峭的对水的需求曲线与位置往往很低的供给曲线相交，均衡价格必然就低，所以，水价惊人的低。

正如一位学生所言，经济学的价值论并不难懂，只要你记住：在经济学中，是狗尾巴摇动狗身子。摇动价格和数量这个狗身子的是边际效用这条狗尾巴。

结论：容易得到的物品，总效用大，但边际效用小，价格就低，比如水；稀有的物品，总效用低，边际效用大，价格就高，比如钻石。

2. 交换与消费者剩余

消费者剩余是指消费者愿意支付的价格高于商品实际市场价格的差额，即消费者剩余＝MU－销售价格。分工和交换社会中，每个人都可能享受消费者剩余，原因在于：对于我们所购买的某一商品的每一单位，从第一单位到最后一单位，我们支付了相同的价格。对于每一个鸡蛋或每一杯水，我们支付了相同的价格。同时，我们所支付的每一单位的代价是它最后一单位的价值。根据边际效用递减规律，对于我们来说，前面的单位要比最后的单位具有更高的价值。因此，我们就从前面的每一单位中享受了消费者剩余（效用剩余）。

图 3—4 说明了一个消费水的人的消费者剩余的概念。比如说，水的价格为每单位 1

元。图 3—4 中位于 1 元的水平线表示了这一点。第 1 单位的水是非常有用的，能够消除极度的干渴，消费者愿意为它支付 9 元。但是，这第 1 单位水的代价只是 1 元（水的市场价格）。这样，消费者就获得了 8 元的消费者剩余。

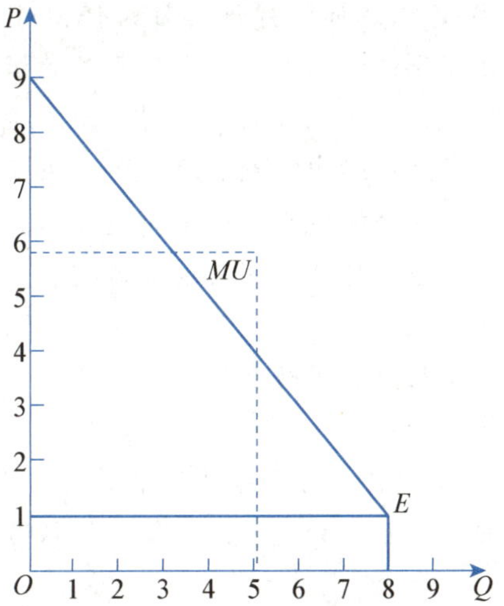

图 3—4 消费者剩余

再考虑第 2 单位的水。这一单位水对消费者来说值 8 元，但代价仍然为 1 元，因此，消费者剩余为 7 元。如此下去，直到第 9 单位的水，它对消费者来说不值多少了，从而就不购买这一单位水了。在 E 点时，消费者达到了均衡，此时，按每单位 1 元的价格，该消费者购买了 8 单位的水。

在这里我们有了一个重要的发现：尽管该消费者只支付了 8 元，但消费者愿意支付即他得到的总效用为 44 个单位，即 44 元，该消费者得到了超过其支付额的消费者剩余（44－8＝36 元）。

在图 3—5 中，供求相互作用决定的均衡价格为 P_1，消费者购买商品数量 OQ_1 所支付的成本总额为 OP_1EQ_1，但得到的总效用是 $OPEQ_1$。这样总效用减总成本，阴影部分为消费者剩余。

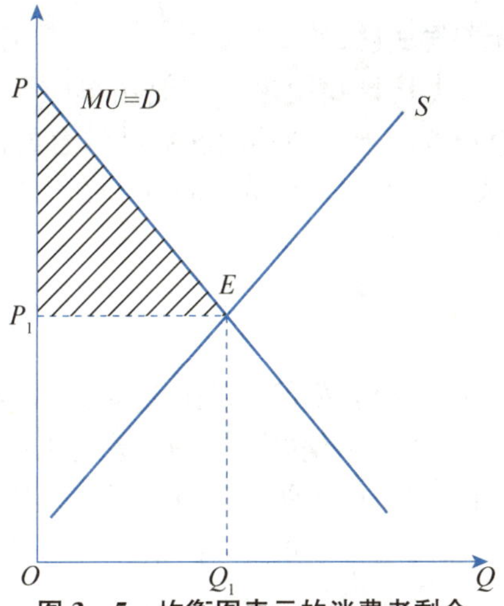

图 3—5 均衡图表示的消费者剩余

消费者剩余（S）概念在做经济决策、解释经济现象方面应用广泛，比如：

(1) 在制定有关公共物品、机场、道路、水坝、地铁和公园的许多决策中，消费者剩余概念是极其有用的。假设一条新的可免费使用的高速公路的修建正在考虑之中。由于高速公路免费使用（$S=MU-0$），它不能给建设者带来任何收入。使用高速公路的人节省了时间或享受了旅行安全，他获得的效用增加，得到更多的消费者剩余。为了避免个人之间效用比较的困难问题，我们假设有 10 000 个使用者，他们在一切方面都是完全相同的。

我们假定，每个人可以从高速公路中得到 350 元的消费者剩余。如果总成本小于 350 万元（10 000×350 元），消费者就会赞成修建这条高速公路。从事于“成本—收益”分析的经济学家们一般建议，如果这条高速公路的总消费者剩余大于它的成本，就应该修建这条高速公路。

(2) 消费者剩余除了可以帮助社会了解在什么时候值得修建桥梁或公路以外，还可以解释人们对把价格和价值相等同的怀疑是有其道理的。我们已经知道，尽管水和空气的总经济价值远远超过了钻石或皮衣，但它们可能具有很低的货币价值（价格乘以数量）。空气和水的消费者剩余是很大的，而钻石和皮衣的价值可能只略微大于其购买价格（较低的消费者剩余）。

(3) 消费者剩余概念还指出，现代社会的公民享受着巨大的分工和交换带给人们的好处或福利。我们中的每个人都能以低价购买大量品种繁多的非常有用的商品。

这是一种谦虚的思想。如果某些人因为他们的高生产率和高收入水平而态度傲慢，因为成功而不可一世，可以建议他们冷静下来。如果把他们送到没有分工和交换的社会中，什么都要自给自足，没有分工和交换，没有其他人的劳动，没有一代一代人积累下来的技术知识，没有资本设备，他们的货币收入什么东西也买不到，他们只不过是茹毛饮血的野蛮人。很显然，我们所有的人都从我们从来没有建造的经济世界中获得了消费者剩余。

资料来源：缪代文：《宏观经济学与微观经济学》，北京，高等教育出版社，2004。

3 序数效用论与无差异曲线分析

3.1 消费者的偏好和无差异曲线

序数效用论用“偏好”取代基数效用论的“效用单位”、用“商品组合”替代“商品”。序数效用论者指出：消费者对于各种不同的商品组合的偏好（即爱好）程度是有差别的，这种偏好程度的差别决定了不同商品组合的效用的大小顺序。

3.1.1 序数效用论的基本的假定

消费者选择理论首先提出了三个基本的假定。这些假定适用于绝大多数情况下的绝大多数人。

第一个假定是偏好是完全的。即消费者可以比较和排列所有的商品组合。例如有任何两个商品组合 A 和 B，一个消费者可以偏好其中的 A，可以偏好其中的 B，或者可以对两者同样地喜欢。假定消费者面对着任意两种商品组合（如一种商品组合是 1 张排球票和 3 支钢笔；另一种商品组合是 2 瓶可乐和 1 张公园门票），经济学家们作出的第一个假设是：消费者能够确定其更喜欢哪一种商品组合，或者认为两者并无差异。

第二个假定是消费者的偏好具有传递性。可传递性是指如果消费者在商品组合 A 和 B 中更偏好 A，在 B 和 C 中更偏好 B，那么消费者在 A、B 和 C 中就更偏好 A。例如，如果一个人喜欢啤酒甚于喜欢黄酒，喜欢黄酒甚于喜欢白酒，那么他一定喜欢啤酒甚于喜欢白酒。

第三个假定是所有的商品都是值得拥有的，消费者总是喜欢较多的商品而非较少的商品。当然，还有一些物品（如空气污染）可能并不值得拥有，消费者也是尽可能地回避它们。在讨论消费者选择的时候，并不考虑这些不值得拥有的物品，因为绝大多数的消费者不会去购买它们。

这三个假定构成了消费者选择理论的基础。它们并没有阐明消费者的偏好，但它们的确使得这些偏好具有某种程度的合理性。在这些假定的基础之上，就可以探讨消费者行为了。

3.1.2　无差异曲线

如果上述消费者选择理论三个基本假定条件成立，那么，就可以通过一系列无差异曲线（indifference curve）表示消费者的偏好。无差异曲线是表示两种商品的不同数量的组合能给消费者带来同等效用水平或满足程度的曲线。与无差异曲线相对应的效用函数为：

$$U=f\ (X_1, X_2)$$

式中，X_1 和 X_2 分别为商品 1 和商品 2 的数量；U 是常数，表示某个效用水平。

由于无差异曲线表示的是序数效用，所以，这里的 U 只需表示某一个效用水平，而不在乎其具体数值的大小。

无差异曲线可以用表 3—3 和图 3—6 来说明。表 3—3 是某消费者关于商品 1 和商品 2 的一系列消费组合所构成的无差异表。该表由三个子表，即表 a、表 b 和表 c 组成。根据表 3—3 可绘制无差异曲线，如图 3—6 所示。由于消费者具有无穷多个无差异子表，因此，作出的无差异曲线也可有无数条，图 3—6 所示不过是其中的三条（表 a、表 b 和表 c 分别对应曲线 I_1、I_2 和 I_3）。

表 3—3　　某消费者的无差异消费组合

商品组合	表 a		表 b		表 c	
	X_1	X_2	X_1	X_2	X_1	X_2
A	20	130	30	120	50	120
B	30	60	40	80	55	90
C	40	45	50	58	60	83
D	50	35	60	50	70	70
E	60	30	70	44	80	60
F	70	27	80	38	90	54

图 3—6 中的每一条无差异线曲线上的任何一点（如无差异曲线 I_1 上的 A、B、C、D、E 和 F 点）所代表的商品组合给消费者带来的效用水平都是相等的，无差异曲线是消费者偏好相同的两种商品的各种不同组合的轨迹。每一条无差异曲线代表一个效用水平，不同的无差异曲线代表不同的效用水平。在图 3—6 中，三条无差异曲线各自代表的效用

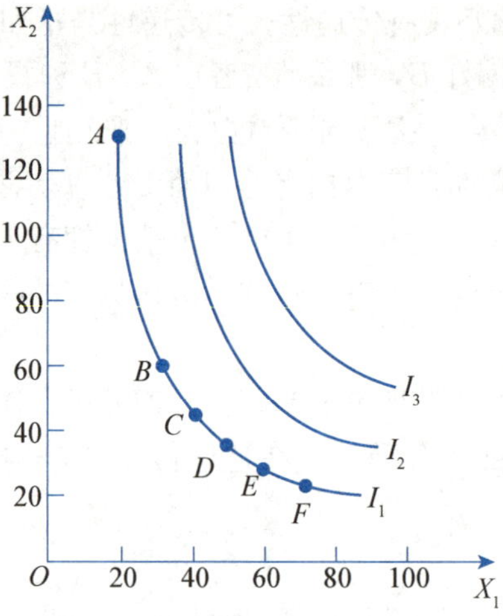

图 3—6 某消费者无差异曲线

水平是不相同的，其中，无差异曲线 I_3 代表的效用水平大于无差异曲线 I_2，无差异曲线 I_2 代表的效用水平大于无差异曲线 I_1。

无差异曲线具有以下几个特征。

1. 无差异曲线有无数条

由于通常假定效用函数是连续的，所以，在同一坐标平面上的任何两条无差异曲线之间，可以有无数条无差异曲线。可以这样想象，画出无数条无差异曲线，以至于覆盖整个平面坐标图。

2. 效用大小与离原点的远近有关

所有这些无差异曲线之间的相互关系是：离原点越远的无差异曲线代表的效用水平越高，离原点越近的无差异曲线代表的效用水平越低。在图 3—6 中，无差异曲线 I_3 的效用水平高于无差异曲线 I_2，无差异曲线 I_2 的效用水平高于无差异曲线 I_1。

3. 任何两条无差异曲线不会相交

在同一坐标平面图上的任何两条无差异曲线不会相交。假设存在两条相交的无差异曲线 I_1 和 I_2，交点为 B，根据无差异曲线的定义，无差异曲线 I_1 上的任意一点 A 和 B 点的效用水平是相等的，无差异曲线 I_2 上的任意一点 C 和 B 点的效用水平也是相等的，于是，根据偏好可传递性的假定，必定有 A 点和 C 点的效用水平是相同的，这就说明无差异曲线 I_1 和 I_2 是重合的，即两条无差异曲线其实是一条。

4. 无差异曲线是凸向原点的

无差异曲线的斜率为负值，而且无差异曲线是向右下方倾斜的，即无差异曲线的斜率的绝对值是递减的。这一点在图 3—6 中有明显的表现。无差异曲线凸向原点是由商品的边际替代率递减规律决定的。

3.2 边际替代率

3.2.1 边际替代率的概念及表达式

当一个消费者的购买沿着一条既定的无差异曲线向下滑动时，两种商品的组合会发生变化，但消费者所得到的效用水平却是不变的。由此可得到商品的边际替代率（marginal rate of substitution，MRS）的概念，即在维持效用水平不变的前提下，消费者增加某种商品的消费量所需放弃的另一种商品的消费量，被称为商品的边际替代率。以 MRS 代表商品的边际替代率，则商品 1 对商品 2 的边际替代率的公式为：

$$MRS=-\frac{\Delta X_2}{\Delta X_1}$$

其中，ΔX_1 和 ΔX_2 分别为商品 1 和商品 2 的变动量。由于 ΔX_1 和 ΔX_2 的符号肯定是相反的，为了使商品的边际替代率取正值以便于比较，所以，在公式中加了一个负号。

用图 3—7 具体说明商品的边际替代率的概念。图中的无差异曲线所对应的效用函数为 $U=f(X_1, X_2)$。如果消费者的购买沿着这条无差异曲线由 A 点运动到 B 点，由于效用水平不发生变化，因此，当商品 1 的数量由 X_1' 增加到 X_1'' 时，商品 2 的数量会相应地由 X_2' 减少为 X_2''，或者说，消费者愿意放弃 $X_2'X_2''$（即 ΔX_2 数量的商品 2）以取得 $X_1'X_1''$（即 ΔX_1 数量的商品 1），在这种情况下，两种商品的变化量之比的绝对值即 $-\Delta X_2/\Delta X_1$，便是由 A 点到 B 点的商品 1 对商品 2 的边际替代率。

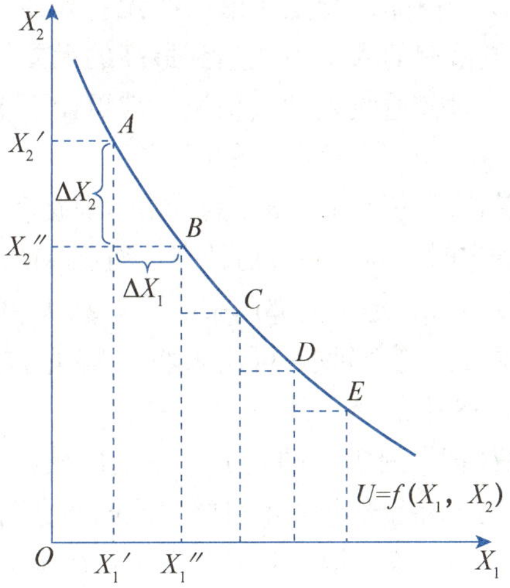

图 3—7　商品的边际替代率

假定商品数量的变化量趋于无穷小，即当 $\Delta X_1\rightarrow 0$ 时，则商品的边际替代率的公式可以写为：

$$MRS=\lim_{\Delta X_1\rightarrow 0}-\frac{\Delta X_2}{\Delta X_1}=-\frac{dX_2}{dX_1}$$

显然，无差异曲线上任何一点的商品的边际替代率等于无差异曲线在该点的斜率的绝对值。

商品的边际替代率可以这样描述，在保持效用水平不变的前提下，增加一单位的某种商品的消费所放弃的另一种商品的数量。

3.2.2　边际替代率递减规律

边际替代率递减规律是在维持效用水平不变的前提下，随着一种商品的消费数量的连续增加，消费者为得到每一单位的这种商品所需要放弃的另一种商品的消费数量是递减的。

之所以会普遍发生商品的边际替代率递减的现象，是由于人们在两种或两种以上的商品中进行选择的时候面临着权衡问题。无差异曲线有助于使这些权衡问题变得清晰，图3—7中的无差异曲线说明了这一点，在消费者由 A 点经 B、C、D 点运动到 E 点的过程中，随着消费者对商品1的消费量的连续的等量的增加，消费者为得到每一单位的商品1所愿意放弃的商品2的消费量是越来越少的。也就是说，对于连续的等量的商品1的变化量 ΔX_1 而言，商品2的变化量 ΔX_2 是递减的。

从几何意义上讲，商品的边际替代率递减表示无差异曲线的斜率的绝对值是递减的。商品的边际替代率递减规律决定了无差异曲线的形状凸向原点。

3.3 预算线

3.3.1 预算线的概念及表达方式

预算线表示在消费者的收入和商品的价格给定的条件下，消费者的全部收入所能购买到的两种商品的各种组合。预算线又可以称为预算约束线、消费可能线和价格线。

消费者的货币收入是指在一定时间内可支出的货币量。如果消费者有无限多的货币收入，那么，不管某个商品组合多么昂贵，也不必担心自己买不起。在这种情况下，毫无疑问，消费者将购买自己最喜欢的商品组合处于最高的无差异曲线上。但是，没有人能够拥有无限的货币收入，即使是最富有的人也不能达到最高的无差异曲线，因为这样做意味着支出将超过他们的货币收入。对普通收入的人来说，就更谈不上购买自己最喜欢的商品组合了。消费者所能购买到的商品受到自己收入的限制。

消费者还要考虑所有相关商品的价格。商品的价格是消费者为获得一单位某种商品所需支付的货币。当消费者收入既定时，商品的价格越高，消费者所能购买的商品数量就越少。

例如，假定某消费者收入为80元，全部用来购买商品1和商品2，商品1的价格为4元，商品2的价格为2元。那么，全部收入可用来购买20单位的商品1或40单位的商品2，由此作出的预算线为图3—8中的 AB 线段。

在图3—8中，预算线 AB 把平面坐标图划分为三个区域：预算线 AB 以外的区域中的任何一点（如 C 点），是消费者利用全部收入不可能实现的商品购买的组合点；预算线 AB 以内的区域中的任何一点（如 D 点），表示消费者的全部收入在购买该点的商品组合以后还有剩余。唯有预算线 AB 上的任何一点，才是消费者的全部收入刚好花完所能购买到的商品组合点。

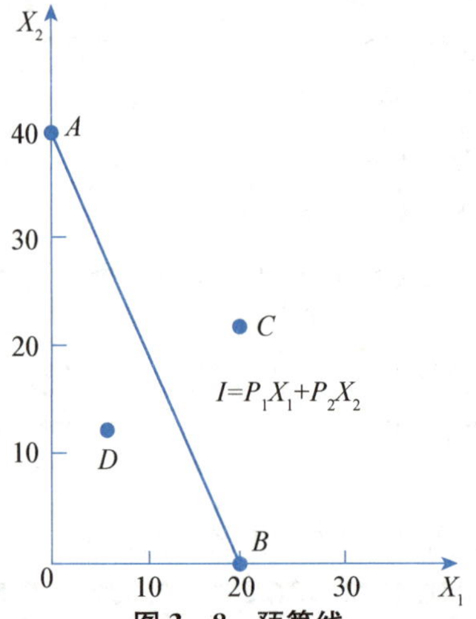

图3—8 预算线

如果 I 表示消费者的既定收入，以 P_1 和 P_2 分别表示已知商品 1 和商品 2 的价格，以 X_1 和 X_2 分别表示商品 1 和商品 2 的数量，那么预算线的方程为：

$$I=P_1X_1+P_2X_2$$

该式表示，消费者的全部收入 I 等于购买商品 1 的支出和购买商品 2 的支出总和。

由上式可得，消费者全部收入购买商品 1 的数量为 I/P_1，它是预算线在横轴上的截距，即图 3—8 中的 OB；消费者全部收入购买商品 2 的数量为 I/P_2，它是预算线在纵轴上的截距，即图 3—8 中的 OA。预算线的斜率可写为：

$$-\frac{OA}{OB}=-\frac{I}{P_2}\Big/\frac{I}{P_1}=-\frac{P_1}{P_2}$$

当然，预算线的方程也可写为：

$$X_2=-\frac{P_1}{P_2}X_1+\frac{I}{P_2}$$

式中，$-P_1/P_2$ 为预算线的斜率；I/P_2 为预算线在纵轴上的截距。

3.3.2 预算线的变动

消费者的收入 I 或商品价格 P_1、$P2$ 发生变化时，会引起预算线的变动。预算线的变动可以归纳为以下四种情况。

1. 两商品的价格 P_1 和 P_2 不变，消费者的收入 I 发生变化

在此种情况下，相应的预算线的位置会发生平移。其理由是：P_1 和 P_2 不变，即预算线的斜率保持不变，收入 I 的变化只能使得预算线的横轴、纵轴截距发生变化。如图 3—9（a）所示，假定原有的预算线为 AB，当消费者收入 I 增加时，预算线 AB 向右平移到 $A'B'$；当消费者收入 I 减少时，预算线 AB 向左平移到 $A''B''$。

2. 消费者的收入 I 不变，两种商品的价格 P_1 和 P_2 同比例同方向发生变化

在此种情况下，相应的预算线的位置也会发生移动，也可以用图 3—9（a）说明。其原因是：P_1 和 P_2 同比例同方向的变化，并不影响预算线的斜率，而只能使预算线横轴的截距和纵轴的截距发生变化。在收入不变的前提下，P_1 和 P_2 同比例下降，会使两种商品的购买数量增加，反之亦然。两商品的价格同比例下降，使预算线 AB 向右平移到 $A'B'$；两商品的价格同比例上升，预算线 AB 向左平移到 $A''B''$。

3. 消费者的收入 I 不变时，商品 1 的价格发生变化而商品 2 的价格保持不变

在此种情况下，预算线的斜率会发生变化，预算线横轴的截距发生变化，但预算线的纵轴的截距保持不变，即预算线是绕 A 点移动，如图 3—9（b）所示，商品 1 的价格下降，预算线 AB 移动到 AB'；商品 1 的价格上升，预算线 AB 移动到 AB''。同样的道理，在图 3—9（c）中，商品 2 的价格的上升与下降，分别使预算线由 AB 移至 $A'B$ 或 $A''B$。

4. 消费者的收入和两种商品的价格 P_1 和 P_2 同比例同方向发生变化

此种情况下，预算线不发生变化。其理由是，此时预算线的斜率及横、纵轴截距不发生变化。它表示消费者的全部收入用来购买任何一种商品的数量未发生任何变化。

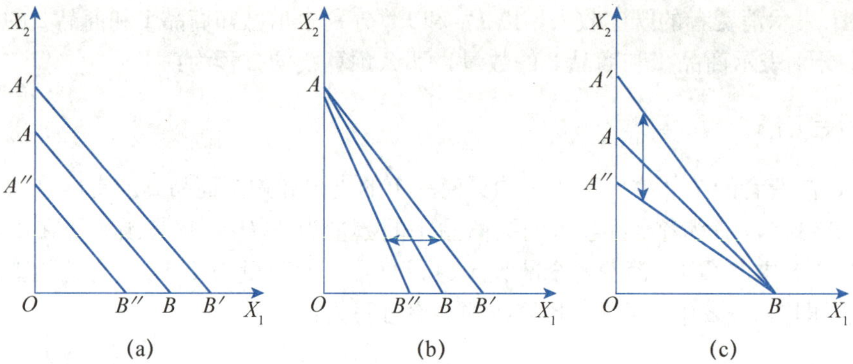

图 3—9 预算线的变动

3.4 消费者均衡

3.4.1 消费者均衡的描述

序数效用论把无差异曲线和预算线结合在一起来说明消费者均衡。一个消费者关于任何两种商品的无差异曲线组合可以覆盖整个坐标平面，即消费者的无差异曲线有无数条，但由消费者的收入和商品的价格决定的预算线只有一条。那么，当一个消费者面临一条既定的预算线和无数条无差异曲线时，应该如何决策才能获得最大的满足程度呢？在消费者的偏好和预算线（收入和商品价格不变）已知的情况下，消费者个人对每种商品的购买要在既定预算支出下，使他们能够获得效用最大化。效用最大化必须满足以下两个条件。

一是它必须位于既定的预算线上。预算线左边的市场选择有一部分收入未动用，这部分收入的使用可以增加消费者的效用。消费者有时的确会省下一些收入以备未来之需，但这里假设所有的收入现在都已用完。而在预算线右侧的任何一个市场选择都是在现有收入的情况下无法达到的。那么，唯一合理的、可行的选择便是预算线上的一个市场选择。

二是效用最大化的市场选择必须是消费者对购买的商品或服务最偏好的组合。

3.4.2 消费者均衡的图形分析

效用最大化满足的两个条件，使消费者效用最大化的问题简化为一个在预算线上选一个合适的点的问题。下面可以用图解来说明消费者选择问题的答案。

如图 3—10 所示，假定 AB 线段表示在某消费者收入既定和商品价格已知条件下的预算线，I_1、I_2 和 I_3 曲线表示在该消费者无数条无差异曲线中具有代表性的三条。现在的问题是：消费者应该如何选择两种商品的购买数量（X_1，X_2），才能获得最大的效用水平？

在图 3—10 中，既定的预算线 AB 和其中一条无差异曲线 I_2 相切于 E 点，则 E 点就是在既定收入约束条件下消费者能够获得最大效用水平的均衡点。这是因为，就无差异曲线 I_3 来说，虽然它代表的效用水平高于无差异曲线 I_2，但它与既定的预算线 AB 既无交点又无切点，这说明消费者在既定的收入水平下无法实现对无差异曲线 I_3 上的任何一点的商品组合的购买。就无差异曲线 I_1 来说，虽然它与既定的预算线 AB 相交了 C、D 两点（这表明消费者利用现有收入可以购买无差异曲线 I_1 上的 C、D 两点的商品组合），但是，无差异曲线 I_1 的效用水平低于无差异曲线 I_2，C、D 两点的商品组合不会给消费者带来最大满足。因此，理性的消费者不会用全部收入去购买无差异曲线 I_1 上的 C、D 两点的商品组合。就 C 点和 D 点来说，如消费者能购买 AB 线段上位于 C 点右边和 D 点左边的任何一点的商品组合，则可以达到比 I_1 更高的无差异曲线，以获得比 C 点和 D 点更大的效用水平。这种沿着 AB 线段由 C 点往右和由 D 点往左的运动，最后必定在 E 点上达到均衡。显然，只有当既定的预算线 AB 和无差异曲线 I_2 相切于 E 点时，消费者才能在一定收入的约束下获得最大满足。

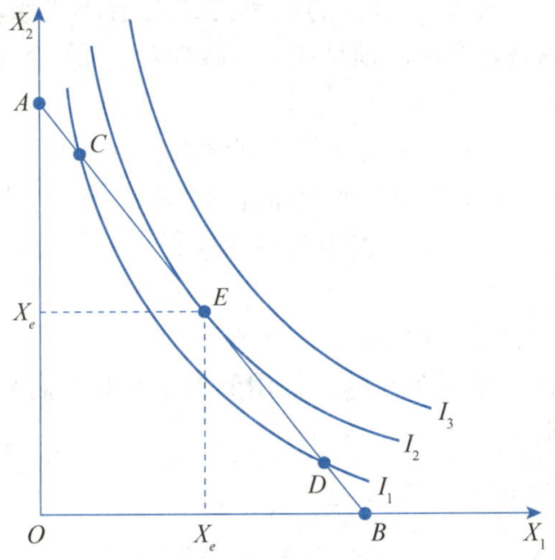

图 3—10　消费者的均衡

在切点 E 上，无差异曲线 I_2 和预算线 AB 的斜率相等。无差异曲线斜率的绝对值可用商品边际替代率来表示，预算线斜率的绝对值可用两种商品价格之比来表示，所以，在 E 点有：

$$MRS=\frac{P_1}{P_2}$$

消费者均衡条件即边际替代率等于两种商品价格之比。它表示，在收入一定的条件下，为了得到最大的消费满足，消费者应在两种商品的边际替代率等于两种商品的价格之比的原则下进行购买。

为什么说只有在 $MRS=P_1/P_2$ 时，消费者才能获得最大满足呢？这是因为，如果 $MRS=-\frac{dX_2}{dX_1}=\frac{1}{0.5}>\frac{1}{1}=\frac{P_1}{P_2}$，那么，从不等式右边看，在市场上消费者总支出不变条件下，消费者减少 1 单位商品 2 的购买，就可增加 1 单位的商品 1 的购买；而从不等式的左边看，消费者认为，在减少 1 单位的商品 2 的消费量时，只需增加 0.5 单位的商品 1 的消费量，就可以维持原有的满足程度，这样，消费者就因多得到 0.5 单位的商品 1 的消费量而使总效用增加。所以，在这种情况下，理性的消费者必然会不断地减少对商品 2 的购买并增加对商品 1 的购买，以便获得更大的效用。例如，在图 3—8 中的 C 点，无差异曲线的斜率的绝对值大于预算线的斜率的绝对值，即 $MRS>P_1/P_2$，消费者则会沿着预算线 AB 减少对商品 2 的购买和增加对商品 1 的购买，逐步达到均衡点 E。

相反，如果 $MRS=-\frac{dX_2}{dX_1}=-\frac{1}{0.5}<\frac{1}{1}=\frac{P_1}{P_2}$，那么，从不等式右边看，在市场上，在消费者的购买总支出不变的条件下，消费者减少 1 单位的商品 1 的购买，就可以增加 1

单位的商品 2 的购买；而从不等式的左边看，消费者认为，在减少 1 单位的商品 1 的消费量时，只需增加 0.5 单位的商品 2 的消费量，就可以维持原有的满足程度。这样，消费者就因多得到 0.5 单位的商品 2 的消费量而使总效用增加。所以，在这种情况下，理性的消费者必然会不断减少对商品 1 的购买并增加对商品 2 的购买，以便获得更大的效用。例如，在图 3—8 中的 D 点，无差异曲线的斜率的绝对值小于预算线斜率的绝对值，即 $MRS<P_1/P_2$，于是，消费者会沿着预算线 AB 减少对商品 1 的购买并增加对商品 2 的购买，逐步向均衡点 E 靠近。

显而易见，只有当消费者将两种商品的消费量调整到 $MRS=P_1/P_2$ 时，或者说，调整到由消费者主观偏好决定的两种商品的边际替代率和市场上的两种商品的价格之比相等时，消费者才处于一种既不想再增加也不想再减少任何一种商品购买量的均衡状态。这时，消费者获得了最大的满足。

由边际替代率的定义可知，在保持效用水平不变的前提下（即在同一条无差异曲线上），消费者增加商品 x 的数量所带来的总效用的增量和减少商品 y 的数量所带来的总效用的减少量是相等的，即：

$$|MU_x x\ \Delta X| = |MU_y\ x\ \Delta Y|$$

而 $MRS_{xy}=-\Delta Y/\Delta X$，可知 $MRS_{xy}=MU_x/MU_y$，即两商品的边际替代率等于两商品的边际效用之比。那么，效用最大化的条件可改写为：

$$MU_x/P_x=MU_y/P_y$$

这样就可以发现序数效用论和基数效用论得出的结论是相同的，即消费者均衡是指在两种商品的价格和消费者的收入既定的条件下，消费者达到效用最大化时，最后一单位货币消费不同物品所带来的边际效用是相同的，即边际效用和价格之比是相等的。

【原理应用】

需求曲线和恩格尔曲线的推导

我们可以通过无差异曲线分析得到消费者的需求曲线和恩格尔曲线。

一、需求曲线的推导

在其他条件均保持不变时，一种商品价格的变化会使消费者效用最大化的均衡点的位置发生变动，并由此得到价格—消费曲线。价格—消费曲线是指在消费者偏好、收入和其他商品价格不变的条件下，与某一种商品的不同价格水平相联系的消费者的预算线和无差异曲线相切的消费者效用最大化的均衡点的轨迹，如图 3—11 所示。假定商品 1 的初始价格为 P_1，相应的预算线为 AB，它与无差异曲线 I_1 相切于 E_1 一点，E_1 点就是消费者的一个均衡点。再假定商品 1 的价格由 P_1 下降为 P_2，相应的预算线由 AB 移至 AB'，于是，预算线 AB' 与另一条较高的无差异曲线 I_2 相切于均衡点 E_2。同理，若商品 1 的价格由 P_1 上升为 P_3，预算线由 AB 移至 AB''，于是，预算线 AB'' 与另一条较低的无差异曲线 I_3 相切于均衡点 E_3。显然，在商品 1 的每一个价格水平上，总可以找到一个与之相对应的消费者的均衡点。随着商品 1 价格的不断变化，就可以找到无数个消费者的均衡点。它们的轨迹就是价格—消费曲线，即图中的曲线 PC。

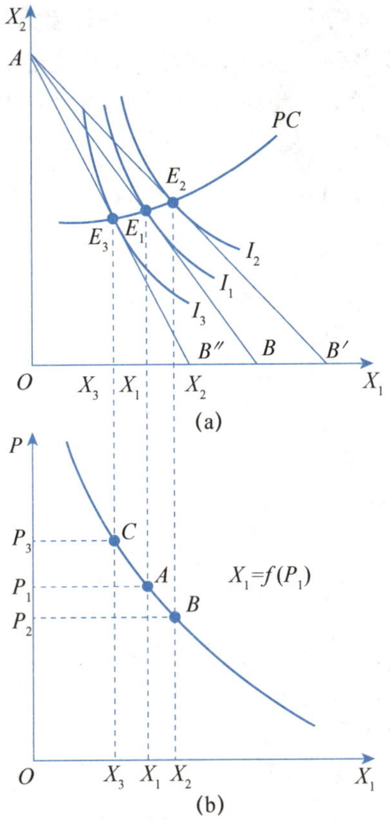

图 3—11 价格—消费曲线和消费者的需求曲线

由价格—消费曲线可以推导出消费者的需求曲线。

分析图 3—11（a）中价格—消费曲线上的三个均衡点 E_1、E_2 和 E_3，可以看出，在每一个均衡点上，都存在着商品 1 的价格与商品 1 的需求量之间一一对应的关系。这就是：在均衡点 E_1，商品 1 的价格为 P_1，则商品 1 的需求量为 X_1；在均衡点 E_2，商品 1 的价格由 P_1 下降为 P_2，则商品 1 的需求量由 X_1 增加为 X_2；在均衡点 E_3，商品 1 的价格由 P_1 上升为 P_3，则商品 1 的需求量由 X_1 减少为 X_3。根据商品 1 的价格和需求量之间的这种对应关系，把每一个 P 数值和相应的均衡点上的 X 数值绘制在商品的价格数量坐标图上，便可得到单个消费者的需求曲线。从这一推导过程中，可以清楚地看到，需求曲线上与每一价格水平相对应的需求量，都可以给消费者带来最大效用水平或满足程度。换句话讲，消费者正是在追求最大效用或满足中使需求曲线向右下方倾斜的。商品价格对商品需求量的影响可以用价格变动的替代效应（用其他商品替代涨价的商品）和收入效应（涨价使消费者实际收入下降并减少所有商品的购买）来说明。

二、恩格尔曲线的推导

在其他条件均保持不变而仅有消费者收入水平的变化时，使消费者效用最大化的均衡点的位置发生变动，并由此得到收入—消费曲线。收入—消费曲线是指在消费者偏好和商品价格不变的条件下，与消费者的不同收入水平相联系的消费者的效用最大化的均衡点的轨迹，如图 3—12 所示，随着收入水平的不断增加，相应的预算线由 A_1B_1 移至 A_2B_2，再移至A_3B_3。它们与无差异曲线I_1、I_2、I_3分别相切于E_1、E_2、E_3点。显然，在消费者的每一收入水平上，总可以找到一个与之相对应的消费者的均衡点，随着收入水平的不断变化，就可以找到无数个消费者的均衡点，它们的轨迹就是收入—消费曲线。

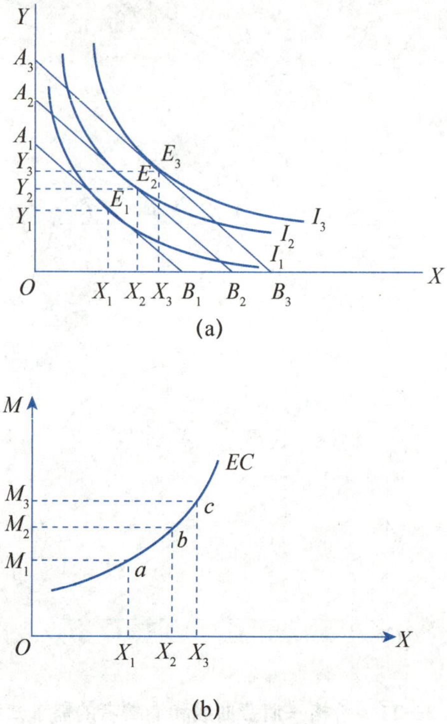

图 3—12 收入—消费曲线和恩格尔曲线

由收入—消费曲线可以推导出恩格尔曲线。

根据消费者收入和需求量之间的这种对应关系，把每一个收入数值M和相应的均衡点上的数值X绘制在商品的收入数量坐标图上，便可得到恩格尔曲线。从这一推导过程中可以清楚地看到，恩格尔曲线上与每一收入水平相对应的需求量，都可以给消费者带来最大效用水平或满足程度。消费者收入对商品需求量的影响可以用收入变动的替代效应和收入效应来说明。

恩格尔曲线表明消费者的货币收入与某种商品需求量之间关系，也称收入需求曲线。

恩格尔系数是指食品支出占总消费支出的比例。

恩格尔定律：收入少的家庭，用于食品消费支出的比例大于其他消费支出（即恩格尔系数大于0.5）；收入多的家庭，用于食品消费支出的比例小于其他消费支出（即恩格尔系数小于0.5）。

恩格尔系数通常是衡量一个国家生活质量的重要指标。这个比重越高，说明生活水平越低。联合国按照恩格尔系数大小，对当代世界各国生活水平有一个划分，一个国家平均家庭恩格尔系数大于60%为贫穷，50%～60%为温饱，40%～50%为小康，30%～40%为相对富裕，20%～30%为富裕，20%以下为极其富裕。

进入20世纪90年代，恩格尔系数在20%以下的只有美国，达到16%；欧洲、日本、加拿大等国家的恩格尔系数一般在20%～30%，是富裕状态；东欧国家的恩格尔系数一般在30%～40%，相对富裕；剩下的发展中国家，基本上分布在小康水平上。

1978年，我国农村居民家庭恩格尔系数平均为62%，城镇家庭为59%，平均计算超过60%，属于次贫，温饱还没有解决。当时中国没有解决温饱的人口约2.48亿人，中国对全世界宣布中国人基本解决温饱是在1984年。2000年，我国农村居民家庭恩格尔系数大体在50%以上，城镇居民家庭在44%，加权平均约46%，就是说已经达到小康状态。2000年还没有解决温饱的人约3 000万，相当于我国用了20年使2.48亿人脱离了贫困。

4　原理与知识小结

4.1　基数效用理论用总效用和边际效用概念来说明消费者行为，并且用边际效用概念和边际效用递减规律来解释消费者的需求和支付意愿。

4.2　消费者均衡是指在收入和价格既定时，消费者在购买多种商品时，要使每一种商品的边际效用与价格之比同其他商品的边际效用与价格之比相等，这样他就能实现效用最大化。

4.3　边际效用虽然决定消费者的支付意愿，但消费者实际支付价格是由市场中买者之间、卖者之间、买卖之间的竞争决定的。消费者剩余是边际效用与市场价格的差额。

4.4　无差异曲线是表示两种物品的各种组合，这些组合对消费者产生的总满足程度（即提供的效用）是相同的。

4.5　序数效用论用无差异曲线和预算线来说明消费者均衡。在消费者偏好不变的前提下，如果价格和收入发生变动，消费者的均衡点也就随之发生变动。消费者行为理论为分析此类问题提供了帮助。

任务3　问题研讨

1. 同一货币单位所购买的不同商品的边际效用均相等，这是消费者购买的明智原则吗？

2. 如果一个消费者位于他的预算线与一条无差异曲线的交点，请解释为什么未达到均衡？如何调整才能达到均衡？

3. 消费者行为的分析要说明什么问题？

4. 如果有两种商品X和Y，$MU_x/P_x<MU_y/P_y$，消费者怎样进行调整，才能达到效用最大化？若$MU_x/P_x>MU_y/P_y$，消费者应如何调整两种商品的购买量？为什么？

5. 假定商品X的价格$P_x=10$，商品Y的价格$P_y=2$，消费者收入$M=100$。求：①预算线的方程式；②M和P_y不变，P_x下降50%时的预算线的方程式；③P_x和P_y不变，M增加1倍时的预算线的方程式。

6. 假定消费者消费两种商品X和Y，X的边际效用函数为$MU_x=40-5X$，Y的边际效用函数为$MU_y=30-Y$，消费者的货币收入$M=40$，并且$P_x=5$，$P_y=1$，那么消费者的最佳消费组合应是怎样的？

7. 亚当·斯密在《国富论》中观察到一种现象，即水是人们不可离开的东西，使用价值很大，钻石却是一种对人来说是可有可无的东西，但水的价格很低，而钻石却十分昂贵。为什么水是生活必需品但价格很低，而钻石是非必需品但价格很高？

8. 对穷人与富人来说，哪个的货币边际效用较高？为什么？这对政府的收入分配政策有何启示？

9. 试分析对个人收入征税的经济效应。

10. 已知某人每月收入 120 元，全部花费在 X 和 Y 两种产品上，其效用函数为 $U=XY$，X 的价格是 2 元，Y 的价格是 3 元。求：为使效用最大，应消费多少 X 和 Y？

11. 在过去几十年间，生产立体声音响系统的成本减少了，请分析这一事实的某些含义。

(1) 用供求图说明生产成本下降对立体声音响系统价格和销售量的影响。

(2) 用图形说明消费者剩余和生产者剩余发生了什么变化。

(3) 假定立体声音响系统的供给是非常富有弹性的，谁从生产成本下降中获益最大？是立体声音响系统消费者还是生产者？

12. 有 4 位消费者愿意为理发支付下列价格：杰瑞 7 美元；欧普拉 2 美元；里克 8 美元；蒙泰尔 5 美元。有四家理发店，其成本如下：A 企业 3 美元；B 企业 6 美元；C 企业 4 美元；D 企业 2 美元。每家店只能为一个人理发。从效率来看，应该有多少次理发？哪一家店应该理发？哪一个消费者应该理发？最大可能的总剩余是多少？

13. 假设技术进步使生产电脑成本减少。

(1) 用供求图说明电脑市场上价格、数量、消费者剩余和生产者剩余会发生什么变动。

(2) 电脑和加法机是替代品。用供求图说明加法机市场上的价格、数量、消费者剩余和生产者剩余会发生什么变动。电脑技术进步对加法机生产者而言是好还是坏？

(3) 电脑和软件是互补品。用供求图说明软件市场上的价格、数量、消费者剩余和生产者剩余会发生什么变动。电脑技术进步对软件生产者而言是好还是坏？

(4) 这种分析有助于解释为什么软件生产者比尔·盖茨是世界上最富有的人之一吗？

任务 4　项目实训

项目目标

1. 准确把握效用和消费者剩余的概念。
2. 灵活运用边际效用递减原理。
3. 消费者效用最大化的实现。

我的重点观察和思考——日常生活中的效用和消费者剩余

项目要求

1. 认真观察和搜集日常生活中自己亲身经历的反映效用和消费者剩余的事例。
2. 对事例作出归纳和分析并形成文字。
3. 评选出典型的案例进行课堂交流。
4. 教师点评。

项目四　厂商行为原理与应用

学习目标

1. 知识目标：掌握边际收益递减规律、长期中生产要素的最优组合以及规模收益。
2. 技能目标：能够运用产量规律、成本规律、利润最大化原则分析厂商行为。
3. 态度目标：养成勤奋严谨的学习习惯和创新思考的职业精神。

学习型工作任务

任务 1　案例剖析
任务 2　厂商行为原理
任务 3　问题研讨
任务 4　项目实训

任务 1　案例剖析

1. 沉没成本与企业决策

中国航空工业第一集团公司在 2000 年 8 月决定今后民用飞机不再发展干线飞机，而转向发展支线飞机。这一决策立时引起广泛争议和反对。该公司与美国麦道公司于 1992 年签订合同合作生产 MD90 干线飞机。1997 年项目全面展开，1999 年双方合作制造的首架飞机成功试飞，2000 年第二架飞机再次成功试飞，并且两架飞机很快取得美国联邦航空局颁发的单机适航证。这显示中国在干线飞机制造和总装技术方面已达到 20 世纪 90 年代的国际水平，并具备了小批量生产能力。就在此时，MD90 项目下马了。在各种支持或反对的声浪中，讨论的角度不外乎两大方面：一是基于中国航空工业的战略发展，二是基于项目的经济因素考虑。本文不想就前一角度展开讨论，在这方面航空专家最有发言权。单从经济角度看，干线项目上马、下马之争可以说为“沉没成本”提供了最好的案例。许多人反对干线飞机项目下马的一个重要理由就是，该项目已经投入数十亿元巨资，上万人倾力奉献，耗时六载，在终尝胜果之际下马造成的损失实在太大了。这种痛苦的心情可以理解，但丝毫不构成该项目应该上马的理由，因为不管该项目已经投入了多少人力、物力、财力，对于上下马的决策而言，其实都是无法挽回的沉没成本。

究竟什么是沉没成本呢？沉没成本是指业已发生或承诺、无法回收的成本支出，如因失误造成的不可收回的投资。沉没成本是一种历史成本，对现有决策而言是不可控成本，不会影响当前行为或未来决策。从这个意义上说，在投资决策时应排除沉没成本的干扰。衡量投资项目成本，只能包含因进行或选择该行动方案而发生的相关成本。相关成本指与特定决策、行动有关的，在分析评价时必须加以考虑的成本，包括差额成本、未来成本、重置成本、机会成本等。非相关成本则指在决策之前就已发生或不管采取什么方案都要发生的成本，它与特定决策无关，因而在分析评价和最优决策过程中不应纳入决策成本的范畴，如过去成本、账面成本等。从决策的相关性看，沉没成本是决策非相关成本，若决策时计入沉没成本，将使项目成本高估，从而得到错误的结论。

机会成本不是通常意义上的成本，它不是一种支出或费用，而是选定某方案可能损失的收入或收益。以中国干线飞机项目为例，终止该项目的机会成本是什么呢？显然应当是继续进行该项目未来可能获得的净收益（扣除新增投资后）。如果不能产生正的净收益，下马就是最好的出路。即使有了正的净收益，也还必须看其投资回报率（净收益/新增投资）是否高于企业的平均回报。倘若低于平均回报，也应当忍痛下马。

事实上，干线项目下马完全是“前景堪忧”使然。从销路看，原打算生产 150 架飞机，到 1992 年首次签约时定为 40 架，后又于 1994 年降至 20 架，并约定由中方认购。但民航只同意购买 5 架，其余 15 架没有着落。可想而知，在没有市场的情况下，继续进行该项目会有怎样的未来收益？

当然，决策中某一既定行动的机会成本有时是很难衡量的，成本估计可能是高度主观和随意的。此外，有关评价应当考虑资金的时间价值，以贴现指标为依据。这些都应引起决策者的注意。正确区分决策成本与会计成本，一般说来，沉没成本是就决策或经济评估而言的。从会计成本核算角度看，其实并不存在什么沉没成本。例如一个已发生了咨询费和开办费的投资项目，当环境发生某种变化需要重新决策时，这些费用作为沉没成本不应当纳入决策成本范围考虑。但在具体会计核算时，则应视决策结果的不同而进行相应的处理：如果最后决定放弃该项目，这些费用应当计入当期投资损益；如果项目继续，则根据会计准则在该项目的受益期内进行成本分摊。可见，为财务报告目的而获得的某项经济活动的成本对于决策目的来说，并不总是恰当的。

2. 马尔萨斯人口论与边际报酬递减规律

经济学家马尔萨斯（1766—1834）的人口论的一个主要依据便是报酬递减定律。他认为，随着人口的膨胀，越来越多的人耕种土地，地球上有限的土地将无法提供足够的食物，最终劳动的边际产出与平均产出下降，但又有更多的人需要食物，因而会产生大的饥荒。幸运的是，人类的历史并没有按马尔萨斯的预言发展（尽管他正确地指出了“劳动边际报酬”递减）。

在 20 世纪，技术发展突飞猛进，改变了许多国家（包括发展中国家，如印度）的食物的生产方式，劳动的平均产出因而上升。这些进步包括高产抗病的良种，更高效的化肥，更先进的收割机械。在第二次世界大战结束后，世界上总的食物生产的增幅总是或多或少地高于同期人口的增长。

粮食产量增长的源泉之一是农用土地的增加。例如，从1961年—1975年，非洲农业用地所占的百分比从32%上升至33.3%，拉丁美洲则从19.6%上升至22.4%，在远东地区，该比值则从21.9%上升至22.6%。但同时，北美的农业用地则从26.1%降至25.5%，西欧由46.3%降至43.7%。显然，粮食产量的增加更大程度上是由于技术的改进，而不是农业用地的增加。

在一些地区，如非洲的撒哈拉，饥荒仍是个严重的问题。劳动生产率低下是原因之一。虽然其他一些国家存在着农业剩余，但由于食物从生产率高的地区向生产率低的地区的再分配的困难和生产率低地区收入也低的缘故，饥荒仍威胁着部分人群。

任务2 厂商行为原理

1 生产分析

生产是对各种生产要素（factors of production）进行组合的产出行为。生产要素是指生产中所使用的各种资源，即土地、资本、劳动与企业家才能。厂商是组合各种生产要素进行生产的组织。

1.1 生产函数

经济学分析中用生产函数（production function）描述厂商的生产活动。生产函数反映的是厂商投入与产出之间的对应关系。假定产量为Q，投入的要素分别为资本K、劳动L、土地N、企业家才能N_e，则生产函数可表示为：

$$Q=f(K,L,N,N_e)$$

上式表明，在一定技术水平下，生产Q的产量，需要一定数量的资源组合。同样，在资源组合为已知时，就可以推算出最大产量。

1.2 短期生产函数：一种可变投入的生产函数

在经济学分析中，根据生产中要素投入变动情况，把生产分为长期（long run）和短期（short run）。短期的定义为，在一个时期内，企业能够通过改变可变要素（如原料和劳动），但不能改变固定要素（如机器设备）来调整生产，或者说至少有一种要素投入不能变的周期。长期的定义为，生产者可以调整全部生产要素的数量的时间周期。

1.2.1 总产量、平均产量和边际产量

总产量（total product，TP）是指一定投入所生产出来的全部产量。平均产量（average product，AP）是指平均每单位某种生产要素投入所生产出来的全部产量。边际产量（marginal product，MP）是指在其他投入不变时，增加某一种投入所增加的产量或额外产出量。

以L代表劳动的投入量，则总产量、平均产量、边际产量的关系：

$$AP = TP/L$$
$$MP = \Delta TP/\Delta L$$

表4—1是总产量、边际产量和平均产量与劳动单位投入量之间的关系，图4—1和图4—2分别是根据表4—1所绘制而成的总产量图和边际产量图。

表4—1　　总产量、边际产量和平均产量

劳动单位（L）	总产品（TP）	边际产量（MP）	平均产量（AP）
0	0	—	—
1	2 000	2 000	2 000
2	3 000	1 000	1 500
3	3 500	500	1 167
4	3 800	300	950
5	3 900	100	780
6	3 780	−120	630

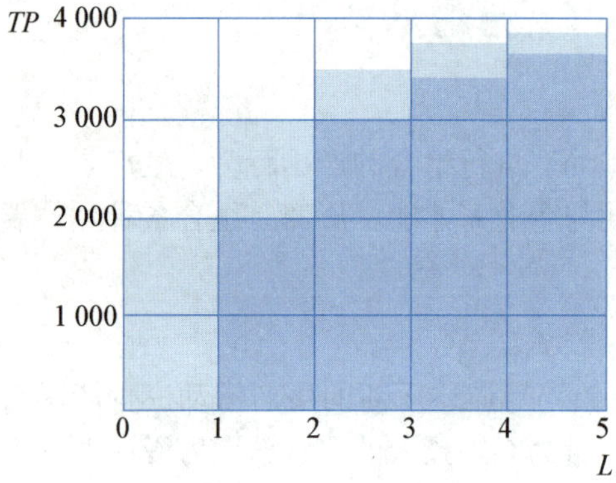

图4—1　总产量

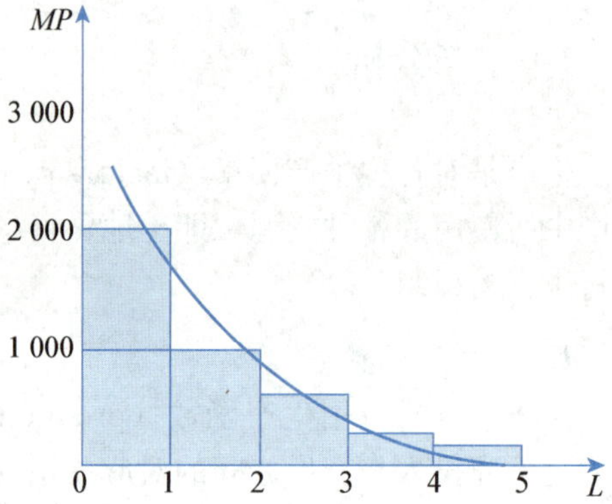

图4—2　边际产量

从表4—1和图4—1可以看出，随着劳动单位投入量的增加，总产量的增长呈现为越来越小的阶梯式。

从表4—1和图4—2可以看出，第1个单位劳动，劳动的边际产量为2 000；第6个单位劳动，劳动的边际产量为−120。图4—2中，边际产量呈现阶梯式递减。如使增长阶段变光滑就可绘出边际产量递减曲线。该曲线以下面积，即矩形阴影部分的面积加总，等于表4—1所示的总产量。总产量的变化受限于边际产量的变动。边际产量递减决定了总产量以越来越小的阶梯式增长。当边际产量为负值时，理性的厂商会停止劳动投入，并且调整劳动投入量直到 $MP \geqslant 0$ 使总产量最高。

一种可变投入的生产函数的产量变化曲线可用图4—3表示，从图形上可以看出总产量、平均产量和边际产量之间的关系。

1.2.2 短期生产中的一般规律：边际收益（产量）递减规律

边际收益（产量）递减规律（the law of diminishing marginal return），是指在保持技术不变和其他投入不变时，连续增加同一单位的某一种投入所增加的产量迟早会逐步减少，从而引起边际收益（产量）减少。

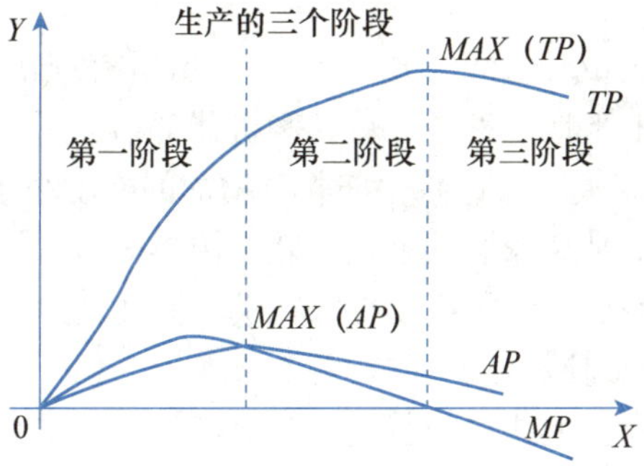

图 4—3　一种可变投入的生产函数的产量曲线

为什么生产函数通常遵守收益递减规律呢？其原因在于：随着某一种要素（如劳动）的不断投入到固定数量的土地、机器和其他要素上，土地会变得更加拥挤，机器超负荷运转，所投入的劳动使所增加的产量越来越少，从而引起的收益递减。

例如，在农作物生产中，对于水的投入而言，收益递减是很容易理解的。第 1 单位的水关系到作物的生命，以后的几单位水保持作物健康、快速地生长，但是，随着水的增加量越来越多，土地被淹没，大多数作物实际上会死亡。

边际收益递减规律只是一条广泛观察到的经验性规律，而不是像地球引力规律那样的普遍真理和自然规律。

1.3　长期生产函数：多种可变投入的生产函数

一种可变要素投入的结果是边际收益（产量）发生变化（递减），所有可变要素投入的结果是规模收益发生变化。

1.3.1　规模收益

规模收益（returns to scale）是指所有生产要素同时同比例增加的投入与产出的关系。例如，如果土地、劳动、水和其他投入都增加相同的比例，小麦产量会发生何种变化呢？如果劳动、计算机、橡胶、钢和厂房的空间都增加 1 倍，汽车产量会有何种变化呢？这些问题都涉及规模收益，即投入的规模扩大对收益或产量的影响。当所有投入同比例增加时，总产量有以下三种反应。

1. 规模收益递增

规模收益递增（increasing returns to scale）表示所有产出的增加比例大于投入的增加比例。例如，一位正在设计一个小规模化工厂的工程师发现，把劳动、资本和原料增加 20%，会引起总产出增长 30%，即收益增加的幅度大于规模增加的幅度。管理工程研究发现，那些达到当今最大规模的工厂的许多制造过程享有适度的规模收益递增。

2. 规模收益不变

规模收益不变（constant returns to scale）表示所有投入的增加比例导致相同的产出的增加比例。例如，如果劳动、土地、资本和其他投入增加 20%，那么，在规模收益不变的情况下，产出也增加 20%，即规模增加的幅度等于收益增加的幅度。许多手工业（如在发展中国家使用的手织机）表现为规模收益不变。

3. 规模收益递减

规模收益递减（decreasing returns to scale）表示所有产出的增加比例小于投入增加的比例。例如一个农民的玉米地，种子、劳动和机器都增加了20%，如果总产出仅仅增加了15%，这种情况表现为规模收益递减，即收益增加的幅度小于规模增加的幅度。许多涉及自然资源的生产活动（如种植酿酒的葡萄或栽培树林等），都表现为规模收益递减。

当所有投入的同比例增加导致了产出更大比例、同比例或更小比例的增加时，生产表现为规模收益递增、不变或递减。

当今的生产中哪一种收益形式最为普遍呢？经济学家常常认为，大多数生产活动应当能够达到规模收益不变。他们的理由是：如果生产能够通过对现有工厂一次又一次的简单重建而得到调整，那么，生产者很容易使投入和产出保持相同比例的增长。在这种情况下，你可以观察到在任何产出水平上的规模收益不变。

当企业的规模变得越来越大时，管理和协调的问题也就日益难以处理。在追逐较高利润的过程中，企业可能发现它的市场已经扩展到能够有效管理的范围之外。规模过大的企业会发现它们自己面临较小的、更敏捷的对手的入侵。因此，尽管技术上可能产生规模收益不变或递增，但是，对管理和监督的需要可能最终导致大企业的规模收益递减。

1.3.2 最优投入组合

不同生产要素投入的比例和组合实际上是不同的，带来的产出量也是不同的。理性的生产者会选择最优投入组合进行生产。确定最优投入组合需要运用等产量线和等成本线。

1. 等产量线

等产量曲线（equal-product curve）是指在技术水平一定的条件下生产同一产量的两种生产要素投入量的各种不同组合所形成的曲线。以 Q 表示既定产量水平，L 表示可变要素劳动的投入量，K 表示可变要素资本的投入量，则与等产量曲线相对应的生产函数为：

$$Q=f(L,K)$$

等产量曲线如图4—4所示，图中有三条等产量曲线，它们分别表示可以生产出50单位、100单位和150单位产量的各种生产要素的组合。以产量为50单位的等产量曲线为例，50单位的产量可使用 A 点的要素组合生产出来，也可使用 B 点或 C 点的要素组合生产出来。

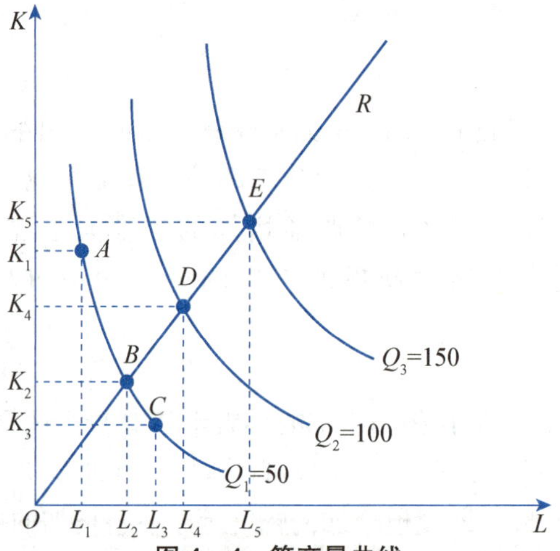

图4—4 等产量曲线

与无差异曲线相似，等产量曲线与坐标原点的距离的大小表示产量水平的高低：离原点越近的等产量曲线代表的产量水平越低；离原点越远的等产量曲线代表的产量水平越高。同一平面坐标上的任意两条等产量曲线不会相交。等产量曲线是凸向原点的。

此外，由等产量曲线图的坐标原点出发引出的一条射线代表两种可变要素投入数量的比例固定不变情况下的所有组合方式，射线的斜率就等于这一固定不变的两要素投入数量的比例。例如：在 OR 射线上的 B、D 和 E 三点上，50 单位、100 单位和 150 单位的产量都是以$\frac{OK_2}{OL_2}=\frac{OK_4}{OL_4}=\frac{OK_5}{OL_5}$的固定不变的投入比例生产出来的。从原点沿一条既定的射线（如 OR）移动，随着产量水平的不断提高，两要素的投入绝对数量是不断增加的，但两要素的投入数量比例是固定不变的。要注意区别这种射线和等产量曲线之间的差别。一条这样的射线表示要素投入数量的不变比例的组合和可变的产量之间的关系；一条等产量曲线表示不变的产量水平和要素投入数量的可变比例的组合之间的关系。

2. 边际技术替代率及其递减

等产量曲线表示了生产者可以通过对两种要素之间的相互替代，来维持一个既定的产量水平。例如：为了生产 50 单位的某种产品，生产者可以使用较多的劳动和较少的资本，也可以使用较少的劳动和较多的资本。前者可以看成是劳动对资本的替代，后者可以看成是资本对劳动的替代。想象一下，在图 4—4 中，为了维持固定的 50 单位的产量，在企业沿着既定的等产量曲线由 A 点滑动到 C 点的过程中，劳动投入量必然会随着资本投入量的不断减少而增加；相反，在由 C 点运动到 A 点的过程中，劳动投入量必然会随着资本投入量的不断增加而减少。由两要素之间这种相互替代的关系，可以得到边际技术替代率（marginal rate of technical substitution，MRTS）的概念。在维持产量水平不变的条件下，增加一个单位的某种要素投入量时所减少的另一种要素的投入数量，被称为边际技术替代率。以 $MRTS$ 表示边际技术替代率，劳动对资本的边际技术替代率的公式为：

$$MRTS_{LK}=-\frac{\Delta K}{\Delta L}$$

式中，ΔK 和 ΔL 分别表示资本投入的变化量和劳动投入的变化量。公式中加负号是为了使 $MRTS$ 值在一般情况下为正值。

在两种生产要素相互替代中，存在着一种变动趋势，即在维持产量不变的前提下，当一种生产要素的投入量不断增加时，每一单位的这种生产要素所能替代的另一种生产要素的数量是递减的，这一趋势被称为边际技术替代率递减规律。

边际替代率递减的原因是：随着劳动对资本的不断替代，劳动的边际产量逐渐下降，而资本的边际产量不断上升。因此，随着劳动对资本的不断替代，作为逐渐下降的劳动的边际产量与逐步上升的资本的边际产量之比的边际技术替代率趋于递减。

3. 等成本线

等成本线（equal-cost line）是指在既定的成本和生产要素价格条件下生产者可以购买到的两种生产要素的不同数量组合的轨迹。如图 4—5 所示。

在图 4—5 中，C 代表既定成本，w 代表劳动价格即工资率，r 代表资本的价格即利息。横轴上的点$\frac{C}{w}$表示既定的全部成本都购买劳动时的数量，纵轴上的点$\frac{C}{r}$表示既定的全

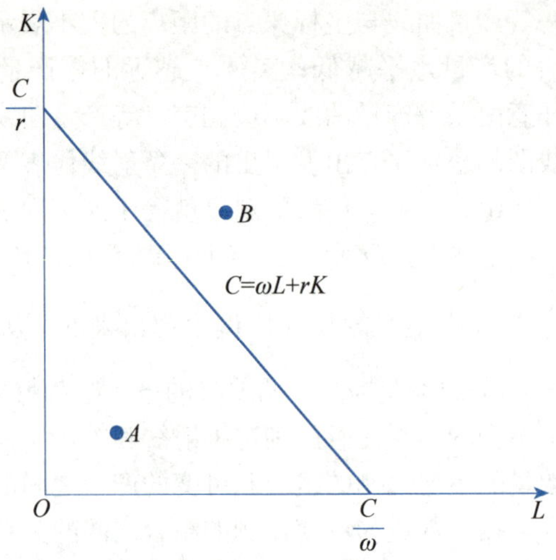

图 4—5 等成本线

部成本都购买资本时的数量，连结这两点的线段就是等成本线。它表示既定的全部成本所能购买到劳动和资本的各种组合。等成本线以内区域中的任何一点（如 A 点），表示既定的全部成本都用来购买该点的劳动和资本的组合以后还有剩余。等成本线以外的区域中的任何一点（如 B 点），表示用既定的全部成本购买该点的劳动和资本的组合是不够的。唯有等成本线上的任何一点，才表示用既定的全部成本能刚好购买到的劳动和资本的组合。

在成本固定和要素价格已知的条件下，便可以得到一条等成本线。所以，任何关于成本和要素价格的变动，都会使等成本线发生变化。关于这种变动的具体情况，与消费者行为分析中对预算线的分析是类似的，读者可以自己参照进行分析。

4. 最优投入组合

把企业的等产量曲线和相应的等成本线画在同一个平面坐标系中，就可确定企业在既定成本下实现最大产量的最优要素投入组合点，即生产均衡点，如图 4—6 所示。

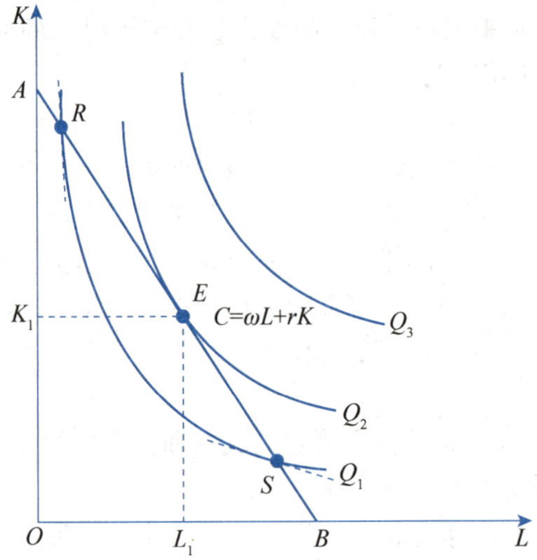

图 4—6 最优投入组合

在图4—6中，有一条等成本线 AB 和三条等产量曲线 Q_1、Q_2 和 Q_3。图中唯一的等成本线 AB 与其中一条等产量曲线 Q_2 相切于 E 点，该点就是生产的均衡点。它表示在既定成本条件下，企业应该按照 E 点的要素组合进行生产，即劳动投入量和资本投入量分别为 OL_1 和 OK_1，这样，厂商就会取得最大的产量。

为什么 E 点是生产要素最优投入组合点呢？这是因为，在图4—6中，等产量曲线 Q_3 代表的产量虽然高于等产量曲线 Q_2，但唯一的等成本线 AB 与等产量曲线 Q_3 既无交点又无切点，这表明等产量曲线 Q_3 所代表的产量是企业无法实现的产量，因为企业利用既定成本只能购买到位于等成本线 AB 上或等成本线 AB 以内区域的要素组合。等产量曲线 Q_1 虽然与唯一的等成本线 AB 相交于 R、S 两点，但等产量曲线 Q_1 所代表的产量是比较低的，因为此时企业在不增加成本的情况下，只需由 R 点出发向右或由 S 点出发向左沿着既定的等成本线 AB 改变要素组合，就可以增加产量。所以，只有在唯一的等成本线 AB 和等产量曲线 Q_2 的相切点 E，才是实现既定成本条件下的最大产量的要素组合。任何更高的产量在既定成本条件下都是无法实现的，任何更低的产量都是低效率的。

确定生产要素最优投入还有另外一种方法，即在既定产量下当所花费成本最小时的要素组合为最优投入组合。其道理类似于成本既定时产量最大的要素组合。

2　成本收益分析

成本的高低决定了利润多寡，同时，成本也是企业在市场竞争中进行决策的重要依据，因此，企业对成本极为重视。本单元首先介绍企业有关的各项成本，进而在一般意义上分析短期成本和长期成本。这里不仅要分析会计成本，而且也要涉及机会成本。

2.1　几种成本概念

2.1.1　显性成本

显性成本（explicit cost）是指厂商在生产要素市场上购买或租用所需要的生产要素的实际支出。例如，某厂商向工人支付的工资，向银行支付的利息，向土地出租者支付的地租，这些支出便构成了该厂商的生产的显性成本。从机会成本的角度讲，这些支出的价格必须等于这些相同的生产要素使用在其他最好用途时所能得到的收入。否则，这个企业就不能购买或租用到这些生产要素，并保持对它们的使用权。

2.1.2　隐性成本

隐性成本（implicit cost）是指厂商本身自己所拥有的且被用于该企业生产过程的那些生产要素的总价格。为了进行生产，一个厂商除了雇用一定数量的工人、从银行取得一定数量的贷款和租用一定数量的土地之外（这些均属显成本支出），还动用了自己的资金和土地，并亲自管理企业。西方经济学家指出，既然借用了他人的资本需付利息，租用了他人的土地需付地租，聘用他人来管理企业需付薪金，那么，同样道理，在这个例子中，当厂商使用了自有生产要素时，也应该得到报酬。所不同的是，现在厂商是自己向自己支付利息、地租和薪金。所以，这笔价值也应该计入成本之中。由于这笔成本支出不如显成本那么明显，故被称为隐性成本。隐性成本必须从机会成本的角度按照企业自有生产要素在其他最佳用途中所能得到的收入来支付，否则，厂商会把自有生产要素转移出本企业，以获得更高的报酬。

隐性成本是机会成本，它不能反映在企业账目的货币性交易中。企业的账目没有涉及其所有者自有资金的资本费用，没有计算企业里所有者的劳动，当企业把有害废弃物倒入河流时，也没有计算所发生的环境污染费用。但从经济学的观点来看，这些都是真正的成本，应该计算在内。经济学家认为，无论生产要素为谁所有，在经济上生产要素的收益是重要的。即使所有者没有直接领取报酬，而是以利润的形式得到补偿，也应该把所有者的劳动作为成本来计算。由于所有者有其他工作机会，因此，必须把失去的机会作为所有者劳动的成本来计算。

机会成本的概念实际上的应用比企业使用不付报酬的要素的例子要广泛得多。机会成本关注的是实际经济成本或稀缺的世界中作出决策的后果。

【原理应用】

利润在经济学家与会计师眼中是不同的

为了说明这个问题我们假设一例。假设王先生用自己的银行存款30万收购了一个小企业，如果不支取这30万元钱，在市场利息5%的情况下他每年可以赚到1.5万元的利息。王先生为了拥有自己的工厂，每年放弃了1.5万元的利息收入。这1.5万元就是王先生开办企业的机会成本之一。经济学家和会计师以不同的方法来看待成本。经济学家把王先生放弃的1.5万元也作为他企业的成本，尽管这是一种隐性成本。但是会计师并不把这1.5万元作为成本表示，因为在会计的账面上并没有货币流出企业去进行支付。

为了进一步分析经济学家和会计师之间的差别，我们换一个角度，王先生没有买工厂的30万元，而是用自己的储蓄10万元，并以5%的利息从银行借了20万元。王先生的会计师只衡量显性成本，将把每年为银行贷款支付的1万元利息作为成本，因为这是从企业流出的货币量。与此相比，根据经济学家的看法，拥有的机会成本仍然是1.5万元。

现在我们再回到企业的目标——利润。由于经济学家和会计师用不同方法衡量企业的成本，他们也会用不同的方法衡量利润。经济学家衡量企业的经济利润，即企业总收益减生产所销售物品与劳务的所有机会成本。会计师衡量企业的会计利润，即企业的总收益只减企业的显性成本。

资料来源：www.lntvu.com。

2.2 短期成本分析

短期成本是指只能对一部分生产要素进行调整，而不能对全部生产要素进行调整的时期内发生的成本。短期成本可分为可变成本和固定成本。

2.2.1 总成本

总成本（total coat，TC）是指生产一定产量所需要的成本总额，它随产量的上升而上升。总成本等于固定成本加可变成本，如表4—2所示。

表4—2 固定成本、可变成本和总成本

(1) 产量 Q	(2) 固定成本 FC（元）	(3) 可变成本 VC（元）	(4) 总成本 TC（元）
0	55	0	55
1	55	30	85

续前表

(1) 产量 Q	(2) 固定成本 FC（元）	(3) 可变成本 VC（元）	(4) 总成本 TC（元）
2	55	55	110
3	55	75	130
4	55	105	160
5	55	155	210
6	55	225	280

表 4—2 说明了各种不同产量简化了的总成本。观察第（1）栏和第（4）栏可以看到，总成本 TC 随着产量 Q 的上升而上升，这是很自然的，因为要想更多地生产某一商品必须使用更多的劳动和其他投入，增加的生产要素引起货币成本的增加。生产 2 单位商品的总成本为 110 元，生产 3 单位商品的总成本为 130 元，等等。

2.2.2　固定成本

固定成本（fixed cost ，FC）是指不随产量变动而变动的成本，即使产量为零也必须支付的开支总额。固定成本不受任何产出量变动的影响。它由许多项目构成，如契约规定的建筑物和设备租金、债务的利息支付、长期工作人员的薪水，等等。

在表 4—2 中，由于 FC 是无论产量如何都必须支付的数量，因此 FC 的数值为 55 元，保持不变。

2.2.3　可变成本

可变成本（variable cost，VC）是指随着产出（产量）水平变化而变动的开支。它包括原材料、工资和燃料，也包括不属于固定成本的所有成本。

表 4—2 第（3）栏为可变成本 VC。根据可变成本的定义，当 Q 为零时，它的起始值为零。它是 TC 中随着产量增加而增加的部分。实际上，在任何两种产量之间，TC 的增加量就是 VC 的增加量。因为，FC 的数值一直不变。

根据表 4—2 可作出总成本、固定成本和可变成本曲线图（见图 4—7）。

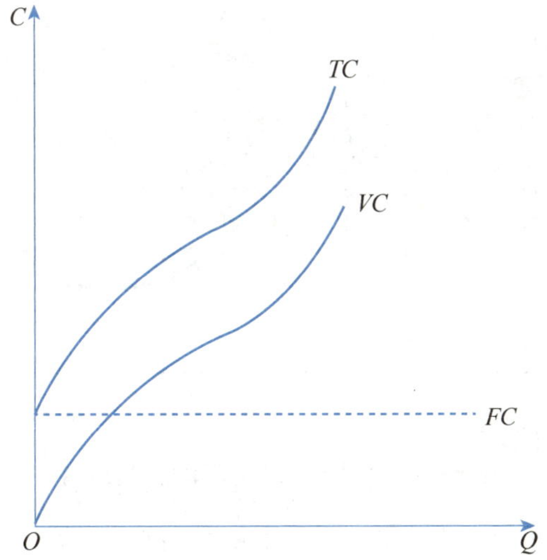

图 4—7　总成本、固定成本和可变成本曲线

在图 4—7 中，*FC* 曲线与横轴平行，这是因为在短期固定成本不会随产量的变动而变化；*TC* 曲线是产量为零时，固定成本的高度，它随产量变动向右上方倾斜，开始较快，尔后渐缓，最后又加快。*VC* 曲线是从原点出发向右上方倾斜，其变动趋势与 *TC* 一致。因为 *FC* 一定时，*TC* 的变动取决于 *VC*。

2.2.4 边际成本

边际成本（marginal cost，MC）是成本概念中最重要的概念。边际成本是指生产增加一单位产出所增加的成本。例如，一个企业生产 1 000 张光盘的总成本为 10 000 元，如果生产 1 001 张光盘的总成本为 10 015 元，那么，生产第 1 001 张光盘的边际成本为 15 元，如表 4—3 所示。

表 4—3 **边际成本的计算** 单位：元

（1）产量 *Q*	（2）总成本 *TC*	（3）边际成本 *MC*
0	55	—
1	85	30
2	110	25
3	130	20
4	160	30
5	210	50

表 4—3 对应表 4—2 中的数据，说明了如何计算边际成本。表 4—3 第 3 栏中的 *MC* 数值来自于第（2）栏中的 *TC* 减去前一单位的 *TC*。例如，第一单位的 *MC* 是 30 元＝85 元－55 元，第二单位的 *MC* 是 25 元＝110 元－85 元，依此类推。

除了从 *TC* 栏中得到 *MC* 之外，还可以从表 4—2 中第（3）栏的第一个 *VC* 数值与下一行中的 *VC* 相减而得到 *MC*。这是因为可变成本的增加永远和总成本的增加完全相同，唯一不同之处在于，*VC* 根据定义必须从零开始，而不是从 *FC* 水平开始。

根据表 4—3 可作出总成本与边际成本之间的关系图，如图 4—8 所示。

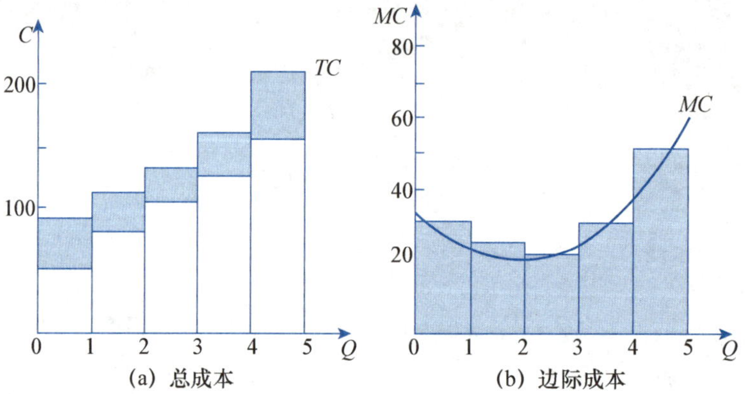

图 4—8 总成本与边际成本之间的关系

图 4—8 说明总成本与边际成本的关系。它表明 *TC* 与 *MC* 之间的关系类似于总产量与边际产量，或者总效用与边际效用之间的关系。经验告诉人们，对于大多数短期生产活动，以及对于农业和许多小企业来说，边际成本曲线如图 4—8（b）所示的 U 形曲线。这

种 U 形曲线在开始阶段下降，接着达到最低点，然后开始上升。正是 *MC* 曲线的这一特性，决定了 *TC* 曲线的运行轨迹。

2.2.5 平均成本、平均可变成本和平均固定成本

1. 平均成本

平均成本（average cost，AC）是总成本除以总产量所形成的成本。平均成本也称单位成本。其公式为：

$$\text{平均成本}=\frac{\text{总成本}}{\text{总产量}}=\frac{TC}{Q}=AC$$

根据总成本和产出量可计算出平均成本，如表 4—4 所示。

在表 4—4 第（6）栏中，当产量仅为 1 个单位时，平均成本必然等于总成本，即 85 元/1=85 元。当产量为 2 时，平均成本为 110 元/2=55 元。应该注意，在开始时，平均成本越来越低，当产量为 4 时，*AC* 降到最低点，此后缓慢上升。

表 4—4 **平均成本表**

(1) 产量 *Q*	(2) 固定成本 *FC*	(3) 可变成本 *VC*	(4) 总成本 *TC*	(5) 边际成本 *MC*	(6) 平均成本 *AC*	(7) 平均可变成本 *AVC*	(8) 平均固定成本 *AFC*
0	55	0	55	—	0	0	∞
1	55	30	85	30	85	30	55
2	55	55	110	25	55	27.5	27.5
3	55	75	130	20	43.3	25	18.3
4	55	105	160	30	40	26.2	13.7
5	55	155	210	50	42	31	11
6	55	225	180	70	46.6	37.5	9.1
7	55	315	370	90	52.8	45	7.8
8	55	425	480	110	60	53.1	6.8
9	55	555	610	130	67.7	61.6	6.1
10	55	705	760	150	76	70.5	5.5

正如总成本可分解为固定成本和可变成本一样，平均成本也可细分为平均固定成本和平均可变成本两部分。

2. 平均可变成本

平均可变成本（average variable cost，AVC）是总可变成本除以产出量所形成的成本。其公式为：

$$\text{平均可变成本}=\frac{\text{总可变成本}}{\text{产量}}=TC/Q=AVC$$

在表 4—4 第（7）栏中，*AVC* 的数值随产量增加先下降，尔后上升。

3. 平均固定成本

平均固定成本（average fixed cost，*AFC*）是总固定成本除以产出量的成本。其公式为：

$$\text{平均固定成本}=\frac{\text{总固定成本}}{\text{产量}}=FC/Q=AFC$$

在表4—4第（8）栏中，如果采用产量的小数单位，那么，*AFC*在开始时为无穷大，随着产量增加，*AFC*越来越小，因为有限的*FC*为越来越多的产量所分摊。

2.2.6 平均可变成本、平均成本和边际成本曲线

1. 短期成本曲线呈U形

MC、*AC*、*AVC*三条曲线呈U形。这一特征是由边际成本递增规律（边际成本的性质）确定的：随着可变投入的增加，边际成本在开始时递减，随着可变投入的继续增加，最终会不断上升。

2. *MC*相交于*AC*、*AVC*的最低点

在*MC*曲线上升的过程中，总是通过*AC*曲线的最低点。这意味着，如果*MC*小于*AC*，那么*AC*必然会下降。为什么会如此呢？如果*MC*小于*AC*，那么，生产的最后一单位的成本小于过去全部单位的平均成本。如果最后一单位的成本小于过去全部单位的平均成本，那么，新的*AC*（即包括最后一单位的成本的*AC*）必然会小于原来的*AC*，因此*AC*必然会下降。用成本曲线的术语来说，如果*MC*曲线位于*AC*曲线的下方，那么*AC*曲线必然会下降。

如果*MC*大于*AC*，情况会怎样呢？在这种情况下，最后一单位的成本大于过去全部单位的平均成本。因此，新的平均成本（包括最后一单位的成本的*AC*）必然会高于原有的*AC*。所以，当*MC*大于*AC*时，*AC*必然会上升。

最后，当*MC*正好等于*AC*时，最后一单位的成本正好等于过去全部单位的平均成本。因此，新的*AC*，即包括最后一单位成本的*AC*，等于原有的*AC*。当*AC*等于*MC*时，*AC*曲线既不上升，也不下降。

如果厂商销售商品的单价或平均收益等于*MC*和*AC*相交点，那么，这个最低平均成本点，即图4—9中的*E*点便称为收支相抵点（盈亏平衡点），因为在这一点平均收益正好等于平均成本，超过这点继续增加产量，平均收益小于平均成本，将导致亏损。

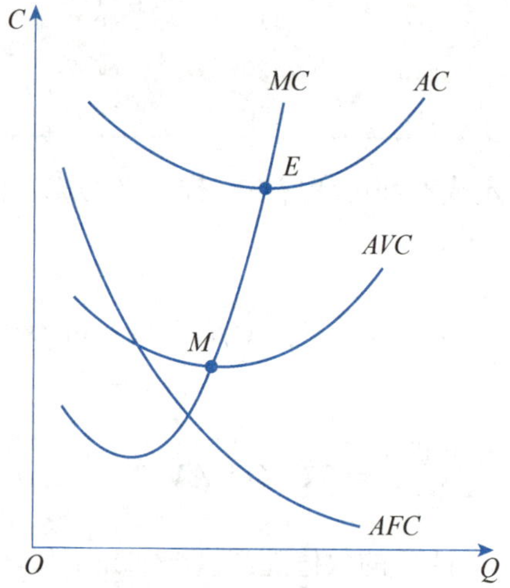

图4—9 平均可变成本、平均成本和边际成本曲线

同样道理，当*MC*小于*AVC*处于曲线下方时，*AVC*下降；当*MC*大于*AVC*时，*AVC*上升。只有*MC*与*AVC*相等时，*AVC*处于最低点。如果厂商销售商品的单价或平

均收益等于 MC 和 AVC 相交点，那么，AVC 的最低点，即图 4—8 中的 M 点通常可称为停止营业点，因为在这一点平均收益正好等于平均可变成本，超过这点继续增加产量，平均收益小于平均可变成本，不仅收不回固定投入，连变动投入也不能完全收回，所以产量不能超过这点。

2.3　长期成本分析

在长期内厂商可以根据产量的要求调整全部的生产要素投入量，甚至进入或退出一个行业。在长期内，厂商所有的成本都是可变的，没有固定与变动的区别。所以，厂商的长期成本可以分为三种：长期总成本、长期平均成本和长期边际成本。

2.3.1　长期总成本

长期总成本（LTC）是指厂商在长期中在各种产量水平上通过改变生产规模所能达到的最低总成本，即在各个产量水平下的最低成本。

在长期中，要生产同样的产量，厂商的成本可大可小。为了得到 100 单位产品，可雇 5 个人生产，或雇 10 个人生产，或雇 15 个人生产，这不同的生产规模（投入及组合），总成本是不一样的。每天销售 1 万单位产品，可以开一个店；每天销售 5 万单位产品，也可以开一个店，而厂商选择的生产规模和生产方式必须是生产成本最低的。

2.3.2　长期平均成本

1. 长期平均成本的构成

在长期中，厂商总是可以在每一产量上找到相应的成本较低的、最优的生产规模进行生产。在短期内，厂商做不到这一点。如图 4—10 所示，假定厂商现有生产规模为 SAC_1 曲线所代表，需要生产的产量为 OQ_1，那么，厂商在短期内只能以 SAC_1 曲线上的 OC_1 的平均成本来生产，而不可能是 SAC_2 曲线上以较低的平均成本 OC_2 来生产。

由于长期内可供厂商选择的生产规模是很多的，在理论分析中，可以假定生产规模可以无限细分，从而可以有无数条 SAC 曲线，于是，便可得到长期平均成本（LAC）曲线。

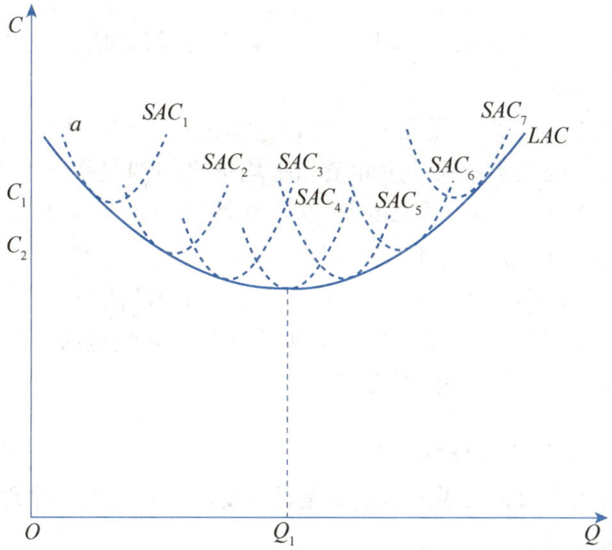

图 4—10　长期平均成本曲线

在图 4—10 中，长期平均成本曲线是无数条短期平均成本曲线的包络线。在这条包络线上，连续变化的每一个产量水平都存在 *LAC* 曲线和一条 *SAC* 曲线的相切点。该 *SAC* 曲线所代表的生产规模就是生产该产量的最优生产规模，该切点所对应的平均成本就是相应的最低平均成本。*LAC* 曲线表示厂商在长期内在每一产量水平上可以实现的最小的平均成本。

2. 长期平均成本的特征

长期平均成本曲线呈先降后升的 U 形状，这种形状和短期平均成本曲线是很相似的。但是，这两者形成 U 形的原因并不相同。如前所述，短期平均成本曲线呈 U 形的原因是短期生产函数的边际收益递减规律的作用。但在长期内所有生产要素投入量都可变的情况下，边际收益递减规律不对长期平均成本曲线的形状产生影响。长期平均成本曲线的 U 形特征主要是由长期生产中的规模经济和规模不经济所决定。

在企业生产规模扩张的开始阶段，厂商的产量上升而平均成本递减。规模经济考察产出规模扩大（产量扩大）而导致的长期平均成本降低的情况。例如，厂商把所有要素投入都增加 80%，结果产量增加 97%，生产率提高，长期（单位）平均成本下降。

当生产扩张到一定的规模以后，继续扩大生产规模，厂商的产量上升而平均成本就会递增。例如，厂商把所有要素投入都增加 80%，结果产量增加 50%，生产率下降使长期（单位）平均成本递增。

这种规模经济和规模不经济都是由厂商变动自己的企业生产规模所引起的，所以，也被称作规模内在经济和规模内在不经济。规模内在经济和规模内在不经济的原因是劳动分工、专业化、技术因素、管理效率等。正是规模内在经济和规模内在不经济，决定了长期平均成本 *LAC* 曲线表现为先下降后上升的 U 形特征。

需要指出的是，规模收益与规模经济和规模不经济是不同的，规模收益考察“投入”规模与“产出”（产量或收益）的关系；规模经济和规模不经济研究“产出”或产量规模扩大与“投入的成本”变化的关系。

2.3.3 长期边际成本

长期边际成本（Long-run Marginal Cost，*LMC*）是指每增加一单位的产量所增加的成本，$LMC=\mathrm{d}LTC/\mathrm{d}Q$。

长期边际成本曲线呈 U 形（见图 4—11），它与长期平均成本曲线相交于长期平均成本曲线的最低点。其原因在于：根据边际量和平均量之间的关系，当 *LAC* 曲线处于下降段时，*LMC* 曲线一定处于 *LAC* 曲线的下方，也就是说，此时 $LMC<LAC$，*LMC* 将 *LAC* 拉下；相反，当 *LAC* 曲线处于上升段时，*LMC* 曲线一定位于 *LAC* 曲线的上方，也就是说，此时 $LMC>LAC$，*LMC* 将 *LAC* 拉上。因为 *LAC* 曲线在规模内在经济和规模内在不经济的作用下呈先降后升的 U 形，这就使得 *LMC* 曲线也必然呈先降后升的 U 形，并且，两条曲线相交于 *LAC* 曲线的最低点。

2.4 最优的生产要素组合分析

在长期中，所有生产要素的投入数量都是可以变动的，任何一个理性的生产者都会选择最优的生产要素组合进行生产。

2.4.1 要素投入最优组合的确定：最小成本原则

运用边际成本概念可以说明在给定各种投入的价格的条件下，厂商如何选择最小成本

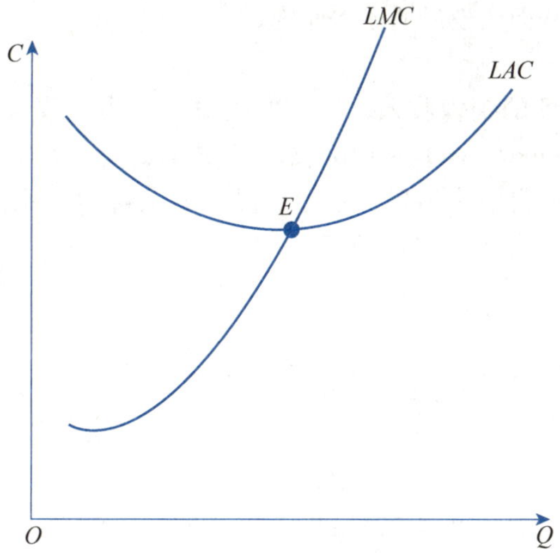

图 4—11　长期边际成本曲线

进行生产。假设厂商追求生产成本的最小化，即厂商应该在最低可能的成本上进行生产，从而使利润达到最大。

例如，一个企业的工程师计算出两种可能的选择都能够生产出 9 单位的理想产量。在两种情况下，燃料（F）的成本为每单位 2 元，而每小时劳动（L）的成本为 5 元。在第一种选择下，投入组合为 A($F=10$，$L=2$)，第二种选择的投入组合为 B（$F=4$，$L=5$)。哪一种选择更好呢？在两种投入的市场价格下，A 投入组合选择的生产总成本为（2 元×10)＋(5 元×2）＝30 元，B 投入组合选择的总成本为（2 元×4)＋(5 元×5)＝33 元。因此，A 投入组合优于 B，9/30 小于 9/33，是较好的最小成本的投入组合。

当存在着许多种可能的投入组合时，选择投入最优组合的一般程序为：(1) 计算劳动、土地、资本等每单位投入的成本；(2) 计算每一种投入的边际产量。当每单位投入的边际产量对于各种投入都相等时，就得到了最低成本的投入组合。这也就是说，每单位的劳动、土地、石油等对于产量的边际贡献必须正好相等，企业的生产总成本达到了最低。这一结论称为最低成本规则，可用公式表示为：

$$\frac{L\text{ 边际产量}}{L\text{ 价格}}=\frac{K\text{ 边际产量}}{K\text{ 价格}}=\cdots\text{或 } MP_L/P_L=MP_K/P_K$$

企业的这一规则（MP_L/P_L 等于 MP_K/P_K）完全相似于追求效用最大化的消费者所遵循的原则（MU_x/P_x 等于 MU_y/P_y）。在分析消费者选择中可以看到，为了效用最大化，消费者购买商品时要使花费在每一消费品上的每单位的边际效用对于各种商品都相等。

如果一种要素价格下降，而所有其他要素的价格不变，那么，企业用现在更便宜的要素替代所有其他要素是有利可图的。

以劳动为例。劳动的价格下降会提高 MP_L/P_L 的比率，从而使 MP_L/P_L 高于所有其他投入的 MP/P。根据收益递减规律，增加劳动的雇佣量会降低 MP_L，从而降低 MP_L/P_L。在这一过程中，劳动的较低价格和较低的 MP，会使每单位的劳动边际产品重新与其他要素的比率相等，从而实现最低成本原则。

2.4.2 收益（产出）分析

厂商的收益就是厂商的销售收入。厂商的收益可分为总收益（total revenue，TR）、平均收益（average revenue，AR）和边际收益（marginal revenue，MR）。

总收益是指厂商按一定价格出售一定量产品时所获得的全部收入。以 P 表示既定市场价格，以 Q 表示销售总量或产量，则有：

$$TR=P\cdot Q$$

平均收益是指厂商平均每一单位产品销售所获得的收入。公式可表示为：

$$AR=\frac{TR}{Q}$$

边际收益是指厂商增加一单位产品销售所获得的收入增量。公式可表示为：

$$MR=\frac{\Delta TR}{\Delta Q}$$

2.4.3 利润、经济利润与正常利润

利润是总收益与总成本之间的差额。公式可表示为：

$$\pi(Q)=TR(Q)-TC(Q)$$

利润 π、总收益 TR、总成本 TC 都与厂商的产量（销售量）有关，都是产量的函数，随着产量的变化而变动。

最大利润规律或利润最大化原则可以概括为：要使利润最大化，必须使边际利润等于0，即 $M\pi=0$，从而 $MR-MC=0$，也即 $MR=MC$。

例如：增加一单位产品的生产和销售，如总收益的增加（MR）大于总成本的增加（MC），总利润将会增加。反之，如果增加的单位产品，使总成本的增加大于总收益的增加，总利润将会减少。由此可得出最大利润规律：$MR>MC$ 则增加产量；$MR<MC$ 则减少产量；$MR=MC$ 则产量处于最佳水平。

这个等式有两方面的应用价值：一是厂商最优产量抉择的依据，$MR>MC$ 则增加产量，$MR<MC$ 则减少产量，$MR=MC$ 产量处于最佳水平；二是获得最大利润的均衡条件，$MR>MC$ 时，如果不增加产量，可以赚到的利润没有赚到，$MR<MC$ 时，如果不减少产量，总利润不会增加，减少产量会使总利润增加，只有当产量满足 $MR=MC$ 时，总利润才最大。

这个规律具有普遍意义，它对任何厂商都适用。但是，应用这一规律的结果，则取决于厂商所在的市场类型。具体来说取决于以下两个方面。

（1）厂商是否在完全竞争下经营。如果在完全竞争下经营，则厂商的产品价格为市场所确定，厂商只是既定价格的接受者，它要解决的只是按市场价格提供多少产品。

（2）厂商具有某种市场力量，即有某种可改变它的产品价格的能力。最显著的例子是，一个公司是某种产品的仅有者，即垄断。大多数厂商尽管不能完全垄断市场，但对它们的产品价格均有一定控制能力。

需要注意的是，上面提到的利润是经济利润，企业所追求的最大利润指的就是最大的

经济利润。经济利润是指企业的总收益与总成本（包括显性成本和隐性成本两个部分）之间的差额。在西方经济学中，需要区别经济利润和正常利润。正常利润是指厂商对自己所提供的企业家才能的报酬的支付。正常利润是成本的一个组成部分。因此，经济利润不包括正常利润。由于厂商的经济利润等于总收益减去总成本，所以，当厂商的经济利润为零时，厂商仍然可得到正常利润（会计利润或企业家才能报酬）。

3　原理与知识小结

3.1　所谓生产函数，就是反映生产者投入产出关系的一个函数。在技术不变的前提下，假设生产过程中所投入的要素，只有一种要素的投入量不断增加，而其他要素投入量为一定，那么这种要素增加到一定数量后，所得到的产品增量便会逐渐递减。经济学把这一现象揭示为边际收益递减规律。

3.2　对于生产者来说，追求利润最大化的行为表现为要素的最优投入组合，即产量为一定时，成本最小；成本为一定时，产量最大。经济学通过等产量线和等成本线的组合模型，来表现要素的最优投入组合。

3.3　在一定的技术条件下，一定的要素同时同比例投入会形成一定的产出规模，而一定的产出规模又和一定的收益联系在一起。在技术为一定的前提下，当要素投入规模的扩大引起收益更大幅度增加时，就形成了规模收益递增；如果要素投入规模扩大的幅度小于收益增加幅度，就出现了规模收益递减。两者的过渡阶段，为规模收益不变。

规模经济和规模不经济研究“产出”或产量规模扩大与“投入的成本”变化的关系。长期平均成本曲线反映了这一变化趋势。规模收益与规模经济和规模不经济有如下关系：在规模经济的情况下，规模收益会递增；在规模不经济的情况下，规模收益会递减。

3.4　经济学讲的成本是指厂商生产产品或劳务时对所使用的生产要素所做的支付，它包括显性成本和隐性成本。经济成本（总机会成本）一般大于会计成本，因为，会计成本是指显性成本。由此，可以计算出经济利润和会计利润。

3.5　短期成本是指厂商只调整某些生产要素量时所发生的成本。在短期，企业成本分为总成本、固定成本、可变成本、平均成本、平均固定成本、平均可变成本和边际成本七大成本，其中，总成本等于固定成本加上可变成本，平均成本等于平均固定成本加上平均可变成本。固定成本在短期中是固定不变的，它不随产量的变动而变动。

可变成本在没生产产品时为零；在刚生产产品时，增加的较快；当生产的产品量达到较高时，增加的较慢；当生产的产品量达到一定程度时，由于边际效益递减规律的作用，增加的较快。

总成本的变动规律与可变成本的变动规律基本相同。不同的是总成本最小也等于固定成本。

平均成本和平均可变成本的变动规律是：最初随着产量的增加而下降，当下降到一定程度时。又随产量的增加而上升，具体呈 U 形变动。

平均固定成本的变动规律是随着产量的增加而持续下降，并且越来越接近于零，但永远不等于零。

边际成本开始时随产量的增加而减少，当产量增加到一定程度时，随产量的增加而增加，亦呈 U 形变动，并且相交于平均成本和平均可变成本的最低点。其中，与平均可变成本的交点为停止营业点；与平均成本的交点为收支相抵点。

3.6 长期成本是指厂商调整全部生产要素量时所发生的成本。长期成本曲线可从企业扩展线推导出来。

在长期，厂商也总是力求以最小的单位成本进行生产。表示各种不同产量的最小的平均成本的曲线就是长期平均成本曲线，即长期平均成本曲线是短期平均成本曲线的下包络线，它亦呈 U 形变动。可以用规模经济和规模不经济等现象来解释这种曲线的形状。

长期边际成本是长期中增加一单位产品所增加的成本，它随着产量的增加先减少而后增加。长期边际成本曲线呈 U 形变动，并相交于长期平均成本曲线的最低点，且比短期边际成本曲线要平坦。

3.7 利润是总收益与总成本之间的差额。$\pi(Q)=TR(Q)-TC(Q)$。利润 π、收益 TR、总成本 TC 都与厂商的产量（销售量）有关，都是产量的函数，随着产量的变化而变动。最大利润规律或利润最大化原则可以概括为：$MR=MC$。这个等式有两方面的应用价值：①它是厂商最优产量抉择的依据，$MR>MC$ 则增加产量；$MR<MC$ 则减少产量；$MR=MC$ 产量处于最佳水平。②它是获得最大利润的均衡条件，$MR>MC$ 时，如果不增加产量，可能赚到的利润没有赚到；$MR<MC$ 时，如果不减少产量，总利润不会增加；只有当产量满足 $MR=MC$ 时，总利润才最大。

任务 3 问题研讨

1. 什么是生产函数？在只有一种可变要素投入时，为什么产出的增加少于投入增加的比例？

2. 一个企业在生产中有两种可变要素投入，且这两种要素之间存在有效替代关系。如果现在其中一种要素的价格提高了，那么企业是否会在保持产量不变的前提下减少这种要素投入？如果是，那么企业会在多大限度内减少这种要素的投入量？

3. 什么是规模收益递减、规模收益不变和规模收益递增？预计这些情况分别会在什么时候出现？

4. A 企业第一年规模扩大 40%后，其收益增加了 60%，第二年 A 企业的规模继续扩大 40%，随之其收益增加了 30%，A 企业计划在第三年继续扩大企业规模。试对 A 企业扩大规模的行为作出经济分析。

5. 某小零售店女店主自己做账，如何计算她的各项成本？

6. 某公司支付 1 名会计人员 10 000 元的年薪，这笔费用是显性成本还是隐性成本？

7. 某产品的边际成本递增，这是否意味着平均可变成本递增？请作图解释。

8. 某企业的平均成本曲线为 U 形，为什么其平均可变成本曲线比平均成本曲线低？

9. 经济成本、会计成本、显性成本和隐性成本之间有什么关系？

10. 请证明为什么边际成本曲线相交于平均成本曲线和平均可变成本曲线的最低点？

11. 假定从甲地到乙地，飞机票价 100 元，飞行时间为 1 小时；公共汽车票价 50 元，需要 6 小时，考虑下列情况最经济的旅行方法：①一个企业家，每小时的时间成本是 40

元；②你自己如何？（说明：在这个问题上，机会成本的概念是关键）

12. 在洛杉矶，粉刷一所房屋的市场价格是 10 000 元。“全面覆盖”房屋粉刷公司用在梯子、刷子等工具上的不变成本为 4 000 元，公司粉刷房屋的可变成本如表 4—5 所示。

表 4—5　粉刷房屋的可变成本

产出数量（粉刷房屋的数量）	2	3	4	5	6	7	8	9	10
可变成本（单位：万元）	2.6	3.2	3.6	4.2	5.0	6.0	7.2	8.6	10.2

计算该公司的总成本，并绘出收益曲线和总成本曲线的图形。这些曲线具有你所预期的形式吗？生产数量在什么范围内时厂商可以获得利润？

13. 已知产量为 9 单位时，总成本为 95 元，产量增加到 10 单位时，平均成本为 10 元，请问边际成本是多少？

14. 根据某种产品的短期总成本、短期固定成本、短期可变成本、短期平均成本、短期平均固定成本、短期平均可变成本、短期边际成本之间的关系和表 4—6 中已给出的数字进行计算，并填写表中所有的空格。

表 4—6　某产品的成本表

产量	固定成本	可变成本	总成本	边际成本	平均固定成本	平均可变成本	平均成本
0	120	0					
1	120		154				
2	120	63					
3	120		210				
4	120	116					
5	120		265				
6	120	180					
7	120		350				
8	120	304					
9	120		540				

任务 4　项目实训

项目目标

1. 掌握边际收益递减规律及其原因。
2. 掌握成本的分类及各类成本的含义并能够准确理解停止营业点。
3. 准确把握利润最大化的原则。

1　“三季稻不如两季稻——边际产量递减”

项目要求

1. 小组讨论：“当两季稻变成三季稻时其边际产量递减的原因”，要展开头脑风暴。

2. 小组派代表陈述对问题的解释，并举出相关的事例。

3. 教师点评。

2 “订单价格低于工厂成本的订单该不该接”

项目要求

1. 小组讨论：“当订单价格低于工厂成本的订单什么情况下该接？什么情况下不该接？”

2. 小组要给出分析结果，并说明对“停止营业点”和“利润最大化”的理解。

3. 教师点评。

项目五　市场结构原理与应用

学习目标

1. 知识目标：了解完全竞争市场、垄断市场、垄断竞争市场和寡头市场四种市场类型及其特点，掌握不同厂商的市场均衡条件以及厂商的目标选择。

2. 技能目标：能够运用市场结构原理解决现实中的经济问题。

3. 态度目标：养成勤奋严谨的学习习惯和创新思考的职业精神。

学习型工作任务

任务 1　案例剖析
任务 2　市场结构原理
任务 3　问题研讨
任务 4　项目实训

任务 1　案例剖析

1. 钻石恒久远，一颗永流传

产生于一种关键资源所有权垄断的典型例子是南非的钻石公司德比尔。德比尔控制了世界钻石生产的80%左右。虽然这家企业的市场份额不是100%，但它也大到足以对世界钻石价格产生重大影响的程度。

德比尔拥有多大的市场势力呢？答案大部分取决于有没有这种产品的相近替代品。如果人们认为翡翠、红宝石和蓝宝石都是钻石的良好替代品，那么，德比尔的市场势力就较小了。在这种情况下，德比尔任何一种想提高钻石价格的努力都会使人们转向其他宝石。但是，如果人们认为这些其他石头都与钻石非常不同，那么，德比尔就可以在相当大的程度上影响自己产品的价格。

德比尔支付了大量广告费。乍一看，这种决策似乎有点奇怪。如果垄断者是一种产品的唯一卖者，为什么它还需要广告呢？德比尔广告的一个目的是在消费者心目中把钻石与其他宝石区分开来。当德比尔的口号告诉你“钻石恒久远，一颗永流传”时，你马上会想到翡翠、红宝石和蓝宝石并不是这样。（而且，要注意的是，这个口号适用于所有钻石，而不仅仅是德比尔的钻石——德比尔垄断地位的象征。）如果广告是成功的，消费者就将认为钻石是独特的，不是许多宝石中的一种，而且，这种感觉就使德比尔有更大的市场势力。

2. 新经济时代的微软反垄断案

2001 年 11 月 2 日，本是一个平平常常的日子，但对于美国司法部、微软及其竞争对手来说，却是一个有苦有甜的日子。这天，司法部和微软达成的结案协议书送达联邦法院后，联邦法官科林·科特利迅速批准了该解决方案，微软和司法部握手言和，长达几年的微软反垄断案总算尘埃落定。尽管多数分析家认为，11 月 2 日的结案协议书代表着微软的一大胜利，微软终于逃过被分割的一劫；但是，也有学者指出，事情看来并非如此简单，透过微软反垄断案，后面还有很多更深层次的问题有待进一步求解。

微软真能高枕无忧？

微软虽然逃脱了被一分为二的命运，但它从此真能高枕无忧？

本次反垄断案，是美国政府五十多年来掀起的最大一起针对企业的反托拉斯案。1998 年 5 月，联邦政府司法部协同包括美国最大的州——加利福尼亚和首都华盛顿在内的 18 州 1 市，以微软违反反托拉斯法为由，将世界上最有权势的公司推上了法庭。然而，在 11 月 2 日联邦法官科林·科特利批准了微软和司法部达成的反垄断案解决方案后，和美国联邦政府共同状告微软的 18 州 1 市却出现分裂，其中包括加州和华盛顿市在内的 9 州 1 市，认为司法部和微软的协议不足以抑制微软的垄断倾向，难以保护消费者的利益，决定继续和微软较量下去，但目前还不知道这 9 个州是否会对科特利的判决进行上诉；而其他 9 个州则认可了微软案的协议，打算从此偃旗息鼓。

尽管如此，微软的竞争对象、电脑制造商 Sun 微系统公司却表示，它将不会就此罢休，并且将继续抓住微软反托拉斯案不放，虽然在反对微软实施垄断行为时遇到法律挫折，它还是将力劝各州对该案提起上诉。

现在来看，即使 9 个州和 Sun 公司上诉，微软被拆分的可能性是微乎其微的。但即便这样，微软也不能像过去一样无视竞争对手和消费者的警告而为所欲为了，也就是说，微软从今以后并不能高枕无忧。为什么这么说呢？首先，2001 年美国上诉法院 7 位法官对微软作出的不正当竞争行为的司法判决还存在，这就像一把达摩克利斯剑一样，随时悬在微软的头顶上，只要微软以后重犯前科，这把达摩克利斯剑就会刺向它；其次，也是最重要的，为防止微软的垄断行为，司法部在和微软达成的协议中，对它设置了多方面的限制：一是微软得向其他公司公开其部分计算机代码，使这些公司能设计和视窗兼容的软件，其中包括为服务器设计软件的公司，这一协议条款将防止微软利用视窗对服务器市场进行垄断。二是协议要求微软不得干涉计算机制造商选择什么样的软件，除非这些软件和视窗有技术上的冲突。三是为了保证反垄断措施的实施，司法部有权检查微软的代码、企业内部文件、账户以及相关的记录等。四是司法部还将在微软总部设立一个 3 人专家委员会，专门监督微软对协议的执行情况。专家由微软和政府各选一名，另一名由双方协商挑选，委员会的费用由微软全部支付。司法部和微软还商定，这一协议有效期 5 年，届时视情况可延长 2 年。

正因为有这些“紧箍圈”，美国司法部长阿什克罗夫特才会在法院判决后信心十足地表示，司法部将“强烈保证”微软遵守解决方案，密切关注微软对各条款的执行情况。

但是，微软毕竟成功地逃脱了被分割的命运。所以，人们也就自然要问个为什么。

其实，从 1990 年联邦贸易委员会开始对有关微软垄断市场的指控展开调查算起，美国政府对微软的反垄断行动已历时 10 年多，其间白宫两易其主。根据司法部的指控，杰克逊法官曾于 1997 年年底裁定，禁止微软将其网络浏览器与“视窗”捆绑在一起销售，但第二年 5 月上诉法院驳回了杰克逊的裁决。于是，司法部和 18 个州 1 市于 1998 年 5 月再次将微软拖上被告席，这一次微软险些被分拆为两家公司。2001 年 6 月 28 日，美国哥伦比亚特区联邦上诉法院作出裁决，驳回地方法院法官杰克逊去年 6 月作出的将微软一分为二的判决，但维持有关微软从事了违反反垄断法的反竞争商业行为的裁决。上诉法院要求地方法院指定一位新法官重新审理这一历史性的反垄断案。

微软的命运之所以能够发生如此戏剧性的转折，客观地说，有两个原因：一是与大企业有密切关系的共和党总统布什在 2001 年入主白宫及阿什克罗夫特掌管司法部；二是微软有强大的律师团和顾问团，因此，也就有向国会和法院进行强大游说的能力。但是，除此之外，专家们认为，更主要的，是美国的反垄断法发生了变化，即从过去的维护价格竞争转向新经济时代的促进创新。

美国的反垄断工作可追溯到 19 世纪末。1890 年，美国通过了第一部反垄断法——谢尔曼法。在此后的 100 多年间，美国国会又通过了一系列补充性法案来加强反垄断工作，这些法律构成了美国政府反垄断的基础。美国的反垄断法适用于几乎所有行业和公司。反垄断法禁止 3 类违法行为：阻碍交易的行为；有可能大幅降低某一特定市场竞争程度的企业兼并；旨在获得或维持垄断地位的反竞争行为。美国政府实施反垄断法的最终目的是“通过促进市场竞争来保护经济自由和机会”。

从美国的反垄断法来看，虽然通过“不正当行为”维持或获得垄断地位是违法的，但一家公司拥有垄断地位或企图获得垄断地位并不一定违法。所以，垄断行为如果不是通过不正当的方式，就构不成拆分的理由。这实际上就等于说，在新经济时代，用拆分来破除垄断已经落伍。因为在新经济时代，网络科技具有高竞争性及快速更新换代的特点，任何领先的技术都将被更加先进的技术所代替，在高速增长的科技领域，垄断往往是一时的事情。

而在法官们的眼里，微软是新经济的代表，新经济的生命力在于不断地技术创新。微软也是以创新为武器来为自己辩护的，比尔·盖茨在法庭上说，美国的反垄断法是为了保护竞争机制而不是保护竞争对手，反垄断法不反对通过正常竞争获得的垄断地位，而是反对运用不正当的竞争手段来获得或者巩固垄断地位。AT&T（美国电话电报公司）的拆分是由于它的垄断地位是通过美国政府的特殊政策确立的，而微软在操作系统上的地位是通过市场竞争获得的。

有关专家指出，与美国历史上一些重大反垄断案相比，微软案具有显著的特点。首先，微软基本上是靠自我发展起来的垄断公司；而在 1911 年和 1984 年分别被分拆的美孚石油公司和美国电话电报公司则都是靠吞并竞争对手成为各自行业的“巨无霸”的。其次，微软的发展是以知识产权和知识创新为基础的。如果“视窗”软件多年一贯制，可能早就被市场淘汰了。最后，微软虽然对个人电脑操作系统市场拥有绝对垄断权，但并没有利用这一垄断优势无理地抬高价格，其网络浏览器开始时还是免费赠送的。此外，这是美国进入新经济时代以来最具代表性的反垄断案件，其结局很可能成为今后高技术领域反垄断案件的一个判例。

因此，针对这样一个具有里程碑意义的案件，美国司法部打出了“推动创新”的旗号。在杰克逊2001年作出分割微软的判决前夕，当时的司法部长雷诺表示，对微软采取反垄断行动是为了创造竞争环境，以增加消费者的选择。这种观点得到不少反垄断问题专家的赞同。美国布鲁金斯学会反垄断问题专家罗伯特·利坦认为，在美国的绝大部分行业中，创新是最重要的推动力，因此，微软一案必须具有开创先例的价值。美国著名经济学家、“新增长理论”的创立者保罗·罗默同样支持对微软采取反垄断行动。他认为，创新是决定消费者福利的最重要因素，而竞争比垄断更有可能带来创新。

保持创新的活力是美国经济能否继续领先于世界的关键，近几年来，美国以反垄断为核心的竞争政策重点转向促进创新。可以说，正是为了重振信息产业，促进科技发展，美国政府最终放弃分拆微软。

不过，在美国经济学界，对反托拉斯法质疑的声音渐渐多了起来。一些学者认为，目前的反垄断措施经常是对取得市场支配地位的企业不利，哪怕企业的支配地位是通过高效和低价取得的；而在现实中，企业垄断与否，企业到底是推动了竞争还是抑制了竞争很难判断。比如，著名的自由派经济学家弗里德曼指出，“多年来，我对反垄断法的认识发生了重大的变化。我刚入行的时候，作为一个竞争的支持者，我非常支持反垄断法，我认为政府能够通过实施反垄断法来推动竞争。但多年的观察告诉我，反垄断法的实施并没有推动竞争，反而抑制了竞争，因为官僚总舍不得放弃调控的大权。我得出结论，反垄断法的害处远远大于好处，所以最好干脆废除它。”美国经济学界的另一大亨、价格理论大师阿曼·阿尔钦说：“我想根本没有经济学家会支持司法部对微软的起诉，至少我没有见过。”的确，对于当年曾困惑大经济学家马歇尔的垄断与竞争的关系问题，甚至对于微软的捆绑销售究竟是垄断还是竞争行为的问题，至今没有一个能令人折服的答案。但可以肯定的是，不管微软案结果如何，它必然对美国反垄断政策的走向产生影响。

总之，随着自由放任的经济理论卷土重来，在新经济时代，被奉为自由竞争市场经济守护神的反垄断法也在寻求改变。微软案正集中反映了经济学家们对此问题的反思。

任务2 市场结构原理

1 认识市场

1.1 市场类型的划分

划分市场（market）类型的标准是市场竞争的范围和程度。影响市场竞争程度的因素主要有以下几点：一是厂商的数量；二是产品的差别程度；三是厂商对市场价格的控制程度；四是厂商进入或退出一个行业的难易程度。根据以上四点，微观经济学将市场划分为四种类型，即完全竞争市场（perfect competition）、垄断竞争市场（monopolistic competition）、寡头市场（oligopoly）和垄断市场（monopoly）。市场和厂商类型的划分与特点，如表5—1所示。

表5—1　市场和厂商类型的划分与特点

市场和厂商的类型	厂商数目和产品差别程度	代表性领域和进出行业难易程度	企业对价格控制的程度	销售方式
完全竞争市场	许多；同质产品	农业；很容易	没有：厂商是价格的被动接受者	市场交易或拍卖
垄断竞争市场	较多；有差别	零售业；较易	一定程度	广告、质量竞争
寡头市场	几个；几个厂商的产品有某些差异或无差异	钢铁、化学、汽车、计算机；困难	较大程度	广告、产品竞争与勾结
垄断市场	一个；产品无接近的替代品	水电气等公共事业；不能进入	很大程度，但受政府管制	产量与价格控制

1.2　不同市场类型的成因

不同市场类型的形成，主要是基于以下几个方面的因素。

1. 成本因素

分工和专业化基础上的规模经济，使大企业能够快速地、有效率地、低成本地生产并保持自然垄断。

2. 法律限制和竞争障碍

政府限制某些行业里的竞争。重要的法律限制包括专利、进入的限制和外贸关税与配额。政府常常给予企业特许垄断权，这些特许垄断具有合同的性质，在这种情况下，政府授予企业提供某种服务（主要是自来水、电力、天然气或电话通信）的排他性权利，作为回报，该企业同意限制其利润，并向所有的消费者提供服务。法律限制的典型例子就是进口限制，"关税乃垄断之母"，如果世界上的许多政府都要对外国生产者实行高关税或配额限制，那么单独实行自由贸易的国家将只有国内市场。在市场经济中，减少和排除竞争障碍的需要是公共政策的主要目标之一。

3. 产品差别

如英国的汽车方向盘在右边，很难吸引美国的驾驶者；同样，体型巨大的美国汽车在街道狭窄、停车场很小的国家销售量很小。产品差别在很大程度上是人为造成的。例如，在20世纪50年代，带着长长尾翼的小汽车很受消费者喜爱，而广告宣传又使人们把马力大小与男子汉气概联系起来，从而加剧了这种爱好。现在，德国的豪华型汽车更加值钱，外形类似德国汽车的车子也是如此。

2　完全竞争市场分析

完全竞争又称纯粹竞争，是指竞争完全不受任何障碍和干扰的市场结构。

2.1 完全竞争市场的需求曲线

在完全竞争条件下，对单个厂商来说，不能决定需求和价格。产品的需求价格弹性是无穷大的，厂商不能影响或支配价格，价格由整个行业的市场供求决定，单个厂商只能被动接受市场价格。如图 5—1 所示，在完全竞争市场条件下，单个厂商面临的需求曲线为一条水平线，而且，由于价格不变，厂商所面临的需求曲线、平均收益曲线以及边际收益曲线这三条线是重合的，即 $d=P=AR=MR$。为什么会这样？原因有如下几点：①买者和卖者的市场份额都极小，使 $d=P$；②P 不变，销量增加，单位收益不变，即 $AR=P$；③P 不变，销量增加，增加的收益等于单位收益，即 $MR=AR$。所以，$d=P=AR=MR$。厂商不能决定需求和价格，厂商所能做的就是确定产量，为了保证最大利润，要使 $MR=MC$。

完全竞争条件下，价格、总收益、平均收益、边际收益之间的关系还可用表 5—2 来说明。

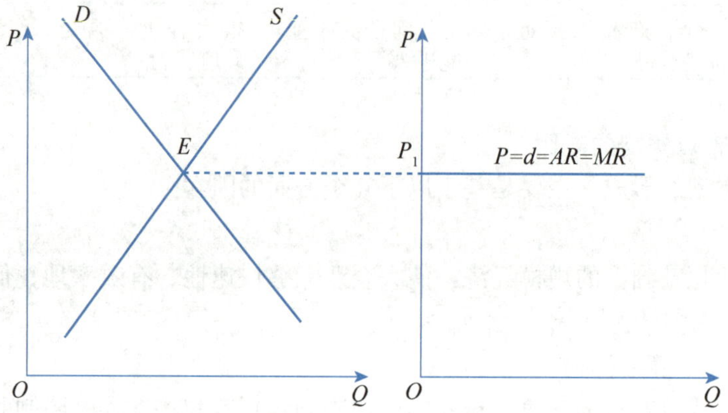

(a) 行业的市场供求曲线　　(b) 单个厂商的需求曲线

图 5—1　行业的市场供求曲线与单个厂商的需求曲线

表 5—2　价格、总收益、平均收益、边际收益之间的关系

销售量 Q	价格 P	总收益 $TR=P\times Q$	平均收益 $AR=TR/Q$	边际收益 $MR=\Delta TR/\Delta Q$
0	10	0	0	0
1	10	10	10	10
2	10	20	10	10
3	10	30	10	10
4	10	40	10	10
5	10	50	10	10

2.2 完全竞争市场的均衡条件

2.2.1 完全竞争市场的短期均衡

在完全竞争市场条件下的短期生产中，不仅产品市场的价格是既定的，而且生产中的不变要素投入量是无法改变的，即厂商只能用既定的生产规模进行生产，所以，厂商只有通过对产量的调整来实现 $MR=MC$ 这个利润最大化的均衡条件。厂商短期均衡时的盈亏状况可以用图 5—2 来说明。

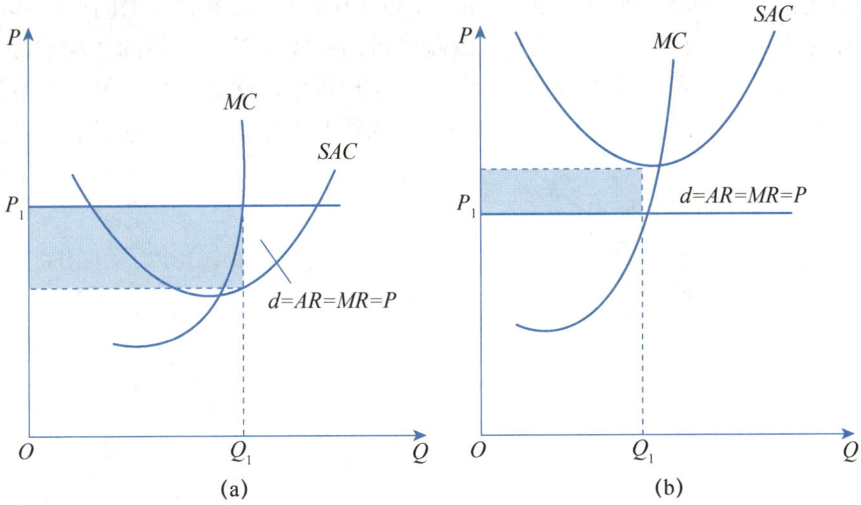

图 5—2　完全竞争厂商的短期均衡（盈利和亏损）

根据对图 5—2 的分析，可以得出如下结论。

（1）价格由行业供求决定，对单个厂商而言，需求线是一条水平线。

（2）产量根据 $MR=MC$ 法则决定，厂商的产量为 Q_1。因为只有这样才满足利润最大化条件。

（3）利润大小由厂商平均成本 SAC 的高低决定。当 SAC 在水平线以下时，$AR>SAC$，厂商获得利润如图 5—2（a）所示；当 SAC 的最低点在水平线上（相切）时，即 $AR=SAC$，厂商的利润刚好为零，厂商的正常利润全都实现了，由于在这一点上，厂商既无利润，又无亏损，所以，曲线与 SAC 曲线的交点也被称为厂商的收支相抵点；当 SAC 在水平线以上时，$AR<SAC$，厂商亏损，如图 5—2（b）所示。

在亏损的情况下，厂商会面临以下三种选择。

一是如果平均收益小于平均总成本，但仍大于平均可变成本，即 $AVC<AR<SAC$，厂商亏损，但继续生产，企业无利可图，但它们仍然可能继续经营一段时间。对于那些拥有较高固定资本成本的企业来说，这种情况尤其有可能发生。这一结论也可以解释为什么在 20 世纪 80 年代早期的经济大滑坡中美国的许多大公司——通用汽车公司、美国钢铁公司和国际收割机公司——尽管亏损几十亿元，但仍然在经营。

二是如果平均收益或销售单价等于平均可变成本，即 $AR=AVC$，厂商亏损，厂商可能继续生产，也可能不生产，处于生产与不生产的临界点，该点被称为停止营业点。

三是如果平均收益小于平均可变成本，即 $AR<AVC$，厂商亏损，停止生产。这时，假定厂商继续生产，其全部收益连可变成本都无法全部收回，更谈不上对固定成本的弥补。事实上，厂商会停止生产，可变成本降为零。显然，此时不生产要强于生产。

综上所述，完全竞争厂商短期均衡的条件是 $MR=MC$。

在短期均衡中，当 $MR=AR=P$ 时，厂商可以获得最大利润，利润也可以为零，也可能出现亏损，企业的成本高低是关键。

2.2.2 完全竞争厂商的短期供给曲线

从完全竞争厂商的短期分析中，可以得到完全竞争厂商的短期供给曲线，如图 5—3 所示，在既定的每一价格水平下，依据 $MC=MR$ 原则，厂商愿意提供的产量都出现在高于 AVC 曲线最低点以上的 MC 曲线上。由此可得出：完全竞争厂商的短期边际成本 MC 曲线上等于和高于平均可变成本 AVC 曲线最低点的部分，就是完全竞争厂商短期供给曲线，即在 MC 与 AVC 相交点以上，$MC=S$。该曲线是一条向右上方倾斜的曲线。

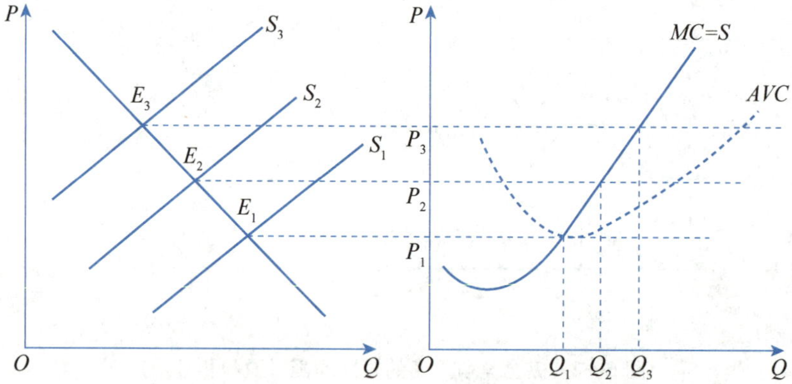

(a) 行业供求曲线及变化　　(b) 单个厂商的供给曲线

图 5—3　完全竞争厂商的短期供给曲线

2.2.3 完全竞争行业的短期供给曲线

加总所有厂商的供给曲线，可得到整个行业的供给曲线，即市场供给曲线，如图 5—4 所示。

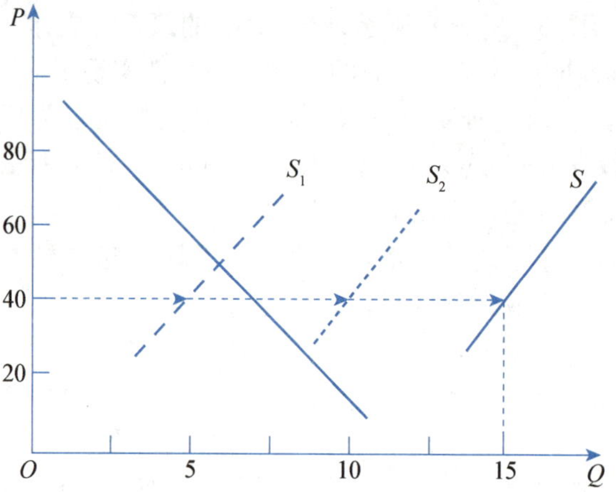

图 5—4　市场供给曲线

图 5—4 用两个企业的情况来说明这一点。为了得到行业的供给曲线 S，把在同一价格水平上所有企业的供给曲线 S 以水平方向加在一起。在 40 元的价格下，A 企业供应 4 000 单位，而 B 企业供应 11 000 单位。行业的供给曲线把两种供应量加在一起，因此在 40 元的价格下，行业的总供给为 15 000 单位。如果有 200 万个企业，而不是两个企业，仍然可以在现行市场下把 200 万个企业的供应量加在一起而得到行业的供应量。在每一价格水平上，把产量以水平方向加总便得到了行业的供给曲线。

2.2.4　完全竞争厂商的长期均衡

上文已经说明，在短期中，企业即使亏损，只要价格能弥补它们的可变成本时，即 $P=MR=AR\geqslant AVC$，就会继续营业。但是，在长期内，所有的成本都是可变的，企业可以付清债券，可以解雇管理人员，可以终止租约。在长期内，当所有承诺都可以再次加以选择时，企业仅仅在价格等于或高于收支相抵点，即价格大于等于长期平均成本时（$P=MR=AR\geqslant LAC$），企业才愿意进行生产。

用图 5—5 所示的成本曲线的术语来说，为了使企业能长期持续经营某一行业，价格必须等于或高于 E 点。如果任何其他企业都完全像该企业一样，处在关键性的能够补偿全部成本的收支相抵的价格之下，那么，长期供给量会等于零。

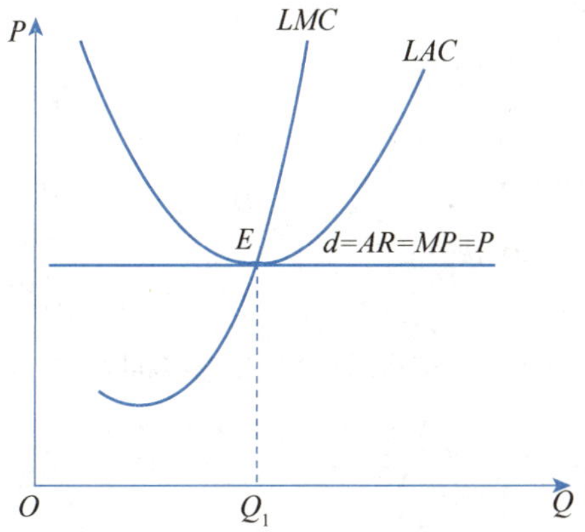

图 5—5　完全竞争厂商的长期均衡

进一步假设所有企业都是完全相同的，进入该行业在长期内是完全自由的，从而任何数量的企业都可进入该行业，并且可以用完全和原有企业相同的成本进行生产。在这种情况下，长期价格不能处于长期平均成本的最低点之上的部分。因为，高于这一长期价格水平，新企业就会进入该行业，从而把市场价格压低到长期平均成本最低点。在这一价格水平上，长期平均成本刚好得到补偿。如果长期价格低于长期平均成本最低点，企业就会脱离该行业，直到价格恢复到长期平均成本最低点为止。

由此可以得出，当一个行业的供给是由具有相同成本曲线的竞争企业所提供，而且当这些企业可自由进入和退出时，厂商长期均衡的条件是：价格等于长期边际成本，又等于长期平均成本最低点。用公式表示如下：

$$MR=LMC=LAC$$

其中，$P=MR=AR$ 时，长期厂商的利润为零。

在完全竞争市场中，$P=LMC=LAC$，消费者为每单位商品支付的价格不仅等于长期平均成本，而且等于长期边际成本，因而，厂商没有经济利润，只获得了正常利润。

3　垄断市场分析

3.1　垄断市场的需求曲线

3.1.1　垄断厂商的需求曲线

由于垄断行业中只有一个厂商，所以垄断厂商所面临的需求曲线就是市场的需求曲线，它是一条向右下方倾斜的曲线，图 5—6 中的 D 曲线就是垄断厂商所面临的需求曲线。假定商品市场的销售量等于市场的需求量，于是，垄断厂商所面临的向右下方倾斜的需求曲线表示垄断厂商可以通过改变销售量来控制市场价格，即以销售量的减少来抬高市场价格，以销售量的增加来压低市场价格，垄断厂商的销售量和市场价格成反方向的变动。

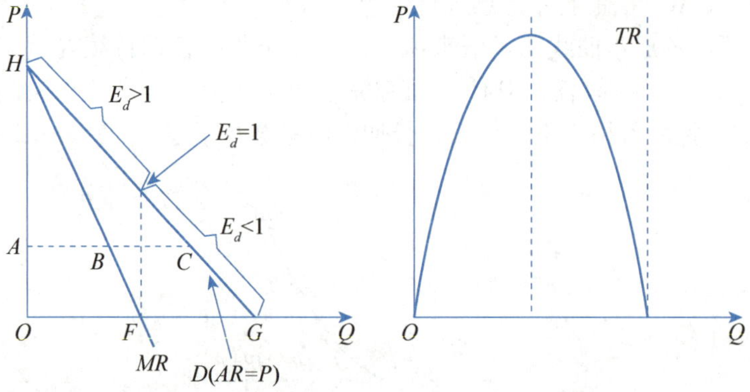

图 5—6 垄断厂商的需求曲线和收益曲线

【原理应用】

垄断厂商的边际收益曲线推导

假定垄断厂商需求函数的反函数为：

$$P=a-bQ$$

式中，a、b 为常数，且 a、b > 0。

由上式可得总收益函数和边际收益函数分别为：

$$TR(Q)=P\times Q=aQ-bQ^2$$

$$MR(Q)=\mathrm{d}TR(Q)/\mathrm{d}q=a-2bQ$$

由此可得需求曲线及边际收益曲线的斜率分别为 $-b$ 和 $-2b$。

3.1.2 垄断厂商的总收益、平均收益和边际收益曲线

垄断厂商所面临的需求状况直接影响垄断厂商的收益，如表 5—3 所示。

表 5—3 垄断厂商的收益

(1) 数量 Q	(2) 价格 $P=AR=TR/Q$	(3) 总收益 $TR=P\times Q$	(4) 边际收益 MR
0		0	
1	200	200	200
2	160	320	120

续前表

(1) 数量 Q	(2) 价格 $P=AR=TR/Q$	(3) 总收益 $TR=P\times Q$	(4) 边际收益 MR
3	140	420	100
4	120	480	60
5	100	500	20
6	80	480	−20
7	60	420	−60
8	40	320	−100
9	20	180	−140

在表 5—3 中可以看出，商品的市场价格 P 随着垄断厂商的商品销售量的不断增加而下降。与此相对应，从收益看，垄断厂商的平均收益 AR（$AR=P$）也是不断下降的；垄断厂商的总收益 TR 是先增后减；垄断厂商的边际收益 MR 亦呈不断下降的趋势。总收益 TR 和边际收益 MR 之间的关系是：在 MR 为正值时，TR 是上升的；在 MR 为负值时，TR 是下降的。此外，在每一个销售量上，边际收益都小于平均收益，即 $MR<AR$。根据表 5—3，可得到各项收益曲线，如图 5—6 所示。

在表 5—3 中，边际收益小于价格和平均收益，因此，在图 5—6 中，边际收益曲线向右下方倾斜，且位于需求曲线和平均收益曲线的左下方。它表示在每一销售量上厂商的 $MR<AR$ 或 $MR<P$。当需求富有弹性时，MR 为正数；需求缺乏弹性时，MR 为负数。

3.2　垄断市场的均衡条件

3.2.1　垄断市场的短期均衡

在短期内，垄断厂商无法改变固定投入量，它是在既定生产规模下通过对产量和价格的同时调整，来贯彻 $MR=MC$ 的规律。

垄断厂商的短期均衡可以用表 5—4 来说明。在表 5—4 中，总利润 TP 最大值为 200 元。与此相对应的产量是 3 或 4 个单位，单位价格为 140 元或 110 元，总收益减去总成本，利润最大。根据 $MR=MC$ 原则，若 $MR>MC$，企业应增加产量；若 $MR<MC$，企业则减少产量。显然，最佳利润点发生在边际收益等于边际成本这一点上，企业的产量应为 4，因此，垄断厂商的短期均衡的条件是 $MR=MC$。

表 5—4　　垄断厂商的短期均衡

(1) 产量 Q	(2) 价格 P	(3) 总收益 TR	(4) 总成本 TC	(5) 总利润 TP	(6) 边际收益 MR	(7) 边际成本 MC	MR 与 MC 的比较
0		0	145	−145		—	
1	180	180	175	5	180	30	$MR>MC$
2	160	320	200	120	140	25	
3	140	420	220	200	100	20	
4	110	440	240	200	20	20	$MR=MC$

续前表

(1) 产量 Q	(2) 价格 P	(3) 总收益 TR	(4) 总成本 TC	(5) 总利润 TP	(6) 边际收益 MR	(7) 边际成本 MC	MR 与 MC 的比较
5	90	450	300	150	10	60	
6	80	480	370	110	30	70	
7	60	420	460	−40	−60	90	MR<MC
8	40	320	570	−250	−100	110	

垄断厂商的短期均衡也可用图形加以说明。如图 5—7 所示。

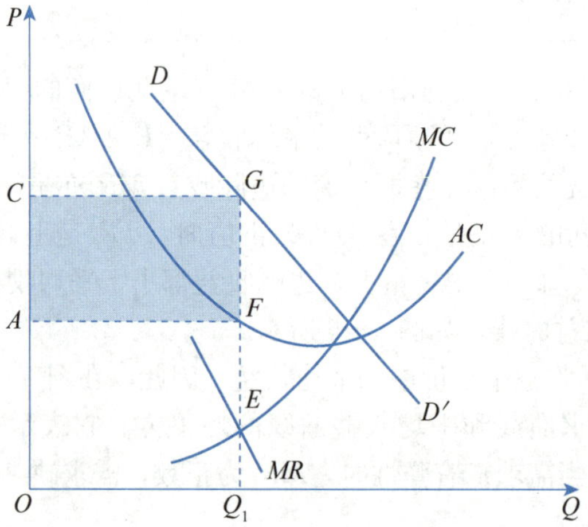

图 5—7 垄断厂商短期均衡（盈利）

(1) 产量。垄断厂商根据 $MR=MC$ 确定产量，即两条曲线交点 E 向下做垂直线，与横轴相交于 Q_1 点，此时的产量为 4 个单位。

(2) 价格。从 $MR=MC$ 的交点 E 点向上做垂直线，与 DD' 曲线相交于 G 点，此时的价格为 110 元。

(3) 盈利和亏损。G 点的平均收益（$AR=P$）高于 F 点的平均成本（AC），保证了 E 点可获得利润。利润的实际数量由图中阴影部分表示。

垄断厂商在短期内并不是总能获得利润。如果 AC 过高，在 E 点以上，即亏损。造成垄断厂商短期亏损的原因，可能是既定的生产规模的成本过高（表现为相应的成本曲线的位置过高），也可能是垄断厂商所面临的市场需求过小（表现为相应的需求曲线的位置过低）。垄断厂商短期均衡时的亏损情况如图 5—8 所示。

在图 5—8 中，垄断厂商遵循 $MR=MC$ 的原则，将产量和价格分别调整到 Q_1 和 P_1 的水平。在短期均衡点 E，垄断厂商是亏损的，单位产品的平均亏损额为 GF，总亏损额相等于图中矩形 HP_1FG 的面积。与完全竞争厂商相同，在亏损的情况下，若 $AR>AVC$，垄断厂商就继续生产；若 $AR<AVC$，垄断厂商就停止生产；若 $AR=AVC$，垄断厂商则认为生产和不生产都一样。在图 5—8 中，平均收益 FQ_1 大于平均可变成本 IQ_1，所以，垄断厂商是继续生产的。

在垄断市场上，只有垄断厂商一家。因此，垄断厂商的供给就是垄断市场的供给。但

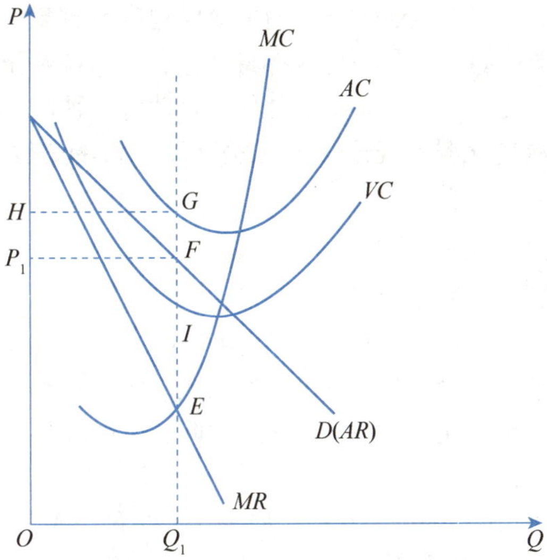

图 5—8 垄断厂商短期均衡（亏损）

是，在垄断市场上，并不存在具有规律性的供给曲线。

垄断厂商是通过同时调整产量和价格来贯彻 $MR=MC$ 的利润最大化规律的，并且，P 总是大于 MR。随着向右下倾斜的需求曲线的位置移动，厂商的价格和产量之间不再必然存在如同完全竞争市场的那种一一对应的关系，有可能出现一个价格水平对应几个不同的产量水平，或一个产量水平对应几个不同的价格水平的情形。

3.2.2 垄断厂商的长期均衡

垄断厂商在长期内可以调整全部生产要素的投入量（即生产规模），从而实现最大的利润。垄断行业排除了其他厂商加入的可能性，因此，与完全竞争厂商不同，如果垄断厂商在短期内获得利润，那么，它的利润在长期内不会因为新厂商的加入而消失，垄断厂商在长期内是可以保持利润的。

垄断厂商在长期内对生产的调整一般有以下三种可能的结果：

（1）垄断厂商在短期内是亏损的，但在长期中，又不存在一个可以使其获得利润（或至少使亏损为零）的生产规模，于是，该厂商退出生产。

（2）垄断厂商在短期内是亏损的，在长期内，通过对最优生产规模的选择，降低了产品的单位成本，摆脱了亏损的状况，甚至获得利润。

（3）垄断厂商在短期内利用既定的生产规模获得了利润，在长期中，通过对生产规模的调整，使自己获得更大的利润。

由此可见，垄断厂商之所以能在长期内获得更大的利润，其原因在于长期内企业的生产规模是可变的和市场对新加入厂商是完全关闭的。

垄断厂商长期均衡的条件是 $MR=LMC=SMC$。

在垄断市场上，$P>LAC>LMC$，消费者为每单位商品支付的价格不仅高于长期边际成本，而且高于长期平均成本，因而，厂商有经济利润。

4 垄断竞争市场分析

在垄断竞争市场中，市场垄断与竞争并存。在短期中，产品具有差别性，很难找到相似的替代品。一般说来，产品差别越大，厂商的垄断程度就越高。在长期中，有许多买者和卖者自由进入或退出某一行业，每一企业都将其他企业的价格作为既定的。在这些相似之处作用下，有差别产品之间又是很相似的替代品，使每一种产品都会遇到大量的其他相似品的竞争，因此，市场中又具有竞争因素。垄断竞争市场是以竞争为主要特征的市场结构。

4.1 垄断竞争厂商的短期均衡

垄断竞争厂商的短期均衡要注意以下三方面：

(1) 产量。垄断竞争厂商根据 $MR=MC$ 选择产量。

(2) 价格或收益。给定产量，垄断竞争厂商的产品价格由需求曲线的位置决定。按照利润最大化规律，最优产量是在边际收益曲线与边际成本曲线相交点上，该产量垂直向上与需求曲线相交得到单位价格。

(3) 利润。如果 $P=AR>AC$，盈利；如果 $P=AR<AC$，亏损；如果 $P=AR=AC$，经济利润为零，厂商获正常利润。

垄断竞争厂商的短期均衡图形与垄断厂商短期均衡图形一致，如图 5—7 和图 5—8 所示，盈亏取决于 AC 的高低位置。垄断竞争厂商的短期均衡的条件是 $MR=MC$。

4.2 垄断竞争厂商的长期均衡

垄断竞争厂商可能在短期内获得相当可观的利润，但不会长久持续下去。因为利润会吸引新的生产者进入该行业。同样，亏损的情况在短期存在，但长期中会有企业退出。

假设所有现存的和新加入的企业都有完全相同的成本，即相同的成本曲线。随着新企业的加入，新的有差别的相似产品会瓜分该行业市场。垄断竞争者的产品需求曲线会向左方移动。最终的经济结果是，随着企业的不断进入，直到利润为零时停止。亏损退出会使留驻该行业的企业的需求曲线向右移动，这样亏损减少直到消失。进入和退出的过程会持续到经济利润为零时为止。

图 5—9 说明了典型的垄断竞争厂商的长期均衡。需求曲线随进入者增加向左方移动，直到与该企业的 LAC 曲线相切。G' 点是长期均衡点，这时，没有企业企图进入或被迫退出该行业。垄断竞争厂商长期均衡的条件是 $MR=LMC$，$AR=LAC$。

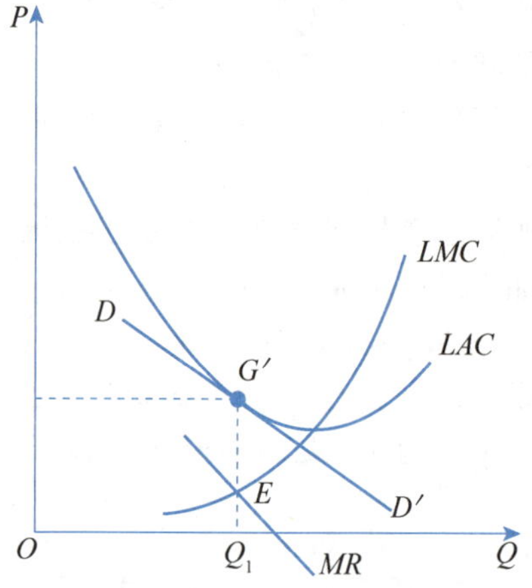

图 5—9 垄断竞争厂商的长期均衡

其中，$AR=P>MR$。由于垄断竞争厂商面临的需求曲线是向右下方倾斜，所以，在长期均衡时的需求曲线只能与长期平均成本 LAC 相切于最低点的左边。这意味着垄断竞争所提供的产量小于完全竞争的产量。

在垄断竞争市场上，$P=LAC$，$P>LMC$，消费者为每单位商品支付的价格高于长期边际成本，但等于长期平均成本，因而厂商没有经济利润，与完全竞争相比价格高些，而产量低些。

5　寡头垄断市场分析

5.1　寡头垄断市场的特点

在寡头垄断市场上，每家厂商在该行业的总产量中都占有相当大的份额，以至于其中任何一家厂商的产量或价格的变动，都会对市场的价格和供给量产生重大影响。寡头垄断是介于完全垄断和垄断竞争之间的以垄断为主要特征的一种市场结构。寡头垄断市场有以下几个特点。

1. 相互依存

在寡头垄断市场上，每个厂商的收益和利润不仅取决于自己的产量，而且要受到其他厂商产量的影响（博弈论专门研究厂商之间的博弈并取得了伟大的成果，有五位经济学家因此获得诺贝尔经济学奖）。因此，每个厂商总是首先推测其他厂商的产量，然后再根据最大利润原则来决定自己的产量，每个厂商既不是价格和产量的创造者，也非价格和产量的接受者，而是价格和产量的寻求者。面对其他厂商，寡头的选择是合作或者竞争。

2. 进出困难

由于规模、资金、信誉、市场、专利、法律等原因使其他厂商很难进入市场。由于投入巨大，寡头退出市场比较困难。

3. 操纵价格

与完全竞争不同，在寡头垄断条件下，价格不是由市场供求所决定，而是由少数寡头通过无形的勾结，形式不同的协议或默契等方式决定。这种价格被称为操纵价格或价格领导。寡头价格一般低于完全垄断价格。寡头价格一经确立，不易改变。如果生产条件没有发生较大变化，寡头厂商一般不会随着需求的变动而调整价格，而只是调整产量来应付需求的变化。在经济衰退或商品滞销时，寡头厂商通常会采取减少产量的办法来维持生产；而在经济好转时，则通过扩大产量来增加收益。

为了最大利润，有时寡头勾结在一起共同行动，有时寡头也会采取独立的行动。

5.2　合作的寡头

影响市场结构的一种重要因素就是企业之间的合作程度。当企业采取完全合作的方式行动时，它们就相互勾结起来。勾结或串谋这一术语表示这样一种情况：两个或更多的企业共同确定它们的价格、产量、广告，避免竞争性减价或过度的广告投入，或者共同制定其他生产决策。

5.2.1　公开串谋

当企业认识到它们的利润取决于它们的共同行动时，它们就试图相互勾结起来。为了避免灾难性的竞争，企业公开相互勾结以提高它们的价格。

合作的寡头均衡。所有寡头一致行动。例如，设想一个行业，该行业有 A、B、C 和 D 四个企业，它们具有完全相同的成本曲线，每一个企业都出售完全相同的产品（如石油或工业用化学药品等），每一个企业都拥有 1/4 的市场份额。在图 5—10 中，企业 A 的需求曲线 D 是通过假设所有其他企业都会跟随 A 企业的价格上升或下降来描绘的。这样，企业的需求曲线与行业的需求曲线具有完全相同的弹性。只要所有其他企业都索取相同的价格，A 企业就会得到 1/4 的市场份额。在这种情况下，企业可能相互勾结，以寻求勾结的寡头的均衡，从而使它们的共同利润达到最大。这种情况常称为联合利润最大化。

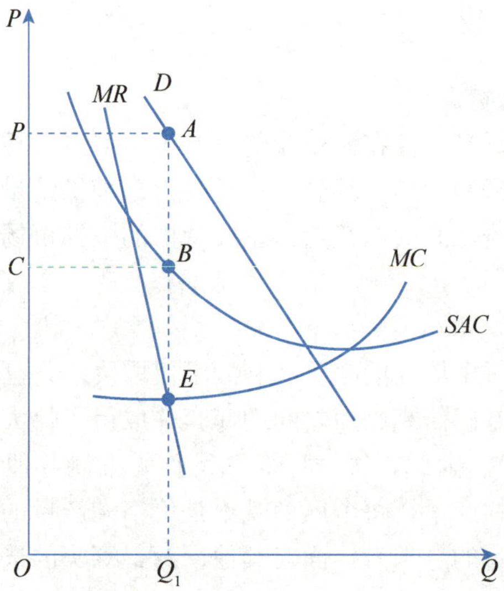

图 5—10 勾结寡头的均衡

对于勾结的寡头来说，最大利润的均衡就是图 5—10 中所示的 E 点（即企业的 MC 曲线与 MR 曲线的相交点）。这时，需求曲线为 D，考虑到了其他企业也会索取与 A 企业相同的价格，勾结的寡头的最优价格显示在 D 曲线的 A 点，它在 E 点的正上方。

当寡头相互勾结，使它们的共同利润达到最大时，考虑到它们之间的相互依赖性，其价格和产量类似于单个垄断者的价格和产量。

5.2.2 暗中勾结 价格联盟

今天，在大多数市场经济国家，公司相互勾结起来共同确定价格或瓜分市场是非法的。然而，如果在某一行业里只有少数几个大企业，那么，它们就可能进行暗中勾结，在没有明确或公开协商的条件下，寡头们会心照不宣地与行业中最大的厂商保持一致。通过这种无形的协议或默契把价格确定在较高水平，抑制竞争、瓜分市场。

5.3 竞争的寡头

5.3.1 折射需求曲线

折射需求曲线由美国经济学家保罗·斯威齐（Paul Marlor Sweezy）于 1939 年提出，被称为斯威齐模型。这一模型分析的是独立行动的寡头之间竞争的情形，用于说明价格刚性的现象。在这里，价格刚性是指寡头厂商变动价格的后果具有不确定性，它们都尽可能减少价格变动。

折射需求曲线的经济学含义包括以下几个方面。

（1）如果一个厂商提价，其他厂商不会跟进，而会乘机占领市场，提价者销售量大幅度下降。在图 5—11 中，现有价格水平为 P_1，假定企业 A 提高它的价格，但其他企业并不跟着加价。这意味着 A 企业价格提高的幅度（如 10%）大大低于 A 企业销售量下降的幅度（如销售量下降 30%），因为在 E 点的左边，需求线 D 的需求价格弹性大。

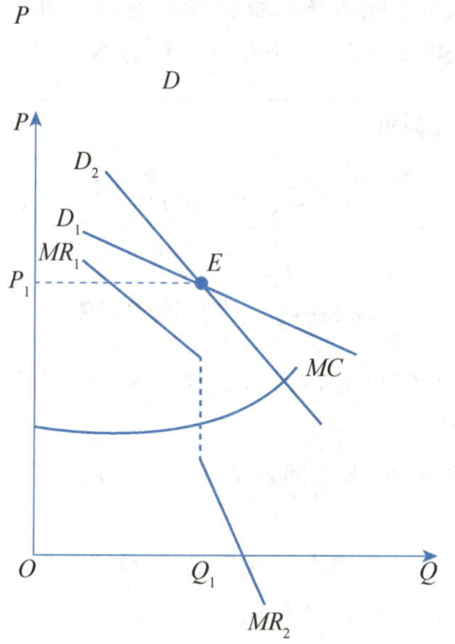

图 5—11　寡头厂商折射需求曲线

（2）如果企业 A 单方面减价，从 D 可见其在销售上大得好处，而其他企业损失很大，所以，其他企业不会善罢甘休，也会采取减价步骤。于是，企业 A 的需求曲线不再沿着 D_1 继续向右运动，而是顺着 D_2 向下运动。这是因为受到其他企业一起减价的影响。

（3）企业 A 的实际需求曲线是一条粗线，先是沿着 D_1 向上，尔后沿着 D_2 向下，即 D_1ED_2 曲线。该曲线在现行价格水平上有一个“拐点”。需求曲线上的“拐点”意味着边际收益曲线 MR 上也会出现一个断裂。其间断部分如垂直虚线所示。断裂的边际收益曲线，可以解释寡头市场上的价格刚性现象。只要边际成本 MC 曲线的位置变动不超出边际收益曲线的垂直间断的范围，寡头厂商的均衡价格和均衡数量就不会发生变化。

虽然折射需求曲线模型为寡头市场较为普遍的价格刚性现象提供了一种解释，但是该模型并没有说明具有刚性的价格本身，如图中的价格水平 P_1 是如何形成的。这是该模型的一个缺陷。

【原理应用】

竞争寡头的策略：博弈分析

在寡头市场上，厂商既相互勾结又相互欺瞒，他们经常考虑的是采取什么策略打败对手。经济学用博弈论来分析在价格、产量、广告、研发等方面竞争寡头（非合作的寡头）的策略。1994 年三位经济学家因在非合作寡头的博弈分析中作出了开创性贡献，同时获得诺贝尔经济学奖；1996 年两位经济学家因在博弈论应用方面作出贡献，同时获得诺贝尔经济学奖。同一领域五位学者获奖，这是史无前例的，注重相互关系分析的博弈论引起经济学的又一次革命，博弈论正在重构经济学的基础并将成为经济学的主流。博弈分析的原始模型是"囚徒困境"。

1. 囚徒困境

有两个犯罪嫌疑人，因偷窃被抓并且被怀疑犯有杀人罪。被抓之前他们建立了攻守同盟，从图 5—12 看，都保持沉默是最有利的（A 和 B 各判刑 1 年）。

B囚犯 / A囚犯	坦白	沉默
坦白	A－8，B－8	A 0，B－10
沉默	A－10，B 0	A－1，B－1

图 5—12 囚徒困境分析图

但经济理性导致没有人遵守协定，因为，坦白符合个人理性需求，结果，都坦白构成均衡（A—8，B—8 即纳什均衡）。

"囚徒困境"可以用来解释企业之间在产量、价格、市场等方面的竞争关系。例如寡头厂商产量博弈。

假设两个寡头厂商，每一厂商都在"高"产量和"低"产量之间进行选择。根据每一厂商的不同选择，它们相应的获利情况见表 5—5。

表 5—5 寡头厂商产量博弈

厂商B / 厂商A	高产量	低产量
高产量	A 获利 200 万元 B 获利 200 万元	A 获利 100 万元 B 获利 500 万元
低产量	A 获利 500 万元 B 获利 100 万元	A 获利 400 万元 B 获利 400 万元

不论厂商 A 作出什么样的选择，厂商 B 都会认为选择高产量是合理的：高产量 B 获利为 200 或 500 万元，而低产量 B 获利为 100 或 400 万元。同样，不论厂商 B 作出什么样的选择，厂商 A 都认为选择高产量是合理的。每个厂商都认为高产量策略是最优的，这种状况被称为"纳什均衡"（A—200，B—200）。

2. 斗鸡博弈

两人过独木桥，进则两败俱伤，退则一无所获，如表 5—6 所示。

表 5—6 寡头厂商"斗鸡博弈"分析表

厂商B / 厂商A	进	退
进	A－3　B－3	A2　B0
退	A0　B2	A0　B0

两个寡头厂商都会避免两败俱伤（—3，—3）或一无所获（0，0），过独木桥的两个寡头厂商会有两个纳什均衡（2，0）、（0，2），敌进我退，敌退我进。究竟哪个纳什均衡会发生，取决于谁先采取行动（先动优势）。为了使对方不采取行动，寡头厂商会威胁对

方，但这种威胁是不可信的，即“不可置信的威胁”。寡头厂商总是千方百计让对方相信自己传递的信息。

3. 智猪博弈

猪圈有一大一小两头猪，食槽和开关分别在两边，按一下会有10个单位的猪食，不管是哪头猪按开关，成本均为−2，同时去按开关，成本为−4=−2−2。下面有四种情况：

(1) 两头猪同时按开关，减去成本后，大猪得到5个单位的猪食，小猪得到1个单位的猪食。

(2) 两头猪都等待对方按开关，两头猪均得到0单位猪食。

(3) 大猪按开关，两头猪均得到4单位猪食。

(4) 小猪按开关，大猪得到9单位猪食，小猪得到−1个单位的猪食。

“智猪博弈”分析见表5—7。

表5—7　“智猪博弈”分析表

厂商B / 厂商A	按	等待
按	A5=7−2，B1=3−2	A4=6−2，B4
等待	A9，B−1=1−2	A0，B0

小猪会按开关吗？“按”的收益为1或−1，“等待”的收益为4或0，聪明的小猪当然选择等待。大猪如何选择？“按”的收益为5或4，“等待”的收益为9或0，它面临收益性和安全性之间的两难选择：“按”的收益为5或4，较安全，但收益不太高；“等待”的收益为9或0，收益高（最多得到9个单位的猪食），但风险大（有可能会得到0单位的猪食）。

但是，一旦大猪知道小猪选择等待后，它会无奈地、责无旁贷地选择按开关。所以，“纳什均衡”为大猪按、小猪等待（4，4）。

经济学应用：大股东监督经理，小股东搭便车；大企业搞研发、培育市场、做广告，小企业模仿；有钱人出资修路建桥，老百姓方便；大国与小国……

厂商之间的博弈对整个社会和消费者而言，是一件好事。

5.3.2　寡头厂商产品和广告的竞争

寡头垄断者在价格和产量上达成协议或形成默契以后，削价和变动产量都会被指责为“不道德的行为”。因此，寡头垄断者的竞争更多地表现在产品本身和广告宣传上。

1. 产品的竞争

寡头垄断者在产品的竞争方面，有时只有微小的甚至是象征性的产品变化，有时也有真正的重大的变化。

一个显著的实例就是汽车生产中的“马力比赛”。整个20世纪50年代和60年代，美国汽车在“长些、宽些、重些”上发展，马力在不断增加，不断出现了新的特点，如增加了自动变速、中央控制锁、驾驶方向盘助力等。20 世纪 70 年代，石油危机后，美国人购买由欧洲进口的小和较经济的汽车。进口汽车增长得很快，当进口达到几十万辆时，美国的汽车制造者便敲起警钟，走起回头路来，搞他们自己的“紧凑”车型。最终，与其说是国内的竞争，不如说是国外的竞争，把车体不断加大和价格不断提高的趋势限制住了。

同外国汽车比，美国的紧凑车型还是较大，购买和使用都费钱。从 1974 年原油和汽油价格大涨之后，购买者不得不认真考虑使用费用。外国汽车以油耗低的优势继续增加在美国市场上的售量，美国汽车制造者相应地又展开了“再小巧”“再再小巧”工作，并以减轻车体重量、改变引擎设计来改进每公里耗油指标。

2. 广告的竞争

寡头厂商的产品广告不是信息广告，而是引导需求的广告。商业电视广告最为典型，其目的是让产品与时尚、荣华富贵的生活联系在一起，使购买它们的产品成为一种生活方式。

根据有关人士对美国的研究，在 41 个产业中，仅就其中 8 个来看，广告费占总销售额的比重分别是：化妆品 15%，食品 10%，药品 10%，肥皂 9%，啤酒类饮料 7%，果汁饮料 6%，香烟 5%，酒类 5%。不过，汽车工业广告费用的绝对值名列前茅，只是销售额大，比率低。

一种广告类型是“防御性的广告”。广告常被作为一种投资。年复一年的广告可建立某种市场地位，享有一种“商誉”。在短期中，如果公司停止发布广告，这个牌子的商品还继续有好销路。但是，在长期中，积累起来的“商誉”会有某种程度的衰颓。所以，某种程度的“防御性的广告”是必要的，以便维持其市场份额。

另一种广告类型是“进攻性的广告”。希望通过广告创造需求。例如，雪佛兰汽车广告的目的是提高对雪佛兰牌汽车的需求，降低对福特牌的需求。当然，有可能由于汽车广告对公众的强烈影响，而提高公众对汽车总的需求。但是，需求从何而来呢？因为消费者收入依旧，它可能全是来自对其他产品消费的减少，与其说是影响需求的增加，不如说是影响需求的变动。广告创造需求，只有在消费者总的收入提高和储蓄部分减少，公众更渴望购买物品的情况下才有可能。

一个寡头垄断者从事竞争性广告，试图向右移动它的需求曲线。它可能成功，也可能不成功，因为它的对手也作这个努力。如果一个公司想出一个特别优秀的广告，可能会暂时获得好的销路。但是，过些年月，广告的竞争运动会使它们互相抵消，结果使每个公司的需求曲线一如既往。不过，每家的费用因广告费而增高了。

竞争性广告很可能达到失去理性的地步。在这种情况下，寡头垄断者想到的最好方法是协商一致，以减少广告预算，节省开支。广告也有某种“军备竞赛”的味道。每个公司密切注视其他公司。如果福特公司多拨出一些钱搞广告，大众公司和通用汽车公司就感到也非如此做不可。在各竞争者和大企业经理之间，还有互相较量的平行现象。犹如全面裁军大家当然赞成，但并不意味着将会实现。

“广告竞赛”是新生产者的进入障碍，进入障碍越高，已确立的生产者就能把价格提得越高些，所得利润也就越多些。这可能是集团广告开支水平显著高于一般生产者水平的根据。

6 市场比较分析

市场效率是指市场利用经济资源的有效性。不同市场类型的效率是不一样的。西方经济学通过对不同市场条件下的厂商长期均衡的分析得出结论：完全竞争市场的效率最高，垄断竞争市场效率较高，寡头市场效率较低，垄断市场效率最低。即市场竞争的程度越高，则市场效率越高；市场垄断程度越高，则市场效率越低。

6.1 价格和产量的比较

在完全竞争市场上，厂商的需求曲线是一条水平线，且厂商的长期利润为零。在完全竞争厂商长期均衡时，水平的需求曲线相切于 *LAC* 曲线最低点，表明了产品均衡价格最低和产品的均衡产量最高，且生产的平均成本最低。

在垄断竞争的市场上，厂商的长期利润为零。在垄断竞争长期均衡时，向右下方倾斜的相对比较平坦的需求曲线相切于 *LAC* 曲线的最低点的左边，表明了产品均衡价格比较低和产品的均衡数量比较高，且生产的平均成本较低，企业存在着多余生产能力。

在垄断市场上，厂商在长期内可获得利润。在垄断厂商的长期均衡时，向右下方倾斜的相对比较陡峭的需求曲线与 *LAC* 曲线相交，表明了产品的均衡价格最高和产品的均衡数量最低，且生产的平均成本最高。若垄断厂商放弃一些利润，价格可下降一些，产量便可增加一些。

在寡头市场上，厂商的需求曲线不太确定。一般认为，寡头市场是与垄断市场比较接近的市场组织，在长期均衡时，寡头厂商的产品的均衡价格比较高，产品的均衡数量比较低。

6.2 价格和成本的比较

西方经济学认为，某个行业在长期均衡时是否实现了“价格等于长期边际成本”（即 $P=LMC$），也是判断该行业是否实现了有效的资源配置的一个条件。商品的市场价格 P 通常被看成是商品的边际社会价值，商品的长期边际成本 *LMC* 通常被看成是商品的边际社会成本。当 $P=LMC$ 时，商品的边际社会价值等于商品的边际社会成本，它表示资源在该行业得到了最有效的配置。当 $P>LMC$ 时，商品的边际社会价值大于商品的边际社会成本，它表示相对于该商品的需求而言，该商品的供给是不足的，应该有更多的资源投入该商品的生产中来，以使这种商品的供给增加，价格下降，最后使该商品的边际社会价值等于商品的边际社会成本，这样，社会的境况就会变得好一些。

在完全竞争市场，在厂商的长期均衡点上有 $P=LAC=LMC$，它表明资源在该行业得到了有效的配置。在垄断竞争市场，在厂商的长期均衡点上有 $P=LAC>LMC$，它表示资源在行业生产中的配置是不足的。在垄断市场，在厂商的长期均衡点上有 $P>LAC>LMC$，它表示资源在行业生产中的配置严重不足。

6.3 垄断的利弊

6.3.1 垄断的弊端

（1）阻碍技术进步。垄断厂商基于垄断地位一般不愿推广新技术。

（2）价格高、产量低。垄断厂商为保持垄断高价，一般不愿扩大产量。

（3）不公平。垄断厂商实施价格歧视（price discrimination），一般根据价格差别程度把价格歧视分为三种类型：一级价格歧视，即按消费者所愿意支付的最高价格出售；二级价格歧视，对不同的消费数量段规定不同的价格；三级价格歧视，对不同市场的消费者规定不同的价格。

（4）过于庞大的广告支出会造成资源的浪费和抬高销售价格，过于夸张的广告内容会误导消费者。

（5）破坏价格机制的资源配置功能等。

6.3.2 垄断的优点

（1）技术创新。垄断厂商利用高额利润所形成的雄厚经济实力，有条件进行各种科学研究和重大的技术创新。

（2）规模经济。对不少行业的生产来说，只有大规模的生产，才能收到规模经济的好处，而这往往只有在寡头市场和垄断市场条件下才能做到。

（3）产品的差别。在完全竞争市场条件下，所有厂商的产品是完全相同的，它无法满足消费者的各种偏好。在垄断竞争市场条件下，众多厂商之间的产品是有差别的，多样化的产品使消费者有更多的选择自由，可满足不同的需要。

（4）广告信息。垄断竞争市场和产品差别寡头市场的大量广告，为消费者提供了信息。

【原理应用】

“价格歧视”重新解释

同样的产品和服务，但针对不同的顾客，价格却大不一样，这种现象无处不在。你可以说这是“价格歧视”“不公平”“不正当竞争”“欺骗顾客”“倾销”，也可以说这是“让利”“优惠”“补贴”“扶持”。

需求定律说，价格越高，需求量就越小；价格越低，需求量就越大。所有市场需求，都符合这个规律。有所差别的是，不同的顾客对不同的产品价格，具有不同的敏感程度。有时候，价格稍微下降，需求量就显著上升；但另外一些时候，价格即使出现较大的变动，需求量却停滞不动。

美国的机票价格变化多端，不要说头等舱、商务舱和经济舱座位标价悬殊，就是相邻的两个座位也可能相差一倍，有时候经济舱的座位比头等舱的还贵！对于这种现象，“价值决定价格”理论和“成本决定价格”理论都是根本没有解释力的。

从需求原理出发的经济分析是这样解释的：航空公司根据各种“线索”，将乘客加以甄别（即“歧视”），根据乘客对飞行服务的不同需求，制定完全不同的价格，从而在不同类别的乘客身上分别实现收益的最大化。

还有一些“线索”是顾客不由自主表现出来的，比如顾客是否愿意花更多的时间在报纸和旅行社之间搜寻，是否愿意提前两个星期甚至半年预订机票，是否愿意耐心填写“里程奖励计划”的表格并随时留意各种优惠活动，等等。航空公司根据这些线索，把“闲人”（也就是时间成本较低的乘客）甄别出来，用低得多的价格吸引他们，从而创造本来不会发生的营业额，增加公司的总收益。

日本生产的汽车，运到美国后价格比在日本本土更便宜，因而被指责为“倾销”。有人说日本厂商以低于成本的价格在美国倾销汽车，占领美国的市场，同时在日本本土用高价索取利润，补贴倾销的损失。可是，这样的观点怎么能说得通呢——日本人怎么会用自己的钱补贴美国人呢？你说扩大市场，可是亏损的市场，谁愿意扩大？越扩岂不越亏？“低于成本，占领市场”的倾销阴谋理论不堪一击，不过至今仍然深受欢迎。

问题在于怎样定价才能多赚。在日本，价格定得较高，才能使总收益达到最大；但在美国，价格得定低一点，才能使总收益达到最大。显然，“价格歧视”的目的是增加交易，这对生产者和消费者双方都是有利的。

经济学可以拨开修辞的迷雾。“歧视”“倾销”似乎不光彩，“让利”“优惠”似乎符合消费者利益。然而，它们所指的都是同一种行为，就是厂商区分不同的需求，追求利润最大化的行为。如果法令强行禁止价格歧视，那么大多数人都会蒙受损失，且对价格变化更敏感的穷人损失更大。

7　原理与知识小结

7.1　在完全竞争市场条件下，厂商所面临的需求曲线、平均收益曲线以及边际收益曲线这三条线是重合的。完全竞争厂商的短期均衡存在着不同情况。在 $MR=MC$ 所决定的均衡产量下，当 $AR>AC$ 时，厂商获得超额利润；当 $AR=AC$ 时，厂商利润为零；当 $AVC<AR<AC$ 时，厂商亏损，但继续生产；当 $AR=AVC$ 时，厂商停止营业。厂商实现长期均衡的条件为 $P=MR=LMC=SMC=LAC=SAC$，$P=MC$，所有厂商通过对生产规模的不断调整，逐渐消除利润和亏损，实现均衡。

7.2　在完全垄断市场条件下，厂商的平均收益曲线与需求曲线 D 重合，是一条向右下方倾斜的曲线，厂商的边际收益曲线 MR 也向右下方倾斜，并且低于 AR 曲线。厂商的短期均衡遵循 $MR=MC$ 原则，在均衡点 E 处，当 $AR>AC$ 时，获得超额利润，$AR=AC$ 时，利润为零，$AR=AVC$ 时，为厂商停止营业点；长期内，厂商的均衡条件是 $MR=LMC=SMC$，$P>LAC>LMC$，垄断厂商依此逐渐调整生产规模。由于垄断厂商排斥其他厂商的进入，因而垄断厂商在长期内获得最大利润。

7.3　垄断竞争厂商的长期均衡条件为：$MR=LMC=SMC$，$AR=LAC=SAC$，$P=LAC>LMC$，在厂商的长期均衡产量上，厂商的经济利润为零。

7.4　寡头市场条件下，每家厂商在该行业的总产量中都占有相当大的份额，以至于其中任何一家厂商的产量或价格的变动，都会对市场的价格和供给量产生重大影响。

7.5　不同市场类型的经济效率是不一样的。完全竞争市场的经济效率最高，垄断竞争市场经济效率较高，寡头市场经济效率较低，垄断市场的经济效率最低；市场竞争的程度越高，则经济效率越高；市场垄断程度越高，则经济效率越低。

任务3 问题研讨

1. 下列有关完全竞争企业的陈述对吗？为什么？

（1）一个企业将提高产量，直到价格等于平均可变成本的那一点为止。

（2）当价格低于平均成本的最低点时，企业停止营业。

（3）企业的供给曲线仅仅取决于它的边际成本，任何其他成本概念与供给决定无关。

（4）完全竞争企业使价格等于边际成本。

2. 用文字和图形比较完全竞争与垄断竞争的经济效率？

3. 为什么寡头垄断厂商会避免价格战？

4. 厂商间关于分享研究信息、分担清除污染的费用以及避免供给短缺的合作协议为何可能促成它们达到削减产量和抬高价格的勾结性协议？

5. 考虑两个寡头厂商，每一厂商都在“高”产量和“低”产量之间进行选择。根据每一厂商的不同选择，它们相应的获利情况见表5—8。

表5—8　　寡头厂商的选择

厂商A \ 厂商B	高产量	低产量
高产量	A获利200万元 B获利200万元	A获利100万元 B获利500万元
低产量	A获利500万元 B获利100万元	A获利400万元 B获利400万元

解释为什么不论厂商A做出什么样的选择，厂商B都会认为选择高产量是合理的。同样，解释为什么不论厂商B做出什么样的选择，厂商A都认为选择高产量是合理的。在这种情况下，怎样可以促使两个厂商勾结？

6. 解释设置进入障碍、排他性经营、搭售和维持零售价格如何可以使寡头垄断者获得更高的利润。一个厂商如何论证这些做法会提高效率？

7. 为什么完全竞争厂商的需求曲线、平均收益曲线和边际收益曲线是重叠的？

8. 为什么完全竞争厂商的短期供给曲线是 *SMC* 曲线上等于和高于 *AVC* 曲线最低点的部分？

9. 举两个价格垄断的例子，并分别解释垄断者采取该价格政策的原因。

10. 形成寡头垄断市场的原因主要有什么？

11. 把下列市场分为完全竞争、垄断和垄断竞争，并解释你的答案：①2号木杆铅笔；②瓶装水；③铜；④地区性电话服务；⑤花生酱；⑥唇膏。

12. 所销售产品的什么特点区分了垄断竞争企业与垄断企业？

13. 本章说明了垄断竞争企业可以增加自己生产的产量并降低生产的平均总成本。它们为什么不这样做？

14. 高露洁为牙膏市场中众多的企业之一，它处于长期均衡。

（1）画出表示高露洁需求曲线、边际收益曲线、平均总成本曲线与边际成本曲线的图形。标出高露洁利润最大化的产量和价格。

（2）高露洁的利润是多少？解释原因。

（3）用你的图形说明购买高露洁牙膏所得到的消费者剩余。再说明与效率产量水平相关的无谓损失。

15. 通常情况下垄断竞争市场有最优产量吗？解释原因。

16. 垄断竞争企业会给自己的顾客送圣诞卡。这样做是为了达到什么目的？用文字和图形解释。

17. 如果你正想进入冰激凌业务，你会努力使生产的冰激凌像一个已有品牌的冰激凌一样吗？解释你运用本章思想所做出的决策。

18. 描述你在电视上看到的三个商业广告。如果说有用的话，从社会来看，每一个商业广告在哪些方面是有用的？在哪些方面是浪费？商业广告有影响你购买产品的可能性吗？为什么？

19. 解释下列每对企业中哪一个更可能做广告。

（1）家庭拥有的农场或家庭拥有的餐馆。

（2）叉车制造商或轿车制造商。

（3）一家生产高品质手表的公司，或一家生产低质量手表但生产成本相同的公司。

20. 20年前肉鸡市场是完全竞争的，然后弗克兰·珀杜以他的名字销售肉鸡。

（1）你认为珀杜如何创造了肉鸡的品牌？他这样做的好处是什么？

（2）社会从有品牌的肉鸡中得到什么好处？社会的损失是什么？

21. 泰诺止痛药的制造商做了大量的广告，并拥有非常忠诚的顾客。与此相比，无品牌止痛药的生产者不做广告，它的顾客购买它只是由于价格低。假设泰诺和无品牌止痛药的边际成本是相同的和不变的。

（1）画出表示泰诺需求、边际收益和边际成本曲线的图形。标出泰诺的价格与大于边际成本的加成。

（2）按（1）的要求做出无品牌止痛药生产者的图形。这两个图有什么不同？哪个公司有更多的价格加成？解释原因。

任务4　项目实训

项目目标

1. 把握市场类型区分的依据。
2. 具备分析各类市场结构的能力。
3. 能对各类市场作出正确评价。

1　请企业的总经济师或营销总监介绍其企业所处行业的竞争态势和竞争类型

项目要求

1. 学生要对讲述的内容进行归纳和概括。

2. 把其中的具体事例编写出小案例。

2 我的重点观察和思考——“为什么小轿车有品牌而土豆没有品牌?”

项目要求

1. 每人先写出自己的看法。
2. 小组讨论，展开头脑风暴。
3. 小组派代表陈述对问题的解释，并举出相关的事例。
4. 教师点评。

3 小组讨论 ——“四种市场类型的综合比较和评价”

项目要求

1. 每人先写出自己的看法。
2. 小组讨论。
3. 最后反映到一张综合的表中。
4. 教师点评。

项目六　生产要素原理与应用

学习目标

1. 知识目标：了解生产要素市场的特点，掌握不同市场条件下的生产要素定价原理。
2. 技能目标：能够运用生产要素原理解决现实中的经济问题。
3. 态度目标：养成勤奋严谨的学习习惯和创新思考的职业精神。

学习型工作任务

任务 1　案例剖析
任务 2　生产要素原理
任务 3　问题研讨
任务 4　项目实训

任务 1　案例剖析

1. 漂亮的收益

美国经济学家丹尼尔·哈莫米斯与杰文·比德尔在 1994 年第 4 期《美国经济评论》上发表了一份调查报告。根据这份调查报告，漂亮的人的收入比长相一般的人高 5%左右，长相一般的人又比丑陋一点儿的人收入高 5%～10%。为什么漂亮的人收入高？

经济学家认为，人的收入差别取决于人的个体差异，即能力、勤奋程度和机遇的不同。漂亮程度正是这种差别的表现。

个人能力包括先天的禀赋和后天培养的能力，长相与人在体育、文艺、科学方面的天才一样是一种先天的禀赋。漂亮属于天生能力的一个方面，它可以使漂亮的人从事其他人难以从事的职业（如当演员或模特）。漂亮的人少，供给有限，自然市场价格高，收入高。

漂亮不仅仅是脸蛋和身材，还包括一个人的气质。在调查中，漂亮由调查者打分，实际是包括外形与内在气质的一种综合。这种气质是人内在修养与文化的表现。因此，在漂亮程度上得分高的人实际往往是文化高、受教育高的人。两个长相接近的人，也会由于受教育程度不同表现出来的漂亮程度不同。所以，漂亮是反映人受教育水平的标志之一，而受教育是个人能力的来源，受教育多，文化高，收入水平高就是正常的。

漂亮也可以反映人的勤奋和努力程度。一个工作勤奋、勇于上进的人，自然会打扮得体，举止文雅，有一种朝气。这些都会提高一个人的漂亮得分。漂亮在某种程度上反映了人的勤奋，与收入相关也就不奇怪了。

最后，漂亮的人机遇更多。有些工作，只有漂亮的人才能从事，漂亮往往是许多高收入工作的条件之一。就是在所有的人都能从事的工作中，漂亮的人也更有利。漂亮的人从事推销更易于被客户接受，当老师会更受到学生热爱，当医生会使病人觉得可亲，所以，在劳动市场上，漂亮的人机遇更多，雇主总爱优先雇用漂亮的人。有些人把漂亮的人机遇更多、更易于受雇称为一种歧视，这也不无道理。但有哪一条法律能禁止这种歧视？这是一种无法克服的社会习俗。

漂亮的人的收入高于一般人。两个各方面条件大致相同的人，由于漂亮程度不同而得到的收入不同。这种由漂亮引起的收入差别，即漂亮的人比长相一般的人多得到的收入称为“漂亮贴水”。

收入分配不平等是合理的，但有一定限度，如果收入分配差距过大，甚至出现贫富两极分化，既有损于社会公正的目的，又会成为社会动乱的隐患。因此，各国政府都在一定程度上采用收入再分配政策以纠正收入分配中较为严重的不平等问题。

资料来源：梁小民：《微观经济学纵横谈》，北京，生活·读书·新知三联书店，2011。

2. 明星收入与经济学

明星这种生产要素的高价格和高收入是由其供求关系决定的。在这种要素供给极为短缺时，决定明星价格的主要因素还是公众和企业的支付愿望与支付能力。一种生产要素的价格（或这种要素所有者的收入）是否合理取决于它的决定机制。如果这种高收入由政府人为决定，无论多少都不合理（如政府给钱让北大、清华教授增加工资就不合理）；如果这种高收入是由市场决定的，无论多少都合理。这是我们判断一种收入是否合理的标准。

明星的高收入公正吗？公正是平等的竞争过程的参与权。如果每一个想成为明星的人都可以从事演艺业，并参与和其他做明星梦的人的竞争，结果只有极少数人成了高收入明星，就没什么不公正的。如果社会用种种手段限制人们进入演艺业，做明星梦的人之间没有平等竞争权，才会不公正。市场经济中明星们是竞争出来的，他们成功了，这就实现了公正。

明星的高收入有利于效率吗？作为一种激励制度，明星的高收入的确刺激了演艺业的效率。演艺业的效率就是充分利用资源，为社会提供更好更多的演出。高收入引起高效率的原因在于：第一，使更多的人渴望成为明星，其中必有少数成功者。明星的增加会使演艺事业繁荣；第二，明星受高收入的激励，到处去表演。这就给公众带来更多享受，给企业带来更多收入；第三，在竞争中，不断产生高水平的明星，明星的演艺水平不断提高。这些都繁荣了演艺事业。这就是效率的提高。

明星的高收入对社会也是有利的。他们不仅给人们带来更多更高的艺术享受，而且还会拉动经济增长。一场精彩的体育表演或电影会给多少人带来就业机会？又会拉动相关部门的多大增长？演艺业的活动被称为娱乐经济，它的产值已成为 GDP 的重要一部分。没有明星，有娱乐经济的繁荣吗？明星们得到了高收入，也为社会做出了贡献，有什么不合理的？

说真的，当我看到一夜走红的明星收入高于十年寒窗苦读的教授许多倍时，也难免有不平衡的“酸葡萄”之感。但从经济学的理性来看，明星的高收入是市场决定的。市场决定的高收入就是物有所值的。

3. 我国恩格尔系数的下降与基尼系数的上升

恩格尔系数指食品支出金额在居民生活消费总支出金额中所占的比例。一般说来，恩格尔系数的降低意味着居民的消费支出中用于购买食品的比重减少了，由此可表明社会整体的生活水准得到了提高。

基尼系数则是一个衡量社会收入分配均等程度的指标。基尼系数为 0，表示收入分配完全平均，基尼系数为 1，表示绝对的不平均。在这一区间，该数值越小，社会的收入分配就越趋于平均；反之越大，则表明社会收入的差距正在不断地扩大。

恩格尔系数和基尼系数是研究机构和经济学人在评估经济与社会的现状及变化趋势时习惯使用的数据。若把两个指标放在同一时间坐标中，既可反映对全社会而言，“蛋糕是否做大”了，又可反映“蛋糕分配”的均等程度。

人们发现，在近年来经济和国民收入快速增长的同时，我国居民消费的恩格尔系数正在不断地下降。城镇居民消费的恩格尔系数已从 1990 年的 54.2%下降至 2001 年的 37.9%，农村地区的这一数值也从 58.8%下降至 47.7%。这表明：从整体水平来看，中国居民在收入水平提高的同时，食品支出的比重正在下降。人们可以把更多的消费资金投向买（建）房、家具、家电，搞装修，以及教育、文化、娱乐、交通、旅游等各个方面。所以，恩格尔系数的降低可以成为从整体上看人民生活的水准已进入小康的标志之一。意味着“蛋糕确实做大了”。

然而，同期基尼系数的变化趋势又足以引起人们的不安。近年来，这一数值的升高同样很快。已从 1980 年的 0.33 攀升至 2001 年的 0.45。这表明：我国社会收入分配的差距已经拉大。说明虽然在整体上“蛋糕确实做大了”，但是在社会成员中“蛋糕分配”的非均等程度却在扩大。

针对我国社会收入差距不断扩大的现象，一些经济学家及官员们依照收入差距拉大就会引发社会动荡、破坏社会稳定的观点认为，“我国的基尼系数增长过快”，“已经超过 0.4 的国际警戒线”，（“中国人是非患寡而患不均的”），甚至发出了警报，以说明问题的严重性。然而，需要搞清的是，我们能否简单地将基尼系数的大小作为判别是非的标准呢？恐怕不能。这是因为，作为一种专门的计算指标，基尼系数所反映出的只是作为结果的全社会收入分配非均等的程度，或者说差别程度。并不能表现该结果是怎样形成的。但重要的问题恰恰在于该结果的产生机理和产生过程，而不在于结果本身。

20 世纪的五六十年代，我国的基尼系数不到 0.2，在 80 年代初为 0.3 多一点。恩格尔系数长期停留在 60%左右，全国有几亿连温饱都无法保障的人口。那时的高值恩格尔系数和低值的基尼系数代表的是普遍的短缺与贫困。正是三十多年来朝着市场经济取向的改革开放，使社会摆脱了普遍的贫穷与短缺，人民的生活水准得到了快速的提高，从而使得恩格尔系数不断地下降。与此同时，由于不同人群的收入提高幅度存有较大的差异，又使得此期间的基尼系数也在扩大。如果简单认定基尼系数越低才越合理的话，那么现在该怎么办？应该回归到80年代以前的只能造就商品短缺、社会贫困的计划经济时代和连温饱都无法保障的人民公社体制中去吗？恐怕无人真心愿意回去，这当中既包括官员也包括百姓，既包括握有专门技能和潜能的各种专业人士，也包括普通的工人农民。那么，应该采用高征税或是其他抽肥补瘦的转移支付办法使收入分配完全平均化以拉回基尼系数吗？也不应该。这会令社会中的有技能者和缺技能者、高收入者和低收入者都要降低勤奋工作的激励。当人们的工作热情全都减少时，社会的总收入、进而是总效用必将减少，这样的基尼系数下降将会伴随恩格尔系数回升，同样会令社会走向普遍贫困的复归。

应当明确的是，低值的基尼系数并不等同于分配的合理与社会的进步。而在基尼系数不断上升的过程中，需要人们把混在一起的合理、合法的社会分配不均与非合理、非合法的社会分配不公分辨清楚。

在我国，导致基尼系数不断扩大的因素是多元的。

这当中有主要凭借自身的真才实学，通过勤奋努力在市场的竞争中取得了优势地位，从而也获得了高收入的人们。他们中有科技、文化、体育、文艺、教育等各个领域中的佼佼者，还包括有业绩的企业家、成功的个体工商户及技术工人、三资企业中的白领人员及其他专业人士。

这当中还有随着经济的不断发展、国家财力的不断增强，通过正常的政策制定、实施程序，定期为他们提高了工资收入和福利待遇的人们，包括工作在政府机构、军队、政法、各国家企事业单位的人员。

此外，还有那些带有行政垄断性质的经营性行业。行政垄断是指那些政企不分、能够以行政权力阻止商业竞争对手进入所产生的市场垄断，比如电信、电力、金融、邮政、铁路、民航、公办高教等。这些行业的经营过程尽管也需要专业的技能，也是通过市场去售卖产品和服务，但在这些行业中，高经济收益的取得是与行业具有的行政垄断地位联系在一起的，含有大量从非公平的竞争中取得的成分。

再者是在公共权力可以进入市场做商业交易的各个领域内，诸如在各式的行政审批制度主导的活动中，在项目审批、物资调拨、土地使用、许可证的发放、指标的分配等方面，一些公职机构和人员通过“设租”“寻租”获得高的收入，在一些地方的国企经营、改制活动中，掌权者通过蚕食、侵吞社会的资产去获取高的收入。

需要分清的是，前两类因素产生的基尼系数扩大，是改革开放的成果，凡是搞市场经济的地方，都会呈现这样的结果。一个好的经济体制恰恰需要有效的界定和保护这类高收入，特别是对其中的新科学、新技术、新物质和精神产品的开创者和各行各业中靠真才实学、努力工作来获得高收入的人员。对此，社会大众不会产生不满。这样的高收入不但不会影响稳定，而且是一个社会能不断进步、经济能蓬勃发展的动力来源。

问题只是出在后两类因素所产生的高收入。社会公众的不满主要是对着他们的。人们是对官商垄断市场的不满，是对机会如此不平等的不满，特别是对那些滥用公共权力当上了暴发户者的不满，是对“掌勺人私分大锅饭”的机制中劫掠全民的财产产生出的收入差距拉大、社会分配不公的不满。应当明确：只有这些因素下产生的基尼系数升高才是真正有悖社会公平和正义的。如若长期得不到制止，将会危害社会的稳定。

在全面建设小康社会的今天，人们在看到经济快速发展，恩格尔系数不断下降的时候，不应忽视恩格尔系数还只是个宏观的、总体水平的指标。我国的经济总水平虽然提高了，但在国内农村地区还有几千万的贫困人口，还有许多无法完成义务教育的失学儿童，城镇地区还有数以千万计的失业人员和低收入者，他们需要国家财政税收方面给予适当的转移支付，需要各种类型的扶贫建设活动，特别是建立和完善社会最低生活保障制度。

同时，人们在看到基尼系数升高，社会收入差距加大的时候，应当搞清楚：问题的症结并非在于基尼系数所表达的分配不均，而是在于机会不平等的过程中发生的分配不公。尤其是靠滥用政府机构权力、靠偷窃和抢劫全民资产带来的分配不公。对此，社会需要的不是用“均贫富”的手段去降低基尼系数，而是需要在国家宪法的权威下，推进社会主义政治文明的建设。这就要求落实并保障宪法赋予公民的各项基本权利、制约政府机构的权力、实施政企分开、破除经济中的行政垄断、严惩官员的贪腐行为、给予非公有经济的经营者以国民待遇。在农村地区推进税费改革和机构精简，切实减轻农民的沉重负担，落实并保障包括土地、自由迁徙、受教育、政治参与在内的农民的各项基本权利。

从特定的意义来说，全面建设小康社会的核心问题，是要建立一个机会均等的社会环境，让社会每一个成员找寻到能够发挥他们的聪明才智、想象力和创造力的活动空间。在这样的制度环境下，恩格尔系数必将继续下降，而基尼系数指标将不再那么重要。

任务2　生产要素原理

1　生产要素的需求分析

1.1　生产要素

生产要素又称生产资源或经济资源，包括土地、劳动、资本和企业家才能，它们是社会生产中不可缺少的因素。在当代生产活动中，任何一个经济单位的产品或劳务的生产都必须具有这四种要素，缺一不可。

土地是指包括土地在内的一切自然资源，即使是使用自然资源最少的、最简单的劳务生产，也需要场所，场所必然占用土地。

劳动是指人的体力和脑力的支出，它既包括人的先天的身体素质和智商，也包括后天形成的健康、知识、技能等因素，尽管不同的产品生产所需的劳动特质千差万别，但必须有劳动的存在。

资本是指机器、设备、厂房等最终产品和生产过程中投入的原材料、辅助材料等中间产品，即指通过人的生产活动生产出来、并被作为投入要素以便进一步生产更多的产品和劳务的物品。由此也可以看到，经济学中所使用的资本是实物资本即实际资本。尽管不同的产品生产所使用的资本形态不同，但都必须使用资本。

企业家才能是指企业管理者对企业的管理能力。企业家把各种生产要素结合起来，才能进行生产活动，企业家被认为是社会经济活动的中坚。

生产要素是生产活动中不可缺少的因素，经济学家认为，所有生产要素在生产中均作出了贡献。劳动并不是价值创造的唯一因素，而是所有要素均进行了价值创造。比如资本，美国经济学家克拉克认为，采用资本的生产是迂回的生产，迂回的生产具有更高的生产力，说明资本也创造价值。如用网具捕鱼比徒手捉鱼具有更高的产量，这种产量的增加就是资本的贡献。

由于生产要素在生产过程中的贡献，因而应获取相应的报酬。出卖劳动的报酬是工资；出售资本的报酬是资本价格，出租资本的报酬是利息；出售土地的报酬是地价，出租土地的报酬是地租；出卖企业家才能的报酬是正常利润。对于资本和土地，经济分析中主要是考察其出租的价格。因此，分析生产要素的价格决定就是分析工资、利息、地租和正常利润是如何决定的。

生产要素的价格取决于生产要素的供求关系。对生产要素的需求来自厂商，生产要素的需求取决于生产要素的边际生产力；生产要素的供给来自于消费者，生产要素的供给取决于要素供给的边际负效用，或者说是牺牲、延缓消费、等待等。在生产要素市场上，存在着各种各样的要素供给者和需求者，有时同一个经济主体可能既是某种生产要素供给者，又是某种生产要素的需求者。为了简化起见，在要素市场分析中，假定消费者为要素的供给方，追求效用最大化，生产者则为要素的需求方，追求利润最大化。则消费者和生产者行为便表现为要素供给和要素需求，其相互作用的结果便决定了要素价格。

由于对生产要素的需求是为了生产最终产品和劳务，因此生产要素的价格决定不仅涉及要素市场，而且涉及产品市场；而市场结构的不同会导致价格决定的不同结果，所以要素价格决定还需要区分要素市场和产品市场的竞争性和不完全竞争性，然后来分别加以考察。循着这样一个逻辑，先分析要素的需求和要素的供给以及要素价格决定的一般原理，然后再讨论各种具体的要素价格决定。

1.2 生产要素需求的性质

生产要素市场与消费品市场相似，由生产要素的供给方与生产要素的需求方共同决定价格，并以此来实现对稀缺性资源的有效配置。生产要素的价格对资源配置起调节作用，但由于生产要素自身的特点，又使生产要素市场有了区别于消费者市场的某些性质。

1. 生产要素的需求是一种派生需求

派生需求（derived demand）指厂商对要素的需求是人们对要素所产出的产品的需求派生出来的。厂商对要素的需求不同于一般消费者对消费品的需求。消费者对消费品的需求是一种直接需求，也就是为了直接满足自己的欲望。厂商购买要素是为了用要素来生产产品以供应市场。如消费者走进超市，购买饮料、面包、香肠是出于个人对需要的满足。任何消费者的购买行为都是直接以满足自己的吃、穿、住、行等需要为目的，因而是直接需求。然而企业无论是到人才市场招聘，还是大量购进面粉，都不是企业主个人需要的满足。面粉会进入生产过程与其他生产要素结合变成面包，被拿到消费品市场销售。所以，同消费者对产品的需求是取决于产品的效用和边际效用不同，厂商对生产要素的需求是取决于生产要素所具有的生产出产品的能力。

2. 生产要素的需求是一种联合的需求或相互依存的需求

如同只有面粉，没有劳动力，没有烤箱，就无法生产出面包一样，任何生产行为所需要的都不是一种生产要素，而是多种生产要素，这样各种生产要素之间就是互补的。如果只增加一种生产要素而不增加另一种，就会出现边际收益递减现象。而且，在一定的范围内，各种生产要素也可以互相替代。生产要素相互之间的这种关系说明它的需求之间是相关的。由于生产要素需求的派生性和联合性（joint demand），企业对生产要素的需求远比消费者对产品的需求要复杂，它同时受到消费品市场和生产要素市场的双重影响。

1.3　影响生产要素需求的因素

生产要素需求的性质，决定了生产要素供求关系与产品供求关系存在着相互依存、相互制约的关系，要素之间也存在着相互依存、相互制约的关系。归纳起来影响要素需求的因素有以下几个方面。

1. 消费品市场对产品的需求及产品的价格

消费品市场对产品的需求及产品的价格影响企业的利润，从而也就影响企业对生产要素的需求。消费者对服装的更新加快的时候，就是服装商兴奋并且大量生产的时刻。一般情况下，消费品市场对某种产品的需求越大或该产品的价格越高，企业就越会扩大生产规模，进而对生产这种产品所使用的各种生产要素的需求也就越大；消费品市场对某种产品的需求越小或该产品的价格越低，厂商就越会缩小生产规模，进而对生产这种产品所使用的各种生产要素的需求也就越小。

2. 生产要素的需求弹性和可替代性

对生产要素的需求还取决于它所生产产品的需求价格弹性。当使用某一生产要素生产的产品需求富有弹性时，该生产要素的需求弹性就大，这是由生产要素需求的派生性带来的。同时，生产要素之间的替代性，使得生产者用低价要素去替代高价要素。生产要素的互补性，使得生产者在一种或多种要素降价时，会增加所有各种要素的需求。

3. 生产技术状况

企业对生产要素的需求还取决于生产的技术状况。显然，手工制作水饺比机器制作需要雇用更多的厨师。企业如果采用资本密集型生产，则对资本的需求大；如果采用劳动密集型生产，则对劳动的需求大。一个发电厂需要投入较多的资本，一个服装厂则需要较多的工人。

4. 生产要素的边际生产力

边际生产力（marginal productivity）是指在其他条件不变的情况下，追加1个单位某种生产要素所增加的产量。生产要素的边际生产力有两种表示方式：一种是用实物形式表示，表现为生产要素投入的边际产量；另一种是用价值形式表示，表现为边际产量收益。在完全竞争的市场上，生产要素的边际产量收益等于生产要素所生产的产品价格乘以生产要素的边际产量，反映的是产品以某一既定价格出售时的边际生产力。在不完全竞争的市场上，生产要素的边际产量收益等于边际收益乘以边际产量，反映的是总收益与边际产量之间的关系。

1.4　市场竞争结构对生产要素需求的影响

1.4.1　完全竞争结构下的生产要素需求

企业为了生产产品才对生产要素构成需求，生产产品的目的是为了获取最大利润，则对要素的需求同样要按利润最大化原则办事。这样，它就必须使购买最后一单位生产要素所支出的边际成本与其所带来的边际收益相等。在完全竞争市场上，边际收益等于平均收益，即等于价格。因此，企业对生产要素的需求就是要实现边际收益、边际成本与价格相等，即：

$$MR = MC = P$$

在完全竞争市场上，对一个企业来说，价格是不变的。由此可见，企业对生产要素的需求取决于生产要素的边际收益。

生产要素的边际收益取决于该要素的边际生产力。在其他条件不变的情况下，增加一单位某种生产要素所增加的产量（或者这种产量所带来的收益）就是该生产要素的边际生产力。如果以实物来表示生产要素的边际生产力，则称为边际物质产品；如果以货币来表示生产要素的边际生产力，则称为边际收益产品。

根据边际收益递减规律，在其他条件不变的情况下，生产要素的边际生产力是递减的。因此，生产要素的边际收益曲线是一条向右下方倾斜的曲线，这条曲线也是生产要素的需求曲线，如图 6—1 所示。

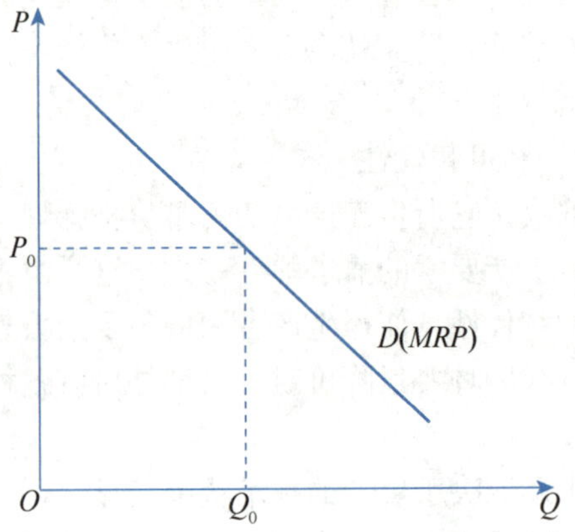

图 6—1　生产要素的需求

在图 6—1 中，横轴 OQ 为生产要素需求量，纵轴 OP 为生产要素价格，MRP（marginal revenue product）为边际物质产品曲线，即向右下方倾斜的边际生产力曲线，也就是生产要素需求曲线。这时的 $MRP = P \times MP$。当生产要素的价格为 OP_0 时，生产要素的需求量为 OQ_0，这时使用的生产要素量可以实现 $MR = MC$。如果生产要素价格高，即 $MR < MC$，从而减少生产要素需求；如果生产要素价格低，即 $MR > MC$，从而增加生产要素需求。

整个行业的生产要素需求是各个企业需求之和，也是一条向右下方倾斜的线。

1.4.2　不完全竞争市场中的生产要素需求

不完全竞争（即垄断竞争、完全垄断、寡头垄断）市场上，对一个企业来说其产品价格是变动的。因此，边际收益不等于价格。边际收益取决于生产要素的边际生产力与价格水平。这时，生产要素需求仍要取决于 $MR = MC$，因此，生产要素的需求曲线仍然是一条向下方倾斜的曲线。完全竞争市场和不完全竞争市场上生产要素需求曲线的差别在于曲线的斜率不同，从而在同一生产要素价格下，对生产要素的需求量不同。一般而言，同一价格下，完全竞争市场上的生产要素需求量大于不完全竞争市场。

2　生产要素的供给分析

2.1　生产要素的供给

生产要素的供给是指居民在一定的时间内、在一定的价格水平下愿意而且能够供应的生产要素的数量。

在一般情况下，生产要素的价格越高，生产要素的供给数量就越多；生产要素的价格越低，生产要素的供给数量就越少。整个生产要素市场的供给曲线是一条与价格同方向变化、向右上方倾斜的曲线，如图6—2所示。

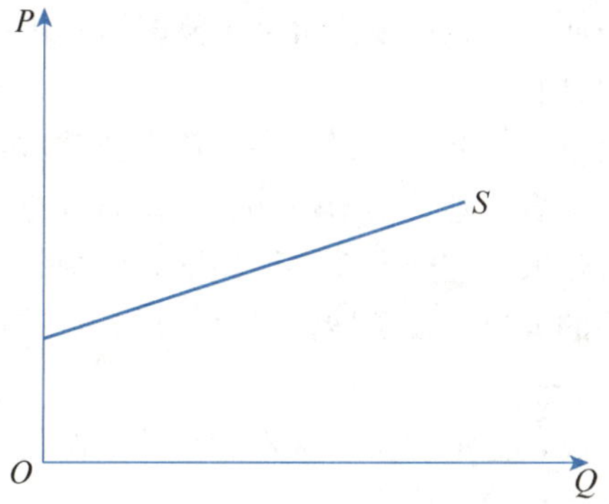

图6—2　一般生产要素的供给曲线

在图6—2中，用纵轴*OP*表示生产要素的价格，横轴*OQ*表示生产要素的数量，*S*表示生产要素的供给曲线。单个厂商面临的生产要素供给曲线，不同于整个生产要素市场的供给曲线，而且不同的市场竞争结构下的单个厂商面临的生产要素供给曲线是不同的。

在特殊情况下，生产要素的供给是完全没有弹性的，不论价格上升多少，供给量总是保持不变，生产要素的供给曲线与横轴垂直。如图6－3所示，用纵轴*OP*表示生产要素的价格，横轴*OQ*表示生产要素的数量，*S*表示生产要素的供给曲线，*S*为一条与横轴垂直的直线。如土地、石油、天然气等一些不可再生资源，就整个市场来说是完全没有弹性的。

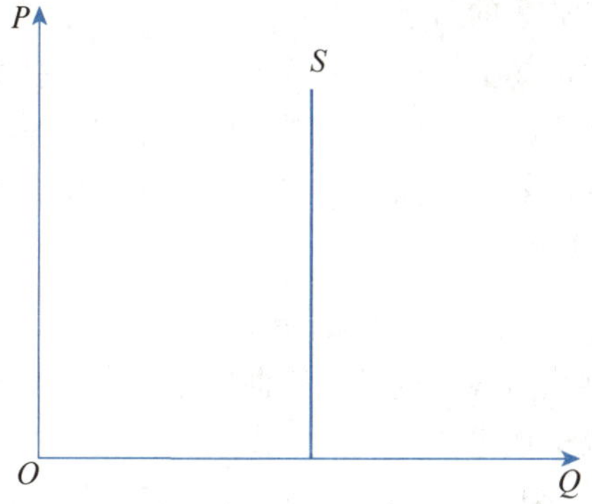

图6—3　特殊生产要素市场的要素供给

2.2 影响生产要素供给的因素

影响生产要素供给的因素主要有以下几个方面。

1. 消费品市场对产品的需求及产品的价格

如果消费品市场对产品的需求量大或产品的价格高，企业要扩大生产规模，生产要素的需求增加，就会拉动生产要素的价格上升，最终带来生产要素的供给量加大；如果消费品市场对产品的需求量小或产品的价格低，就会导致企业缩小生产规模，生产要素的需求减少，促使生产要素的价格下降，最终带来生产要素的供给量减少。

2. 生产要素的价格

在生产要素市场上，与供给定理一致，生产要素价格与其供给呈同方向变动，当生产要素价格上升时，其供给增加；当生产要素价格下降时，其供给减少。

3. 经济人口的规模与结构

人口规模大，劳动力数量多，劳动力素质高，那么劳动这种生产要素的供给充分；反之，人口规模小，劳动力数量少，则其供给短缺。人口结构方面，如果是年轻型人口，则劳动供给充分；如果是老龄化人口，则劳动供给短缺。中国的劳动力低廉，在一定程度上与劳动力数量多有关。德国的人口出现负增长，会使得其劳动力价格更高。

4. 居民的收入和生活水平

居民的收入和生活水平高，会增加其对资本和自然资源的占有，而使生产要素的供给增加；反之，会使生产要素的供给减少。

5. 生产要素的稀缺及替代程度

生产要素缺乏，必然使其供给减少；反之，会使生产要素的供给增加。生产要素的可替代程度高，会使供给增加；反之，会使生产要素的供给减少。

2.3 完全竞争与不完全竞争市场中的生产要素供给

2.3.1 完全竞争市场中的生产要素供给

完全竞争的生产要素市场的前提条件和完全竞争的产品市场的前提条件相似：一是生产要素市场上买卖双方的人数众多；二是买卖的都是同一性质的生产要素；三是生产要素是完全流动的；四是生产要素之间具有完全的替代性；五是生产要素市场上的买者和卖者都能获得充分的市场信息；六是买卖双方都能自由地进出生产要素市场；七是产品市场和生产要素市场一样都是完全竞争的市场。

在完全竞争的生产要素市场上，单个买者与卖者对生产要素的需求量和供给量的变化不会影响市场上生产要素的价格，所以生产要素的供给对于单个企业来说，可以在既定的价格水平上获得任意数量生产要素的供给量，生产要素供给具有完全弹性，生产要素的供给是一条水平线，如图 6—4 所示。

在图 6—4 中，纵轴 OP 表示生产要素的价格，横轴 OQ 表示生产要素的数量，S 表示厂商面临的生产要素的供给曲线，这条供给曲线是一条以价格为高度的水平线。由于单个企业所购买的生产要素数量在整个生产要素市场上只占很小的份额，所以对整个市场而言，在该企业有限的需求范围内，无论它怎样调整需求量，都不会影响整个市场的需求量，也不会引起价格的变动。这样，单个企业所面临的生产要素供给曲线就是它的边际生产要素成本曲线。

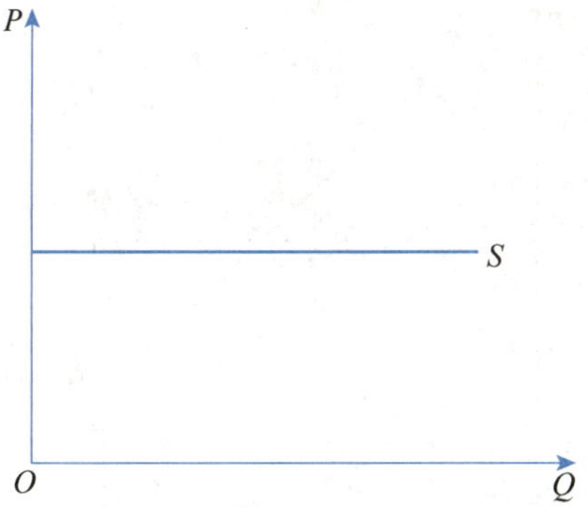

图 6—4　完全竞争市场上企业面临的生产要素的供给曲线

2.3.2　买方垄断的生产要素供给

在生产要素市场上，当生产要素的购买者只有一个企业，即一个垄断买主就代表整个市场的需求时，称为买方垄断。当生产要素市场被买方垄断时，如果该垄断企业增加生产要素的使用量，将导致市场需求的增加。在市场供给不变的情况下，需求增加必然导致生产要素价格的上升。在这种情况下，企业只有支付更高的价格才能购买到更多的生产要素。企业如果减少生产要素的使用量，就可以降低生产要素的价格，从而降低生产成本。买方垄断的生产要素供给如图 6—5 所示。

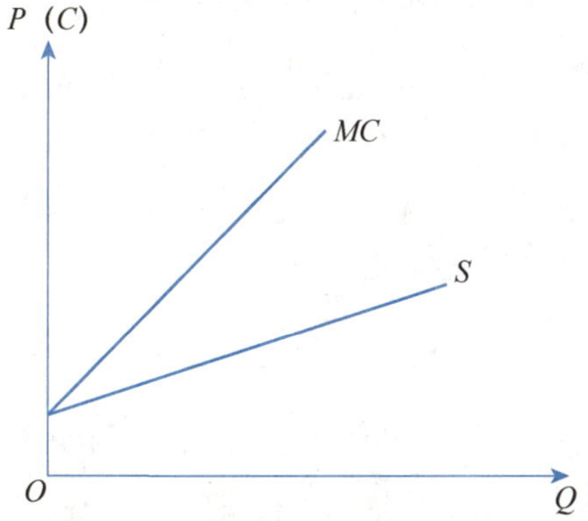

图 6—5　买方垄断的生产要素供给

在图 6—5 中，用纵轴 *OP*（*OC*）表示生产要素的价格和企业的生产要素成本；横轴 *OQ* 表示生产要素的数量；*S* 为生产要素的供给曲线，同时也是企业的平均成本线；*MC* 为企业生产要素的边际成本线，表明买方垄断的市场条件下，企业增加购买生产要素的成本大于其平均成本。

2.4　生产要素价格的决定

2.4.1　完全竞争情况下生产要素价格的决定

在完全竞争的市场条件下，生产要素的价格由其市场的供给和需求自发调节，即生产要素的均衡价格由生产要素的供给曲线和需求曲线的交点决定。完全竞争市场生产要素价格的决定，如图 6—6 所示。

由于生产要素市场是完全竞争的，所以，边际要素成本等于生产要素价格，两者重

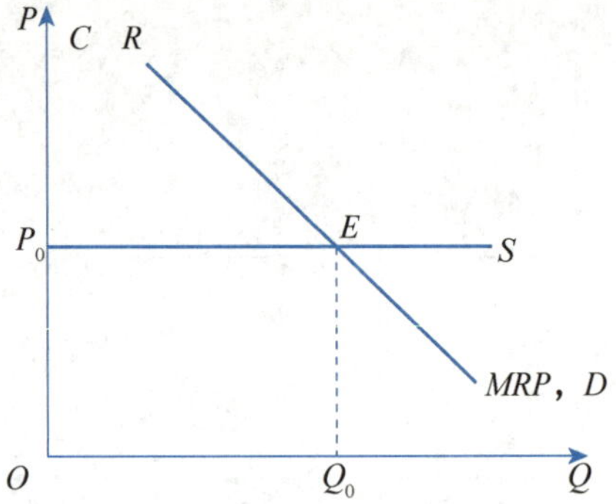

图 6—6　完全竞争市场上生产要素价格的决定

合，构成供给曲线。企业的边际收益产量线 *MRP* 就是其对生产要素的需求线 *D*。供给曲线 *S* 与需求曲线 *D* 相交于 *E* 点，*E* 点即生产要素价格的均衡点。OQ_0 则为企业生产要素的购买数量，OP_0 为企业购买生产要素的价格。

2.4.2　不完全竞争情况下生产要素价格的决定

消费品市场为不完全竞争而生产要素市场为完全竞争时，由于消费品市场是不完全竞争市场，企业的产量增加会引起产品价格的下降，进而使 *MR* 下降得更快。由于 *MR* 小于 *AR*（$ARP=AR \cdot MP$），因此，企业决定对生产要素的需求只能根据增加生产要素带来的边际收益产量 *MRP* 的变化来决定，所以 *MRP* 曲线与生产要素需求曲线 *D* 重合。生产要素价格的决定，如图 6—7 所示。

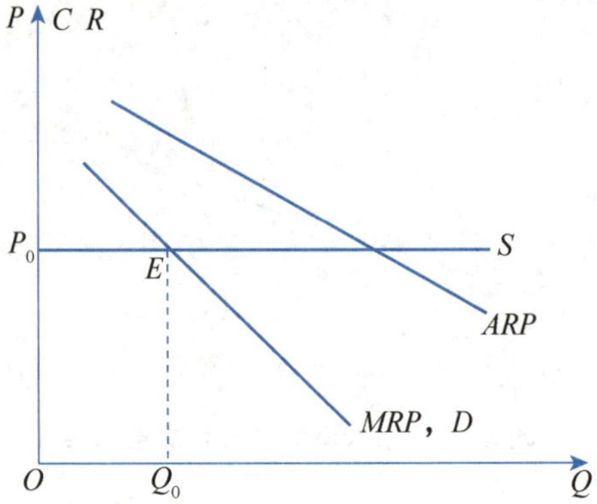

图 6—7　消费品市场不完全竞争条件下的生产要素价格的决定

由于生产要素市场是完全竞争的，所以，边际要素成本等于生产要素价格，两者重合，构成供给曲线。由于在消费品市场上存在不完全竞争，企业的供给曲线 *S* 与需求曲线 *D* 相交于 *E* 点，*E* 点即生产要素的价格均衡点。OQ_0 则为企业生产要素的购买数量，OP_0 为企业购买生产要素的价格。

当企业同时垄断消费品市场和生产要素市场时，作为消费品市场上的垄断者，如前所述，企业决定对生产要素的需求只能根据增加生产要素带来的边际收益产量 *MRP* 的变化来决定，所以 *MRP* 曲线与生产要素需求曲线 *D* 重合。在生产要素市场上，企业作为垄断买主，在市场供给不变的情况下，只有支付更高的价格才能购买到更多的生产要素。企业购买生产要素的边际成本高于其购买生产要素的平均成本。消费品市场和生产要素市场均为不完全竞争条件下的生产要素价格的决定，如图 6—8 所示。

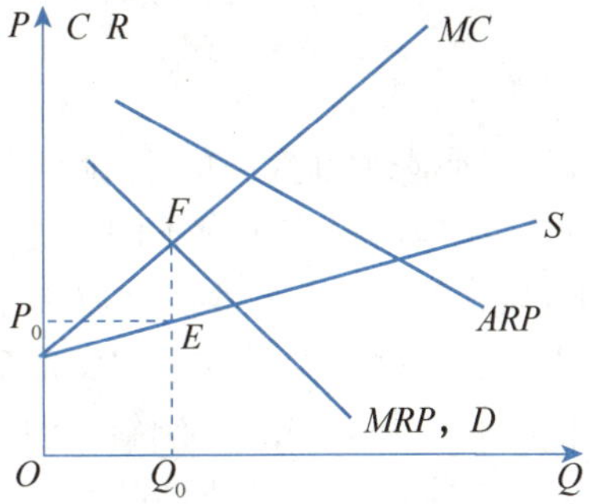

图 6—8　消费品市场和生产要素市场均为不完全竞争的生产要素价格的决定

企业仍然根据 $MC=MR$ 的原则决定生产要素的购买量为 OQ_0，这时生产要素的均衡价格为 OP_0。可以看到，在消费品市场和生产要素市场均为不完全竞争时，企业对生产要素的需求低于完全竞争条件下需求量。

【原理应用】

国际石油价格的起起落落

20 世纪 70 年代初以来，世界石油市场受到了欧佩克和海湾政治风波的冲击。1974 年，通过集体限制石油产量，欧佩克成功地将世界油价提升至远高于竞争市场应有的价格。欧佩克的生产商们之所以能做到这一点，是因为他们占据了世界石油生产的很大一部分（1974 年约占 2/3）。1979—1980 年，油价再次飞涨，因为伊朗革命和两伊战争的爆发使伊朗和伊拉克的石油产量急剧下降。20 世纪 80 年代，油价开始逐步下跌，因为原来的高价使需求减少、竞争性的（即非欧佩克）供给增加。1988—1996 年，油价保持了相对的稳定，除了 1990 年的一次短暂上涨，那时伊拉克入侵科威特。

2005 年 6 月 20 日，国际原油价格上涨至每桶 60 美元。据调查，本次油价上涨的主要原因是全球第三大石油出口国挪威可能爆发石油工人罢工，同时市场对炼油产能不足的忧虑加重。

2005 年 8 月 8 日，市场对原油供应不足的担忧再起，纽约商品交易所 9 月份交货的原油期货价格在开盘后不久便冲破每桶 63 美元，并再次刷新该原油期货合同进入交易以来的最高纪录。当天，伦敦国际石油交易所北海布伦特原油期货价格在盘中也曾经超过每桶 62 美元的高位。国际油价继续攀高，其诱因主要是美国驻沙特阿拉伯大使馆称其受到恐怖警告。另外，美国能源部的最新数据显示，同年初相比，7 月份美国汽油消费量增加了 1.1%，对其他成品油需求增加了 4.2%。而目前，美国炼油企业的生产能力已经达到极限。这些消息使市场对能源供应短缺的担忧情绪加重，从而推高油价。

资料来源：刘华，李克国：《经济学案例教程》，大连，大连理工大学出版社，2007。

3 工资、利率、地租、利润理论与应用

3.1 工资理论与应用

工资是劳动的价格，或劳动力所提供的劳务的报酬。劳动价格是在劳动市场上形成的。同一般商品的价格决定一样，工资的决定也有不同的情况。

从劳动（Labor）的需求方面说，劳动的要素价格取决于劳动这一要素的边际收益产量，也就是取决于劳动的边际生产力。随着劳动这一要素的雇用量的增加，劳动的边际收益产量递减。所以劳动的需求曲线是一条向右下方倾斜的曲线，表明劳动的需求量与工资呈反方向变动，如图6—9所示，横轴 *OL* 表示劳动的需求量，纵轴 *OW* 表示工资水平，*D* 表示劳动的需求曲线。

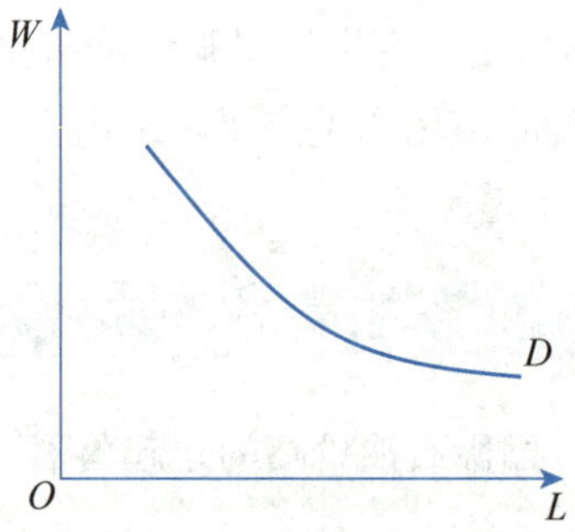

图6—9 劳动的需求曲线

从供给方面说，劳动的供给曲线是一条向后弯曲的曲线：最初从左下方向右上方倾斜，在达到一定点以后，便开始转向左上方弯曲。即劳动供给量开始时随工资的提高而增加，后来则随工资的提高而降低，如图6—10所示，横轴 *OL* 表示劳动的供给量，纵轴 *OW* 表示工资水平，*S* 表示劳动的供给曲线。

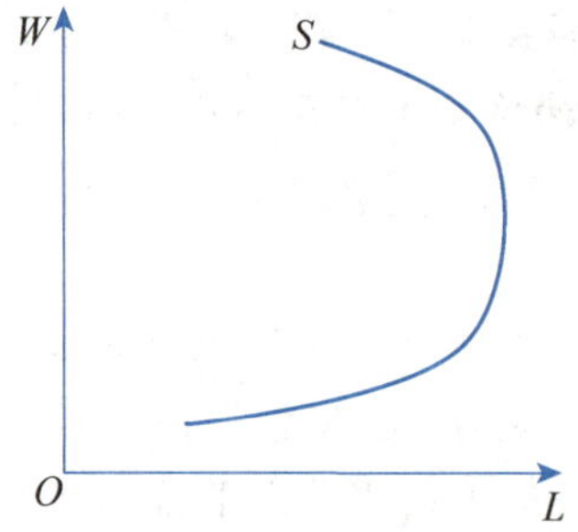

图6—10 劳动的供给曲线

劳动的供给主要取决于劳动的成本，这种劳动的成本包含实际成本和心理成本。一般来说，工资收入增加固然可以为劳动者增加效用，但也由此牺牲了闲暇时间，这又是一种负效用，当收入达到一定程度后，由工资收入给劳动者增加的正效用不足以抵消劳动的负效用时，劳动者就宁愿减少工作时间而增加闲暇时间，劳动就会减少。劳动供给取决于工资变动所引起的替代效应和收入效应。随着工资增加，由于替代效应的作用，家庭用工作

代替闲暇，劳动供给增加。同时，随着工资增加，由于收入效应的作用，家庭需要更多闲暇，劳动供给减少。当替代效应大于收入效应时，劳动供给随工资增加而增加；当收入效应大于替代效应时，劳动供给随工资增加而减少。一般规律是，当工资较低时，替代效应大于收入效应；当工资达到某个较高水平时，收入效应大于替代效应。因此，劳动供给曲线是一条向后弯曲的供给曲线。

劳动的需求与供给共同决定了劳动市场上的工资水平，如图 6—11 所示。

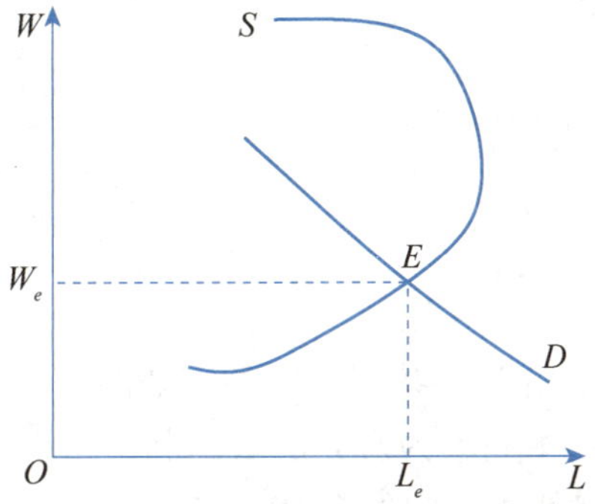

图 6—11　劳动市场上工资的决定

在图 6—11 中，纵横两轴分别代表工资水平和劳动数量。劳动需求曲线 D 向右下方倾斜，劳动供给曲线 S 开始向右上方倾斜，而过一定点后，转而向左上方弯曲。曲线 D 和曲线 S 的交点 E，决定了劳动要素的均衡数量为 L_e，劳动的均衡价格为 W_e。

根据供求定理，在劳动供给不变的条件下，通过增加对劳动的需求，不但可以使工资增加，而且可以增加就业。在劳动需求不变的条件下，通过减少劳动的供给同样也可以使工资增加，但这种情况会使就业减少。

3.2　利率理论与应用

利息是资本（capital）的价格，是资本所有者的收入，或使用资本这一生产要素的报酬。西方经济学认为，资本之所以能带来利息，这是因为使用资本，可以提高生产效率。利息用利率（又称利息率）来表示。

利率取决于对资本的需求与供给。资本的需求主要是企业投资的需求，因此，可以用投资来代表资本需求。资本的供给主要是储蓄，因此，可以用储蓄来代表资本的供给。这样就可以用投资与储蓄来说明利率的决定。

企业之所以要借入资本进行投资，是因为资本的使用可以提高生产效率，是为了实现利润最大化，即在于资本具有净生产力。由于投资的边际效率随投资增加（即资本的存量的相应增加）而递减，所以，对资本的需求是一条向右下方倾斜的曲线，它表示在利润率既定时，利率与投资呈反方向变动，如图 6—12 所示，横轴 OK 表示资本的需求量，纵轴 Oi 表示利率水平，D 表示资本的需求曲线。

资本的供给就是资本的所有者在各个不同的利率水平上愿意而且能够提供资本的数量。它依存于人们的收入用于个人消费以后的余额——储蓄。利息是为了诱使人们抑制或推迟眼前消费，进行储蓄以提供资本的一种补偿。这种补偿随放弃现时消费量的增加而递增，只有相应地提高利率，人们才愿意提供更多的资本。所以，资本的供给是一条向右上方倾斜的曲线，它表示利率与储蓄呈同方向变动，如图 6—13 所示，横轴 OK 表示资本的供给量，纵轴 Oi 表示利率水平，S 表示资本的供给曲线。

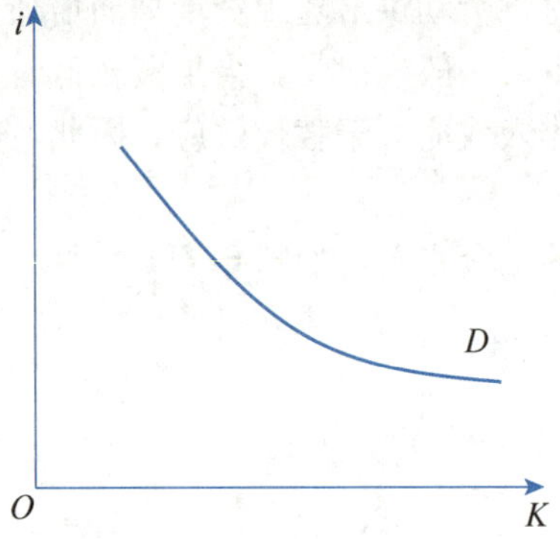

图 6—12　资本的需求曲线

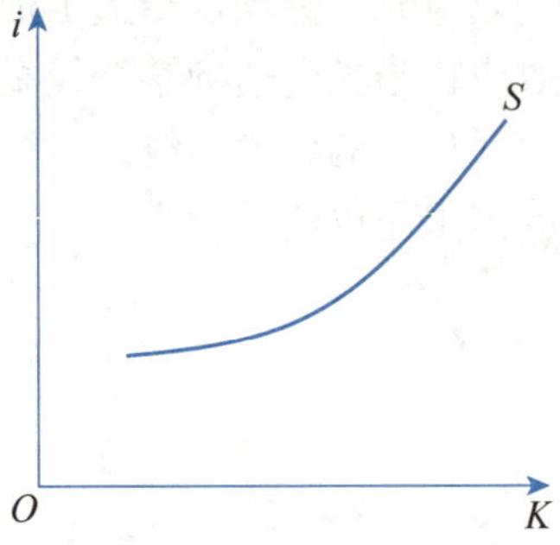

图 6—13　资本的供给曲线

利率是由资本的需求与供给双方共同决定的。如图 6—14 所示，资本的需求曲线 D 和供给曲线 S 的交点为 E，均衡利率为 i_0，它表示利率水平为 i_0 时，投资者对资本的需求恰好等于储蓄者愿意提供的资本，两者均为 K_0。

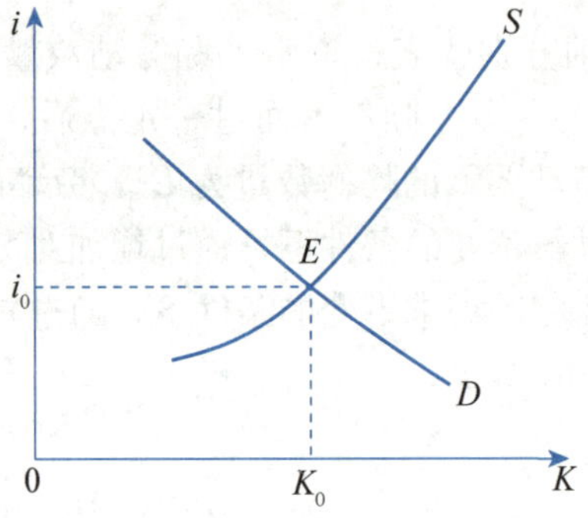

图 6—14　资本市场的利率决定

3.3　地租理论与应用

地租是土地的价格，同劳动和资本的价格由该要素的供给与需求共同决定，劳动的需求取决于劳动的边际生产力一样，地租的高低也由土地的供求决定，租地人对土地的需求取决于土地的边际生产力。但由于土地这种自然资源并非人类劳动的产物，也不能通过人类劳动增加其供应量，它具有数量有限，位置不变，以及不能再生产的特点。因此，地租大小的决定具有与劳动的工资和资本的利息不完全相同的特点。

由于土地的供给量是固定不变的，因此，土地的供给曲线是一条与横轴垂直的线。而土地的边际生产力是递减的，因此土地的需求曲线是一条向右下方倾斜的曲线。土地的供给曲线和需求曲线的交点决定地租水平，如图 6—15 所示，横轴 ON 代表土地量，纵轴 OR 代表地租，垂线 S 为土地的供给曲线，表示土地的供给量固定为 N_0，D 为土地的需求曲线，D 与 S 相交于 E，决定了地租为 R_0。

随着经济的发展，对土地的需求不断增加，而土地的供给不能增加，这样，地租就有不断上升的趋势，如图 6—16 所示。

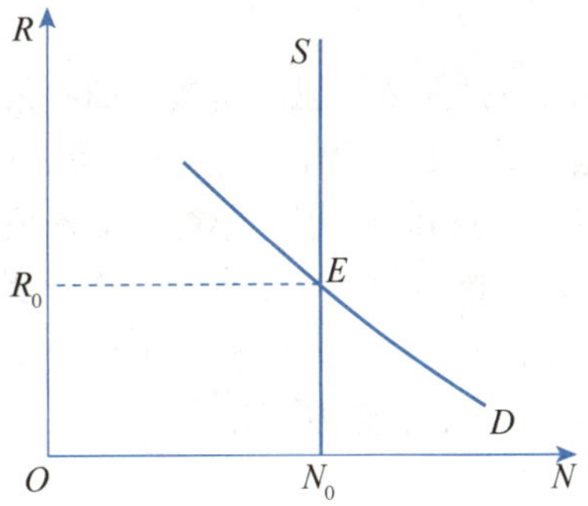

图 6—15 地租的决定

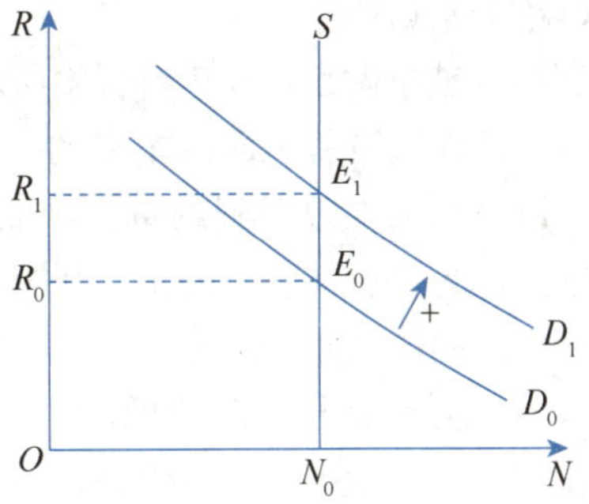

图 6—16 地租的变动

在图 6—16 中，土地的需求曲线由 D_0 向右方移动到 D_1，表明土地的需求增加了，但土地的供给仍然为 S，均衡点由 E_0 移动到 E_1，相应地，地租由 R_0 上升到 R_1。说明由于土地的需求增加，地租上升了。

3.4 利润理论与应用

在经济学上，一般把利润分为正常利润和超额利润，这两种利润的性质与来源都不相同。

3.4.1 正常利润

正常利润是企业家才能的价格，也是企业家才能这种生产要素所得到的收入，它包括在成本之中，其性质与工资相类似，也是由企业家才能的需求与供给所决定的。不同的是，由于对企业家需求和供给的特殊性（边际生产力大和培养成本高），决定了正常利润的数额远远高于一般劳动所得的工资。

因为正常利润包括在经济学分析的成本之中，所以收支相抵就是获得了正常利润。在完全竞争中，利润最大化就是获得正常利润。超过正常利润以后的超额利润在完全竞争之下并不存在。

3.4.2 超额利润

超额利润是指超过正常利润的那部分利润，又称为纯粹利润或经济利润，这样的利润在完全竞争下并不存在。根据超额利润的来源和性质的不同，具体分为以下几种。

1. 垄断与超额利润

由垄断而产生的超额利润称为垄断利润。垄断可以分为卖方垄断和买方垄断。卖方垄断指对某种产品出售权的垄断，抬高商品卖价以损害消费者而取得的利润。它能够为厂商提供超过正常利润的纯利润。例如，一家厂商享有某种产品的专利权或声誉卓著的商标，能够赚得超过正常利润的垄断利润。买方垄断指对某种产品或生产要素购买权的垄断。垄断者可以压低收购价格，通过损害生产者或生产要素供给者的利益而获得超额利润。垄断所引起的超额利润是不合理的，是市场竞争不完全的结果。

2. 创新与超额利润

美国经济学家约瑟夫·阿洛伊斯·熊彼特（Joseph Alois Schumpeter）提出的创新是指对原有均衡的突破，即创新（innovation）是指企业家对生产要素实行新的组合。创新主要涉及五个方面：一是提供新产品；二是发明新技术和新工艺；三是开辟新市场；四是控制原材料的新来源；五是建立新的组织形式。创新是社会进步的动力，能够提高生产效率，促进经济增长。因此，由创新所获得的超额利润是合理的，是对创新者的鼓励和补偿。

3. 风险与超额利润

超额利润也被看做是企业进行冒险所承担风险的一种报酬。风险是指厂商决策所面临的亏损可能性。任何决策总是面向未来的，而未来是不确定的，因而，企业决策总存在风险。一家企业可以从原来未曾料到的事件中获得意料之外的利润，也可能蒙受没有预料到的损失，前者像其他超过正常利润的企业利润一样，可列入超额利润这个范畴之中。因此，因承担风险而产生的超额利润也是合理的，从事具有风险的生产就应该以利润的形式得到补偿。

总之，利润是经济社会进步的动力，它能够激励企业家努力工作，推动社会创新，勇于从事风险投资，有利于节约资源和资源的合理配置。

3.5 社会收入分配

3.5.1 收入分配的衡量

1. 洛伦茨曲线

洛伦茨曲线（Lorenz curve）是用来衡量社会收入分配（或财产分配）平均程度的曲线。它由美国经济学家洛伦茨（Lorenz）提出。

假设某国家的人口与收入分布如表 6—1 所示。把全部人口从最低收入 A 到最高收入 E 分为五组，各占人口总数的 20%，并说明每组的收入在总收入中所占的百分比。例如，A 组的 20%为最低收入人口，其收入占所有人口总收入的 5%，而在 E 组的 20%为最高收入人口，其收入占所有人口总收入的 40%。

表 6—1　　人口与收入分布表

组别	人口		收入	
	占人口百分比（%）	合计（%）	占收入百分比（%）	合计（%）
A	20	20	5	5
B	20	40	12	17
C	20	60	18	35
D	20	80	25	60
E	20	100	40	100

根据表 6—1 中人口与收入百分比的合计，可画出洛伦茨曲线图，如图 6—17 所示。

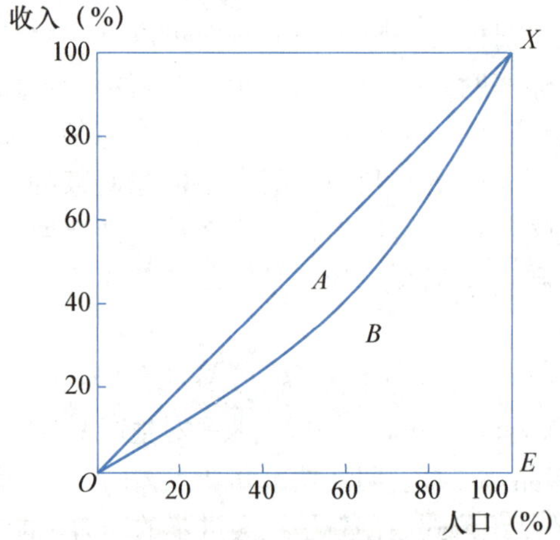

图 6—17　洛伦茨曲线

在图 6—17 中，横轴代表人口百分比，纵轴代表收入百分比。OX 线为 45°线，在这条线上，每 20%的人口得到 20%的收入，表明收入分配绝对平均，称为绝对平均线。折线 OEX 表明收入分配绝对不平均，称为绝对不平均线。实际的洛伦茨曲线应该介于这两条线之间。利用洛伦茨曲线可以表明收入与财产分配的不平等程度。洛伦茨曲线离绝对平均线越近，表明收入或财产分配越平等；洛伦茨曲线离绝对不平均线越近，表明收入或财产分配越不平等。

运用洛伦茨曲线可以比较同一个国家不同时期或同一时期不同国家的收入分配的平均状况与变化状况，如图 6—18 所示。

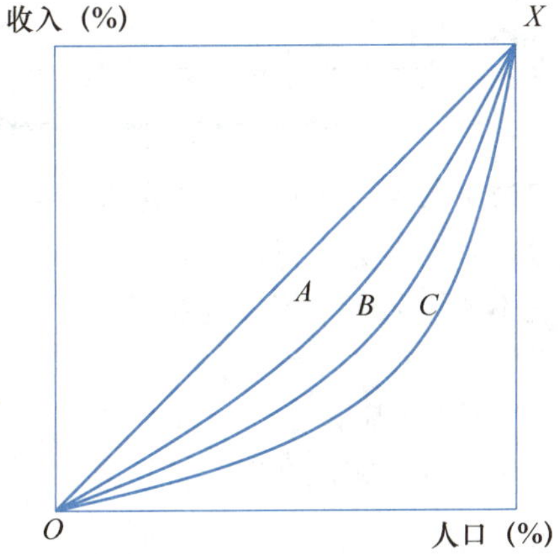

图 6—18　洛伦茨曲线的变动

假如在图 6—18 中，A、B、C 三条洛伦茨曲线分别表示甲、乙、丙三个国家的实际洛伦茨曲线，则可以看出，甲国收入分配最平等，丙国收入分配最不平等。如果把 A、B 这两条洛伦茨曲线作为实施一项政策前后的洛伦茨曲线，那么可以看出，在实施该项政策后，收入分配更不平等了。

2. 基尼系数

20 世纪初，意大利经济学家科拉多·基尼（Corrado Gini）根据洛伦茨曲线找出可以计算出反映收入分配平等程度的指标，这一指标称为基尼系数（Gini Coefficient）。如果实际收入线与绝对平均线之间的面积用 A 来表示，实际收入线与绝对不平均线之间的面积用 B 来表示，则计算基尼系数的公式为：

$$\text{基尼系数}=\frac{A}{A+B}$$

实际收入线与绝对平均线之间的面积为 0 时，收入分配绝对平均，基尼系数为 0。实际收入线与绝对不平均线之间的面积为 0 时，收入分配绝对不平均，基尼系数为 1。实际基尼系数总是大于 0 而小于 1。基尼系数越小，收入分配越平均；基尼系数越大，收入分配越不平均。

【原理应用】

国际通用的基尼系数

基尼系数是国际通用的衡量贫富差距的最可行方法。联合国有关组织规定的基尼系数如表6—2所示，国际上一般以0.4为警戒线。

表6—2

基尼系数	收入分配平等程度	基尼系数	收入分配平等程度
0	绝对平等	0.4～0.5	差距较大
小于0.2	高度平等	大于0.5	差距悬殊
0.2～0.3	比较平等	大于0.6	高度不平等
0.3～0.4	基本合理	1	绝对不平等

基尼系数的优点是便于了解、掌握和比较。人们可以对一个国家不同时期的基尼系数进行比较，也可以对不同国家的基尼系数进行比较。

基尼系数的缺点：一是它不能说明不平等的全部情况；二是不同国家可能采用不同的统计口径和资料，可比性差。

3.5.2 引起收入分配不平等的原因

在现实经济生活中，收入不平等是客观事实。引起这种收入不平等的原因主要有以下几个方面。

1. 由历史原因所决定的初始财产分配状态的不平等

财产的集中，一般是通过以往的高收入的积蓄、持有普通股票或不动产取得的投机收入、发现大量的天然资源、新产品和新工艺的发明等来实现的。例如，家庭越富裕，越倾向于多储蓄和多留遗产，这样可以把家庭的好运气传给下几代。由于财产的拥有具有无限性和可继承性，因而使得财产的拥有量成为决定收入不平等的重要因素。

2. 来自于劳动力的差异

来自于劳动力的差异，即能力（智能和体能）的不同，由此决定了具有不同能力的劳动者的收入的差距。一个人赚钱的能力要由身高、体重、力量这类体力因素和记忆力、数学与逻辑思维能力、语言能力等智力因素决定。此外，特殊行业和危险部门具有较高的报酬率，甚至运气也有收益，例如，劳动者找到一项能够充分发挥能力的合适的工作。这些因素也是造成收入不平等的原因。

3. 由要素报酬率的不平等造成

这是由于在现实经济生活中，大致相同的各种生产要素的相对供给量、健全的市场体制和要素安全自由流动等条件，很难在现实中得到满足。例如，政府的最低工资法和工会的集体谈判可能会使已就业工人的工资高于由完全竞争市场决定的均衡工资率；地理上或专业上的固定性，会阻碍生产要素转移到可能获得更高收入的经济部门等。所以各种要素之间的相对稀缺性和市场竞争的不完全性会阻止生产要素获得自己边际生产力的价值，导致要素报酬的不平等，从而引起收入分配的不平等。此外，种族、性别或年龄上的歧视也会严重阻碍许多工人得到自己全部边际价值产品；而经济衰退和失业则会使许多劳动者根本无任何收入。

【原理应用】

世界各国的收入不平等

表6—3比较了美国和其他6个国家的收入分配。这个表说明每个五分之一家庭在收入分配中得到的税前收入的百分比。这些国家的排序从最平等到最不平等。该表的最上端是日本，最富的五分之一家庭的收入是最穷的五分之一家庭的4倍左右。该表的最下端是巴西，最富的五分之一家庭的收入是最穷的五分之一家庭的30多倍。虽然所有国家都有相当大的收入不平等，但各国的收入不平等程度并不一样。

表6—3　　世界各国的收入不平等

国别	最低五分之一	第二个五分之一	第三个五分之一	第四个五分之一	最高五分之一
日本	8.7	13.2	17.5	23.1	37.5
韩国	7.4	12.3	16.3	21.8	42.2
中国	6.4	11.0	16.4	24.4	41.8
美国	4.7	11.0	17.4	25.0	41.9
英国	4.6	10.0	16.8	24.3	44.3
墨西哥	4.1	7.8	12.3	19.9	55.9
巴西	2.1	4.9	8.0	16.8	67.5

当各国根据不平等排序时，美国大约排在中间。美国最穷的五分之一家庭赚到了总收入的4.7%，相比之下日本为8.7%，巴西为2.1%。美国的收入分配几乎和英国的收入分配相同，这两个国家经济制度的相似性反映在收入分配的相似性上。

3.5.3　公平与效率

1. 公平

公平是指在待人处事中合乎人的正当情感和正义之理，是调节人们相互关系的一种行为准则，是分配社会权利和义务时必须遵循的价值尺度。一般是对分配关系而言的，它属于道德范畴。就我国而言，是指每一个公民在政治、经济、文化思想等各个方面都真正地拥有同等的权利。这种平等是社会主人翁之间的平等的实际权利和义务，这种平等是建立在社会主义公有制的经济和政治体系以及社会主义价值观念基础上的社会公平。从横向看，公平包括经济利益公平、政治利益公平、社会公共产品享有的公平；从纵向看，公平包括机会公平、起点公平、过程公平、结果公平。

2. 效率

效率是指劳动、工作中所消耗的劳动量与所获得的劳动效果的比率，它属于生产力范畴。对于一个企业或社会来说，最高效率意味着资源处于最优配置状态，从而使特定范围内的需要得到最大满足，或福利得到最大增进，或财富得到最大增加，社会已经达到人尽其才、物尽其用，不存在任何浪费资源的现象，以至于每个劳动者都实现了经济收入最大化。

3. 公平与效率的矛盾

效率优先、兼顾公平，是我们党现行分配政策的一条重要原则。强调效率优先，符合市场经济要求；强调兼顾公平，符合社会主义要求。人与人之间、行业与行业之间、单位与单位之间，素质优劣、能力大小、生产效益好坏是不一样的，因此，其生产效率和贡献是不可能一样的。按劳分配也好，按生产要素分配也好，所得报酬也是不可能一样的。在社会主义初级阶段，在分配问题上只考虑公平，不讲效率，就不利于调动人们的积极性和创造性；而只考虑效率，又会过分拉大收入差距，不利于实现社会公平。所以正确的做法是，重效率，但不唯效率；讲公平，但不搞一刀切。

4. 如何处理公平与效率的关系

(1) 市场上追求效率。在市场经济条件下，应当以公平竞争为主要准则，以追求效率为主，即应该是效率优先。效率优先意味着人们以经济建设为中心，以实现生产力的发展为目标。只有效率优先才能提供公平的物质基础，没有效率，公平只是一句空话。而且，效率上去了，可以用其经济成果来支持公平。在二者的关系中要以效率为先，兼顾公平。

(2) 管理上以公平促进效率。在组织的运行中，管理的目标是以实现效率为导向的活动。管理中虽然是要体现出投入产出的效率，体现出经济效率的优先性，但公平是一种重要的途径。与市场领域中体现竞争公平不同，管理领域中主要是体现机会均等和组织内成员的公平感。

(3) 社会制度上追求公平。在社会制度和社会价值方面，公平是首要的价值。因此，实现公平可能对效率产生不利的影响，但无论如何，都不能牺牲公平只顾效率。正确的做法是，在发展经济方面要追求效率，在处理社会关系方面，在社会整体制度上力求公平。

因此，要使每个人都享有平等的参与竞争、平等的劳动就业机会。国家在大力发展经济方面要以效率为先，以发展生产力，富国利民为基本目标。同时，效率并不是在二者关系中必然处于优先地位的，在社会整体制度上要努力体现公平，保障在社会基本权利和人道待遇上的平等与公平。这就需要国家通过各种收入转移等办法，用政策对直接收入加以调节，保障弱势群体的基本权利和人道待遇。总之，在公平与效率之间，既不能只强调效率忽视了公平，也不能因为公平而不要效率。

【原理应用】

收入分配与发展

如果一个矿在某非洲国家开始开采了，立刻雇用了 1 000 名工人，这个矿第一年赚了 100 万美元，其中 60 万美元分给 1 000 名工人，40 万美元分给 10 个股东，1 000 名工人有钱了，立刻买东西，买衣服、买家具、买食品，还得盖房子。更重要的是，这些工人娶了 1 000 个媳妇，生了 2 000 个孩子。为了供应这 4 000 人的衣食住行，矿区周围有 500 个农民种菜、种粮食，还出现 10 个以上的裁缝、理发师、医生，还有了几家商店和一所学校，然后一个小镇就出现了。周围 20 公里内的人都感受到了小镇的需求，人口迅速向这里集中，迅速达到近万人。矿主们分得了 40 万美元，他们发现这个小镇上还没有游乐场、电影院、小酒馆，于是拿出 30 万美元来开店，挣的钱再次以 60%的比例分给雇员，雇员们再去进行各种消费。几十年以后，当矿快挖光了，第一批工人退休时，这里已是一个 50 万人口的城市，有上千家大小工厂，矿主们也建立起了上百家工厂商店，成了亿万富豪。其实这个故事在美国的西部大开发中已经出现过，加州的城市都有这样的一个发展过程。

但是换一种分配方式，就会得到另外一种结局。这个矿还是雇用 1 000 个工人，赚 100 万美元，其中 90 万美元分给 10 个股东，10 万美元分给 1 000 个工人，这些工人的收入刚够自己吃饭，他们没钱买衣服、买家电、盖房子。为了照顾他们的衣食住行，矿区外面只有 100 个农民（种点玉米白菜，别的没人买）、一个理发师、一个裁缝（主要是补衣服），没有医生，工人患病后也得不到有效的医疗服务，只能硬扛着。矿主们每年都有 90 万美元的收入，他们也想搞点别的生意，结果发现这里只有 1 000 个穷工人，什么生意也干不成 。拿着钱怎么办？只好买了几辆奔驰、几座豪宅。奔驰是外国的，所以几百万美元给了德国商人，几百万美元给了房地产商，还有几百万美元存了银行。银行拿着钱想往外贷，一看除了矿什么工厂也没有，于是只好作罢，看着老百姓不富吧，银行的存款还在增加，而且形成较大的存差。于是几十年过去了，矿区周围还是一片贫苦，工人还是一无所有，农民们也还是自种自吃，没人买他们的东西，他们也没见过钞票，矿主们在矿产枯竭后就带着几百万美元存款走了，1 000 名工人全成了下岗职工。下岗职工没办法，都做小生意自救，于是一夜间多了很多小商店、小酒馆，但是大家惊奇地发现，工人们都没钱去别人的店里消费，于是自己的店里也绝不会有人来花钱，这时候唯一的办法是矿工的媳妇、儿女到沿海的大城市打工，靠那点工资维持每个家庭的生活。

4　原理与知识小结

4.1　本章涉及劳动、资本、土地和企业家才能这四种基本生产要素，对应着工资、利息、地租和利润。对生产要素的需求取决于该要素的边际生产力，而生产要素的供给是指在不同的报酬下，生产要素市场上所提供的要素数量。生产要素价格的均衡分为完全竞争市场条件下和不完全竞争市场条件下两种情况。

4.2　工资的决定是由劳动的供求关系决定的，利率取决于对资本的需求与供给。土地具有数量有限、位置不变，以及不能再生产的特点，随着经济的发展，地租有不断上升的趋势。在经济学上，一般把利润分为正常利润和超额利润。创新与风险取得的超额利润是合理的，而垄断取得的超额利润是不合理的。

4.3　衡量社会收入分配（或财产分配）平均程度的指标主要有洛伦茨曲线和基尼系数。洛伦茨曲线越弯曲，说明收入分配越不平等。基尼系数介于 0 和 1 之间。基尼系数越小，收入分配越平等；基尼系数越大，收入分配越不平等。在现实经济生活中，收入不平等是客观事实。公平与效率是一个永恒的矛盾。

任务 3　问题研讨

1. 简述生产要素需求的性质及影响生产要素需求的因素。
2. 简述影响生产要素供给的因素。
3. 完全垄断市场下的企业生产要素需求与完全竞争市场下的企业生产要素需求有什么不同？

4. 为什么劳动需求曲线向右下方倾斜，而劳动供给曲线可能向后弯曲？

5. 地租的价格是如何决定的？

6. 从劳动的供求关系解释体育、文艺明星收入特别高的原因。从经济学角度看，这种高收入合理吗？

7. 在美国历史上，排斥华工的主要势力是工会。工会为什么要这样做？

8. 在各国，企业家的收入都是最高的。你认为这种现象合理吗？为什么？

9. 如何理解在收入分配中“效率优先，兼顾公平”这句话？

10. 假设总统提出一项旨在减少医疗成本的新法律：要求所有美国人每天吃一个苹果。

（1）每天吃一个苹果的法律将如何影响苹果的需求与均衡价格？

（2）这项法律将如何影响摘苹果工人的边际产量和边际产量值？

（3）这项法律将如何影响摘苹果工人的需求和均衡工资？

11. 亨利·福特曾经说过：“支付工资的并不是雇主，他只是管理货币。支付工资的是产品。”解释这句话的含义。

12. 说明下列每一个事件对电脑制造行业劳动市场的影响。

（1）国会为所有美国大学生购买个人电脑。

（2）更多的大学生选学工程与计算机科学专业。

（3）电脑企业建立新的制造厂。

13. 一家雇用7个人的蛋糕店，雇员每小时工资6元，每个三明治卖3元。如果店主追求利润最大化，雇用的最后一个工人的边际产量值是多少？这个工人的边际产量是多少？

14. 设想一个企业雇用两种类型工人：一些有电脑技能，而另一些没有。如果技术进步了，以至于电脑对企业变得更有用，这两类工人的边际产量会发生什么变动？均衡工资会发生什么变动？用适当的图形进行解释。

15. 1993年，美国总统克林顿建议，规定企业给工人一定量的福利津贴。例如，要求企业向其工人提供医疗保险。考虑这种政策对劳动市场的影响。

（1）假定法律规定企业对自己雇用的工人每小时给3美元津贴。这项法律对企业从每个工人身上赚到的边际利润有什么影响？这项法律对劳动需求曲线有什么影响？用纵轴代表货币工资的图形给出你的答案。

（2）如果劳动供给没有变动，这项法律将如何影响就业与工资？

（3）为什么劳动供给曲线会由于这项法律而移动？这种劳动供给曲线的移动增强了还是削弱了这项法律对工资和就业的影响？

（4）一些工人的工资，特别是不熟练工人和无经验工人的工资由于最低工资法而高于均衡水平。一项关于福利津贴的强制性管制对这些工人会有什么影响？

任务4　项目实训

项目目标

1. 理解并能运用供求分析生产要素价格的决定。

2. 培养运用所学的生产要素理论解释现实分配问题的能力。
3. 培养运用洛伦茨曲线与基尼系数这两个工具分析现实问题的能力。

1　搜集当地不同工种的需求、供给和价格信息

项目要求

1. 提供给学生有关的网站。
2. 搜集不同工种的需求、供给和价格信息。
3. 对信息进行整理和分析。
4. 小组内交流和讨论，加深对要素价格的决定和分配的理解。
5. 教师点评。

2　搜集我国不同时期城市与乡村基尼系数的详细数据

项目要求

1. 提供给学生有关的网站。
2. 搜集我国不同时期城市与乡村基尼系数的详细数据。
3. 对信息进行整理和分析。
4. 小组内交流和讨论，加深对洛伦茨曲线与基尼系数的理解，并运用这些工具进行分析。
5. 教师点评。

项目七　市场失灵与政府微观经济政策原理与应用

学习目标

1. 知识目标：了解市场失灵及成因，掌握矫正市场失灵的各种微观经济政策。
2. 技能目标：能够运用市场失灵与政府微观经济政策原理解决现实中的经济问题。
3. 态度目标：养成勤奋严谨的学习习惯和创新思考的职业精神。

学习型工作任务

任务 1　案例剖析
任务 2　市场失灵与政府微观经济政策原理
任务 3　问题研讨
任务 4　项目实训

任务 1　案例剖析

1. 政府与市场

举世皆知，蒙娜丽莎的清丽无人能及，世界各地专程前来巴黎瞻仰她容貌的人们甚至踏坏罗浮宫的门槛，但是，蒙娜丽莎的美，只能在距离油画两三米外才能显现，如果贴近来看，唯余一堆皱巴巴、杂乱不堪的油彩。雄居五岳之首的泰山，那磅礴的气势也要从山外来看，真进了山中，那石，那树，和别的山川没什么根本的不同；埃菲尔铁塔，从远处看蔚为壮观、气势磅礴，可走近了看，不过是一堆锈迹斑斑的钢条加铆钉。为什么？距离产生美。

政府与市场，同样需要距离。如麦迪逊所言："如果人都是天使，就不需要任何政府了。如果是天使统治人，就不需要对政府有任何外来的或内在的控制了。"完成治理的基本功，做到对市场的不妨害，是一个政府在经济事务管理的最低纲领（对一些政府来说，或许是最高目标）；这也是市场对政府的核心的、正当的、理性的要求。尤其在权力自上授予、对上负责的情况下，过于热心的参与往往是执政目标的暧昧所致。当地方政府在新的政治格局中获得了更大的权力时，这种区域竞赛似有进一步蔓延升温的迹象。当市场上的竞赛主体只是一些集合的、模糊的身影时，竞赛的魅力就已经失去了。

当然，距离不能变成遥远，否则，美丽也就不存在了。政府与市场保持适当的距离的时候，经济、社会的效率是最高的。政府与市场的距离渐行渐远，弊端开始显露。始于20世纪80年代末至90年代初的那一轮“圈地运动”，在某种程度上是因为政策法规不够完善、政府宏观调控不够所致。1989年3月人大修改了宪法，补充了“土地使用权可以依法转让”一句，但是没有出台配套措施，没有对土地市场交易出台规范措施，也没有建立宏观调控机制。游戏规则存在漏洞，缺乏宏观调控，使一些炒家看到了发财的良机，只要通过关系获得土地，一转手就可以获取数倍乃至数十倍的暴利，于是，寻租现象蜂拥，“圈地运动”轰轰烈烈地开展起来了。在那一轮“圈地运动”中，在一些地区，手握实权的人和房地产商串通一气，以极低廉的象征性的价格大批圈占土地，然后转手获取暴利。在游戏规则日趋完善的今天，20世纪的那种疯狂圈地行为将一去不复返，但是，其带来的教训值得我们铭记。

不过，即使我们的政府部门已经懂得了尊重市场，但如果不知道政府的边界在何处，仍有破坏市场规则的危险。这需要我们破除那些似是而非的论点，并将政府的边界写入约束政府的法律。

2. 火烧庆功楼

相传朱元璋做皇帝后，建造了一座庆功楼。庆功楼建成那天，他摆下宴席邀与他出生入死打天下的诸位文武功臣们前来赴宴庆功，暗地里却派人在楼下埋好大量火药和干柴，准备借机引火烧楼，以除后患。这事虽然做得隐秘，但却被神机妙算的刘伯温看穿了。席上，刘伯温坐在了朱元璋旁边，悄悄将朱元璋龙袍的一角压在自己的坐椅上。当大家喝得酩酊大醉时，朱元璋悄然离席。由于有衣角牵动，刘伯温顿时警觉，于是跟随皇帝出了门。果然，朱元璋下楼以后，庆功楼便笼罩在滚滚烈焰中。可怜赴宴功臣，全部葬身火海。

“飞鸟尽，良弓藏”，在中华帝国几千年的历史上，周而复始地上演着这出闹剧。皇帝夺取政权之后总会以种种借口杀掉曾经为其立下汗马功劳的功臣们。整个历史陷入一个怪圈，无论你如何挣扎，终究不能走出循环，就如齐天大圣跳不出如来佛的手掌心一般。由于每朝每代都发生了此类事情，因此从逻辑上、直觉上来说这都不应该是某个皇帝的个人素质问题，而是一个结构性问题。

3. 南郭先生的故事

中国古时候有一个滥竽充数的寓言：齐宣王好大喜功，喜欢群竽合奏，每次演奏的时候有300只竽一起吹奏，蔚为壮观。南郭先生虽然不会吹竽，但是他装模作样地混迹于300名乐手中，一直也没有被人们发现，也体面地在宫中混了碗饭吃。后来齐宣王驾崩，齐泯王即位。齐湣王继成了老爸的爱好，也喜欢听如丝如缕的竽乐。但是他的喜好又不完全相同于他的老爸，他不喜欢合奏而喜欢独奏。这回南郭先生混不下去了，只好悄悄地溜走了。

4. 公地的悲剧

公共资源（common resources）是指那些没有明确所有者，人人都可以免费使用的资源，如海洋、湖泊、草原等资源。一个寓言说明的就是一片草原公地的悲哀。寓言说的是中世纪的一个小镇，该镇最重要的经济活动是养羊。许多家庭都有自己的羊群，并靠出卖羊毛来养家糊口。由于镇里的所有草地为全镇居民公共所有，因此，每一个家庭的羊都可以自由地在共有的草地上吃草。开始时，居民在草地上免费放养没有引起什么问题。但随着时光流逝，追求利益的动机使得每个家庭的羊群数量不断增加。由于羊的数量日益增加而土地的面积固定不变，草地逐渐失去自我养护的能力，最终变得寸草不生。一旦公有地上没有了草，就养不成羊了，羊毛没有了，该镇繁荣的羊毛业也消失了，许多家庭也因此失去了生活的来源。

5. 鲸鱼市场

一个美国人平均每年消费牛肉 73 磅，猪肉 59 磅，鸡肉 63 磅，但是谁也没有听说过这种消费可能导致牛、猪或鸡的灭绝。相对而言，没有多少美国人吃鲸肉。然而，在日本等一些国家，鲸鱼肉被视为佳肴。1986 年，由于担心鲸可能灭绝，一项暂停商业猎鲸的国际法规出台。为什么同样一个市场系统可以保证产出足够的牛、猪和鸡，却偏偏威胁到某些种类的鲸鱼的生存呢？

经济学家从财产权着手进行分析。农民拥有他所养殖的食用牲畜，将这些动物视为自己的财产，因此觉得有必要好好照看它们，增加存栏数量。与此相反，鲸鱼不属于任何国家或个人，换言之，它是世界共有的财产。于是，一方面，大家都知道捕鲸可以赚大钱，不少人蜂拥而上；另一方面，保护和繁殖鲸类则由于缺乏直接经济利益而乏人问津。

这个模式称为“共有财产的悲剧”。如果一样东西属于大家（例如海洋），每个人都有经济上的激励去加以开发利用，却没有人有经济上的激励去保护，结果可能是鲸鱼从海洋中消失。

当然，不仅鲸鱼面临这样的问题。在美国，共有草原上的著名的美洲野牛濒于灭绝就是另外一个例子，要解决这一问题，许多情况下需要全社会联合起来，制定经济激励或法规保护资源，避免过度开发而导致破坏。

有时甚至法规也不足以产生作用。就在限制商业捕鲸法规通过的 1986 年，某些国家似乎一夜之间出现了动物学研究的热情，急切希望对鲸鱼加以“研究”。1987 年日本宣布增加其“科研用鲸”的数量，几乎是该国原有商业消费量的一半！同时，在日本的高额悬赏吸引下，本身并不属于鲸鱼类消费国的冰岛也跃跃欲试，准备将其大部分的“科研用鲸”制成冻肉运往日本。

6. 日本杀鲸毫无悔意　宣布要建超大捕鲸船

2008 年 1 月 22 日，日本敦促澳大利亚对上周登上日本一艘捕鲸船的两名环保主义者采取法律措施。同日，日本官员证实，日将建造新的超大型捕鲸船。

此前，美国海洋守护协会的两名反捕鲸环保主义者登上一艘日本捕鲸船。18 日，当两人被转交给澳大利亚海关船只一小时之后，一艘海洋守护船的船员向日本捕鲸船投掷了“臭气弹”。

据来自日本官方的声明称，日本外相高村正彦对澳大利亚贸易部长西蒙·克林表示，这一组织的此种行为非常危险，日方要求澳方采取措施共同阻止此类事件的再次发生。他同时要求克林在法律范畴内采取“合适的行动”。

在会谈中，克林表示，澳警方正在调查这一事件，并会在调查结果明晰之后给予日方答复。但是他同时强调，澳大利亚环保主义者抗议捕鲸的行动是合法的。

2008 年 1 月 22 日，日本农业部分管捕鲸事务的官员证实，日本计划建造一艘超大型的捕鲸船，以替代年久的 Nisshin Maru 号。据报道，这种超级捕鲸船至少可用 40 年。

同日，另一艘来自“绿色和平”组织的大型船只在南极阻止了一条日本捕鲸船。这一组织的船只常年活动在此地区，以阻止日本捕鲸船的捕鲸行为。

7. “小狗经济”威胁“斑马经济”

在非洲的大草原上人们可以看到这样的景象：三条小鬣狗能吃掉一匹大斑马，其秘诀在于八个字：分工明确、合作紧密。大家分工明确，各司其职，才产生了分工的优势，产生了合作的能量，最重要的是产权清晰。

浙江台州和温州可以说是典型的“小狗经济”。台州市有上千家摩托车零部件生产企业。这些企业基本都是家族式的，或者就是家庭工厂。张家生产 A 部件，李家生产 B 螺丝，这上千家独立核算、自负盈亏、机制灵活、动力很强的家庭企业组合而成了一个大型摩托车生产集团。结果，台州市的摩托车生产成本比内地许多大型摩托车生产企业低 30% 左右。如果说台州经济是“小狗经济”，那么内地由大型企业所支撑的经济则是“斑马经济”。

这两者之间的本质区别是用市场交易关系来替代企业内部的股权合作关系和内部管理关系。人与人之间的经济合作关系有三种：第一种是雇佣关系，某 A 投资办工厂，而且把工厂办得很大，其他人都到工厂内打工，听从老板的统一指挥和管理。A 与其他人之间就是雇佣关系和内部管理关系。第二种是合作关系，上述这些人，有钱的出钱，有技术的出技术，有管理能力的出管理，有营销网络的出营销网络，所有这些都经评估后折合一定的股份，大家共同办成一个股份公司，这样，大家就是一种合伙关系。第三种是买卖关系，甲生产 A 部件，乙生产 B 部件，丙生产 C 部件，大家在市场上交易，最后形成一个完整的产品。

按照第三种方式进行合作的“小狗经济”的好处就是原动力装置比较多。按照第一种方式进行合作只有一架原动力装置，比如，如果台州只有一个大型摩托车企业，所有的零部件都在这个企业生产，除了一个老板之外，台州所有的人都给这个老板打工，都听从这个老板的管理，对于其他人来说，天塌下来有老板一个顶着，不关我什么事。而“小狗经济”的特点是，生产摩托车的老板有 1 000 个，即有一千架原动力装置，每时每刻都有 1 000 个人特别操心。这就是“小狗经济”充满活力的原因。

现代企业理论认为，企业是一系列契约的组合，是个人之间交易产权的一种方式。比如，资金所有者拥有资金所有权，劳动者拥有劳动力的所有权，大家在一起办企业，实际上是在企业内部进行不同所有权的交易。

任务2　市场失灵与政府微观经济政策原理

1　市场失灵分析

微观经济学论证通过所谓看不见的手的原理，市场可以使得资源获得最好的配置，最大化地满足人们的需求，同时也就实现了社会的最优状态——帕累托最优，即在完全竞争条件下，市场经济能够在自发运行的过程中，仅仅依靠自身力量的调节，使社会上现有的各种资源得到充分、合理地利用，达到社会资源的有效配置状态。但在现实中，市场经济并不是万能的。自由放任基础之上的市场竞争机制，并非在任何领域、任何状态下都能够充分展开；而在另外一些领域或场合，市场机制即使能够充分发挥，也无法达到符合整个社会要求的正确的资源配置结果，所谓的帕累托最优状态总是很难得到实现。这些问题就是市场经济自身所无法克服的固有的缺陷或不足，资本主义市场机制在很多场合不能导致资源的有效配置，这被称为“市场失灵”。

完全竞争的市场是非常理想的市场，有效率并且能够使得资源达到帕累托最优配置。但是，实际上这都是事先假设了很多的前提，如果没有了这些前提，完全竞争的状况是不一定满足的。由于现实生活中，完全竞争以及其他一系列理想化假设条件并不存在，所以市场机制对经济的调节作用不像理论上所分析和推导的那样完美，会出现市场难以发挥作用进行资源配置的市场失灵。导致市场失灵的原因有垄断的存在、不对称信息、外部性、公共产品等。这里主要分析各种市场失灵的问题，以及政府如何运用各种微观经济政策来进行纠正。

【知识链接】

帕累托最优标准——满意即最优

帕累托是19世纪初的意大利经济学家，他是新福利经济学家代表人物。以他的名字命名的“帕累托最优”是现代经济学中的一个重要概念，也是经济学的一个美好的理想境界。

这一命题是判断福利优劣的新标准，其含义是：在其他条件不变的条件下，如果某一经济变动改善了一些人的状况，同时又不使一些人蒙受损失，这个变动就增进了社会福利，称为帕累托改进；在其他条件不变的条件下，如果不减少一些人的经济福利，就不能改善另一些人的经济福利，就标志着社会经济福利达到了最大化的状态，实现了帕累托最优状态。

这个概念非常的费解，让我举一个例子来说明。假如原来甲有一个苹果，乙有一个梨，他们是否就是帕累托最优呢？取决于甲乙二人对苹果和梨的喜欢程度，如果甲喜欢苹果大于梨；乙喜欢梨大于苹果，这样就已经达到了最满意的结果，也就已经是“帕累托最优”了。如果是甲喜欢梨大于苹果；乙喜欢苹果大于梨，甲乙之间可以进行交换，交换后的甲乙的效用都有所增加，这就是帕累托改进。我国经济学家盛洪在他著的《满意即最佳》里说过一句话，“一个简单的标准就是，看这项交易是否双方同意，双方是否对交易结果感到满意”。达到谁也不愿意改变的状态，就已经是“帕累托最优”了。

我们通俗地讲“帕累托改进”是在不损害他人福利的前提下进一步改善自己福利，用老百姓的俗话说就是“利己不能损人”。同样，只有在不损害生产者和经营者权利的前提下维护消费者的权益，才能在市场经济的各个主体之间达到“帕累托最优”的均衡状态。

市场经济有两个最本质的特征，其一是提高资源配置效率；其二是实现充分竞争。所谓的帕累托最优，通俗的解释就是在资源配置过程中，经济活动的各个方面，不但没有任何一方受到损害，而且社会福利要尽可能实现最大化，社会发展要达到最佳状态。西方经济学中的帕累托最优，实际上就是要求不断提高资源的配置效率。

资料来源：梁小民：《微观经济学纵横谈》，北京，生活·读书·新知三联书店，2011。

1.1 市场失灵与政府干预的必要性

1.1.1 市场机制的局限性

（1）市场经济活动经常受到经济波动（失业与通货膨胀）的影响，市场不能总是保持国民经济的协调稳定的发展，以致资源不能得到充分利用。

（2）市场中垄断因素的存在，阻碍了生产要素的自由流动，降低了资源配置的效率。

（3）市场机制无法补偿和纠正经济外部效应。

（4）市场不能提供公共物品。

（5）市场不能自发界定市场主体的产权边界和利益分界，实现经济秩序。

1.1.2 市场失灵的主要表现

（1）市场存在着垄断或不完全竞争，使其并不总是产生最有效的结果。

（2）市场行为的外部性可能产生负面的外溢效果。

（3）市场机制不能保证公共物品的供给。

（4）市场信息的不完全性或不对称性所导致的经济中的不确定性。

（5）市场所导致的收入分配后果在政治上或道义上无法接受。

1.1.3 政府干预的必要性

既然市场机制本身不能保证能在一切场合下有效配置资源的结果，那么，政府在这些场合进行某种干预就成为必要。政府干预经济的主要理由是存在着市场失灵，即政府的作用就在于解决市场自身所不能解决的问题。

不过，有人对这种现代国家干预理论提出质疑：市场机制失效不等于政府干预有效。问题实质在于：如何在市场失灵与政府失灵这两害之中取其轻。

1.2 垄断

完全垄断又称为垄断，是指整个行业的市场完全处于一家厂商所控制的状态，即一家厂商控制了某种产品的市场。完全垄断是一种极端的状态，垄断市场包括两种情况：一种情况是从卖方来说，由一家企业控制一个行业的全部销售量；另一种情况是从买方来说，只有一家买方控制了全部产品的购买。

垄断市场具有以下几方面的特点。

(1) 对垄断企业的产品来说，不存在良好的、性能接近的替代品，市场上只存在唯一的卖者或者买者。

(2) 垄断市场上存在着各种经济的、技术的、法律的以及其他方面的限制或障碍，存在着巨大的行业壁垒，使得其他企业无法进入垄断行业。

(3) 垄断者是价格的制定者，拥有价格决定权。

1.2.1 垄断与低效率

1. 生产资源的浪费

由于垄断的存在，价格将大于边际成本，而在完全竞争的市场中价格是等于边际成本。由于垄断的存在，使得产量小于最优的产量。在垄断市场上，企业可以通过限制产量和提高价格实现利润最大化，企业不必最优地利用资源也能取得超额利益，产品的成本远高于竞争市场中的最低长期平均成本，资源浪费比较大，资源配置效率很低。

与完全竞争市场相比，垄断市场上的平均成本与价格会更高而产量更低。垄断导致资源配置缺乏效率。

2. 垄断市场导致社会福利的损失

企业为了获得超额利润，其定价高于边际成本，这时产量也很低。消费者从垄断企业购买产品的损失是双重的：一方面垄断者将低效利用资源，将资源浪费的损失转移给消费者；另一方面，垄断企业的定价高于边际成本，消费者从市场中的得益最少。

垄断的存在使市场价格背离均衡价格，造成消费者剩余大幅度减少。垄断市场的效率最低，消费者获益最少。

3. 垄断可能限制技术创新

有的西方经济学家认为，一旦垄断形成后，竞争的压力就大大减少了，从而推动技术创新的动力也相应减弱。

此外，垄断利润通常也被看成是不公平的。垄断的存在有可能导致社会收入分配不平等的加剧。垄断可能导致管理松懈，以及可能导致研发费用的降低等。

完全垄断给经济带来一定的不利影响，这就使得有必要对垄断进行政府干预。这时要通过价格以外的手段来解决问题，需要通过政府的介入，比如制定一些反垄断的法规，征收必要的税收等，使得扭曲的资源配置得到一些改善。

1.2.2 垄断权与寻租

为了获得和维持垄断地位从而享受垄断的好处，厂商常常需要付出一定的代价。例如，向政府官员行贿，或者雇用律师游说政府官员或议员，等等。垄断厂商愿意支付垄断利润的一部分给有能力保持其垄断地位的人或机构，这种为获得和维持垄断地位而付出的代价是一种纯粹的浪费。它不是用于生产，没有创造出任何有意义的产出，完全是一种“非生产性的寻利活动”。寻租费用也是一种净福利损失，这种非生产性的寻利活动被概括为所谓的“寻租”活动：为获得或维持垄断地位从而得到垄断利润（垄断租金）而采取的非生产性的寻利活动。

1.3 信息不对称

完全竞争模型的一个重要假定是完全信息，即生产者和消费者拥有充分的做出正确决策所需要的信息。比如，生产者完全了解有关自身生产的信息及消费者对产品需求的信息；而消费者不仅了解商品给自身带来的效用，同样也完全了解市场上所有产品的价格信息、质量信息、性能和用途方面的信息。但在现实经济中，信息常常是不完全的，甚至是很不完全的，其中交易的不同当事人所拥有不同信息的情况尤为突出。

不完全信息亦称非对称信息或信息不对称，是指市场上买卖双方所掌握的信息是不对称的，一方掌握的信息多些，另一方掌握的信息少些。包括两种情况：一种情况是有些市场卖方所掌握的信息多于买方，商品市场和要素市场上都有这种情况；另一种情况是有些市场买方所掌握的信息多于卖方，保险与信用市场上有这种情况。

信息不完全不仅是指那种绝对意义上的不完全，即由于认识能力的限制，人们不可能知道在任何时候、任何地方发生的任何情况，而且是指“相对”意义上的不完全，即市场经济本身不能够生产出足够的信息并有效地配置它们。

作为一种有价值的资源，信息不同于普通商品。人们在购买普通商品时，先要了解它的价值，看看值不值得买。但是，购买信息商品却无法做到这一点。人们之所以愿意出钱购买信息，是因为还不知道它，一旦知道了它，就没有人会愿意再为此进行支付。这就出现了一个困难的问题：卖者让不让买者在购买之前就充分地了解所出售的信息的价值呢？如果不让，则买者就可能因为不知道究竟值不值得买而不去购买它；如果让，则买者又可能因为已经知道了该信息也不去购买它。在这种情况下，要能够做成“生意”，只能靠买卖双方的并不十分可靠的相互信赖：卖者让买者充分了解信息的用处，而买者则答应在了解信息的用处之后即购买它。显然，市场的作用在这里受到了很大的限制。

不完全信息是指市场经济本身没有提供完备信息及有效地配置信息的机制，市场上供求双方对所交换的产品没有充分的信息。在理想的完全竞争市场上，信息是完全的。然而，在现实经济中，生产者、交换者和消费者各方的信息是不完全的：生产者难以充分地了解在何时、何地、供给产品的数量多大能够恰好满足市场需求；消费者无法完全地知道所购产品的质量如何、价格是否公道；交易者没有足够的信息预测生产者和消费者的供求状态，难以从众多的经济行为者中迅速找到买主和卖主，难以顺利地达成交易。

在不完全信息商品市场中，消费者通常对所要购买的商品缺乏足够的信息，消费者常常通过价格、生产规模等来判断商品和质量。如消费者会根据广为流传的“好货不便宜、便宜没好货”的信念判断产品质量，认为价格较高的商品质量也比较高；企业生产规模小，转产容易，会出现“打一枪换一个产品”，这样其产品可靠程度就低；企业的生产规模比较大时就比较重视产品信誉，因此产品比较可靠；保修期长的产品质量较高，因为对质量低劣的产品实行保修其代价很高，只有产品质量好的企业才愿意提供长期保修。

在不完全信息市场中，企业不仅难以预测消费者的需求，而且还面临同类企业的竞争，信息不完备对他们的影响更大。如在信息完全的市场上，企业降价就能扩大销售量，但在不完全信息市场上，由于消费者和企业对价格反应有非对称性，企业降价不一定能增加收益。因为消费者在不完全市场上寻找降价企业需要搜索成本，如果搜索成本大于商品降价的幅度，就不会去搜寻降价企业，而是继续在原企业处购买。也就是说，对于价格变动的信息，消费者和企业的反应是不对称的，企业降低价格，需求量不一定增加，企业降价的损失不能通过扩大销售来弥补。

在不完全信息的信贷市场上，银行为了防范风险，实现利润最大化，往往不按市场化利率发放贷款，而是实行信贷配给。因为，在不完全的市场上，企业在拖欠贷款方面比银行有更多的信息。企业比银行更多地了解贷款投资项目的风险、还款的可能性，银行为了其资产的安全，往往控制贷款范围，鼓励效益好、资信度高的企业多贷款，而对那些效益差、资信度低的企业，即使愿意支付高利率，银行也不愿意发放贷款。银行以配给的方式来满足市场对贷款的需求，即通常所说的银行是“嫌贫爱富”的。信贷市场除了利率机制外，配给机制也在起作用，当资金的价格——利率不能充分反映市场的实际需求时，信贷市场失灵。

不对称信息的存在会使经济产生无效率。因为可能消费者并不知道某种商品的真正价格是多少，他们购买商品时的边际替代率就不会再等于商品价格的比。例如，医生对于病人病情的了解要比病人清楚，这时如果不考虑别的因素，医生对于他的服务就可能收高费用。因此，非对称信息就出现了与垄断相类似的问题，如果消费者不知道另外的替代产品的价格，这时就又出现了在垄断中的负斜率的需求曲线。则厂商就可以像垄断厂商一样收取大于边际成本的高价。

不对称信息还会将好的商品驱逐出市场，而留在市场中的都是质量差的商品。这样虽然价格是等于边际成本的，但是市场是萎缩了的，同样产生了无效率的结果。

1.3.1 信息不对称与逆向选择

在现实的经济活动中，存在大量的不对称信息现象。一旦供求双方所掌握的信息出现不对称性，市场的运行将会存在所谓的“逆向选择”和“道德风险”等现象。在这些情况下所导致的均衡结果对社会来说是一种无效率的，同时还会影响到市场机制运行的结果，影响帕累托最优和经济效率的实现。

由于私人信息隐藏（亦称隐藏信息）而导致的市场功能的紊乱，出现对商品的需求不随其价格的下降而增加，对商品的供给不随其价格的上升而增加的市场异常现象，就是逆向选择问题，即“由参与人错误报告信息引起的问题”称为“逆向选择”。在信息不对称的情况下，由于卖者具有较多的信息，而买者具有较少的信息而引起的“劣币驱逐良币”的现象。关于事前隐藏信息的行为，人们日常生活中有不少这样的例子，例如，医生、律师、修理工提供服务时会出现向被服务者隐藏信息现象。之所以称为逆向选择，是因为这种退出市场的行为不是优胜劣汰，而是“劣胜优汰”。这种情况显然导致了资源配置的扭曲，不是一种有效率的状态。

现实生活中逆向选择的例子很多，最典型的是旧车市场。旧车的品质不像新车那样均质化，两辆外表相差不大的旧车，可能一个价值与新车相差无几，一个几乎一文不值。尤其重要的是对旧车品质的评估不可能发生在购买之前，与旧车有关的品质信息都掌握在旧车主人和旧车行代理商手中。对于买家来说，这种信息不大可能得到低成本的技术验证。由于这种信息的严重不对称，经济学家发现旧车市场的一个价格规律，假如一批旧车好品质的可以值到500美元，差的只有100美元，那么老板的统一价只能折中250美元。而消费者花250美元买车子，运气好可以物超所值，买到价值500美元的车子，运气不好的则赔本了。在这种情况下，消费者只肯按好的旧车和差的旧车索价的加权平均价格来购买，这样，质量好的旧车会退出市场，质量差的旧车留在市场上。一旦发生这种情况，买旧车的消费者就只愿出更低的平均价格来购买。于是质量差的旧车中质量稍好一些的车又退出市场，如此下去，旧车市场交易就无法开展。旧车市场逐步萎缩直至消失的例子告诉我们，交易的失败是由于在信息不对称的情况下存在掌握信息的一方隐藏信息的行为，在这样的市场中，将会发生一个与通常的优胜劣汰相反的“逆向选择”过程。不是低于250美元价值的旧车退出市场，而是高于250美元价值的旧车开始退出市场。这就导致了恶性循环，价格越来越便宜，买到的旧车品质也越来越差。这也正是为什么二手车市场难以得到延伸的根本原因。

保险市场也同样存在逆向选择，居住环境最不安全、失窃率最高的地区中的家庭最想购买家庭财产保险。这样就会使只根据大数定律制定的保险费率难以应付事故损失的赔付。

1.3.2 信息不对称与道德风险

道德风险可定义为：从事经济活动的人在最大限度地增进自身效用时做出不利于他人的行动。道德风险存在于下列情况：由于不确定性和不完全的、或者限制的合同使负有责任的经济行为者不能承担全部损失（或利益），因而他们不承受他们的行动的全部后果，同样，也不享有行动的所有好处。这是由参与人选择错误行动引起的问题。道德风险是当信息不对称时，交易的一方无法观察到另一方采取的行动，拥有信息优势的一方故意不采取谨慎行动的情况。即签约时信息是对称的，但签约后却出现事后隐藏的行动和信息，形成信息的不对称。

道德风险同样也产生市场无效率。比如在住房保险市场中的情况，一旦顾客与保险公司签订了保险合同之后，他们就没有动力再去保护房屋。因此，房屋毁坏的概率大大增加。这样，当保险合同签订之后，房屋的价格对于房屋所有者与保险公司来说是不一样的。因此，无效率也就产生。

道德风险存在于经济生活中的方方面面，只要存在委托—代理关系就存在道德风险。也就是所谓的委托—代理问题。因为当代理人为委托人工作时，委托人没有办法监督代理人的行为，代理人就会选择对他最有利的行为，而不是选择对委托人最有利的行为。上述住房保险的例子其实也就是一种委托—代理问题：保险公司是委托人，投保人是代理人，保险公司并不能观察到投保人有没有小心保护房屋，投保人则不积极采取相应的行为。

1.4 外部性

1.4.1 外部性的定义与分类

前面分析微观经济力量都依赖一个隐含的假设：单个消费者或生产者的经济行为对其他人的福利没有影响。但是，在实际生活中经常出现这种情况：某种活动给社会带来利益而该类活动主体没有相应得到回报，某企业给社会造成损害而不支付任何成本，企业得益而社会受损。私人收益和社会收益、私人成本和社会成本的这种不一致，势必会过分刺激具有消极外部影响的活动，抑制具有积极外部影响的活动，对资源配置产生不良影响。例如，植树造林如果仅仅从木料价格考虑，可能收益不高，每单位产品给经营者带来的收入有限，从而生产似乎应缩小。但由于它带来巨大的生态效益，因而从社会利益考虑，生产就不仅不应缩小，而且应该大大扩大。还有被誉为“杂交水稻之父”的袁隆平教授，是我国杂交水稻研究创始人，他的杂交水稻研究成果的应用，使全球水稻产量大幅提高，他自己又能从中获得多少经济回报呢？当科学家做出巨大的贡献时，市场并不对他们实行补偿，这也是市场机制不能解决的。

一般说来，如果某人或者企业在从事经济活动时给其他个体带来危害或利益，而该个体又没有为这一后果支付赔偿或得到报酬，则这种危害或利益就被称为外部经济，也叫外部性或外部效应。受到的危害叫作负的外部性，例如，把自己经济活动的部分成本转嫁给别人。得到的利益叫作正的外部性，也就是指一个人的经济活动把收益提供给别人，而无法收取成本。

外部效应是指在相互联系、相互作用的经济单位之间，一个经济单位对其他经济单位的影响，而该单位又没有根据这种影响从其他单位获得报酬或向其他单位支付赔偿。不仅经济单位之间存在外部效应，个人与个人之间，个人与经济单位之间也会存在类似的外部性问题。外部效应有积极的影响和消极的影响：好的影响或积极的影响被称为外部经济；坏的影响或消极的影响被称为外部不经济。例如，如果邻居家院子里漂亮的花在春天都开放了，你也可以认为这对你来说是正的外部性，因为你可能没有支付任何成本而得到了赏心悦目的感觉。比如说空气污染就产生典型的负外部性，因为它使得很多其他的与产生污染的经济主体没有经济关系的个体支付了额外的成本。这些个体希望减少这样的污染，但是污染制造者却不这样认为。例如，一家造纸厂排放废气，它可以建造设备以减少废气排放量，但是它从中却得不到收益。但是，在造纸厂附近的居民却可以从减少废气的排放中大大受益。

根据经济活动的主体分类，外部经济又可分为生产的外部经济和消费的外部经济，生产的外部不经济和消费的外部不经济。

生产的外部经济是生产者的经济行为产生了有利于他人的影响，而生产者却不能从中获得报酬。例如，甲企业培训的职工跳槽到乙企业去工作，甲企业无法从乙企业索回培训费，甲企业的经济行为对乙企业产生了有利的影响，就出现了生产的外部经济；养蜂场的蜜蜂帮助隔壁果园的果树传播花粉从而提高果园的产量，而养蜂人并不能据此向果园的主人收费。这些都是生产的外部经济。

生产的外部不经济指生产者的行为给他人造成了损害而又未给他人以补偿。例如，位于上游的钢铁厂排放的废水污染了下游的养鱼场，使鱼的数量减少，钢铁厂又没有给养鱼场赔偿，钢铁厂的产量越高，养鱼场的损失越大；企业为了大量生产羊绒而过多养羊造成草原生态环境的破坏。这些都是生产的外部不经济。

消费的外部经济是指当一个消费者采取的行动对他人产生了有利的影响，自己却不能从中得到报酬。例如，一个人养花种草，给邻近的养蜂人带来了好处，使其周围邻居可以免费观赏，养蜂人和邻居并不给他支付报酬；对教育的消费不仅会使消费者获得更高的收入和其他利益，同时也会提高社会的整体素质水平。这些都是消费的外部经济。

消费的外部不经济是指消费者采取的行动致使他人付出代价而又未给他人以补偿。例如，吸烟者在公共场所吸烟，危害了被动吸烟者的身体健康，但并未支付赔偿费；集体宿舍的住户夜唱卡拉 OK，影响了他人的休息。这些都是消费的外部不经济。

上述各种外部影响可以说是无处不在、无时不有的。尽管就单个生产者或消费者来说，他们所造成的外部经济或外部不经济对整个社会的影响也许是微不足道的，但所有的这些消费者和生产者加总起来，所造成的外部经济或外部不经济的总的效果将是巨大的。

1.4.2 外部性与资源配置

当外部效应存在时，市场是无效的，达不到帕累托最优状态。因为，经济单位采取行动都要消耗一定的成本，经济单位采取行动之前要对成本与收益进行比较。在外部经济的情况下，当经济单位采取行动的收益小于行动成本、行动的成本小于社会收益时，即使该项经济活动对于社会是有益的，但对个人来说却是无利可图的，它就不会采取这项行动。只有当个人收益大于成本时，经济单位才会实施该项行动。所以，在有外部经济的情况下，个人的活动水平常常低于社会最优水平；在外部不经济的情况下，经济单位采取行动的收益高于个人成本，低于社会成本，即使这项行动于社会是有害的，但对个人来说是有利可图的，经济单位为了实现其利益最大化，往往采取有害于社会的行动。一般而言，在外部不经济的情况下，个人活动水平常常高于社会最优水平。

因此，外部性的存在，扭曲了价格机制，价格体系不能传达正确的信息，资源无法实现最优配置，达不到帕累托最优状态。外部效应导致市场失灵，只有外部经济和不经济效应相互抵消时，市场价格才能恢复其正确传导市场信息的机制。

2　公共物品与公共选择分析

2.1　公共物品

2.1.1　公共物品的概念

公共物品是指一种商品具有非排斥性和非争夺性。非排斥性是指任何一个消费者也不能拒绝这种物品或服务的消费。非争夺性是指一个消费者对它的消费不能同时拒绝其他人对它的消费，一旦提供了这种商品，其他人就可以没有成本地同样进行消费。比如说国防、法院、警察机构等都可以认为是公共产品。

严格地说，只有同时具备了非争夺性和非排斥性两种特征才是真正的公共产品。国防可以算作是这样的产品。而另外一些类似的产品（如免费的电视转播），虽然具有非争夺性，可是并没有非排斥性。

私人物品是微观经济学的主要研究对象，即可以在市场购买到的那些商品，具有竞争性和排他性的那一类商品。即当一个消费者消费某一种私人产品的时候，其他的人是不可能同时对它进行消费的；当一个消费者更多地消费必然要减少别人的消费。例如水果、服装、火车票等，苹果被一个消费者吃掉了，别人就没法去吃了。同时，消费者也可以因为某种原因而拒绝消费私人产品。因为，如果一个人不付钱，那么他就不能得到苹果。

2.1.2　公共物品的特征

（1）非排他性。非排他性是指公共产品的产权属于社会，而不属于任何个人。所以公共商品的消费无须让渡其所有权。公共物品因此可分为纯粹公共商品和半公共商品。

（2）非竞争性。非竞争性是指该商品消费上的共享性。非竞争性消费最常见的例子是“国防”，该国多一个人少一个人并不会影响“国防”的成本。同样的例子还有灯塔，多一条船和少一条船使用并不会增加这一灯塔的成本。

公共物品的生产和消费问题不能由市场上的个人决策来解决。因此，必须由政府来承担起提供公共物品的任务。

2.1.3　公共物品的分类

某些公共物品具有完全的非竞争性和非排他性，只是比较特殊的情况，实际上不同的公共物品的非竞争性和非排他性是不同的。按照公共物品所具有的非排他性和非竞争性的程度大小，公共物品可以进一步分为纯公共物品、准公共物品和公共资源。

1. 纯公共物品

纯公共物品是指具有完全非竞争性和完全非排他性的产品。比较典型的纯公共物品是国防，此外还有外交、法律法规等。之所以称为纯公共物品，其原因在于它们的非排他性和非竞争性不会随着消费者的数量的增加而改变。

2. 准公共物品

现实世界中，大量存在的是介于公共物品和完全由市场来决定的“纯私人物品”之间的物品，称作准公共物品或混合物品。俱乐部物品和共同资源物品统称为准公共物品，即不同时具备非排他性和非竞争性。准公共物品一般具有“拥挤性”的特点，即当消费者的数目增加到某一个值后，就会出现边际成本为正的情况，而不是像纯公共物品，增加一个人的消费，边际成本为零。准公共物品到达“拥挤点”后，每增加一个人，将减少原有消费者的效用，增大供给成本。所以这类产品的供给者也往往采取收取一定费用的方式，降低拥挤程度。例如，公路桥梁就属于这类物品，当行人或车辆的数量未超过设计的通过能力时，他们对道路和桥梁的使用不存在竞争性，而一旦超过设计能力，行人和车辆就会拥挤在一起，从而降低各自的效用水平。

3. 公共资源

还有一类公共物品在消费上具有一定的竞争性，但是却无法有效地排他，有学者将这类物品称为共同资源或公共资源。例如空气、草原、牧场的使用是难以排他的，在一定范围内使用也不具有竞争性，但是使用过度，便会遭到破坏。

在现实生活中纯公共物品是少数，大多都是准公共物品，但是在一定条件下可以转化。例如，报纸在家里是私人物品，到了办公室就变成了准公共物品，而在街头的阅报栏又成了公共物品。此外，不同国家对公共物品的界定标准也不一样。例如教育，在发达的高福利国家从小学到大学都是免费的，而有些国家只能实行从小学到初中的免费教育。

有些物品介于私人物品与公共物品之间，兼有私人物品与公共物品的特征，称为混合物品。例如高速公路，当车辆少又不收费时，没有竞争性和排他性，属于公共物品；当车辆拥挤又收费时，就有了竞争性和排他性，属于私人物品。这些物品与国防之类纯公共物品不同。对于这类混合物品可以由政府提供，也可以交由私人按市场经济规律经营，即私人投资建设，并实行收费。许多国家采用这种办法取得了良好效果。

2.1.4 搭便车问题与政府供给的必要性

搭便车指的是每一个人都想不付任何成本或支付很低的代价来享受公共物品的服务，这种人称为“搭便车者”或“免费乘客”。当每个消费者都想免费搭车的时候，公共物品的供给者就不可能获得收入，于是生产者都不愿意提供公共物品了。搭便车是共用物品使用中必然出现的问题。例如，某个地区有 200 户居民，修建一条公路会大大方便居民外出，改善经济环境，建造这条公路的总成本需要 20 万元。如果 200 家居民每家出资 1 000 元来修建这条公路，当地的环境会得到改善。但是，由于每家居民都在想：如果有人出资建这条公路，即使我不出任何钱，也照样可以享受公路的好处。这样的话，在没有强有力的组织者和协调者的情况下，在自由市场中公路就无法修建起来。

搭便车现象出现的原因是源于公共物品的特点。公共物品的提供和消费具有不可分割性的特点，当公共物品提供者打算为某些特定人群提供公共物品的时候，由于公共物品消费的不可分割性，其他人也可以享用这种产品。现实生活中搭便车的情况很多，几乎所有公共物品的生产消费中都存在搭便车现象。私人物品不存在搭便车问题，但公共物品则会存在搭便车问题。所以，市场机制不可能自发产生公共物品的供给。政府的主要职责之一就是提供社会需要的公共物品，创造社会经济正常有效运行的基本条件，而不是去经营一般企业能够生产的私人产品。

需要特别指出的是，政府提供公共物品并不等于政府生产公共物品。政府生产是指政府建立企业来直接生产公共物品；而政府提供是指政府通过财政安排等某种适当的形式将公共物品委托给私人企业进行生产。在西方大多数发达国家，公共物品还大量选择了私营的形式。

由于存在搭便车问题，公共物品只能由政府供给。政府通过征税的办法解决对公共物品只消费不购买的搭便车问题。但也可能导致一部分人对公共物品只购买而不消费。

2.2　公共选择

因为存在市场失灵问题，公共物品在很大程度上必须由政府提供，而政府在决定公共物品的数量和结构时，也有很大程度上的政治博弈。

公共选择就是通过集体行动和政治过程来决定公共物品的需求、供给和产量，是对资源配置的非市场选择，即政府选择。

公共选择理论属于西方福利经济学的一个分支，是 20 世纪 60 年代逐渐发展起来的一个新的经济学研究领域，其重要的创始人为美国的詹姆斯·布坎南（James Buchanan），他因为此理论的贡献获得了 1986 年的诺贝尔经济学奖。

公共选择理论是公共政策研究的经济学途径的典型，是在研究现实经济问题的推动下，通过对传统市场理论的批评而产生的，这一理论是用经济学的方法研究资源配置的非市场过程，并且成功地运用了经济学的分析方法，坚持“经济人”假设，假定选民、政治家和官僚们都根据自己的利益行事，这样就有可能运用经济学的分析方法分析政府行为和政治过程。

公共选择是研究集体决策的科学。这里有两层含义：一是集体性，单个人自己的决策不在考虑范围之内，但凡是有人群的地方，集体决策就不可避免，因而公共选择成为必需的；二是规则性，决策就是制定规则，在人与人存在偏好差异的情况下，必须制定规则使人们协调起来，因此，人们必须进行决策以选择那些能够反映和满足一般人偏好的规则。公共选择研究的集体决策范围包括国家、政府、国防、警察、消防、教育、环境保护、财产权、分配等政治问题。经济学家认为，政治市场也有需求和供给两个方面，作为需求方面的消费者是选民、纳税人；作为供给方面的生产者是政府官员。双方在政治市场上通过交换相互发生作用。

公共选择理论认为，人们必须破除凡是国家政府都会全心全意为公共利益服务的观念，不应视政府为应公众要求提供公共物品的机器，而要看到政府既是由个人选出的，也是由个人组成的群体。

对公共产品（以及外部影响）的处理涉及与政府行为有关的集体选择。所谓集体选择，就是所有的参加者依据一定的规则通过相互协商来确定集体行动方案的过程。公共选择理论则特别注重研究那些与政府行为有关的集体选择问题。

2.2.1　集体决策的规则

公共选择理论认为，在公共物品方面，关于生产什么、生产多少的问题，他们意见不统一，要解决这个分歧，只有通过政治协商才能得到协调。投票就是其中的一种形式。在各种投票规则中，公共选择理论特别注重一致同意规则和多数规则，认为这两种规则能够更好地表现出集体决策的特点。

1. 一致同意规则

一致同意规则是指一项集体行动方案只有在所有参加者都认可的情况下才能够实施。这里的认可意味着赞成或者至少不反对。换句话说，在一致同意规则下，每一个参加者都对将要达成的集体决策拥有否决权。

一致同意规则的优点：一是能够充分地保证每一个参加者的利益；二是可以避免发生"免费乘车"的行为；三是如果能够达成协议，则协议将是帕累托最优。

一致同意规则的缺点：达成协议的成本常常太大，一项提案要一致通过，必然耗费大量的人力和时间，甚至一些人为了通过方案，不惜威胁恫吓反对者，迫使他们投赞成票。还有在许多情况下往往根本就无法达成协议。

2. 多数规则

多数规则是指一项集体行动方案必须得到所有参加者中的多数认可才能够实施。这里的多数可以是简单多数，即超过总数的一半，也可以是比例多数，如达到总数的 2/3 以上。多数规则能够增进多数派的福利，但会使少数派的福利受到损失。如果在受益者补偿受损者的情况下，多数规则也可能达到帕累托最优。多数规则可以满足多数人的偏好，但未必能满足所有人的偏好。

多数规则存在的问题：一是它忽略了少数派的利益，由多数派赞成通过的集体协议强迫少数派也要服从；二是可能出现"收买选票"的现象；三是在多数规则下，最终的集体选择结果可能不是唯一的。

3. 加权规则

加权规则就是按实际得到的赞成票数（而非人数）的多少来决定集体行动方案。一个集体行动方案对不同的参加者会有不同的重要性。于是，可以按照重要性的不同，给参加者的意愿"加权"，即分配选举的票数。相对重要的拥有的票数就较多，否则就较少。

4. 否决规则

否决规则的具体做法是，首先让每个参加对集体行动方案投票的成员提出自己认可的行动方案，汇总之后，再让每个成员从中否决掉自己所反对的那些方案。这样一来，最后剩下的没有被否决掉的方案就是所有成员都可以接受的集体选择结果了。如果有不止一个方案留了下来，就再借助于其他投票规则（如一致同意规则或多数规则等）来进行选择。

【知识链接】

阿罗不可能定理——少数服从多数原则的局限性

在我们的心目中，选举的意义恐怕就在于大家根据多数票原则，通过投票推举出最受我们爱戴或信赖的人。然而，通过选举能否达到这个目的呢？1972 年诺贝尔经济学奖获得者、美国经济学家阿罗采用数学中的公理化方法，于 1951 年深入研究了这个问题，并得出在大多数情况下是否定的结论，那就是鼎鼎大名的"阿罗不可能定理"。阿罗不可能定理是指在一般情况下，要从已知的各种个人偏好顺序中推导出统一的社会偏好顺序是不可能的。我们对此加以证明。

假定有张三、李四、王五三个人，他们为自己最喜欢的明星发生了争执，他们在刘德华、张学友、郭富城三人谁更受观众欢迎的问题上争执不下。张三排的顺序是刘德华、张学友、郭富城；李四排的顺序是张学友、郭富城、刘德华；王五排的顺序是郭富城、刘德华、张学友。到底谁更受欢迎呢？没有一个大家都认可的结果。如果规定每人只投一票，三个明星将各得一票，无法分出胜负，如果将改为对每两个明星都采取三人投票然后依少数服从多数的原则决定次序，结果又会怎样呢？

首先看对刘德华和张学友的评价，由于张三和王五都把刘德华放在张学友的前边，二人都会选择刘德华而放弃张学友，只有李四认为张学友的魅力大于刘德华，依少数服从多数的原则，第一轮刘德华以二比一胜出；再看对张学友和郭富城的评价，张三和李四都认为应把张学友放在郭富城的前边，只有王五一人投郭富城的票。在第二轮角逐中，自然是张学友胜出；接着再来看对刘德华和郭富城的评价，李四和王五都认为还是郭富城更棒，只有张三认为应该把刘德华放在前边，第三轮当然是郭富城获胜。

通过这三轮投票，我们发现对刘德华的评价大于张学友，对张学友的评价大于郭富城，而对郭富城的评价又大于刘德华，很明显我们陷入了一个循环的境地。这就是“投票悖论”也就说不管采用何种游戏规则，都无法通过投票得出符合游戏规则的结果。如果世界上仅限于选明星的事情就好办多了，问题在于一些关系到国家命运的事情的决定上，也往往会出现上述的“投票悖论”问题。对此很多人进行了探讨，但都没有拿出更有说服力的办法。

在所有人为寻找“最优公共选择原则”奔忙而无获的时候，美国经济学家阿罗经过苦心研究，在1951年出版的《社会选择与个人价值》提出他的不可能定理。并为此获得了1972年诺贝尔经济学奖。阿罗不可能定理的意思是，“只要给出几个选择者都必然会接受的前提条件，在这些前提条件的规定下，人们在一般或普遍意义上不可能找到一套规则（或程序）在个人选择顺序基础上推导出来”。由此进一步推出，在一般或普遍意义上，无法找到能保证所有选择者福利只会增加不会受损的社会状态。

阿罗所说的几个选择者必然接受的条件是：

（1）广泛性。至少有三个或三个以上的被选方案，以供选择者选择。

（2）一致性。即一定的社会选择顺序以一定的个人选择为基础，但必须符合公众的一致偏好。

（3）独立性。不相关的方案具有独立性。

（4）独立主权原则。对备选方案的选择和确定，应由公民完全依据个人的喜好而定，不能由社会强加。

（5）非独裁性。不能让任何一个人的喜好决定整个社会对备选方案的排序顺序，应坚持自由和民主的原则。

阿罗认为上述五个相互独立的条件每一个都是必要的，但是要构造能同时满足这些条件的社会福利函数是不可能的。导致不可能的原因在于5个条件之间存在相互矛盾，因此不可能达到完全一致。他从中得出了一个似乎不可思议的结论：没有任何解决办法能够摆脱“投票悖论”的阴影，在从个人偏好过渡到社会偏好时，能使社会偏好得到满足，又能代表广泛的个人偏好这样一种排序方法，只有强制与独裁。这样寻找合理的社会选择机制的努力就几乎陷入了困境。

阿罗不可能定理，打破了一些被人们认为是真理的观点，也让我们对公共选择和民主制度有了新的认识。因为我们所推崇的“少数服从多数”的社会选择方式不能满足“阿罗五个条件”。如市场存在着失灵一样，对公共选择原则也会导致民主的失效。因此多数票原则的合理性是有限度的。

资料来源：www.people.com.cn。

2.2.2 政府官员制度的效率

按照公共选择理论，政府官员制度是指那种由通过选举所产生的、被任命的以及经过考试而录用的政府官员来管理政治事务的制度。总的来说，这种政府官员制度的效率是比较低的。其原因主要有以下几个方面。

一是缺乏竞争。政府的各个部门都是某些特殊服务的垄断供给者，没有任何其他的机构可以替代这些政府部门的工作。由于缺乏竞争，政府部门的效率一般都比较低下。此外，由于缺乏竞争的对手，人们常常甚至无法判断政府部门的成本即每年的财政支出是否太多，或者，它们的产出（即所提供的服务）是否太少，即很难准确地判定政府部门的效率。

二是机构庞大。政府官员一般不会把利润最大化（或者成本最小化）作为自己的主要目标，因为他很难把利润直接占为己有。政府官员追求的主要是规模（亦即官员机构）的最大化，因为规模越大，官员们的地位就越高，权力就越大，得到进一步提升的机会就越多。

三是成本昂贵。政府官员会千方百计地增加自己的薪金，改善工作条件，减轻工作负担，从而不断地提高他们的服务的成本，导致浪费的极大化。

公共选择理论认为，解决政府官员制度低效率的主要途径是引入竞争机制。具体做法有以下几个方面。

一是使公共部门的权力分散化。分散有利于减少垄断的成分。例如，可以把过于庞大的公共机构分解成几个较小的、有独立预算的机构。

二是由私人部门承包公共服务的供给与由政府投资的公共服务，并不一定必须由政府来生产。例如街道清扫、垃圾处理、消防、教育、体检等公共服务的生产都可以实行私有化。

三是在公共部门和私人部门之间展开竞争。如果允许私人部门和公共部门一样提供公共服务，则它们之间就会展开竞争，竞争将提高公共部门的效率。

四是加强地方政府之间的竞争。地方政府的权力不仅受到公民选票的制约，而且受到居民自由迁移的制约。当一个地方政府的公共服务的成本（税收）太高而质量太低时，居民就可能迁移到其他地区去。居民的迁出会减少当地政府的税收，因此地方政府之间的竞争也可以促使它们提高效率。

3 微观经济政策分析

政府针对经济个量所采取的行为称为政府微观经济政策（亦称经济规制），包括税收和罚没、市场准入和竞争监督、政府（投资）提供和补贴、信息服务和产权保护等。

根据经济政策同市场的关系，通常将微观经济政策分为以下三类。

一是用于加强市场势力作用的政策。这类政策主要是从完全竞争的角度来加以设计的，目的在于促进市场的竞争，例如有利于沟通市场信息的政策和加强生产要素流动性的政策等。

二是针对市场力量无法发挥作用的领域所采取的政策，主要是公共部门政策。

三是用以修正和控制市场力量的政策。这类政策主要针对非完全竞争市场和市场经济的外部性问题，其主要类型是反垄断政策和环境保护政策。

3.1　垄断

3.1.1　垄断造成的损失

作为价格的制定者，垄断厂商追求利润的方法是限定产量，提高价格，使社会在更高的价格上接受其产品。其结果是给社会和消费者造成损失。

在垄断条件下，产量水平低，产品价格高。由于垄断的存在，价格将大于边际成本。而在完全竞争的市场中是等于边际成本。由于垄断的存在，使得产量小于最优的产量。在垄断市场上，企业可以通过限制产量和提高价格实现利润最大化，企业不必最优地利用资源也能取得超额利益，产品的成本远高于竞争市场中的最低长期平均成本，资源浪费比较大，资源配置效率很低。即与完全竞争市场相比，垄断市场上的平均成本与价格会更高而产量更低。垄断导致资源配置缺乏效率。

垄断给消费者福利带来损失。企业为了获得超额利润，其定价高于边际成本，这时产量也很低。消费者从垄断企业购买产品的损失是双重的：一方面，垄断者将低效利用资源、资源浪费的损失转移给消费者；另一方面，垄断企业的定价高于边际成本，消费者从市场中的得益最少。垄断的存在使市场价格背离均衡价格，造成消费者剩余大幅度减少。垄断市场的效率最低，消费者获益最少。

垄断不仅导致资源配置缺乏效率，而且也会产生其他的副作用：一是垄断可能导致管理松懈；二是垄断可能导致研发费用的降低，一旦垄断形成后，竞争的压力就大大减少了，从而推动技术创新的动力也相应减弱；三是垄断还会导致权力寻租；四是垄断利润也被看成是一种不公平的收入分配，导致垄断行业的高收入。

由于垄断具有这样一些危害，为了保护竞争，维护经济效率，克服和减少垄断的危害和损失，就必须制定和执行反垄断政策和法规。管制垄断势力的法律主要是反垄断立法。

反垄断法是一套法律规范，它用来限制企业垄断市场的行为，同时它还可以制止某些不利于竞争的市场结构出现。反垄断政策与市场管制政策的区别在于：市场管制政策用于那些竞争难以存在的经济领域，而反垄断法则运用于那些竞争可以存在，却被人为破坏的领域。

3.1.2　对垄断的公共管制

对垄断的公共管制主要是指政府对自然垄断行业，如电话、电信、煤气、自来水等公用事业的价格和产量进行限制，不允许这些公司收取他们想收取的垄断价格。

对航空、铁路、公路运输和出租车等行业的公共管制被认为是对非自然垄断行业的公共管制。西方经济学家认为，在这些行业实行公共管制的结果是会使成本和价格提高，保护现有厂商而排斥新的竞争者，因此，应该取消对这些行业的政府管制。

3.1.3 反垄断法

政府对垄断最为强烈的反应是制定反垄断法。很多国家都不同程度地制定了反垄断法，其中最为突出的是美国。这里以美国为例做一概括介绍。

19 世纪末和 20 世纪初，美国企业界出现了第一次大兼并。垄断的形成和发展，深刻地影响到美国社会各个阶级和阶层的利益。

从 1890 年到 1950 年，美国国会通过一系列法案，反对垄断。其中包括《谢尔曼法》(1890)、《克莱顿法》(1914)、《联邦贸易委员会法》(1914)、《罗宾逊—帕特曼法》(1936)、《惠特—李法》(1938) 和《塞勒—凯弗维尔法》(1950)。这些法案统称反托拉斯法。

美国的这些反托拉斯法规定：限制贸易的协议或共谋、垄断或企图垄断市场、兼并、排他性规定、价格歧视、不正当的竞争或欺诈行为等，都是非法的。

谢尔曼法规定：任何以托拉斯或其他形式进行的兼并或共谋，任何限制州际或国际的贸易或商业活动的合同，均属非法；任何人垄断或企图垄断，或同其他个人或多人联合或共谋垄断州际或国际的一部分商业和贸易的均应认为是犯罪。违法者要受到罚款和（或）判刑。

克莱顿法修正和加强了谢尔曼法，禁止不公平竞争，宣布导致削弱竞争或造成垄断的不正当做法为非法。这些不正当的做法包括价格歧视、排他性或限制性契约、公司相互持有股票和董事会成员相互兼任。

联邦贸易委员会法规定：建立联邦贸易委员会作为独立的管理机构，授权防止不公平竞争以及商业欺骗行为，包括禁止伪假广告和商标等。

罗宾逊—帕特曼法宣布卖主为消除竞争而实行的各种形式的不公平的价格歧视为非法，以保护独立的零售商和批发商。

惠特—李法修正和补充了联邦贸易委员会法，宣布损害消费者利益的不公平交易为非法，以保护消费者。

塞勒—凯弗维尔法补充了谢尔曼法，宣布任何公司购买竞争者的股票或资产从而实质上减少竞争或企图造成垄断的做法为非法；禁止一切形式的兼并，包括横向兼并、纵向兼并和混合兼并。这类兼并指大公司之间的兼并和大公司对小公司的兼并，而不包括小公司之间的兼并。

美国反托拉斯法的执行机构是联邦贸易委员会和司法部反托拉斯局。前者主要反对不正当的贸易行为，后者主要反对垄断活动。

通过这些法律，美国政府主要从以下几个方面来防止和反对垄断。

一是分解垄断企业。根据谢尔曼法，政府可以对已经形成垄断或接近垄断的公司提出诉讼，要求它分解成若干个较小的公司。例如，1984 年美国电报电话公司在政府提出诉讼后，被分解成为 8 个较小的公司。

二是防止垄断的产生。政府反对有实力的公司采取旨在消除竞争的任何经营行为。

三是阻止能削弱竞争的兼并。如果公司兼并会导致垄断或近似垄断的话，政府反对这种兼并。

四是防止串通。有的企业通过私下串通，以提高价格和限制产量的办法，来谋求最大的垄断利润。在美国，同一行业的两家大公司的高层很避讳私下碰面，这样有可能被视为私下串通。

3.2 外部性

如何应对外部性？在经济分析史很长时期内，主流应对意见认为应由政府通过税收或补贴等干预手段解决。因而，经济学原理通常在讨论外部性之后直接讨论政府干预必要性。过去几十年产权经济学发展，认识到外部性之所以产生效率问题，关键在于产权界定不清晰和不充分，可以通过界定产权来消除外部性影响。政府干预解决外部性问题实际上仍可能是必要的。

3.2.1 政策干预

如何纠正由于外部影响所造成的资源配置不当？微观经济学理论提出以下几条政策建议。

1. 使用税收和津贴

对造成外部不经济的企业，国家应该征税，其数额应该等于该企业给社会其他成员造成的损失，从而使该企业的私人成本恰好等于社会成本。例如，在生产污染情况下，政府向污染者收税，其税额等于治理污染所需要的费用。经济学家对税收作为解决污染的一种方法的偏爱通常大于管制。对造成外部经济的企业，国家则可以采取津贴的办法，使得企业的私人利益与社会利益相等。无论是何种情况，只要政府采取措施使得私人成本和私人利益与相应的社会成本和社会利益相等，则资源配置便可达到帕累托最优状态。

2. 使用企业合并的方法

例如，一个企业的生产影响到另外一个企业。如果影响是正的（外部经济），则第一个企业的生产就会低于社会最优水平；反之，如果影响是负的（外部不经济），则第一个企业的生产就会超过社会最优水平。但是如果把这两个企业合并为一个企业，则此时的外部影响就“消失”了，即被“内部化”了。合并后的单个企业为了自己的利益将使自己的生产确定在其边际成本等于边际收益的水平上。而由于此时不存在外部影响，故合并企业的成本与收益就等于社会的成本与收益。于是资源配置达到帕累托最优状态。

3. 使用规定财产权的办法

在许多情况下，外部影响之所以导致资源配置失当，是由于财产权不明确。如果财产权是完全确定的并得到充分保障，则有些外部影响就可能不会发生。例如，某条河流的上游污染者使下游用水者受到损害，如果给予下游用水者以使用一定质量水源的财产权，则上游的污染者将因把下游水质降到特定质量之下而受罚。在这种情况下，上游污染者便会同下游用水者协商，将这种权利从他们那里买过来，然后再让河流受到一定程度的污染。同时，遭到损害的下游用水者也会使用他出售污染权而得到的收入来治理河水。

3.2.2 产权界定

产权是指个人使用资源或资产的权利。产权不是指人与物的关系，而是指由物的存在及关于它们的使用所引起的人们之间相互认可的行为关系。产权包括使用权、收益权和让渡权等。

产权制度是指一系列用来确定每个人相对于稀缺资源使用时的经济地位和社会关系。产权具有排他性，两个人不能同时拥有控制同一事物的权利。但是，这并不意味着权利就是无限的，因为社会在赋予某个人权利的同时，仍然对其权利范围进行了界定

排他性所有权必定要消耗一定的成本去度量和描述资产，以及保证所有权实现。在其他条件相同的情况下，排他性所有权的价值依赖于行使权利的成本，即最终依靠强制力量

来排除其他人使用权利的成本。因此，产权的意义在于对资产的保护成本相对而言不能太高，换言之，产权只有当产权界定的收益大于产权界定的成本时，人们才有动力去制定规则和界定产权。

产权是一种通过社会强制而实现的对某种经济物品的多种用途进行选择的权利。属于个人的产权即为私有产权，它可以转让——以换取对其他物品同样的权利。私有产权的有效性取决于对其强制实现的可能性及为之付出的代价，这种强制有赖于政府的力量、日常社会行动以及通行的伦理和道德规范。根据私有产权，任何双方同意的契约条款都是允许的，它们并不是都必须得到政府强制力的支持。当契约条款是属法律所禁止的，则私有产权就要遭到否定。

3.2.3 科斯定理

有一种经济理论认为，只要明确地规定法定所有权，就可以解决外部效应对社会影响的问题。这种理论是由美国经济学家科斯提出来的，所以称为科斯定理。关于什么是科斯定理，西方学者有多种说法，一般认为该定理可表述为：在市场交换中，若交易成本为零，那么产权对资源配置的效率就没有影响。所有权是指通过法律程序确定的个体占有某种财富的权利。科斯定理强调明确所有权的重要性，认为只要所有权是明确的，而且交易成本极低或等于零，则不管所有权的最初配置状态如何，都可以达到资源的有效配置。

科斯定理告诉我们，在产生外部效应的场合，只要明确所有权，就可以解决外部效应问题，达到资源的优化配置。但实际上这往往是很难行得通的，因为科斯定理的有效性依赖于其前提是否成立。

科斯定理认为，外部影响之所以导致资源配置失当是由于产权不明确，如果产权明确，且得到充分保障，有些外部影响就不会发生。在解决外部影响问题上不一定要政府干预，只要产权明确，市场会自动解决外部性问题。因此，科斯定理宣称，只要交易费用为零，不论产权归谁，自由的市场机制总会找到最有效率的办法，从而达到帕累托最优状态。

所谓交易费用，是指个人交换他们对于经济资产的所有权和确定他们排他性权利的费用，是市场经济交换过程中产生的一些费用，包括运输费用、佣金、谈判所消耗的时间以及各种税收等，亦被称为“转换费用”。交易费用包括事前准备合同和事后监督及强制合同执行的费用，与生产费用不同，它是履行一个合同的费用。交易费用在一定程度上与索取有关交易信息的费用相联系。交易费用是社会资源和财富的一种损失。

科斯定理认为，如果产权是明确的，并且交易成本为零，则在有外部效应的市场上，交易双方总能通过协商达到某一帕累托最优配置，而这与最初的产权划归哪一方没有关系。科斯定理说明了，如果交易费用为零，则实现这种有效率的结果其实并不需要政府的参与，而政府的主要角色是在决定产权是如何界定的，也就是财富是如何划分的，而它没有必要参与厂商的产出过程。可是，实际中交易成本通常是很高的，因此进行谈判通常是非常昂贵的，以至于是不可能的。这时，由政府来使用税收或者补贴的手段来解决外部性的问题通常是有效率的。但是，由于经济是不断动态发展的，因此这种方法也要慎重才行。因为，刚规定的税率或者补贴方法可能随着时间的变化马上就不合适了。

假定农民的农田是受到保护的，即不允许随意受到污染，那么造纸厂将会向农民们付费，付费多少按照给农民造成的成本计算。但是当产权不同时，财富的分配是不同的。假设造纸厂有权污染，他们就会收到农民的付费，因此他们的财富增加。但是，如果农民有权拒绝被污染的话，那么农民将收到厂商的付费，这样农民的财富增加。因此，在无交易费用的经济中，改变产权仅仅是改变财富的分配，而对于最终的社会产量是没有影响的。

运用科斯定理解决外部影响问题在实际中并不一定真的有效。主要有以下几个难题：

一是资产的财产权是否总是能够明确地加以规定。有的资源（例如空气），在历史上就是大家均可使用的共同财产，很难将其财产权具体分派给谁；有的资源的财产权即使在原则上可以明确，但由于不公平问题、法律程序的成本问题等也变得实际上不可行。

二是已经明确的财产权是否总是能够转让。这涉及信息充不充分以及买卖双方不能达成一致意见的各种原因，如谈判的人数太多、交易成本过高、谈判双方都能使用策略性行为，等等。

三是最后明确的财产权的转让是否总能实现资源的最优配置。在这个过程中完全有可能得到这样的结果：它与原来的状态相比有所改善，但并不一定恰好为最优配置。

此外，还应该指出，分配产权会影响收入分配，而收入分配的变动可以造成社会不公平，引起社会动乱。在社会动乱的情况下，就谈不上解决外部影响的问题了。

【知识链接】

解决外部性需要明晰产权

科斯定理是经济学家科斯提出通过产权制度的调整，将有害的外部性市场化和内部化。例如，一条河的上游和下游各有一个企业，上游企业有排污权，下游企业有河水不被污染权利，下游企业要想使河水不受污染就必须与上游企业协商并要求支付费用，以得到清洁的水，这样上下游企业进行谈判，上游企业要想排污将给予下游企业一定的赔偿，上游企业会在花钱治污与赔偿之间进行选择。总之，只要产权界定清晰并可转让，那么市场交易和谈判就可以解决负外部性问题，私人边际成本与社会边际成本就会趋于一致。除此明确产权的办法外，还有使有害的外部性内部化办法。按照科斯定理，通过产权调整使有害的外部性内部化，将这两个企业还合并成一家，合并为一家以后，必然减少上游对下游的污染，因为是一个企业，有着共同的利益得失，上游企业对下游企业的污染会减少到最小限度，即把上游生产的边际效益等于下游生产的边际成本。

还比如，一个湖泊里的鱼的数量是有限的，大家都来捕鱼，鱼越捕越少。对这种情况有什么解决办法？湖泊里捕鱼太多会使鱼的数量越来越少，这就是有害的外部性。解决这个问题可用明确产权的办法，即由某一个企业或个人来承包这个湖泊的捕鱼作业；也可用征税的办法，即对捕鱼者征税，并把税收用于投放鱼苗。也可以用法律手段明确规定休渔期禁止捕捞的时间。

资料来源：www.bookschina.com。

3.3 解决信息不对称的对策

3.3.1 逆向选择的防止

治理逆向选择问题的办法是：在可能的场合，通过政府强制认证，实施准入制度或者政府强制两种选择。政府规定某些种类的产品在销售前，必须通过权威质量认证部门的认证，以保证这些产品进入市场前确实达到基本的质量要求。例如，商品房建设必须要有质量监理，即第三方对最终建筑质量进行全程把关，在进入市场之前，要得到有关部门颁发的房屋销售许可证，这一过程就是有关管理部门对开发商所建设的商品房质量把关并予以确认的过程，保证其达到基本的质量要求。另外，针对某些保险行业中的逆向选择问题，政府可以强制投保，实现无偏选择。

3.3.2 减少道德风险的机制

当交易的一方存在道德风险时，如何解决风险以减少效率损失呢？可行的解决办法是设计一些制度安排。

1. 制定尽可能详尽的合同

在合同中对代理人的行为进行严格规定，确定检查监督的方式，可以在一定程度上缓解道德风险的问题。合同可以对交易的双方在各种情况下应当承担的责任和义务做一个详尽的说明，以及对违约行为如何处罚做出规定，以便各方监督执行。可以通过设计合约安排，让具有道德风险行为的一方承担其道德风险所造成的损失。例如，在财产保险中，让财产的所有者也承担一部分财产损失，这样会促进消费者采取财产保护措施。

但是，制定详细、周密的合同也需要很大的成本。同时，人们也不可能预见到将来可能发生的各种情况，并且把它们都写进合同中去。同时，执行合同也是有成本的。有时候谈判不仅费时费力，一旦谈判破裂还要花费诉讼等方面的费用。

2. 利用品牌信誉

人们在选择商品和服务的时候，刚开始由于信息的不充分，无法辨别商品的真实质量，这个时候只能根据厂商过去的行为来间接做出判断。一个拥有良好品牌声誉的厂商会得到更多的顾客，品牌信誉就会成为企业的无形资产。通过声誉、标准化、市场信号机制等，可以减少信息搜寻费用。信誉可以约束和规范企业的行为，从而提高交易的效率和质量。

3. 激励机制的设计

在这种情况下就需要设计激励机制，让代理人的目标和委托人的目标相一致，但是具体的激励措施的制定是相当复杂的，而且不能完全避免道德风险。

【原理应用】

信息不对称

中国古代有所谓“金玉其外，败絮其中”的故事，讲的是商人卖的货物表里不一，由此引申比喻某些人徒有其表。

在商品中，有一大类商品是内外有别的，而且商品的内容很难在购买时加以检验。如瓶装的酒类、盒装的香烟、录音带、录像带等。人们或者看不到商品包装内部的样子（如香烟、鸡蛋等），或者看得到、却无法用眼睛辨别产品质量的好坏（如录音、录像带）。显然，对于这类产品，买者和卖者了解的信息是不一样的。卖者比买者更清楚产品实际的质量情况。这种情况被经济学称为买者和卖者的“信息不对称”。这时卖者很容易依仗买者对产品内部情况的不了解欺骗买者。

在实际中，不仅出现过“败絮其中”的情况（如在最初的农贸自由市场中，有人用土豆外面包一层泥灰冒充松花蛋），而且出现过“毒药其中”的事情（如有人在劣质白酒中掺上“敌敌畏”当做“茅台”卖，致使饮用者中毒身亡)。这些当然是比较极端的例子。更多的是以次充好，从中牟取暴利。据说前些年甚至在高级宾馆或国营大商店买的茅台酒，也不见得货真价实；伪造的云烟和外烟到处泛滥；假富士胶卷也曾大行其道。如此看来，消费者的地位相当脆弱，对于掌握了“信息不对称”武器的骗子似乎毫无招架之术。

人们常说“吃亏上当就一回”。这并不是说，这次喝了假“茅台”，下次就一定能够辨别茅台酒的真假；而是说，人们总会记得，他们是从哪里、从谁那里买的伪劣产品，下次不会再到那里去买了。具有“信息不对称”性质的商品的真假优劣不好辨认，卖这些商品的人却好辨认。人们的买卖活动其实是通过同人打交道而实现物品转移的。因此人们可以通过对人（或由人组织的企业）的品质的辨别来辨别商品的品质。曾经利用信息不对称欺骗过别人的人，他所卖的商品是假、伪、劣商品的可能性就很大；而一直童叟无欺的人，我们就更有把握认为，从他那里买的东西货真价实。

据说美国银行巨子摩根在晚年时酷爱艺术品收藏。但他购买价格高昂的艺术品时，从来不正眼看一下，而是直视卖者的眼睛。有人评论说，“这就是他如何达到金融界顶峰和取得成功的诀窍”。正是因为他把贷款对象的品格看得比其他条件都重要，他才成为了银行界的成功者。

所以，信息不对称也有另外一面。它虽然会在短期内给一些钻营取巧之徒带来欺骗消费者的便利，但长期看，也会给一些正直、聪明的企业家创造脱颖而出的机会。设想一下，当利用信息不对称欺骗顾客的现象普遍存在的情况下，有一个人诚实无欺，将会是什么样的结果。更进一步，如果这个人采取一种顾客能看得见的方法来证明自己的诚实，又会怎么样呢。

据说，在某一个农贸市场中，有一个卖鸡蛋的人手中时刻拿着一个手电筒，每当顾客买鸡蛋时，就主动用手电筒检查鸡蛋的好坏。我想，这大概是由某一个聪明人发明的，由于这种主动消除因信息不对称而给消费者带来的疑虑的方法，为他吸引了大量顾客，很快就被别人仿效并普及了。在北京百货大楼，某一生产鸭绒制品的公司开设了一个透明车间，当场为顾客填充鸭绒被，消除了生产者和消费者之间的信息不对称。在国外，股份有限公司主动公布财务账目，并邀请中立的会计师事务所加以审计，是增强股东信心、吸引投资者的明智之举。

4　原理与知识小结

4.1　市场失灵是市场扭曲。它表现为市场价格既不等于该商品的边际社会收益又不等于该商品的边际社会成本。它是一种市场中私人理性无法导致社会理性的情形。市场失灵的主要原因是公共物品、垄断、外部性以及信息不完全。

4.2　一旦市场处于无效率的状态，政府就成为弥补的重要手段。在“一只看不见的手”难以有效发挥作用的情况下，就需要发挥“一只看得见的手”即政府干预经济的作用。

4.3　具有非排他性和非竞争性的物品是公共物品。公共物品的非排他性指人们不管付费与否，都不能排除他人对该物品的消费；公共物品的非竞争性指某人对该物品的消费并不影响他人对该物品的消费。

4.4　在公共物品最优供给数量的决定上，最优标准则是所有消费者的边际利益之和等于边际成本。

4.5　一般地讲，公共物品要由政府提供。但在这里应该注意“政府提供”不同于“政府生产”。政府生产是指政府建立企业来直接生产公共物品；政府提供则是政府通过预算安排或政府安排等某种适当方式将公共物品委托给私人企业进行间接生产。在发达的市场经济国家，公共物品除了“国营”或“公营”以外，还大量地选择了“私营”的方式。只要能避免免费搭车现象，有些通常由政府提供的服务，私人企业也会提供。

4.6　垄断的存在，产生了一系列的弊端，给社会带来损失，主要表现为资源浪费和社会福利的损失。反垄断措施有对垄断的公共管制和反托拉斯法。对垄断的管制主要是指政府对垄断行业价格和产量的管制。

4.7　外部性又称外部效应，是指人们的经济活动对他人造成的影响而未将这些影响计入市场交易的成本与价格之中。从外部性带来的结果来看，可以分为负外部性和正外部性；从外部性产生的领域来看，可以分为生产的外部性和消费的外部性。外部效应表现为个人成本和社会成本或个人收益与社会收益存在的差异。政府解决外部性的有关措施有：行政干预、经济措施、法律措施。

4.8　科斯认为政府通过税收或补贴解决生产和消费的外部性，会导致成本增加、社会福利减少，而由私人解决外部性问题与政府介入的征税和补贴相比同样有效。其理论核心被称为科斯定理。

任务 3　问题研讨

1. 举例说明积极的和消极的外部经济效益。

2. 试举出两个“逆向选择”和“道德风险”的例子。

3. 在哪些情况下市场会失灵？

4. 公共物品有什么特点？为什么公共物品只能靠政府来提供？

5. 焰火、灭火器、易拉罐、烟酒在消费中存在外部性问题吗？如果存在，会给社会带来外部收益还是外部成本？

6. 说出几种市场失灵的例子。为什么经济学家们把这些市场失灵看做是政府干预的理由？

7. 有两种方法保护你的汽车不被偷窃：防盗杆使偷汽车者难以偷走你的汽车；报警器使得在你的车被偷以后，警察可以轻而易举地抓住小偷。以上哪一种类型的保护给其他车主带来负外部性呢？哪一种带来正外部性？你认为你的分析有什么政策含义吗？

8. 考虑灭火器市场。

(1) 为什么灭火器表现出正外部性？

(2) 画出灭火器市场图，标出需求曲线、社会价值曲线、供给曲线和社会成本曲线。

(3) 指出市场均衡产量水平和有效率的产量水平。直观地解释为什么这两种量不同。

(4) 如果每个灭火器的外在利益是 10 美元，说明能引起有效率结果的政府政策。

9. 根据现行所得税法，对慈善组织捐款可以免税。政府这种政策用什么方法来鼓励私人解决外部性?

10. 瑞格喜爱以高音量演奏摇滚乐。卢西阿诺喜爱歌剧，并憎恨摇滚乐。不幸的是他们在一座墙壁很薄的公寓楼中是邻居。

(1) 这里的外部性是什么?

(2) 房东可以实行什么命令—控制政策? 这种政策会引起无效率的结果吗?

(3) 假设房东允许房客做自己想做的事。根据科斯定理，瑞格和卢西阿诺如何自己实现有效率的结果? 什么妨碍他们实现有效率的结果?

11. 瑞士政府对养牛业进行补贴，而且，越是能吸引旅游者的地区，补贴越多。你认为这种政策会有效率的一个理由是什么?

12. 酒的消费越多，引发的汽车事故就越多，因此，就给那些不喝酒又不开车的人带来了成本。

(1) 说明酒的市场，画出需求曲线、社会价值曲线、供给曲线、市场均衡的产量水平和有效率的产量水平。

(2) 根据你画的图，用阴影标出与市场均衡的无谓损失相对应的面积，并解释原因。(提示：由于消费某种数量的酒引起社会成本大于社会价值而产生了无谓损失。)

13. 考虑医疗保险如何影响所进行的医疗服务量。假设典型的美国就医治疗成本为100美元，但一个有医疗保险的人在选择进行一次额外的治疗时只需自付20美元，他的保险公司支付剩下的80美元。(保险公司将通过提高每个人的保险费来收回这80美元，但这种个人支付的份额很少。)

(1) 画出医疗市场上的需求曲线(在你的图形中，横轴应该代表治疗的人数)。说明如果治疗价格为100美元，治疗的需求量。

(2) 根据你的图，说明如果消费者每次治疗只支付20美元，治疗的需求量。如果每次治疗的社会成本是实际的100美元，而且，如果像以上所述的个人有医疗保险，进行多少次治疗能使总剩余最大化，并解释它。

(3) 经济学家经常指责医疗保险制度引起滥用医疗。给出你的分析，为什么医疗保健的使用被称为“滥用”。

(4) 哪种政策可以防止这种滥用?

14. 20世纪80年代末和20世纪90年代初，加利福尼亚许多地方经历了严重的干旱。

(1) 用水市场的图形说明干旱对水的均衡价格和数量的影响。

(2) 许多社区不允许水价变动。这种政策对水市场有什么影响? 用你的图说明会出现短缺还是过剩。

(3) 1991年《华尔街日报》上的读者来信指出：“要求所有洛杉矶居民在他们1986年用水水平的基础上从3月1日起减少10%的用水，从5月1日起再减少10%。”作者根据效率和平等原则批评这种政策，他说：“这种政策不仅奖励那些在1986年‘浪费’水更多的家庭，很少能鼓励那些还能再减少用水的消费者，(而且)……惩罚了那些无法立即减少用水的消费者。”洛杉矶这种制度在哪一方面使水的配置无效率? 在哪一方面看来并不公平?

(4) 假设洛杉矶改为允许水价一直上升到需求量等于供给量。这会使水的配置较有效率吗? 按你的观点，这种做法比报纸文章中提到的同比例减少用水公平还是不公平呢? 什么方法能使市场解决方法更公平？

15. 公共物品和公有资源都涉及外部性。

(1) 与公共物品相关的外部性一般是正的还是负的？用例子来回答。自由市场的公共物品量一般是大于还是小于有效率的数量？

(2) 与公有资源相关的外部性一般是正的还是负的？用例子来回答。自由市场的公有资源使用，一般是大于还是小于有效率的使用？

16. 考虑当地政府提供的物品与劳务。

(1) 分类解释下列每种物品是否具有竞争性和排他性：①警察保护；②铲雪；③教育；④乡间道路；⑤城市街道。

(2) 政府是否提供了不是公共物品的东西？为什么？

17. 查理喜欢看本地公共电视台的电视节目，但在电视台筹集运营资金时，他从不给一点儿钱支持电视台。

(1) 经济学家把查理称为什么？

(2) 政府如何解决像查理这样的人引起的问题？

(3) 你认为私人市场有解决这个问题的方法吗？如何把有线电视台的存在改变为公共电视台？

18. 为什么在大多数高速公路边都有垃圾，而在人们的院子里却很少呢？

19. 华盛顿特区的地铁系统在上下班高峰期的收费高于一天中的其他时间。为什么应该这样做？

20. 美国的木材公司在公共拥有的土地上砍伐了许多树，在私人拥有的土地上也砍伐了许多树。讨论在没有政府干预的情况下，每一种类型土地上伐木业的效率如何。你认为政府应该如何管制公有土地上的伐木业？类似的管制应该应用于私人拥有的土地吗？

21.《经济学家》杂志的一篇文章（1994 年 3 月 19 日）说："在过去的 10 年间，富裕国家的鱼类已被捕捞到濒临灭绝的地步。"该文继续分析这个问题，并讨论了可能的私人与政府的解决方法。

(1) "不要指责渔民过度捕捞。当他们这样做时，他们是在理性行事。"从什么意义上说，"过度捕捞"对渔民来说是理性的？

(2) "一个由责任和相互私利联系的社会可以靠自身管理一种公有资源。"解释从原则上看这种管理能如何发挥作用以及在现实世界中它面临什么障碍。

(3) "直至 1976 年，世界大部分鱼的资源是向所有人开放的，要进行保护几乎是不可能的。这时，一项国际协议把国家的司法管辖权从 12 海里扩大到 200 海里。"用产权的概念讨论这个协议如何减轻了"过度捕捞"问题的程度。

(4) 该文提到，许多政府以一种鼓励增加捕鱼的方式对困难渔民进行补助。这种政策如何鼓励过度捕捞的恶性循环？

(5) "只有在渔民相信他们长期排他性的捕鱼权得到保证时，他们才会像好农民管理土地一样，以一种目光长远的方式管理资源。"为这种论述进行辩护。

(6) 还有什么其他减少过度捕捞的政策值得考虑吗？

22. 在市场经济中，有关物品和劳务质量或作用的信息本身就是一种有价值的物品。私人市场如何提供这种信息？你认为在提供这种信息的过程中能使政府起作用的方法是什么？

23. 你认为因特网是一种公共物品吗？为什么？

24. 高收入的人为了避免死亡的危险愿意比低收入的人花更多钱。例如，他们更愿意为汽车的安全性花钱。你认为当评价公共项目时应该考虑这一事实吗？例如，有一个富人镇和一个穷人镇，它们都正在考虑安装红绿灯。在做出这项决策时，富人镇对人生命的评价更高吗？为什么？

任务4　项目实训

项目目标

1. 理解并能解释市场失灵的原因。
2. 认知并能有意识分析垄断造成的损失。
3. 理解并能分析外部性产生的效应。

1　我的重点观察和思考——“我所观察到的市场失灵及我的思考”

项目要求

1. 每人先写出自己观察到的市场失灵现象并进行分类。
2. 小组讨论，探讨市场失灵的原因。
3. 每小组推举出一人向全班介绍。
4. 教师点评。

2　搜集我国垄断性行业的产量、成本、价格数据

项目要求

1. 提供给学生有关的网站。
2. 确定每个小组搜集的行业。
3. 搜集所确定行业的产量、成本、价格详细数据。
4. 对信息进行整理和分析。
5. 小组内交流和讨论。
6. 教师点评。

3　排污权的有偿转让分析

项目要求

1. 小组讨论“排污权的有偿转让所反映的机制、可行性”。
2. 小组派代表陈述对问题的解释。
3. 教师点评。

项目八　国民收入核算原理与应用

学习目标

1. 知识目标：了解 GDP 的概念及其他宏观经济变量，理解国民收入的核算方法以及投资储蓄恒等式。

2. 技能目标：能够运用国民收入核算原理分析 GDP 的决定及变化。

3. 态度目标：养成勤奋严谨的学习习惯和创新思考的职业精神。

学习型工作任务

任务 1　案例剖析
任务 2　国民收入核算原理
任务 3　问题研讨
任务 4　项目实训

任务 1　案例剖析

1. GDP 不是万能的，但没有 GDP 是万万不能的

从 GDP 的含义到它的计算方法不难看出，GDP 只是用来衡量那些易于度量的经济活动的营业额，不能全面反映经济增长的质量。“GDP 衡量一切，但并不包括使我们的生活有意义的东西”，这句话是罗伯特·肯尼迪（美国总统约翰·肯尼迪之弟）在竞选总统的演说中对 GDP 这个经济指标的批评。他不是经济学家，但他的这段话颇受经济学家的重视。

越来越多的人包括非常著名的学者，对 GDP 衡量经济增长的重要性产生了怀疑。斯蒂格利茨（Joseph E. Stiglitz）曾经指出，如果一对夫妇留在家中打扫卫生和做饭，这将不会被列入 GDP 的统计之内，假如这对夫妇外出工作，另外雇人做清洁和烹调工作，那么这对夫妇和佣人的经济活动都会被计入 GDP。说得更明白一些，如果一名男士雇用一名保姆，保姆的工资也将计入 GDP。如果这位男士与保姆结婚，不给保姆发工资了，GDP 就会减少。

需要进一步指出的是，国内生产总值其中所包括的外资企业虽然在我们境内从统计学的意义上给我们创造了 GDP，但利润却是汇回他们自己的国家的。一句话，他们把 GDP 留给了我们，把利润转回了自己的国家，这就如同在天津打工的安徽民工把 GDP 留给了天津，把挣的钱汇回了安徽一样。GDP 只是一个“营业额”，不能反映环境污染的程度，不能反映资源的浪费程度，看不出支撑 GDP 的“物质”内容。在当今中国，资源浪费的亮点工程，半截子工程，都可以算在 GDP 中，都可以增加 GDP。

上述分析不难看出目前在评价经济状况经济增长趋势及社会财富的表现时，使用最为广泛的国民经济核算所提供的 GDP 指标，不能完全反映自然与环境之间的平衡，不能完全反映经济增长的质量。这些缺陷使传统的国民经济核算体系不仅无法衡量环境污染和生态破坏导致的经济损失，相反还助长了一些部门和地区为追求高的 GDP 增长而破坏环境、耗竭式使用自然资源的行为。可以肯定的是，目前 GDP 数字里有相当一部分是靠牺牲后代的资源来获得的。有些 GDP 的增量用科学的发展观去衡量和评价，不但不是业绩，反而是一种破坏。我们要加快发展、加速发展，但不能盲目发展。

尽管 GDP 存在着种种缺陷，但这个世界上本来就不存在一种包罗万象、反映一切的经济指标，在我们现在使用的所有描述和衡量一国经济发展状况的指标体系中，GDP 无疑是最重要的一个指标。正因为有这些作用，所以说，GDP 不是万能的，但没有 GDP 是万万不能的。

2. 20 世纪最伟大的发现之一

美国著名的经济学家保罗•萨缪尔森说：“GDP 是 20 世纪最伟大的发现之一”。没有 GDP 这个发明，我们就无法进行国与国之间经济实力的比较；贫穷与富裕的比较，我们就无法知道我国的 GDP 总量排在全世界的第六位，低于美国的 9 倍，日本的 5 倍；没有 GDP 我们也无法知道我国人均 GDP 在 2003 年已超过 1 000 美元，低于美国和日本的 40 多倍。没有 GDP 这个总量指标我们无法了解我国的经济增长速度是快还是慢，是需要刺激还是需要控制；因此 GDP 就像一把尺子、一面镜子，是衡量一国经济发展和生活富裕程度的重要指标。

GDP 如此重要，所以我们必须首先搞清楚到底什么是 GDP，美国经济学家曼昆在他的风靡世界的《经济学原理》中指出，国内生产总值（GDP）是在某一既定时期一个国家内生产的所有最终物品和劳务的市场价值。曼昆认为，准确理解 GDP 的要点是：①GDP 是按照现行的市场价格计算的；②GDP 包括在市场上合法出售的一切物品和劳务，例如你购买了音乐会的票，票价就是 GDP 的一部分；③只算最终产品，不包括中间环节；④是一个国家之内的，例如外国人暂时在中国工作，外国人在中国开办企业，他的生产的价值是中国 GDP 的一部分。

如果你要判断一个人在经济上是否成功，你首先要看他的收入。高收入的人享有较高的生活水平。同样的逻辑也适用于一国的整体经济。当判断经济富裕还是贫穷时，要看人们口袋里有多少钱。这正是国内生产总值（GDP）的作用。

GDP同时衡量两件事：经济中所有人的总收入和用于经济中物品与劳务产量的总支出。GDP既衡量总收入又衡量总支出的秘诀在于这两件事实际上是相同的。对于一个整体经济而言，收入必定等于支出。这是为什么呢？一个经济的收入和支出相同的原因就是一次交易都有两方：买者和卖者。如你雇一个小时工为你做卫生，每小时10元，在这种情况下小时工是劳务的卖者，而你是劳务的买者。小时工赚了10元，而你支出了10元。因此这种交易对经济的收入和支出做出了相同的贡献。无论是用总收入来衡量还是用总支出来衡量，GDP都增加了10元。由此可见，在经济中，每生产1元钱，就会产生1元钱的收入。

任务2　国民收入核算原理

1　宏观经济变量

宏观经济是相对于微观经济而言的。前面各章研究的是个体经济活动参与者的行为及后果，而宏观经济面向的是社会总体的经济行为及其后果，即对经济运行的整体，包括整个社会的产量、收入、价格水平和就业水平进行分析。如果说微观经济面向的是森林中的树木，宏观经济面向的则是森林整体，而不是其中的树木。

1.1　宏观经济理论概述

宏观经济学研究的是社会总体的经济行为及其后果，就是研究整个国家的经济运行情况：为什么一些国家经济会迅速增长，而另一些国家经济发展很缓慢？为什么一些国家的经济会发生时而高涨，时而萧条的周期性波动？为什么一些国家在一定时期会产生严重的失业问题和通货膨胀问题？为什么一些国家在一定时期会出现很大的政府预算赤字和外贸赤字？为什么一些国家的货币与其他国家的货币的交换比率会发生显著的贬值和升值？诸如此类问题产生的原因及其后果，都是宏观经济学所要研究的。

任何一个国家宏观经济运行的情况都可以通过一些指标加以测量，就像一个人的身体健康状况可以通过体温、血压等指标加以测量一样。测量宏观经济运行情况的最重要指标有国内生产总值及其增长率、失业率、物价水平及其变动即通货膨胀率。其他比较重要的指标还有政府财政预算赤字及贸易赤字的变动、利率等。这些变量之间有没有内在联系，一个变量的变动是否必然引起另一个变量变动以及在多大程度上相互关联，比方说失业率上升一个百分点会使国内生产总值损失多少，失业率上升是否会降低通货膨胀率，政府在降低失业率、通胀率、促使经济稳定增长和人们生活逐步改善方面能起多大作用，这些都属于宏观经济学研究的问题。

虽然对经济作宏观分析在历史上由来已久，但现代西方宏观经济学作为独立的理论经济学分支学科，是约翰·梅纳德·凯恩斯（John Maynard Keynes）的著作《就业、利息和货币通论》一书于1936年出版后才正式形成的。凯恩斯主义的宏观经济学认为，由消费、投资、政府购买和净出口所形成的对商品的总购买小于整个社会所提供的商品价值时，它会导致生产下降，失业增加；在相反的情况下，则会出现通货膨胀。因此，政府要采取一定的经济政策来减少失业，稳定物价，促进经济增长。可见，如果说微观经济学由于以价格为中心可称为价格理论，宏观经济学由于以收入和就业分析为中心则可称为收入理论或就业理论。

需要指出的是，按照西方学者的说法，对总体经济行为分析离不开个体经济行为分析，因为后者是前者的基础。例如，因为每个人的消费与其收入成一定比例，所以才有了消费函数；因为每个厂商的投资随利率上升而减少，所以才有了投资函数；因为假设每个从事经济活动的人对未来的预期是有理性的，所以才有了整体的理性预期理论。一句话，宏观经济分析有其微观基础。但西方学者也认为，总体经济行为绝非个体经济行为的简单加总。对微观经济是正确的东西，对宏观经济未必是正确的。例如，降低工资对每个厂商来说可降低成本，增加利润，从而增加生产和增雇工人。但如果每个厂商都降低工资，则消费者会由于收入减少而减少消费，使总需求下降，减少生产和就业。再如，增加储蓄可增加个人财富，但大家都增加储蓄，则使总消费减少，因而生产会下降，失业会增加。可见，微观经济学的一些结论不一定适用于宏观经济学。其原因除经济个体和经济总体所追求目标不同外，还在于某些行为对经济个体之所以正确或真实，是因为假定其他情况不变，即假定某一经济个体的行为对其余个体不产生影响。但宏观经济学涉及的是经济总体，例如消费者全体、厂商全体，因而不能再假定其他同一类别的个量不变，如某厂商降低工资时不能假定其他厂商不降低工资，某消费者实行节俭时不能假定其他消费者照旧消费等。由于宏观经济学研究总体经济行为，因而不能像微观经济学那样运用个量分析方法，而要用总量分析方法。例如，研究价格时不是研究某一产品价格如何由其供求对比情况决定，而是研究社会物价总水平如何由总需求和总供给的对比情况以及其他总量因素来加以决定。宏观经济学运用总量分析法时，不仅要注意经济个体的数目，还要注意各经济主体的行为在总体经济行为中的地位和作用。假定一经济社会由 5 个家庭组成，每个家庭的消费支出 C 及其可支配收入 Y_d 有表 8—1 所示的函数关系。

表 8—1　　一个假设的消费函数

A	$C\ (A)=1.00Y_d$
B	$C\ (B)=10+0.9Y_d$
C	$C\ (C)=10+0.8Y_d$
D	$C\ (D)=5+0.85Y_d$
E	$C\ (E)=0.95Y_d$

再假定 B 和 C 的可支配收入 2 倍于 A、D 和 E，则整个社会的消费函数就是：

$$\text{总消费}=(10+10+5)+\frac{(1+2\times0.9+2\times0.8+0.85+0.95)Y_d}{1+2\times1+2+1+1}=25+0.8857Y_d$$

可见，这里所用的不是简单的算术平均，而是加权平均。此外，宏观经济学中同样有短期和长期，有静态、比较静态和动态的分析，还有大量应用在微观分析中的均衡分析和边际分析方法。

1.2　国内生产总值

宏观经济学研究整个社会的经济活动，首先要有定义和计量总产出或总收入的一套方法。国民收入核算就研究这套方法。在西方国家，核算国民经济活动的核心指标是国内生产总值（gross domestic product，GDP），因此，首先有必要弄清什么是GDP。为弄清这一概念，可先从一个企业的生产谈起。

假设某企业在1998年生产和销售500万美元制成品。能否说这500万美元产品价值都是这个企业生产的或者说创造的呢？不能，因为生产中必须消耗原材料、能源等。假定这些消耗是200万美元，则该企业新生产的价值充其量只有300万美元（其实这300万美元价值中还没有扣除厂房设备消耗，即折旧的部分，这一点以后再说）。这300万美元的价值是该企业产品价值与从别的企业购进的原材料、能源等价值之间的差额，这个差额称为价值增值。这一增值部分才被认为是该企业在1998年真正所生产的价值，真正贡献给社会的价值。因此，企业在某年的产出是指价值增值。

弄清这一点对认识西方经济学所说的社会一年的总产出是至关重要的。举个例子，假定一件上衣从生产到消费者最终使用共要经过5个阶段，即种棉、纺纱、织布、制衣、销售。假设棉花价值为15美元，并假定它都是当年新生产的价值，不再包含为生产棉花所花费的肥料、种子等价值（当然，这事实上不可能，但为说明问题起见，需作这样的假定）。再假定棉花纺成纱售价20美元，于是纺纱厂生产的价值是5美元，即增值5美元。20美元纱织成布售价30美元，于是织布厂生产的价值是10美元，即增值10美元。30美元布制成成衣卖给售衣商为45美元，于是制衣厂生产的价值是15美元，即增值15美元。售衣商卖给消费者为50美元，于是售衣商在售卖中增值5美元。可见，这件上衣在5个阶段中的价值创造即增值共计：15＋5＋10＋15＋5＝50美元，正好等于这件上衣的最后售价。现在这件上衣不再出售，由其最后使用者即顾客消费了。像这样一种在一定时期内生产的并由其最后使用者购买的产品和劳务就称为最终产品，而棉花、纱、布等则称为中间产品，中间产品是指用于再出售而供生产别种产品用的产品。

上衣的例子说明，一件最终产品在整个生产过程中的价值增值，就等于该最终产品的价值。一个国家在一定时期内（通常指一年）生产千千万万种最终产品，按照西方经济学的说法，这些最终产品的价值总和就等于生产这些最终产品的各行各业新创造的价值的总和，这被认为是该国在该时期内真正生产的价值，称为国内生产总值。因此，在西方经济学中，国内生产总值被定义为经济社会（即一国或一地区）在一定时期内运用生产要素所生产的全部最终产品（物品和劳务）的市场价值。这一定义含有以下几方面意思。

（1）GDP是一个市场价值的概念。各种最终产品的价值都是用货币加以衡量的。产品市场价值就是用这些最终产品的单位价格乘以产量获得的。假如某国一年生产10万件上衣，每件上衣售价50美元，则该国一年生产上衣的市场价值为500万美元。

（2）GDP测度的是最终产品的价值，中间产品价值不计入GDP，否则会造成重复计算。例如，如果把棉花、纱、布及制衣厂手中的成品的价值都算作这一时期生产的价值，则其总额将是：15＋20＋30＋45＋50＝160美元，而不再是50美元，但其卖价只能是50美元，因为50美元的价值才是这件上衣生产中真正被创造出来的价值，而绝不能把重复计算的价值计算在内。

（3）GDP是一定时期内（往往为一年）所生产而不是所售卖掉的最终产品价值。若某企业年生产100万美元产品，只卖掉80万美元，所剩20万美元产品可看做是企业自己买下来的存货投资，同样应计入GDP。相反，虽然生产100万美元产品，然而却卖掉了120万美元产品，则计入GDP的仍是100万美元，只是库存减少了20万美元而已。

(4) GDP是计算期内（如1999年）生产的最终产品价值，因而是流量而不是存量。流量是一定时期内发生的变量，存量是一定时点上存在的变量。例如某人花20万美元买了一幢旧房，这20万美元不能计入GDP，因为它在生产年份已计算过了，但买卖这幢旧房的经纪人费用可计入GDP，因为这费用是经纪人买卖旧房过程中提供的劳务报酬。

(5) GDP是一国范围内生产的最终产品的市场价值，是一个地域概念。而与此相联系的国民生产总值（GNP）则是一个国民概念，是指某国国民所拥有的全部生产要素所生产的最终产品的市场价值。因此，一个在日本工作的美国公民的收入要计入美国的GNP中，但不计入美国的GDP中，而计入日本的GDP。反之，一个在美国制造业中开设公司的日本老板取得的利润是日本GNP的一部分，不是美国GNP的一部分，但它是美国GDP的一部分。因此，若某国的GNP超过GDP，说明该国公民从外国获得的收入超过了外国公民从该国获得的收入，而GDP超过GNP时，情况则正相反。在1991年11月之前，美国均是用GNP作为对经济总产出的基本测量指标，后来改用GDP，原因是大多数国家都用GDP。同时，由于国外净收入数据不足，GDP较易衡量，再加上GDP相对于GNP来说是国内就业潜力的更好衡量指标（本国使用外资时解决的是本国就业问题）。当然，对美国来说，GDP和GNP的差异还较小，二者使用差别并不大。

(6) GDP一般仅指市场活动导致的价值。家务劳动、自给自足生产等非市场活动不计入GDP中。

上衣生产的例子不仅说明了产出是指增值，或者说产出等于新增价值，而且还说明产出总是等于收入，以及产出总是等于支出。

为什么说产出总是等于收入呢？仍以上衣生产为例，假定棉农共生产15万美元棉花，并假定这15万美元就是新增价值，那么，按照西方学者的说法，这实际上就是假定这15万美元价值就是生产棉花所投入的生产要素（劳动、资本、土地）共同创造的。这15万美元棉花卖给纺纱厂纺成纱卖20万美元，增值5万美元，怎么会增值的呢？因为纱厂把棉花纺成纱也需要投入劳动、资本、土地等生产要素，这5万美元的增值被认为就是这些要素共同创造的。由于企业使用要素必须支付代价，劳动者要付工资，使用资本要付利息，使用土地要付租金，这些要素报酬都被认为是这些要素在生产中做出的贡献，因而这5万美元的增值要转化为要素提供者的收入。假定工资是2万美元，利息是1.5万美元，地租是0.5万美元，则5万美元售价中还剩余1万美元，这余额就是利润。上述情况可列简表（见表8—2）。

表8—2　　一个假设的纺纱厂年产出和收入报表　　单位：美元

收入（支）		产出（收）	
工资和薪金	20 000	生产出成本（纱）	200 000
利息	15 000	减：购买原料棉花	150 000
地租	5 000		
利润	10 000		
总计收入	50 000	产出（增值）	50 000

纱厂情况是这样，织布厂、制衣厂、售衣商的情况也是这样，它们生产的价值，都要转化为生产要素报酬和企业利润，即转化为要素提供者和企业经营者的收入。由于把利润

看作产品卖价扣除工资、利息和地租等成本支出后的余额，因此，产出（生产的价值）总等于收入。上例中利润为 1 万美元，若工资、利息、地租之和为 4.5 万美元，则利润为 0.5 万美元；若三种报酬之和为 5.5 万美元，则利润为－0.5 万美元，说明企业亏损了。一个企业的产出总等于收入，一个国家的总产出也必然等于总收入。

为什么产出又总等于支出呢？这是因为，最终产品的销售收入就是最终产品购买者的支出。例如，生产了一件上衣卖 50 美元，就是购买上衣的消费者支出了 50 美元，这 50 美元就是生产和经营上衣的五个阶段的厂商（棉农、纱厂、织厂、制衣厂及售衣商）创造的价值即产出。上衣是这样，千千万万最终产品生产都是这样。因此，从全社会看，总产出就总等于购买最终产品的总支出。然而，假如社会某年生产了 1 万亿美元最终产品，只卖掉 0.8 万亿美元，总产出又怎么说是等于总支出呢？在西方国民收入核算中，这未卖掉的 0.2 万亿美元产品仍被看作本企业在存货方面的投资支出，称存货投资。由于企业把存货变化也看作自己购买自己产品的投资支出，因此，上例中的总支出就不是 0.8 万亿美元，而是 1 万亿美元了。

认识总产出等于总收入，总产出又等于总支出，对于弄清如何核算 GDP 有着重大意义。GDP 是经济社会在一定时期内生产的全部最终产品的市场价值，因此，从理论上说，似乎只要把所有最终产品市场价值加总就可以得到 GDP 了。如果用 Q_i 代表各种最终产品，P_i 代表它们的价格，则 $GDP=\sum P_iQ_i$。然而，事实上不大可能这样来核算 GDP，这不仅因为无法找到明确的标准来区分最终产品，而且即使真能按产品差别来划分最终产品，最终产品的清单也是为数众多的一长串。在这样的情况下，用它们乘以各自的价格并加总，实际上几乎不可能，为此只能采取其他方法来核算。

上面说过，最终产品价值等于整个生产过程中价值增加的总和，因此 GDP 可以通过核算各行各业在一定时期生产中的价值增值来求得，这种方法称为生产法。

从上述分析中可知，总产出等于总支出，因此 GDP 也可以通过核算整个社会在一定时期内购买最终产品的支出总和来求得，这种方法称为支出法。

从上述分析还已知道，总产出等于总收入，因此 GDP 还可通过核算整个社会在一定时期内获得的收入来求得，这种方法叫作收入法。

1.3 宏观经济变量

1.3.1 国内生产总值

国内生产总值（GDP）计量一定时期内一个国家的所有的生产活动。“某年某国产出多少”就是指国内生产总值。国内生产总值中的“总”字意指在计算各个生产单位产出时，未扣除当期的资本耗费，如果扣除资本耗费，那就是国内生产净值。

1.3.2 国内生产净值

任何产品价值中不但包含有消耗的原材料、燃料等的价值，还包含有使用的资本设备的折旧。最终产品价值并未扣去资本设备消耗的价值，因此，还不是净增价值，因而最终产品市场价值总和只能称为国内生产总值。最终产品价值中如把消耗的资本设备价值也扣除了，就得到了净增价值，因而从 GDP 中扣除资本折旧，就得到国内生产净值（net domestic product，NDP）。“总”和“净”对于投资也具有类似意义。总投资是一定时期内的全部投资，即建设的全部厂房设备和住宅等，而净投资是总投资中扣除了资本消耗或者说重置投资部分。例如，某企业某年购置了 10 台机器，其中 2 台用来更换报废的旧机器，则总投资为10台机器，净投资为8台机器。

1.3.3　国民收入

这里的国民收入（national income，NI）是指按生产要素报酬计算的国民收入。从国内生产净值中扣除间接税和企业转移支付加政府补助金，就得到一国生产要素在一定时期内提供生产性服务所得的报酬，即工资、利息、租金和利润的总和意义上的国民收入。间接税和企业转移支付虽构成产品价格，但不成为要素收入；相反，政府给企业的补助金虽不列入产品价格，但成为要素收入。故前者应扣除，后者应加入。

1.3.4　个人收入

生产要素报酬意义上的国民收入并不会全部成为个人的收入。例如，利润收入中要给政府缴纳公司所得税，公司还要留下一部分利润不分配给个人，只有一部分利润才会以红利和股息形式分给个人。职工收入中也有一部分要以社会保险费的形式上缴有关机构。另一方面，人们也会以各种形式从政府那里得到转移支付，如退伍军人津贴、失业救济金、职工养老金、职工困难补助等。因此，从国民收入中减公司未分配利润、公司所得税及社会保险税（费），加上政府给个人的转移支付，大体上就得到个人收入（personal income，PI）。

1.3.5　个人可支配收入

个人收入不能全归个人支配，因为要缴纳个人所得税，税后的个人收入才是个人可支配收入（disposable personal income，DPI），即人们可用来消费或储蓄的收入。

【原理应用】

下面用1991年美国的材料说明从GDP到个人可支配收入的变化步骤（见表8—3）。

表8—3　　1991年美国GDP和个人可支配收入　　单位：万美元

国内生产总值		56 775
加 国外要素净支付	175	
等于 国民生产总值		56 950
减 资本消耗扣除	6 261	
等于 国内生产净值		50 689
减 间接税	4 752	
其他（净值）	494	
等于 国民收入		45 443
减 公司留利	3 643	
社会保障款项	5 288	
加 政府和企业向个人的转移支付	7 711	
利息调整	2 511	
红利	1 370	
等于 个人收入		48 104
减 个人所得税和非税支付	6 187	
等于 个人可支配收入		41 917

这个材料有以下两点需要说明。

一是来自国外要素所得净额（Net Factor Income from Abroad）也称国外要素净支付，指本国生产要素在其他国家获得的收入（如本国在外国投资获得的利润，本国公民在外国的劳务收入等）减去本国付给外国生产要素在本国获得的收入。这样，国内生产总值加上来自国外的要素净支付就可以得到国民生产总值。

二是国民收入（要素报酬）并不会都给个人，从中要减去公司保留利润和社会保障缴款。这里，社会保障缴款指公司为本公司员工参加社会保险而缴纳给社会保险机构的费用，这些要从国民收入中扣除。当然，个人收入也会从政府和企业向个人的转移支付、利息调整和红利这些途径中增加。这里，利息调整是指不包括在利息净额（个人从企业获得的因资金借贷所产生的利息）之中的个人利息收入。

2 国民收入的核算方法

上面说到，核算 GDP 可用生产法、支出法和收入法。常用的是后两种方法，下面分别予以说明。

2.1 用支出法核算 GDP

用支出法核算 GDP，就是通过核算在一定时期内整个社会购买最终产品的总支出即最终产品的总卖价来计量 GDP。谁是最终产品的购买者呢，只要看谁是产品和劳务的最后使用者。在现实生活中，产品和劳务的最后使用，除了居民消费，还有企业投资、政府购买及出口。因此，用支出法核算 GDP，就是核算经济社会（指一个国家或一个地区）在一定时期内消费、投资、政府购买以及出口这几方面支出的总和。

消费（指居民个人消费）支出（consumption，用字母 C 表示）包括购买耐用消费品（如小汽车、电视机、洗衣机等）、非耐用消费品（如食物、衣服等）和劳务（如医疗、旅游、理发等）的支出。建造住宅的支出则不包括在内。

投资指增加或更换资本资产（包括厂房、住宅、机械设备及存货）的支出（investment，用字母 I 表示）。为什么用于投资的物品也是最终产品？资本设备难道不是像中间物品一样是用来生产别的产品吗？为什么不属中间产品呢？要知道，资本物品（如厂房设备等）和中间物品是有重大区别的。中间物品在生产别的产品时全部被消耗掉，但资本物品在生产别的产品过程中只是部分地被消耗。一个钢铁厂若用 40 年，则每年只耗费 1/40 的价值。资本物品由于损耗造成的价值减少称为折旧。折旧不仅包括生产中资本物品的物质磨损，还包括资本老化带来的精神磨损。例如，一台设备使用年限虽然未到，但过时了，其价值要贬损。投资包括固定资产投资和存货投资两大类。固定资产投资指新厂房、新设备、新商业用房以及新住宅的增加。为什么住宅建筑也属投资而不属消费，因为住宅像别的固定资产一样是长期使用，慢慢地被消耗的。

存货投资是企业掌握的存货价值的增加（或减少）。如果年初全国企业存货为 1 000 亿美元而年末为 1 200 亿美元，则存货投资为 200 亿美元。存货投资可能是正值，也可能是负值，因为年末存货价值可能大于也可能小于年初存货。

投资是一定时期内增加到资本存量中的资本流量，而资本存量则是经济社会在某一时点上的资本总量。假定某国家在 1998 年投资是 900 亿美元，该国 1998 年年末资本存量可能是 5 000 亿美元。由于机器厂房等会不断磨损，假定每年要消耗即折旧 400 亿美元，则上述 900 亿美元投资中就有 400 亿元要用来补偿旧资本消耗，净增加的投资只有 500 亿美元，这 400 亿美元因是用于重置资本设备的，故称重置投资。净投资加重置投资称为总投资。用支出法计算 GDP 时的投资，指的是总投资。

政府对物品和劳务的购买（Government Purchases，用字母 G 表示）是指各级政府购买物品和劳务的支出，如政府花钱设立法院、提供国防、建筑道路、开办学校等方面的支出。政府购买只是政府支出的一部分，政府支出的另一些部分如转移支付、公债利息等，都不计入 GDP，理由是政府购买时通过雇请公务人员、教师，建立公共设施，建造舰队等为社会提供了服务，而转移支付只是简单地把收入从一些人或一些组织转移到另一些人或另一些组织，没有相应的物品或劳务的交换发生。如政府给残疾人发放救济金，不是因为这些人提供了服务，创造了价值，而是因为他们丧失了劳动能力，要靠救济生活。

净出口指进出口的差额。用 X 表示出口，用 M 表示进口，则 $X-M$ 就是净出口。进口应从本国总购买中减去，因为进口表示收入流到国外，同时，也不是用于购买本国产品的支出；出口则应加进本国总购买量之中，因为出口表示收入从外国流入，是用于购买本国产品的支出，因此，净出口应计入总支出，它可能是正值，也可能是负值。

把上述四个项目加总，用支出法计算 GDP 的公式可写成：

$$\mathrm{GDP}=C+I+G+(X-M)$$

式中，C 为消费支出；I 为投资；G 为政府购买；X 为出口；M 为进口。表 8—4 是美国 1993 年的 GDP 和需求的构成情况。

表 8—4　　1993 年美国 GDP 和需求的构成

构成	金额（万美元）	百分比
个人消费支出	40 940	68.9
私人国内总投资	7 700	12.9
政府对产品和劳务的购买	11 150	18.8
产品和劳务的净出口	−330	−0.6
国内生产总值	59 460	100.0

2.2　用收入法核算 GDP

用收入法核算 GDP 即用要素收入（亦即企业生产成本）核算国内生产总值。严格说来，最终产品市场价值除了生产要素收入构成的成本，还有间接税、折旧、公司未分配利润等内容，因此用收入法核算的国内生产总值应包括以下项目。

一是工资、利息和租金等这些生产要素的报酬。工资包括所有对工作的酬金、津贴和福利费，也包括工资收入者必须缴纳的所得税及社会保险税。利息在这里指人们给企业所提供的货币资金所得的利息收入如银行存款利息，企业债券利息等。但政府公债利息及消费信贷利息不包括在内。租金包括出租土地、房屋等租赁收入及专利、版权等收入。

二是非公司企业主收入，如医生、律师、农民和小店铺主的收入。他们使用自己的资金，自我雇用，其工资、利息、利润、租金常混在一起作为非公司企业主收入。

三是公司税前利润，包括公司所得税、社会保险税、股东红利及公司未分配利润等。

四是企业转移支付及企业间接税。这些虽然不是生产要素创造的收入，但要通过产品价格转嫁给购买者，故也应视为成本。企业转移支付包括对非营利组织的社会慈善捐款和消费者呆账，企业间接税包括货物税或销售税、周转税。

五是资本折旧。它虽不是要素收入，但包括在总投资中，也应计入 GDP。

这样，按收入法计得的国民总收入计算公式如下：

国民总收入＝工资＋利息＋利润＋租金＋间接税和企业转移支付＋折旧

按收入法计得的国民总收入和按支出法计得的国内生产总值从理论上说是相等的，但在实际核算中常有误差，因而还要加上一个统计误差。

3 国民收入恒等式

在上面分析的基础上，可以得到国民收入构成的基本公式，并进而得到一个对分析宏观经济行为十分重要的命题，这就是储蓄—投资恒等式。

3.1 两部门经济的收入构成及储蓄—投资恒等式

这里所说的两部门是指一个假设的经济社会，其中只有消费者（即居民）和企业（即厂商），因而就不存在企业间接税。为使分析简化，再先撇开折旧，这样，国内生产总值等于国内生产净值和国民收入，都用 Y 表示。在两部门经济中，没有税收、政府支出及进出口贸易，在这种情况下，国民收入的构成情况如下：

一方面，从支出的角度看，由于把企业库存的变动作为存货投资，因此，国内生产总值总等于消费加投资，即 $Y=C+I$。

另一方面，从收入的角度看，由于把利润看作最终产品卖价超过工资、利息和租金的余额，因此，国内生产总值就等于总收入，总收入一部分用作消费，其余部分则当作储蓄。于是，从供给方面看的国民收入构成为：国民收入＝工资＋利息＋租金＋利润＝消费＋储蓄，即 $Y=C+S$。

由于 $C+I=Y=C+S$，就得到 $I=S$。这就是储蓄—投资恒等式。

必须明确的是，上述储蓄—投资恒等式是根据储蓄和投资的定义得出的。根据定义，国内生产总值等于消费加投资，国民总收入等于消费加储蓄。国内生产总值又等于总收入。这样，才有了储蓄—投资的恒等关系。这种恒等关系就是两部门经济中的总供给（$C+S$）和总需求（$C+I$）的恒等关系。只要遵循这些定义，储蓄和投资一定相等，而不管经济是否处于充分就业，是否处于通货膨胀，是否处于均衡状态。然而，这一恒等式决不意味着人们意愿的或者说事前计划的储蓄总会等于企业想要有的或者说事前计划的投资。在实际经济生活中，储蓄主要由居民户进行，投资主要由企业进行，个人储蓄动机和企业投资动机也不相同。这就会形成计划储蓄和计划投资的不一致，形成总需求和总供给的不均衡，引起经济的收缩和扩张。以后分析宏观经济均衡时所讲的投资要等于储蓄，是指只有计划投资等于计划储蓄，或者说事前投资等于事前储蓄时，才能形成经济的均衡状态，这和这里讲的储蓄—投资恒等不是一回事。这里讲的储蓄和投资恒等，是从国民收入会计角度看，事后的储蓄和投资总是相等的。还要说明，这里所讲储蓄等于投资，是指整个经济而言，至于某个人、某个企业或某个部门，则完全可以通过借款或贷款，使投资大于或小于储蓄。

3.2 三部门经济的收入构成及储蓄—投资恒等式

在三部门经济中，把政府部门引入进来。政府的经济活动表现在：一方面，有政府收入（主要是向企业和居民征税）；另一方面，有政府支出（包括政府对商品和劳务的购买，以及政府给居民的转移支付）。这样，把政府经济活动考虑进去，国民收入的构成将是以下情况。

从支出角度看，国内生产总值等于消费、投资和政府购买的总和，可用公式表示为$Y=C+I+G$。按理说，政府给居民的转移支付同样要形成对产品的需求，从而应列入公式。但可以把这一需求看作已包括在消费和投资中，因为居民得到了转移支付收入，无非是仍用于消费和投资（主要是消费，因为转移支付是政府给居民的救济性收入及津贴）。

从收入角度看，国内生产总值仍是所有生产要素获得的收入总和，即工资、利息、租金和利润的总和。总收入除了用于消费和储蓄，还先要纳税，然而，居民一方面要纳税，一方面又得到政府的转移支付收入，税金扣除了转移支付才是政府的净收入，也就是国民收入中归于政府的部分。假定用T_0表示全部税金收入，T_r表示政府转移支付，T表示政府净收入，则$T=T_0-T_r$，这样，从收入方面看国民收入的构成将是$Y=C+S+T$。

按照前面说过的社会总产出等于总销售（总支出），总产出价值又构成总收入的道理，可以将三部门经济中的国民收入构成的基本公式概括成为：$C+I+G=Y=C+S+T$。公式两边消去C，得$I+G=S+T$，或$I=S+(T-G)$。在这里，$(T-G)$可看作政府储蓄，因为T是政府净收入，G是政府购买性支出，二者差额即政府储蓄，这可以是正值，也可以是负值，这样，$I=S+(T-G)$的公式也就表示储蓄（私人储蓄和政府储蓄的总和）和投资的恒等。

3.3 四部门经济的收入构成及储蓄—投资恒等式

在三部门经济基础上加进一个国外部门就成了四部门经济。四部门经济中，由于有了对外贸易，国民收入的构成从支出角度看就等于消费、投资、政府购买和净出口的总和，用公式表示是$Y=C+I+G+(X-M)$。

从收入角度看，国民收入构成的公式可写成$Y=C+S+T+K_r$。这里，$C+S+T$的意义和三部门经济中的意义一样，K_r则代表本国居民对外国人的转移支付。例如，对外国遭受灾害时的救济性捐款，这种转移支付也来自生产要素的收入。这样，四部门经济中国民收入构成的基本公式就是：$C+I+G+(X-M)=Y=C+S+T+K_r$，公式两边消去C，则得到：

$$I+G+(X-M)=S+T+K_r$$

这一等式也可以看成是四部门经济中的储蓄—投资恒等式，因为这一等式可以转化为以下式子：

$$I=S+(T-G)+(M-X+K_r)$$

式中，S代表居民私人储蓄；$(T-G)$代表政府储蓄；而$(M-X+K_r)$则可代表外国对本国的储蓄，因为从本国的立场看，M（进口）代表其他国家出口商品，从而这些国家获得收入，X（出口）代表其他国家从本国购买商品和劳务，从而这些国家需要支出，K_r

也代表其他国家从本国得到收入，可见，当 $(M+K_r)>X$ 时，外国对本国的收入大于支出，于是就有了储蓄，反之，则有负储蓄。这样 $I=S+(T-G)+(M-X+K_r)$ 的公式就代表四部门经济中总储蓄（私人、政府和国外）和投资的恒等关系。

上面逐一分析了两部门、三部门和四部门经济中的国民收入构成的基本公式以及储蓄和投资的恒等关系。在分析时是把折旧和企业间接税先撇开的，实际上，即使把它们考虑进来，上述收入构成公式及储蓄和投资的恒等关系也都成立。如果上述 Y 指 GDP，则上述所有等式两边的 I 和 S 分别表示把折旧包括在内的总投资和总储蓄；如果 Y 指 NDP，则等式两边的 I 和 S 分别表示不含折旧的净投资和净储蓄，如果 Y 指 NI，则 C、I、G 是按出厂价计量的，等式两边减少了一个相同的等于间接税的量值。可见，不论 Y 代表哪一种国民收入概念，只要其他变量的意义能和 Y 的概念相一致，储蓄—投资恒等式总是成立的。

【原理应用】

1. 季节性周期和季节性调整

由于实际 GDP 和其他收入衡量指标反映了经济运行状况，所以，经济学家关注研究这些变量在不同季节的波动。但是，当开始这些研究时所出现的一个事实是：所有这些收入衡量指标都表现出一种有规律的季节形式。美国许多年来经济中产出的增加在每年第四季度达到顶点，然后在下一年的第一季度下降。这些有规律的季节性变动是相当大的。从第四季度到第一季度，实际 GDP 平均下降 8%左右。

实际 GDP 遵循一种季节性周期并不奇怪。这些变动中有一些是由于生产能力的变动。例如，在寒冷的冬天，建筑房屋要比其他季节困难。此外，人们具有季节性嗜好。例如，人们喜欢在冬天休假和在圣诞节采购这样的活动。

当经济学家研究实际 GDP 和其他经济变量的波动时，他们通常想消除由于可预期的季节性变动所引起的那部分波动。报纸上刊登的大部分经济统计数字都进行了季节性调整。准确的统计程序十分复杂，但本质上包括减去收入中可以根据季节变动而预期到的那部分收入变动。因此，当你观察到实际 GDP 或任何其他数字系列上升或下降时，你必须注意在解释时要超脱季节性周期。

2. “绿色”GDP

传统的 GDP 衡量不排除污染成本和对森林这种可再生资源的损耗，也不对耗尽了不可再生的矿产资源“收费”。一些评论家认为如此一来，GDP 高估了经济福利。美国政府曾采取一些试验性措施来纠正这些因素的影响。此项研究的第一阶段就发现了令人吃惊的现象。

统计学家估价了 1958 年到 1991 年美国年矿产资源存量，目的是测算消费量。尽管美国经济在这 33 年中使用了大量的矿产资源，统计学家发现被证实的资源供给几乎没有下降。这是怎么回事？

当然从纯粹物理学角度这是不可能的。美国 1991 年的地下矿藏储量当然比 1958 年的少。然而同一时期里，新的矿产资源不断地被发现，新技术的应用使得某些原先难以得到的或不经济的矿产资源变得可供利用。考虑到上述因素，被证实的储备在 33 年中并没有下降。因此，对矿产资源消耗的调整就几乎不对官方的 GDP 数据产生任何影响。

4　原理与知识小结

4.1　GNP 和 GDP 是两个重要的宏观经济变量，GNP 是一国国民在境内和境外生产的所有最终物品和劳务的市场价值总额。GDP 是本国居民和外国居民在其领土范围内所生产和提供的最终物品和劳务的市场价值总额。

4.2　GNP 分为现实的 GNP 和潜在的 GNP，潜在的 GNP 反映了长期内劳动、资本、土地等生产资源的最大生产潜力。现实的 GNP 可能大于、小于、等于潜在的 GNP。

4.3　从支出角度计算 GNP，它有四个组成部分：消费支出、投资支出、政府支出、净出口（$C+I+G+X-M$），这四个部分之和被称为总支出；从收入角度计算 GNP，它有六个组成部分：工资、租金、利息、利润、税收、资本折旧，一国所有居民的收入加上税收和资本折旧即总收入，总收入分成消费、储蓄、税收（$C+S+T$）。总收入与总支出存在恒等关系，即：

$$C+I+G+(X-M)=C+S+T$$

4.4　国民收入恒等式是指四部门经济即居民、厂商、政府和国外的投资—储蓄恒等式。

任务 3　问题研讨

1. 下列项目是否计入 GDP，为什么？

①政府转移支付；②购买一辆用过的卡车；③购买普通股票；④购买一块地产。

2. 在统计中，社会保险税增加对 GDP、NDP、NI、PI 和 DPI 这五个总量中哪个总量有影响？为什么？

3. 如果甲乙两国合并成一个国家，对 GDP 总和会有什么影响（假定两国产出不变）？

4. 某年发生了以下活动：①一银矿公司支付 7.5 万美元给矿工开采了 50 千克银卖给一银器制造商，售价 10 万美元；②银器制造商支付 5 万美元工资给工人制作了一批项链卖给消费者，售价 40 万美元。

（1）用最终产品生产法计算 GDP。

（2）每个生产阶段生产多少价值？用增值法计算 GDP。

（3）在生产活动中赚得的工资和利润各共为多少？用收入法计算 GDP。

5. 一经济社会生产三种产品：书本、面包和菜豆。它们在 1998 年和 1999 年内产量和价格，如表 8—5 所示。

表 8—5　　**三种产品的产量和价格**

品名 \ 时间 / 数量及价格	1988 年 数量	1988 年 价格	1999 年 数量	1999 年 价格
书本	100	10 美元	110	10 美元
面包（条）	200	1 美元	200	1.5 美元
菜豆（千克）	500	0.5 美元	450	1 美元

试求：

(1) 1998 年的名义 GDP。

(2) 1999 年的名义 GDP。

(3) 以 1998 年为基期，1998 年和 1999 年的实际 GDP 是多少？这两年实际 GDP 变化的百分比是多少？

(4) 以 1999 年为基期，1998 年和 1999 年实际 GDP 是多少？这两年实际 GDP 变化的百分比是多少？

(5) "GDP 的变化取决于我们用哪一年的价格作衡量实际 GDP 的基期的价格。"这话对吗？为什么？

6. 解释为什么一个经济的收入必定等于其支出？

7. 生产一辆经济型轿车或生产一辆豪华型轿车，哪一个对 GDP 的贡献更大？为什么？

8. 农民以 2 美元的价格把小麦卖给面包师。面包师用小麦制成面包，以 3 美元的价格出售。这些交易对 GDP 的贡献是多少？

9. 许多年以前，佩吉为了收集唱片花了 500 美元。今天她在旧货销售中把她收集的物品卖了 100 美元。这种销售如何影响现期 GDP？

10. 列出 GDP 的四个组成部分。各举一个例子。

11. 为什么经济学家在判断经济福利时用实际 GDP，而不用名义 GDP？

12. 在 2001 年，某个经济组织生产 100 个面包，每个以 2 美元的价格售出。在 2002 年，这个经济组织生产 200 个面包，每个以 3 美元的价格售出。计算每年的名义 GDP、实际 GDP 和 GDP 平减指数。(用 2001 年做基年。) 从一年到下一年这三个统计数字的百分比分别提高了多少？

13. 有一天，巴瑞理发公司得到了 400 美元理发收入。在这一天，其设备折旧价值为 50 美元。在其余的 350 美元中，巴瑞用 30 美元向政府交纳了销售税，以工资拿回家 220 美元，他经营中留 100 美元在未来增加设备。在巴瑞拿回家的 220 美元中，他交纳了 70 美元所得税。根据这些信息，计算巴瑞对以下收入衡量指标的贡献：

(1) 国内生产总值。

(2) 国民生产净值。

(3) 国民收入。

(4) 个人收入。

(5) 个人可支配收入。

14. 直至 20 世纪 90 年代初期，美国政府强调把 GNP 而不是 GDP 作为经济福利的衡量指标。如果政府更关心美国人的总收入，应该更偏爱哪一个衡量指标？如果政府更关心在美国发生的经济活动总量，应该更偏爱哪一个衡量指标？

15. 自从 1970 年以来，美国妇女劳动力参加工作率急剧增加。

(1) 你认为这种增加会如何影响 GDP？

(2) 现在设想一种包括用于家务劳动时间和闲暇时间的福利衡量指标。应该如何比较这种福利衡量指标的变动和 GDP 的变动？

(3) 你认为福利的其他内容与妇女劳动力参加工作率提高相关吗？构建一个包括这些

内容的福利衡量指标现实吗?

任务 4　项目实训

项目目标

1. 加深对 GDP 概念的理解。
2. 掌握宏观经济数据收集的来源和方法。
3. 掌握不同组成部分和不同产业对 GDP 的贡献。
4. 掌握对 GDP 数据的分析方法。
5. 学会进行横向和纵向数据比较。

对 GDP 的认识

项目要求

1. 利用 GDP 指标对一个地区的经济发展情况进行基本分析，要求每人提交一份报告。
2. 教师点评。

项目九　国民收入的决定原理与应用

学习目标

1. 知识目标：掌握总需求决定理论、乘数理论，理解消费函数、IS-LM 模型、总需求曲线和短期总供给曲线。

2. 技能目标：能够运用国民收入决定理论对现实国民收入水平以及变动做一些简单分析。

3. 态度目标：养成勤奋严谨的学习习惯和创新思考的职业精神。

学习型工作任务

任务 1　案例剖析
任务 2　国民收入的决定原理
任务 3　问题研讨
任务 4　项目实训

任务 1　案例剖析

1. 蜜蜂的寓言——经济学革命

18 世纪初，一个名叫孟迪维尔的英国医生写了一首题为《蜜蜂的寓言》的讽喻诗。这首诗叙述了一个蜂群的兴衰史。

这则寓言说：从前有一群蜜蜂，它们在一个蜂王的领导下，过着挥霍、奢侈的生活，整个蜂群兴旺发达，百业昌盛。后来，它们的老蜂王去世了，换了一个新蜂王，它们改变了原有的生活习惯，开始崇尚节俭朴素，结果社会凋敝，经济衰落，终于被敌手打败而逃散。

这首诗所宣扬的"浪费有功"在当时受到指责。英国萨塞克斯郡大陪审团委员们就曾宣判它为“有碍公众视听的败类作品”。

从 1929 年开始，资本主义世界爆发了空前的大危机。3 000 多万人失业，1/3 的工厂停产，整个经济倒退回了第一次世界大战前的水平。经济处于极度混乱之中，传统的经济学无法解释更无法解决这一问题，理论界纷纷进行探讨。这时，英国经济学家凯恩斯在《蜜蜂的寓言》的启示下，建立了他的国民收入决定理论，并由此引发了凯恩斯革命，从而建立了宏观经济学和总需求决定理论。

凯恩斯认为，在短期中决定经济状况的是总需求而不是总供给。这就是说，由劳动、资本和技术所决定的总供给，在短期中是既定的，这样，决定经济的就是总需求。总需求决定了短期中国民收入的水平。总需求增加，国民收入增加；总需求减少，国民收入减少。

总需求理论的提出在经济学中被称为一场“革命”（凯恩斯革命）。它改变了人们的传统观念。例如，如何看待节俭。在传统观念中，节俭是一种美德。但根据总需求理论，节俭就是减少消费。消费是总需求的一个重要组成部分，消费减少就是总需求减少。总需求减少则使国民收入减少，经济衰退。由此看来，对个人是美德的节俭，对社会却是不利的。这就是经济学家经常说的“节约的悖论”。“蜜蜂的寓言”所讲的也是这个道理。

2. 做大乘数

面对通货紧缩和亚洲等地区金融危机的负面影响，中央政府正确地采取了扩大内需和避免风险的基本对策。然而，尽管扩张性的宏观政策的力度很大，其带动作用却非常有限，连续降息并没有将股市刺激起来，财政扩张也只使国有部门的投资有所增长，而统计资料显示，1998 年的非国有部门的投资呈负增长。这是怎么回事呢？

我们现在采取的宏观经济政策倾向，被称为凯恩斯主义。凯恩斯是个英国贵族，也是个经济学家。在他学术生涯的巅峰时期，正好（不巧）赶上了 1929 年—1933 年的世界大萧条。他提出的救治方案就是扩张性的宏观经济政策，包括货币政策，即降低利率；也包括财政政策，主要是赤字政策和公共工程。但是这些政策之所以被称为政策，而不是政府的单打独斗，就意味着它要在社会上产生连锁反应，使效果数倍、甚至数十倍于政府的努力。为了解释这样的效果，凯恩斯提出了“投资乘数”的概念。意思是说，当政府比正常情况新增一笔公共工程的投资时，由于该工程要雇用工人和购买设备与原材料，就要支付工资和贷款；而贷款也最后会变成生产设备、原材料和工人的工资。因此投资会引致消费，消费支出又会变成生产消费品的工人收入，即消费又会引致新的消费。如此循环往复，一笔投资就会变成数倍于这笔投资的需求。这个倍数就是乘数，一个扩张的财政政策的直接效果，就是财政扩张的数额乘以“投资乘数”。由于这是凯恩斯最早提出来的，所以又叫“凯恩斯乘数”。

后来，乘数概念在经济学中泛滥，又有人提出“存款乘数”。意思是说，当银行新增一笔存款时，银行会扣掉一定比率的准备金，然后再把它贷出去；获得贷款的企业或者用来支付贷款，或者暂时存入银行，无论如何，都会又回到银行；银行仍旧按上面的办法处理。如此循环，也会使这笔新增存款“创造”出数倍于原来的存款来。这个倍数就是“存款乘数”。

有趣的是，上面讲的“投资乘数”，正好对应于今天的财政政策；而“存款乘数”，正好对应于今天的货币政策，因为所谓“新增存款”是降息所至。当我们讨论或预测政策效果时，有两个简单的因素：一个是政策本身的力度，一个是“乘数”。当政策没有达到预期的效果时，我们既可以说，政策的力度不够，又可以说，乘数不大。经济学家自然可以讨论政策力度问题，但这更多的是政府的事情；并且无论是财政政策，还是货币政策，都是有很多的约束条件的，不是可以任意使用的。例如，财政的首要功能，还是筹措公共物品的资源。当财政本身吃紧时，发挥政策作用的余地就很小，更为积极的因素是“乘数”。

毫无疑问，在政策力度一定的情况下，如果政策效应较小，就意味着乘数较小，而又是什么决定乘数呢？在前面的讨论中我们可以注意到，无论是“投资乘数”还是“存款乘数”，其产生和大小都和经济活动及其频率相关。具体地说，就是商品交易的频率和金融交易的频率。交易频率高，也可以说是交易效率高。这就涉及市场的发育和成熟程度了。我国当时的市场制度刚刚建立不久，信用不足，也缺乏效率，所以交易效率就会较低，交易速度就会较慢，在有些时候，交易甚至会受阻。一旦交易缓慢或受阻，形成乘数的循环就会较少，乘数也自然会很小。

事情还不仅仅如此。政策力度与乘数之间，也不是简单的相乘关系，有时两者会互相冲突。政府政策相对于经济制度也并非中性，它经常会产生“体制效应”，即政策本身会对经济制度产生影响。这就存在一种可能性，即扩张性的宏观经济政策会导致负面的体制效应，损害市场制度的改进和完善，结果会使乘数变小。譬如，为了筹措更多的财政资源以支持扩张性的财政政策，政府扩大了对市场的管制范围，结果损害了市场的效率；又譬如，为了避免金融风险，政府采取了过分保守的金融管制政策，会使问题走向另一个极端，导致金融体系的效率降低，存款—贷款的循环甚至会被中断，“存款乘数”就会变小。

既然我们面对的是乘数太小的问题，我们的任务就是要把乘数做大。做大乘数的方法，就是继续进行市场化的制度变革，使初步建立起来的市场制度变得更有效率。既然政府政策会产生“体制效应”，我们的目标就是变负效应为正效应。在财政方面，既然大量亏损的国有企业是财政的“鸡肋”，进行企业并购和产权交易，就是具有制度变革特征的、缓解财政危机的手段；在公共工程方面，打破国有部门独揽项目的局面，让非国有企业参与公平的竞标，则是扩展市场规则的又一契机；在货币政策方面，只有将中央银行的再贷款利率与商业银行的市场利率分开，才能更有效地使政策发挥作用，同时又使我国的货币体系向着市场化的方向迈进一步；即使是财政政策手段，如发行政府债券，也可以用来促进金融市场的发展，如利用政府债券支撑起证券市场的交易。

当然，除了短期手段外，乘数变大是一个漫长的过程。但这并不意味着政府可以忽视这个对政策效果举足轻重的变量。一个明智而有效的政府更应注重借用经济制度本身的力量，在推行短期的宏观经济政策时，不应伤及那个会使政策效应更为显著的制度基础，同时为了社会与国家长远计，不应一刻忘记改进使政府显得更有效的市场体系。至少在政府制定政策的视野内，它的名字叫“乘数”。

3. 利率上调是遏制经济过热的最好工具

中国人民银行决定，从2006年4月28日起上调金融机构贷款基准利率。金融机构一年期贷款基准利率上调0.27个百分点，由现行的5.58%提高到5.85%。对于央行上调贷款利率的决定，我拍手称快。虽然一年期存款基准利率没有上调是个很大的遗憾，并且有削减民众财富于无形之嫌。如果任由我国目前的经济趋势持续，不仅会丧失两年来的宏观经济调控成果，也会使得中国经济持续稳定的发展难以进行。

那么，国内宏观经济调控为什么不能够达到政府预期目标呢？为什么宏观调控的成效不是如预期那样顺利？特别是今年以来，为什么宏观经济过热又死灰复燃？我想最大的问题是没有好好利用宏观调控的工具。如果宏观调控连最基本的工具都没有使用，那么其效果如何是可以想象的。

很简单，经济上的宏观调控是什么？就是对经济总量的控制，并通过这种对经济总量的控制来抚平经济周期的波动。那么对经济总量进行控制有什么工具？一般来说，有利率政策、汇率政策、财政政策及税收政策等。（今天又涨了多少？全方位自选股跟踪……）

但是，国内两年来宏观经济调控更多的是中观及微观方面的动作，而真正的宏观调控工具使用很少。

正因为中国前两次加息过小过慢，不仅弱化了银行、民众及企业对利率风险的预期，也使得实质利率过低。对于前者，由于银行、企业及民众不能够把利率风险考虑到其行为决策中，因此银行信贷快速增长也就十分正常了。对于后者，由于无论名义利率还是实质利率都过低，使得由政府管制的方式从债权人向债务人利益转移，即谁借到钱谁就会获得利益。既然企业借到钱就是利益，那么企业不仅会拼命地去借钱，也尽力从银行借到钱来投资，投资过热也就自然了。因此，要改变目前中国投资过热的趋势就得从最基本、最为核心的地方入手，从金融市场的价格机制入手，调升过低的利率。

可以说，尽管这次央行调整利率幅度不大，其调动的幅度对企业或个人信贷成本的影响不高，但是它向市场发出了一个十分强烈的信号，通过利率调整来改善中国金融市场的价格机制，通过利率调整向市场表明，企业与居民的经济决策必须把利率的风险考虑在其未来的行为决策中。

房地产业应该是这次政府宏观调控最为关注的第一行业，房地产业是一个资金密集型产业，资金成本的高低或利率的高低不仅决定了房地产市场发展速度，也决定了房地产炒作与投机的程度。一年来国内房地产市场没有得到很好的调整，最大的问题也在于没有有效地利用这个工具。

可以说，这次利率的调整明确地向房地产市场发出了一个强烈的信号，中央政府有决心、有能力对国内过快的房地产市场投资、对上升过快的房价进行调整。而且这种调整并不在于这次利率上升的幅度，而是在于市场对这次加息的反映。估计央行会通过市场反映来决定未来加息的频率。既然利率工具启动了，国内的投资过热、银行信贷过热、房地产投资过热、房价的快速增长等市场面临的困难问题也就会逐渐地化解了！

任务 2　国民收入的决定原理

1　简单的国民收入决定分析

在整个宏观经济体系中包括了两个子系统，即产品和劳务运行的市场和货币及金融产品运行的市场，前者简称为产品市场，后者简称为货币市场。本项目主要介绍总需求分析及总需求—总供给模型等内容。

国民收入同时受到产品市场和货币市场运行的影响，为了便于理解，这里假定宏观经济中只存在产品市场而没有货币市场，这样的国民收入决定模型称为简单国民收入决定模型。

1.1 消费函数与储蓄函数

1.1.1 消费函数

消费是指人们为了满足自身的各种需要而购买产品和劳务的经济活动。影响人们消费的因素有很多，如消费者的收入水平、商品价格的水平、消费者自身的偏好、风俗习惯等，在这些因素中，具有决定性作用的是收入水平。

消费函数（consumption function）是用来描述消费与收入之间依存关系的函数。在其他条件不变的情况下，消费随着收入的增加而增加。但是，随着人们收入的增加，增量收入中用于消费的比重将逐渐递减，也就是说随着人们收入的增加，消费以递减的速度增加。消费函数可以表示为：

$$C=C(Y)=a+bY \tag{9.1}$$

式中，C 代表消费；Y（yield）代表收入；a 是收入为零时的消费，称为自发消费，是指一个人的基本生活消费；b 的经济含义指增加的每单位收入中用于消费部分的比率；bY 是随着收入变化而变化的消费量，bY 被称为引致消费。

由此引入两个表示消费与收入关系的概念，即平均消费倾向（average propensity to consume，APC）和边际消费倾向（marginal propensity to consume，MPC）。

平均消费倾向是指消费在收入中所占的比例，其计算公式如下：

$$APC=\frac{C}{Y} \tag{9.2}$$

边际消费倾向是指增加的每单位收入中用于消费部分的比率，也即是消费函数中的系数 b。由定义可知，边际消费倾向（b）的取值范围在 0 与 1 之间。其计算公式如下：

$$MPC=\frac{\Delta C}{\Delta Y} \tag{9.3}$$

当收入增量和消费增量均为极小时，边际消费倾向的计算公式还可以写成导数形式：

$$MPC=\frac{\mathrm{d}C}{\mathrm{d}Y} \tag{9.4}$$

1.1.2 储蓄函数

储蓄是指收入中未被消费的部分，在其他条件不变的情况下，储蓄随着收入增加而增加，并且随着收入的增加，增量收入中用于储蓄的比重逐渐递增，也就是说随着收入的增加，储蓄以递减的速度增加。储蓄函数是用来描述储蓄与收入之间依存关系的函数，其表达示如下：

$$S=S(Y)=Y-C=Y-(a+bY)=-a+(1-bY) \tag{9.5}$$

式中，S（saving）代表储蓄；Y 代表收入；$-a$ 为自发储蓄；b 的经济含义指增加的每单位收入中用于储蓄部分的比率，bY 是随着收入变化而变化的储蓄量，$(1-b)Y$ 也被称为引致储蓄。

由此引入两个表示储蓄与收入关系的概念，即平均储蓄倾向（average propensity to save，APS）和边际储蓄倾向（marginal propensity to save，MPS）。

平均储蓄倾向是指储蓄在收入中所占的比例，其计算公式如下：

$$APS=\frac{S}{Y} \tag{9.6}$$

边际储蓄倾向是指增加的每单位收入中用于储蓄部分的比率，也即是消费函数中的系数 b。由定义可知，边际储蓄倾向（b）的取值范围在 0 与 1 之间。其计算公式如下：

$$MPS=\frac{\Delta S}{\Delta Y} \tag{9.7}$$

当收入增量和储蓄增量均为极小时，边际储蓄倾向的计算公式还可以写成导数形式：

$$MPS=\frac{\mathrm{d}S}{\mathrm{d}Y} \tag{9.8}$$

1.1.3　消费函数与储蓄函数的关系

由于全部的收入分为消费和储蓄，因此消费函数与储蓄函数之间存在三个方面的关系：一是消费函数和储蓄函数互为补数，二者之和等于总收入，即 $C(Y)+S(Y)=Y$；二是平均消费倾向（APC）与平均储蓄倾向（APS）的和为 1；三是边际消费倾向（MPC）与边际储蓄倾向（MPS）的和也为 1。

1.1.4　消费函数与储蓄函数的图形

由于消费函数和储蓄函数都是线性函数，并且这两个函数又是互补的，因此，可以在一个图中画出这两个函数的图形。下面以具体消费和储蓄函数为例来说明问题。

假设自发消费水平为 100，边际消费倾向为 0.75，由此可得消费函数和储蓄函数分别为：$C=100+0.75Y$，$S=-100+0.25Y$。用纵轴代表消费，横轴代表国民收入，做出消费函数和储蓄函数的图形，如图 9—1 所示。

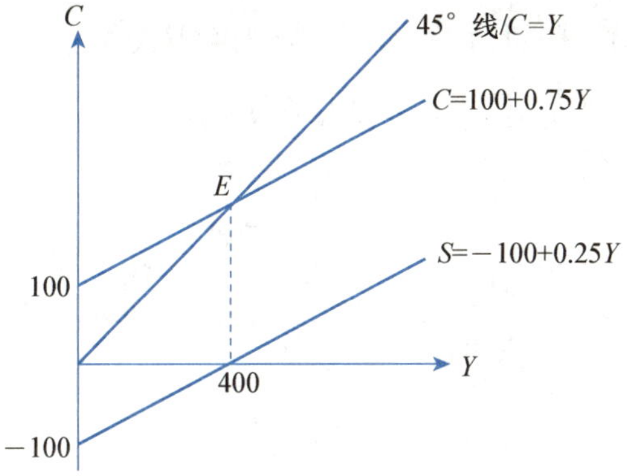

图 9—1　消费函数与储蓄函数

1.2 均衡国民收入的决定

1.2.1 两部门经济中均衡国民收入的决定

1. 两部门经济的总供求分析

均衡的国民收入是指总需求与总供给相等时的国民收入。在国民收入核算中，社会各部门对产品和劳务的总支出代表了整个社会的总需求水平，而参与生产的所有社会生产要素得到的收入则代表了整个社会的总供给水平。当整个社会的总支出等于总收入（也就是说总需求等于总供给）时，整个国民经济处于均衡状态。

两部门经济是指一个只有企业和居民两个部门的简单社会。其总支出由两个部分构成，即消费支出（C）和投资支出（I）；其总收入最终分解成两个部分，即储蓄（S）和消费（C）。由此可以得到两部门经济中的总需求与总供给的构成：

总支出＝总需求(approach demand，AD)＝消费(C)＋投资(I)

总收入＝总供给(approach supply，AS)＝消费(C)＋储蓄(S)

由此可得的国民收入均衡的条件是：$C+I=C+S$。

2. 消费函数与均衡国民收入的决定

在两部门经济社会中，总需求由消费与投资构成，即 $Y=C+I$，其中消费 $C=a+bY$，此时如果知道投资即可求出国民收入。为了使分析简化，在国民收入决定的简单模型中，把投资看作一个外生变量，是一个不随着利率和国民收入水平变化而变化的常量。根据这个假定，可设 $I=I_0$（I_0 为一个常量），此时，均衡国民收入决定模型如下：

$$\begin{cases} Y=AD \\ AD=C+I \\ C=a+bY \\ I=I_0 \end{cases}$$

解联立方程组，可得均衡国民收入：

$$Y=\frac{a+I_0}{1-b} \tag{9.9}$$

可见，如果知道了消费函数和投资水平，就可以根据上述公式求出均衡的国民收入。假设消费函数 $C=800+0.8Y$，投资为 400 亿美元，则均衡收入为 $Y=\frac{800+400}{1-0.8}=6\ 000$ 亿美元。

下面再用列表和作图形式说明均衡收入的决定。表 9—1 显示了消费函数 $C=800+0.8Y$ 及自发投资为 400 亿美元时均衡收入决定的情况。

表 9—1　　均衡国民收入的决定　　单位：亿美元

收入	消费	储蓄	投资
3 000	3 200	－200	400
4 000	4 000	0	400
5 000	4 800	200	400
6 000	5 600	400	400
7 000	6 400	600	400

从表 9—1 中看出以下几种情况。

(1) 当收入为 6 000 亿美元时，总需求 $Y=C+I=5\,600+400=6\,000$ 亿美元，总供给 $Y=C+S=5\,600+400=6\,000$ 亿美元。此时，总需求等于总供给，说明 6 000 亿美元是均衡的国民收入。

(2) 当收入为 5 000 亿美元时，总需求 $Y=C+I=4\,800+400=5\,200$ 亿美元，总供给 $Y=C+S=4\,800+200=5\,000$ 亿美元。在这种情况下，总需求大于总供给，厂商扩大生产是有利可图的，厂商会增雇工人，扩大产量，从而使收入向均衡的国民收入靠拢。

(3) 当收入为 7 000 亿美元时，总需求 $Y=C+I=6\,400+400=6\,800$ 亿美元，总供给 $Y=C+S=6\,400+400=7\,000$ 亿美元。在这种情况下，总供给大于总需求，厂商只有减少产量才能销出其滞销的存货，厂商会减雇工人，降低产量，从而使收入向均衡的国民收入（6 000 亿美元）靠拢。

均衡国民收入的决定也可以用图形来表示，图 9—2 表示了如何用消费加投资曲线与 45°线相交决定均衡的国民收入（所用数据来自表 9—1）。

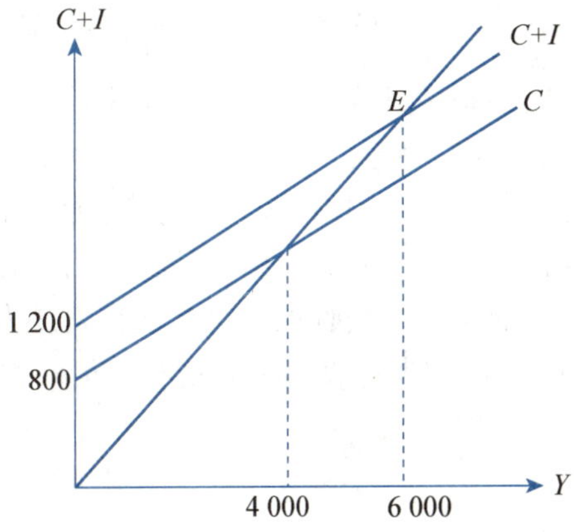

图 9—2　均衡国民收入的决定

图 9—2 中横轴表示收入，纵轴表示消费加投资，在消费曲线（C）上加投资（I）得到消费投资曲线 $C+I$，这条曲线即是总支出（总需求）曲线。由于假定投资一直为 400 亿美元，因此，总需求曲线与消费曲线总是平行的，两条线之间的垂直距离即为 400 亿美元，总需求曲线与 45°线相交于 E 点，E 点的收入水平是 6 000 亿美元，此时，总需求与总供给相等，决定了 6 000 亿美元是均衡的国民收入。

3. 储蓄函数与均衡国民收入的决定

由上述分析可知，当国民收入处于均衡状态时，投资等储蓄，即 $I=S=Y-C$，同时储蓄函数 $S=-a+(1-b)Y$，将这两式子联立，即可得由储蓄函数决定的均衡国民收入。

$$\begin{cases} I=Y-C=S \\ S=-a+(1-b)Y \Rightarrow Y=\dfrac{a+I_0}{1-b} \\ I=I_0 \end{cases} \tag{9.10}$$

可见，通过储蓄函数求出来的均衡国民收入决定模型与根据消费函数求出来的均衡国民收入决定模型完全相同。

仍以上例来说明，消费函数 $C=800+0.8Y$，则储蓄函数 $S=-800+0.2Y$，投资为 400 亿美元，当国民收入处于均衡状态时，投资等于储蓄，也即是储蓄等于 400 亿美元，则均衡收入为 6 000 亿美元（$400=-800+0.2Y \Rightarrow Y=6\,000$）。可见，通过储蓄函数求得的均衡国民收入与通过消费函数求得的均衡国民收入完全相同，因为储蓄函数与消费函数本是一对互补的函数。

同理，也可以表格和图形来说储蓄函数是如何决定均衡国民收入的，其原理和方法与消费函数的完全相同，这里不再重复。

1.2.2 三部门经济中均衡国民收入的决定

1. 三部门经济的总供求分析

三部门经济包括企业、居民和政府三个经济部门，与两部门经济相比，其总支出除了消费和投资外，多了一个政府的购买支出 G；其总收入除了消费和投资外，还包括政府的税收收入 T，因此，三部门经济的总供求构成如下：

总支出＝总需求(AD)＝消费(C)＋投资(I)＋政府购买(G)

总收入＝总供给(AS)＝消费(C)＋储蓄(S)＋税收(T)

由此可得的国民收入均衡的条件是 $C+I+G=C+S+T$。

2. 三部门经济均衡国民收入的决定

在三部门经济中，政府是一个重要的组成部分，其行为对于均衡国民收入的决定产生了重要的影响。政府的行为包括征税、购买支出和转移支出，在这种情况下，决定人们消费支出的收入不再是总收入，而是可支配收入。可支配收入是人们的税后收入再加上政府的转移支付，令 Y_D 为可配收入，T 为税收，G 为政府购买，TR 为转移支付，可得：

$$Y_D=Y-T+TR \tag{9.11}$$

消费函数由此可以写成：

$$C=a+bY_D=a+b(Y-T+TR) \tag{9.12}$$

再假定政府税收是固定税收，投资、政府购买支出和转移支付均为外生变量，是常量，此时由总需求和消费函数可求得均衡的国民收入：

$$\begin{cases} Y=AD \\ AD=C+I+G \\ C=a+bY_D \\ Y_D=Y-T+TR \\ I=I_0 \\ G=G_0 \\ T=T_0 \\ TR=TR_0 \end{cases} \Rightarrow Y=\frac{1}{1-b}(a-bT_0+bTR_0+I_0+G_0) \tag{9.13}$$

可见，在三部门中，除了消费、投资以外，政府行为也对均衡国民收入的决定产生重大影响。下面用一个具体的例子来说明在三部门经济中均衡的国民收入是如何决定的。

假定某社会的消费函数是 $C=100+0.8Y_D$，投资支出 50 亿美元，政府购买支出 200

亿美元，政府税收收入 250 亿美元，政府转移支付 62.5 亿美元，求该三部门经济中的均衡国民收入。

根据已知条件，可列如下方程组：

$$\begin{cases} Y=AD=C+I+G \\ C=100+0.8Y_D=100+0.8(Y-T+TR) \\ I=50 \\ T=250 \\ G=200 \\ TR=62.5 \end{cases}$$

$$\Rightarrow Y=\frac{1}{1-0.8}(100-0.8\times250+0.8\times62.5+50+200)=1\,000$$

可见，该三部门经济的均衡国民收入为 1 000 亿美元。

1.2.3　四部门经济中均衡国民收入的决定

在一个对外开放的经济体系中，除了企业、居民、政府等经济部门外，还增加了外国的企业、居民和政府，宏观经济学中统称为国外。与三部门经济相比，四部门经济中的总需求中增加了出口（X），总供给中则增加了进口（M）。其中，出口是国外对本国商品的需求，一般视作外生变量，而进口则是本国对国外商品的需求，随着收入的变动而变动，一般写作 $M=M_0+mY$。其中，M_0 是自发进口，与国民收入变动无关；m 为进口率（$0<m<1$）；Y 是国民收入；M 是进口。由此，可以得到四部门经济中的总需求与总供给的构成：

总支出＝总需求(AD)＝消费(C)＋投资(I)＋政府购买(G)＋出口(X)

总收入＝总供给(AS)＝消费(C)＋储蓄(S)＋税收(T)＋进口(M)

国民收入均衡的条件是 $C+I+G+X=C+S+T+M$，也可写成 $C+I+G+X-M=C+S+T$。

这样可以得到四部门经济中均衡国民收入的决定模型：

$$\begin{cases} Y=AD \\ AD=C+I+G+X-M \\ C=a+bY_D \\ Y_D=Y-T+TR \\ I=I_0 \\ G=G_0 \\ X=X_0 \\ M=M_0+mY \\ T=T_0 \\ TR=TR_0 \end{cases}$$

$$\Rightarrow Y=\frac{1}{1-b+m}(a-bT_0+bTR_0+I_0+G_0+X_0-M_0) \tag{9.14}$$

这是四部门经济中完整的国民收入决定模型。通过这个模型可以看出，消费、投资、政府行为和进出口都通过不同的方式对均衡的国民收入产生着不同的影响。

1.3 乘数理论

1.3.1 乘数的含义

在没有引入乘数以前，先考察一下两部门经济中均衡国民收入的影响因素。两部门经济中均衡国民收入的决定模型是：

$$Y=\frac{a+I_0}{1-b}$$

从中可以看出，在两部门经济中，均衡国民收入受到三个因素影响，即自发消费 a，边际消费倾向 b 或边际储蓄倾向 $1-b$，投资 I_0。在这三个因素中，自发消费和边际消费倾向是人们的消费行为参数，是比较稳定的，而投资则是厂商的行为参数（当然也包括居民的住房投资支出），是比较容易变动的，因此，宏观经济学非常关心计划投资的变动对均衡国民收入的影响。下面先以一个实例来说明问题。

假设消费函数 $C=80+0.8Y$，投资为 40 亿美元，则均衡国民收入为 $Y=\frac{80+40}{1-0.8}=600$ 亿美元。

再假设其他因素不变，投资上升为 50 亿美元，则此时均衡国民收入为 $Y=\frac{80+50}{1-0.8}=$ 650 亿美元。

由上例可以看见，投资的增加引起了均衡国民收入的增加，具体说，$\Delta I=50-40=10$ 亿美元，而 $\Delta Y=650-600=50$ 亿美元，$\Delta Y\div\Delta I=5$，也就是说国民收入的增加量是投资的增加量的 5 倍。

这里的倍数在经济学中称为乘数（Multipliers），即均衡国民收入的变化量与引起这一变动的变量的变化量之间的比率。根据这个定义，投资乘数即是国民收入的增量与投资的增量之间的比率。令 K 为投资乘数，根据定义，$K=\Delta Y/\Delta I$。

在宏观经济学中，乘数有双重含义：一是指均衡国民收入的变化量与引起这一变动的变量的变化量之间的比率；二是特指投资乘数。

1.3.2 两部门经济中的乘数

由乘数的定义可知，乘数是衡量国民收入影响因素的变化量与国民收入变化量之间倍数关系的一个指标。为什么国民收入影响因素的变化会引起国民收入成倍的变化呢？下面以投资乘数为例来说明这个问题。

假定在一个两部门经济社会中，投资增加了 1 000 亿美元，边际消费倾向是 0.8，当 1 000 亿美元被用于购买投资品时，投资品生产部门得到 1 000 亿美元的收入，导致社会收入第一次增加 1 000 亿美元。由于边际消费倾向是 0.8，这增加的 1 000 亿美元中的 800 亿美元被用来购买消费品，消费品生产部门得到 800 亿美元的收入，导致社会收入第二次增加了 800 亿美元。同样，消费品生产部门也会将 800 亿美元中的 640 亿美元用于消费，导致社会收入第三次增加了 640 亿美元。依此类推，国民收入最终增加的情况如表 9—2 所示。

表 9—2　　投资增加 1 000 亿美元导致的收入增量

收入增加次数	每次收入增加数量	以 $b\Delta I$ 表示的每次增量
第一次	1 000	ΔI
第二次	1 000×0.8=800	$b\Delta I$
第三次	1 000× (0.8)^2=640	$b^2\Delta I$
……	…	…
第 n 次	1 000× (0.8)$^{n-1}$	$b^{n-1}\Delta I$
收入总量增加	1 000+1 000×0.8+1 000×0.8^2+1 000×0.8^3+…	$\Delta I+b\Delta I+b^2\Delta I+\cdots$

由表 9—2 的第二列可以计算出国民收入增量，计算过程如下：

$$\Delta Y=1\,000+1\,000\times0.8+1\,000\times0.8^2+1\,000\times0.8^3+\cdots$$

$$\Delta Y=1\,000\times(1+0.8+0.8^2+0.8^3+\cdots)$$

$$\Delta Y=1\,000\times\left(\frac{1}{1-0.8}\right)=5\,000$$

也就是说，投资增加 1 000 亿美元，最终导致国民收入增加了 5 000 亿美元，也就是说投资乘数为 5。

同样，根据表 9—2 的第三列，可以计算出国民收入增量与投资增量之间用边际消费倾向表示的倍数关系：

$$\Delta Y=\Delta I+b\Delta I+b^2\Delta I+b^3\Delta I+\cdots$$

$$\Delta Y=\Delta I\times(1+b+b^2+b^3+\cdots)$$

$$\Delta Y=\Delta I\times\left(\frac{1}{1-b}\right)$$

可见，在两部门经济中，投资乘数 $K=\frac{\Delta Y}{\Delta I}=\frac{1}{1-b}=\frac{1}{1-MPC}=\frac{1}{MPS}$。从这个公式来看，乘数大小与边际消费倾向（边际储蓄倾向）有关，边际消费倾向越大或者说边际储蓄倾向越小，乘数就越大，投资增加带来的国民收入增量也就越大。

1.3.3　三部门经济中的乘数

在三部门经济中，政府的诸多行为如购买支出、税收、转移支付等均会对国民收入产生影响，因此，在部门经济中除了投资乘数外，还有政府购买支出乘数、税收乘数、转移支付乘数和平衡预算乘数等。在三部门经济中，国民收入的决定模型是：

$$Y=\frac{1}{1-b}(a-bT_0+bTR_0+I_0+G_0)$$

通过这一模型，可求得上述几个乘数。

1. 投资乘数

投资乘数即是国民收入变化量与引起国民收入变化的投资变化量之间的比率。假定其他条件不变，只有投资额发生变动，则投资分别为 I_1 和 I_2 时的收入分别为 Y_1 和 Y_2，$\Delta Y=Y_2-Y_1$，$\Delta I=I_2-I_1$，投资乘数记作 K_I。

$$Y_1=\frac{1}{1-b}(a-bT_0+bTR_0+I_1+G_0)$$

$$Y_2=\frac{1}{1-b}(a-bT_0+bTR_0+I_2+G_0)$$

$$\Delta Y=Y_2-Y_1=\frac{1}{1-b}(I_2-I_1)=\frac{1}{1-b}\Delta I$$

$$\Rightarrow K_I=\frac{\Delta Y}{\Delta I}=\frac{1}{1-b} \tag{9.15}$$

2. 政府购买乘数

政府购买乘数即国民收入的变化量与引起国民收入变化的政府购买变化量之间的比率。假定其他条件不变，只有政府购买支出额发生变动，令政府购买支出分别为 G_1 和 G_2 时的收入分别为 Y_1 和 Y_2，$\Delta Y=Y_2-Y_1$，$\Delta G=G_2-G_1$，投资乘数记作 K_G。

$$Y_1=\frac{1}{1-b}(a-bT_0+bTR_0+I_0+G_1)$$

$$Y_2=\frac{1}{1-b}(a-bT_0+bTR_0+I_0+G_2)$$

$$\Delta Y=Y_1-Y_2=\frac{1}{1-b}(G_2-G_1)=\frac{1}{1-b}\Delta G$$

$$\Rightarrow K_G=\frac{\Delta Y}{\Delta G}=\frac{1}{1-b} \tag{9.16}$$

3. 税收乘数

税收乘数是指国民收入变化量与引起这种变动的税收变化量的比率。假定其他条件不变，只有税收额发生变动，则税收分别为 T_1 和 T_2 时的收入分别为 Y_1 和 Y_2，$\Delta Y=Y_2-Y_1$，$\Delta T=T_2-T_1$，税收乘数记作 K_T。

$$Y_1=\frac{1}{1-b}(a-bT_1+bTR_0+I_0+G_0)$$

$$Y_2=\frac{1}{1-b}(a-bT_2+bTR_0+I_0+G_0)$$

$$\Delta Y=Y_2-Y_1=\frac{-b}{1-b}(T_2-T_1)=\frac{-b}{1-b}\Delta T$$

$$\Rightarrow K_T=\frac{\Delta Y}{\Delta T}=\frac{-b}{1-b}$$

与投资乘数不同的是，税收乘数为负值，也就是说税收与国民收入是反向变动的，政府增加税收会导致国民收入减少，相反，政府减少税收会使得国民收入增加。

4. 政府转移支付乘数

政府转移支付乘数是反映国民收入变化量与引起这种变动的政府转移支付变化量的比率。采用与求投资乘数、税收乘数相同的方法，可得政府转移支付乘数为：

$$K_{TR}=\frac{\Delta Y}{\Delta TR}=\frac{b}{1-b} \tag{9.17}$$

可以看出，政府转移支付乘数的绝对值与税收乘数的绝对值相等，但政府转移支付乘数为正值，也就是说，政府转移支付与国民收入成同方向变动，政府转移支付增加会使得国民收入增加，政府转移支付减少会使得国民收入减少。

假定某社会的消费函数是 $C=100+0.8Y_D$，投资支出 50 亿美元，政府购买支出 200 亿美元，政府税收收入 250 亿美元，政府转移支付 62.5 亿美元，求该三部门经济中的均衡国民收入和各种乘数。

将已知条件代入三部门经济中均衡国民收入的决定模型，可得均衡的国民收入是 1 000 亿美元，现在根据乘数的公式求各种乘数如下：

$$K_I=\frac{1}{1-b}=\frac{1}{1-0.8}=5$$

$$K_G=\frac{1}{1-b}=\frac{1}{1-0.8}=5$$

$$K_T=\frac{-b}{1-b}=\frac{0.8}{1-0.8}=-4$$

$$K_{TR}=\frac{b}{1-b}=\frac{0.8}{1-0.8}=4$$

1.3.4　四部门经济中的乘数

采取同样的方法，再根据四部门经济中均衡国民收入的决定模型，可以得到四部门经济中各种乘数：投资乘数 K_I，政府购买乘数 K_G，税收乘数 K_T，政府转移支付乘数 K_{TR}，对外贸易乘数 K_M。其中，对外贸易乘数 K_M 反映的是一国净出口变动对其国民收入变动的影响，是三部门经济中所没有的。

$$K_I=\frac{1}{1-b+m} \tag{9.18}$$

$$K_G=\frac{1}{1-b+m} \tag{9.19}$$

$$K_T=\frac{-b}{1-b+m} \tag{9.20}$$

$$K_{TR}=\frac{b}{1-b+m} \tag{9.21}$$

$$K_M=\frac{1}{1-b+m} \tag{9.22}$$

从上述四个公式中可以看出，四部门经济的乘数与三部门经济的乘数并不相同。由于 $0<m<1$，因此，$\frac{b}{1-b}>\frac{1}{1-b+m}$。

可见，有了对外贸易以后，不仅净出口的变动，而且投资、政府支出、税收的变动对国民收入变动的影响，与封闭的三部门经济相比，也发生了变化。在三部门经济中，投资、政府购买支出增加 1 单位，国民收入增加 $\frac{1}{1-b}$ 倍数，而在四部门经济中，国民收入则增加 $\frac{1}{1-b+m}$ 倍，也就是说国民收入增加的倍数缩小了。这主要是由于增加的收入的一部分用到进口商品中去了。

2 *IS—LM* 模型分析

前文的简单国民收入模型是在假设宏观经济中只存在产品市场而没有货币市场的前提条件下得到的，现实经济中，产品市场和货币市场同时对国民收入决定产生影响，这里要介绍的是一个将产品市场和货币市场联系起来讨论国民收入决定的模型，简称为 *IS—LM* 模型。

IS—LM 模型（*IS—LM* Model）考察的是一个没有对外开放的三部门经济体系，其核心思想是产品市场与货币市场互相影响，两个市场共同决定均衡的国民收入。在 *IS—LM* 模型中，*IS* 曲线描述了产品市场的均衡，*LM* 曲线描述了货币市场的均衡。在一个包括产品市场和货币市场的宏观经济体系中，只要有一个市场没有实现均衡，国民收入就不会稳定，只有产品市场和货币市场同时实现均衡时的国民收入才是均衡的国民收入，其思想可以通过下面的循环过程来形象地表达：产品市场中收入变化→货币市场中货币需求变化→利率变化→私人支出部门的投资支出变化→产品市场总需求变化→国民收入变化→货币市场中货币需求变化……

2.1 产品市场的均衡：*IS* 曲线

2.1.1 投资函数与利率

IS 曲线是指产品市场均衡时，利率和国民收入组合的轨迹。*IS* 曲线描述的是产品市场的均衡，产品市场中的投资支出是总需求的重要构成部分，在有了货币市场的宏观经济体系中，投资支出受利率水平高低的影响，当利率水平上升时，投资支出下降；而利率水平下降时，投资支出上升，即投资支出和利率水平呈反向变动。

在 *IS* 曲线中，利率不同于通常所说的利率，主要区别在两个方面：一方面，这里的利率是指实际利率，而不是名义利率，所谓实际利率，是指名义利率扣除通货膨胀率以后的利率水平；另一方面，这里的利率不是指某一种具体的利率（如半年期储蓄存款利率或一年期贷款利率等），而是指市场利率，即针对某一时期，在整个货币市场上，当货币需求和货币供给相等时的利率。假定投资函数是个线性方程，则有：

$$I=I(R)=e-d\times R \tag{9.23}$$

式中，I 代表私人投资支出；R 代表利率；e 代表自发投资，即利率为零时的投资支出；d 代表投资支出的利率弹性，即当利率变化 1 单位时投资的变化量，这里的 d 为正值。

投资函数也可以用几何图形来说明（见图 9—3），纵轴代表利率，横轴代表投资支出，

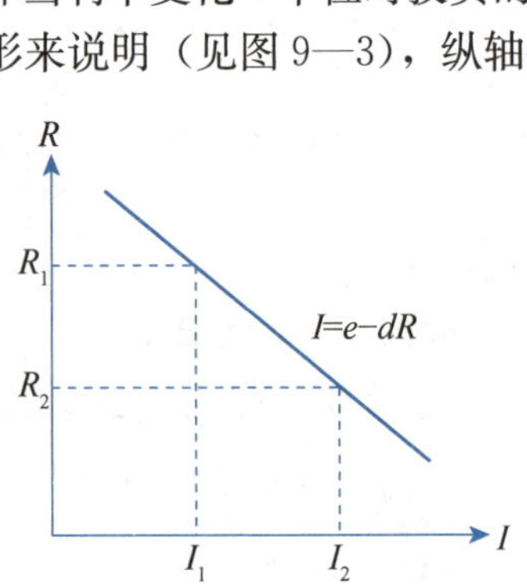

图 9—3 投资函数

投资曲线是一条向右下方倾斜的曲线。当利率为 R_1 时，投资支出是 I_1，当利率为 R_2 时，投资支出为 I_2，投资与利率呈反方向变动。

2.1.2　IS 曲线的推导

1. 两部门经济的 *IS* 曲线

IS 曲线是指产品市场均衡时，利率和国民收入组合的轨迹。产品市场均衡是指产品市场上总供给与总需求相等。在两部门经济中，总需求 $AD=C+I$，总供给 $AS=S+C$，产品市场均衡的条件是 $I=S$，如果消费函数是 $C=a+bY$，则均衡的国民收入是：

$$Y=\frac{a+I}{1-b}$$

在上述均衡国民收入决定模型中，是假定经济中不存在货币市场的，因而投资支出 I 是一个既定的量，而在一个包括产品市场和货币市场的两部门经济中，投资不再是一个既定的量，而是利率的函数（$I=e-dR$），在这种情况下，均衡国民收入的决定模型就变成了下面的公式：

$$Y=\frac{a+e-d\times R}{1-b}$$

$$\Rightarrow R=\frac{a+e}{d}-\frac{1-b}{d}Y \tag{9.24}$$

由上式可以看出，要使产品市场保持均衡，即投资等于储蓄，则均衡的国民收入和利率之间存在着反向变化的关系。

现在举例来说明这一点，假设投资函数 $I=1\ 250-250R$，消费函数 $C=500+0.5Y$，将上述数据代入上式，可得：

$$\Rightarrow R=\frac{a+e}{d}-\frac{1-b}{d}Y=7-\frac{1}{500}Y$$

利率 R 与均衡国民收入 Y 之间的反向变动关系和一一对应关系可用表 9—3 来描述。

表 9—3　*LS* 曲线中利率与国民收入之间的对应关系

R	1	2	3	4	…
Y	3 000	2 500	1 500	1 000	…

以纵轴代表利率，以横轴代表收入，则可以得到一条反映利率和收入间相互关系的曲线，如图 9—4 所示。这条曲线上任何一点都代表一定利率和收入的组合，在这样组合下，投资和储蓄是相等的，也就是说产品市场是均衡的，因此这条件曲线就是 *IS* 曲线。从图 9—4 中可以看出，*IS* 曲线是一条向下方倾斜的曲线，其经济含义是：在其他条件不变的情况下，利率下降，投资需求增加，总需求增加，均衡国民收入增加；反之，当利率上升后，投资需求下降，总需求减少，均衡国民收入减少。

2. 三部门经济 *IS* 曲线

前面曾经介绍过一个没有货币市场的三部门经济均衡国民收入决定模型，即：

$$Y=\frac{1}{1-b}(a-bT_0+bTR_0+I_0+G_0)$$

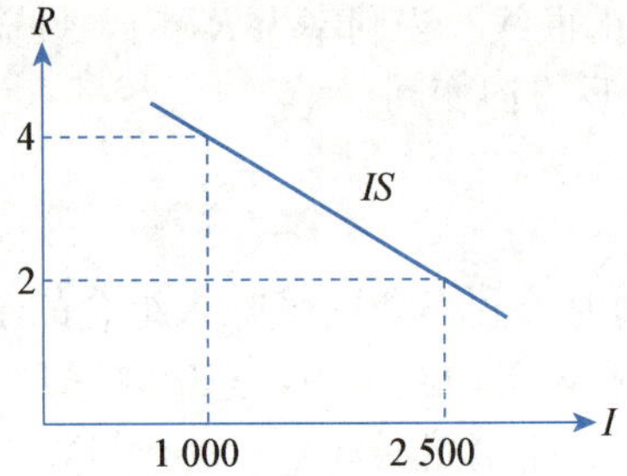

图 9—4 两部门的 IS 曲线

式中的投资支出假定为一个既定的量，而现在讨论的是一个既有产品市场又有货币市场的三部门经济，投资支出不能再假定为一个既定的量了，投资函数 $I=e-dR$，代入上式中可得三部门经济中的 IS 曲线表达式为：

$$R=\frac{a-bT_0+bTR_0+G_0+e}{d}-\frac{1-b}{d}Y \tag{9.25}$$

与两部门经济中的 IS 曲线相比，三部门经济的 IS 曲线相对复杂一点，但是它的内涵并没有发生变化，它表明在一个存在产品市场和货币市场的三部门经济中，在其他条件不变的情况下，利率与国民收入之间呈反向变动。

根据三部门经济中的 IS 曲线表达式同样可以得到 IS 曲线，如图 9—5 所示。根据 IS 曲线的定义可知，IS 曲线上的点所对应的国民收入和利率的组合都是产品市场均衡时的组合，也就是说，不在 IS 曲线上的点所对应的国民收入和利率组合都不能使产品市场实现均衡。

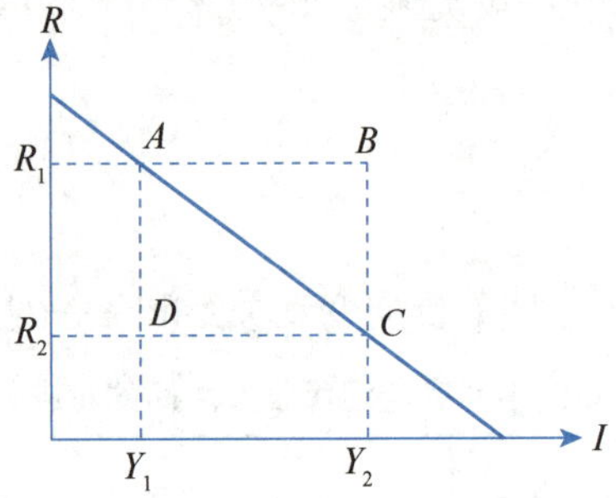

图 9—5 三部门的 IS 曲线

图 9—5 中，B、D 两点不在 IS 曲线上。先看 D 点，收入水平 Y_1 与 A 点相同，但利率较低，所以投资需求进而是产品总需求高于 A 点，这表明产品的需求超过了收入水平，从而存在着产品的过度需求；再看 B 点，利率水平高于 C 点，这表明产品的需求低于收入水平，从而存在着产品的过度供给。更一般地说，IS 曲线上方的点对应于产品的过度供给，而其下方的点对应于产品的过度需求。

2.1.3 IS 曲线的移动

从 IS 曲线的推导过程来看，IS 受到了投资（储蓄）、政府购买、政府转移支付和税收等诸多因素的影响。下面分析这些因素变动对 IS 曲线的影响。

1. 投资（储蓄）变动

由于某种原因，如国外资本进入，或者企业家对未来的预期转好，或者投资利润率上升等，在同样的利率水平下，投资需求增加，导致总需求随之增加，从而导致国民收入上升。这种情况在图中即是 *IS* 曲线向右上方移动，表明在同样的利率水平下，收入增加了。相反，如果由于某种原因导致储蓄增加（即投资下降），则 *IS* 曲线将向左下方移动，说明在同样的利率水平下，收入下降了。

2. 政府购买支出和转移支出变动

政府购买支出的增加导致总需求增加，国民收入随之增加，在图中即是 *IS* 曲线向右上方移动；相反，政府购买支出下降将会导致 *IS* 曲线向左下方移动。政府转移支付并不能直接增加总需求，但由于政府转移支付多为向弱势群体的单方面无偿支付，如支付给失业人员的失业金、支付给穷人的救济金等，弱势群体在接受政府转移支付后多用于当期消费以改善生活，所以政府转移支付也会间接增加社会总需求。所以，当政府转移支付增加时，*IS* 曲线向右上方移动；政府转移支付减少时，*IS* 曲线向左下方移动。

3. 税收变动

政府税收的变动对社会总需求的影响极大，如果政府增加税收，则会使得企业和居民的生产积极性下降，同时也让企业和居民的实际消费和投资下降，因而总需求下降，*IS* 曲线向左下方移动；反之，如果政府减税，则总需求上升，*IS* 曲线向右上方移动。

2.2 货币市场的均衡：*LM* 曲线

2.2.1 货币的需求

LM 曲线是描述货币市场达到均衡时，利率与收入之间关系的曲线。*LM* 曲线描述的是货币市场的均衡，而货币市场均衡与否，关键在于货币的供给与需求之间的对比。一般来说，货币的实际供给量（用 *M* 表示）由国家加以控制，可以看做是一个外生变量，因此，货币需求是 *LM* 曲线分析的重点。

人们接受货币不是因为货币本身，而是因为用货币能够购买到所需要的产品和劳务。货币与其他非货币形态的金融资产（如股票、债券、商业票据）的区别在于其具有使用上的灵活性，即可以直接购买到产品和劳务。非货币形态的金融资产与现金相比有利有弊，有利的一面是指其可以获取收益（如股票可以获得股息、债券可以获得利息等），不利的一面是指非货币形态的金融资产不能直接实现和产品、劳务的交换，先要变成现金（即通常所说的金融资产的流动性），变现时可能会面临时间的拖延和实际购买力上的损失。因此，凯恩斯认为人们对货币有“流动性偏好”，即人们宁愿牺牲利息、股息等收入而持有一定量的不生息的货币来保持财富的心理倾向。一般来说，人们持有货币的动机有三种，即交易性动机、预防性动机和投机性动机。

1. 交易性动机

货币的交易性需求是指人们为了进行日常的交易需求而持有的货币数量。由于收入和支出在时间上不是同步的，因而个人和企业必须有足够的货币资金来支付日常交易需求的开支。个人和企业出于这种交易动机所需要的货币量，取决于收入水平及惯例和商业制度等因素，而惯例和商业制度在短期内一般不会有太大变化，所以出于交易动机的货币需求量主要决定于收入，收入越高，交易数量越大，所交换的产品和劳务的数量越多，从而为应付日常开支所需的货币量就越大。

2. 预防性动机

预防性动机又称谨慎动机，指为预防意外支出而持有一部分货币的动机，如个人或企业为应付事故、失业、疾病等意外事件而需要事先持有一定数量的货币。因此，如果说货币的交易需求产生于收入和支出间缺乏同步性，货币的预防性需求则产生于未来收入和支出的不确定性。从整个社会角度来看，预防性动机大体上也和收入成正比，是收入的函数。因此，如果用 L_1 表示交易动机和预防性动机所产生的全部实际货币需求量，用 Y 表示实际收入，则这两种货币需求量与收入的关系可以表示为 $L_1=L_1(Y)$ 或者 $L_1=kY$，其中 k 为出于上述两种动机所需货币量同实际收入的比例关系，Y 为具有不变购买力的实际收入。

3. 投机性动机

投机性动机是指人们为了抓住有利的购买有价证券的机会而持有一部分货币的动机。人们的金融资产有两种形式，即货币和非货币金融资产。持有货币没有收益，而持有非货币金融资产（如债券）可以获得一定收益。一般来说，非货币金融资产（如债券、股票）的价格都随着利率的变化而变化。如债券的价格与利率的关系是：利率上升，债券的价格下降；利率下降，债券价格上升。投机者就是利用利率水平与非货币金融资产的价格之间的变化关系进行投机活动的，凡预计债券的价格将上涨（即预计利率将下降）的人，就会用货币买进债券以备日后以更高价格卖出；反之，凡预计债券价格将下跌的人，就会卖出债券保存货币以备日后债券价格下跌时再买进。这种预计债券价格将下跌（即利率上升）而需要把货币保留在手中的情况，就是对货币的投机性需求。可见，对货币的投机性需求取决于利率，如果用 L_2 来表示的投机性需求，用 r 表示利率，则这一货币需求量和利率的关系可表示为 $L_2=L_2(r)$。

2.2.2 流动性偏好陷阱

上面的分析说明这样一个问题，即人们对利率的预期是调节货币需求和非货币金融资产比例的重要依据。利率越高，货币需求量越小，当利率极高时，这一需求量等于零，因为人们认为这时利率不大可能再上升，或者说非货币金融资产的价格不大可能再下降，因而将所持有的货币全部换成有非货币性金融资产。反之，当利率极低时，人们会认为这时利率不大可能再下降，或者说非货币金融资产的价格不大可能再上升而只会跌落，因而会将所持有的非货币金融资产全部换成货币。人们有了货币也决不肯再去买非货币性金融资产，以免非货币性金融资产价格下跌时遭到损失，人们不管有多少货币都愿意持有手中，这种情况称为“凯恩斯陷阱”或“流动性偏好陷阱”。

前面提到过流动性偏好是凯恩斯提出的概念，是指人们持有货币的偏好。人们之所以产生对货币的偏好，是由于货币是流动性或者说灵活性最大的资产，随时可以交易之用，随时可以应付不测之需，随时可作投机之用，因而人们对货币的偏好就称作流动性偏好。货币需求关于利率的系数也称为流动性偏好的利率系数。当利率极低时，人们手中无论增加多少货币，都不会再去购买有价证券，都要留在手中，因而流动性偏好趋向无限大，这时即使银行增加货币供给，也不会再使利率下降。

2.2.3 货币需求函数

对货币的总需求是人们对货币的交易需求、预防需求和投机需求的总和。货币的交易需求和预防需求取决于收入水平，而货币的投机需求取决于利率，因此，对货币的总需求函数可以描述为下面这个函数：

$$L=L_1+L_2=L_1(Y)+L_2(r)=kY-hr \tag{9.26}$$

其中，L、L_1 和 L_2 都是代表对货币的实际需求，即具有不变购买力的实际货币需求量。名义货币量和实际货币量是有区别的。名义货币量是不管货币购买力如何而仅计算其票面值的货币量。把名义货币量折算成具有不变购买力的实际货币量，必须用价格指数加以调整。如用 M、m 和 P 分别表示名义货币量、实际货币量和价格指数，则有 $M=P\times m$。

由于 $L=kY-hr$ 仅代表对货币的实际需求量或者说需要的实际货币量，因此，名义货币需求函数还应是实际货币函数乘以价格指数，即 $L=(kY-hr)P$。货币需求函数可以用图 9—6 来表示。

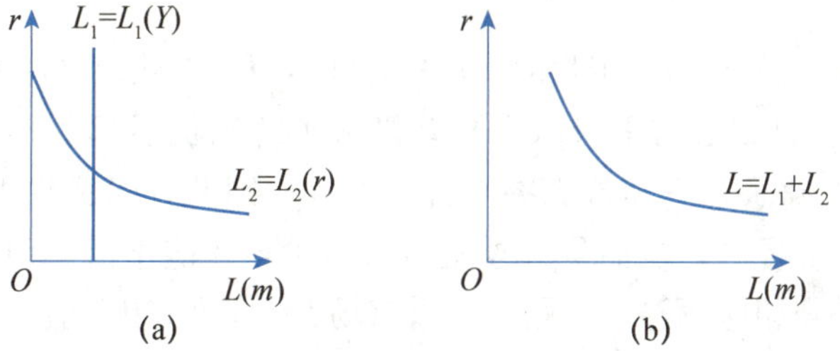

图 9—6　货币需求函数

图 9—6（a）中的垂线 L_1 表示为满足交易动机和预防动机的货币需求曲线，它和利率无关，因而垂直于横轴。L_2 线表示满足投机动机的货币需求曲线，它起初向右下方倾斜，表示货币的投机需求量随利率下降而增加，最后为水平状，表示"流动性偏好陷阱"。图 9—6（b）中的 L 线则是包括 L_1、L_2 在内的全部货币需求曲线，其纵轴表示利率，横轴表示货币需求量，由于具有不变购买力的货币一般用 m 表示，因此横轴也用 m 表示。这条货币需求曲线表示在一定收入水平上货币需求量和利率的关系：利率上升时，货币需求量减少；利率下降时，货币需求量增加。

2.2.4　货币的供给

货币供给是一个存量概念，它是一个国家在某一个时点上所保持的不属政府和银行所有的硬币、纸币和银行存款的总和。一般说来，货币供给量是由政府用货币政策来调节的，因而是一个外生变量，其大小与利率高低无关，因此货币供给曲线是一条垂直于横轴的直线。如图 9—7 中的 m 直线，这条货币供给曲线和货币需求曲线 L 的交点 E 决定了利率的均衡水平（r_0），它表示只有当货币供给等于货币需求时，货币市场才达到均衡状态。如果市场利率水平低于均衡利率，则说明货币需求超过供给，这时人们感到手中持有的货币太少，就会卖出有价证券，证券价格将会下降，也就是说利率水平要上升，对货币需求的减少一直要持续到货币供求相等时为止。相反，当利率高于均衡利率时，说明货币供给

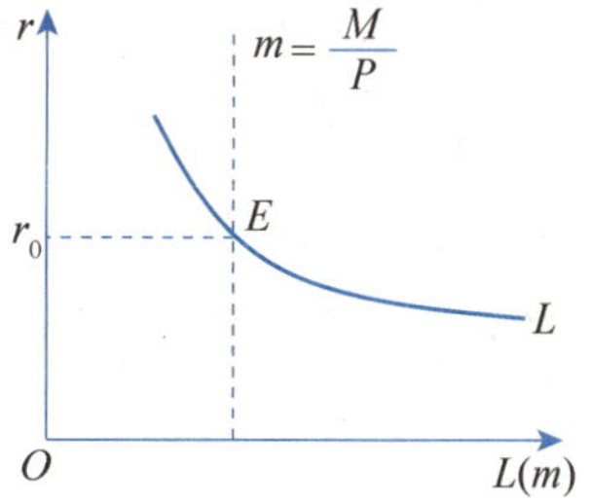

图 9—7　货币的供给函数

超过货币需求，这时人们感到手中持有的货币太多，就会把多余的货币买进有价证券，于是有价证券的价格上升，也就是说利率水平将下降，这种情况也一直要持续到货币供求相等时为止。只有当货币供求相等时，利率才不再变动。

2.2.5 *LM* 曲线的推导

利率是由货币的供给与需求共同决定的，而货币的供给量由一国货币当局控制，因而可以看作是一个外生变量。在货币供给量既定情况下，货币市场的均衡只能通过调节货币的需求来实现。假定 m 代表实际货币供给量，则货币市场的均衡式是 $m=L=L_1(Y)+L_2(r)=kY-hr$。

从这个等式可知，当 m 为一定量时，L_1 增加时，L_2 必须减少，否则不能保持货币市场的均衡。L_1 是货币的交易需求（由交易动机和预防动机引起），它随着收入增加而增加。L_2 是货币的投机需求，它随着利率上升而减少。因此，国民收入增加使货币交易需求增加，利率必须相应提高，从而货币投机需求减少，才能维持货币市场的均衡。反之，收入减少时，利率必须相应下降，否则，货币市场就不能保持均衡。

也就是说，当 m 给定时，$m=kY-hr$ 的公式可以表示为满足货币市场的均衡条件下的收入 Y 与利率 r 的关系，这一关系的图形就被称为 *LM* 曲线。由于货币市场均衡时 $m=kY-hr$，因此，国民收入与利率的关系可以写成：

$$Y=\frac{hr}{k}+\frac{m}{k} \tag{9.27}$$

或 $$r=\frac{kY}{h}-\frac{m}{h} \tag{9.28}$$

这两个公式都可以作为 *LM* 曲线的代数表达式，由于该曲线图形的纵坐标表示的是利率，横坐标表示的是收入，因此一般用后面的式子作为 *LM* 曲线的表达式。下面用一个例子来说明这个问题。

假定对货币的交易需求函数 $m_1=L_1(Y)=0.5Y$，对货币的投机需求函数 $m_2=L_2(Y)=1\,000-250r$，实际货币供给量 $m=1\,250$（亿美元），则货币市场均衡时，$1\,250=0.5Y+1\,000-250r$，可得 $r=0.002Y-1$，则国民收入和利率之间的关系可以用表 9—4 来描述。

表 9—4　*LM* 曲线中的国民收入与利率的对应关系

Y	1 000	1 500	2 000	2 500	…
r	1	2	3	4	…

注：$r=1$，2，3，…是指 $r=1\%$，2%，3%，…。

根据这些数据，可以作出图 9—8，图中这条向右上方倾斜的曲线之所以称为 *LM* 曲

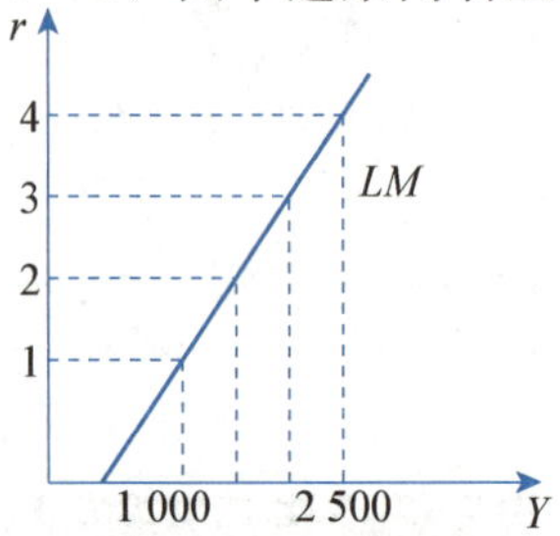

图 9—8　*LM* 曲线

线，是因为此线上的任一点都代表一定利率和收入的组合，在这样的组合下，货币需求和供给都是相等的，也就是说货币市场是均衡的。

LM 曲线的经济含义是：在其他条件不变的情况下，在国民收入上升时，货币需求将增加，为使货币市场保持均衡，市场利率必须相应上升；反之，在国民收入下降时，货币需求将减少，为使货币市场保持均衡，市场利率必须相应下降。

由上面的分析可知，在 *LM* 曲线上的点所对应的国民收入和利率的组合都是货币市场均衡时的组合。换言之，不在 *LM* 曲线上的点所对应的国民收入和利率的组合都不能使货币市场实现均衡。如图 9—9 中的 *A* 点所表示的国民收入和利率的组合，反映了货币市场存在着过度需求（EDM）的情况，从图中可以看出，与 *A* 点对应的均衡收入是 Y_A，显然 *A* 点的利率水平偏低，从而导致了货币需求偏高。同理，*B* 点所表示的国民收入和利率的组合，反映了货币市场存在着过度供给（ESM）的情况，从图中可以看出，与 *B* 点对应的均衡国民收入是 Y_B，显然 *B* 点的利率水平偏高，从而导致了供给偏高。

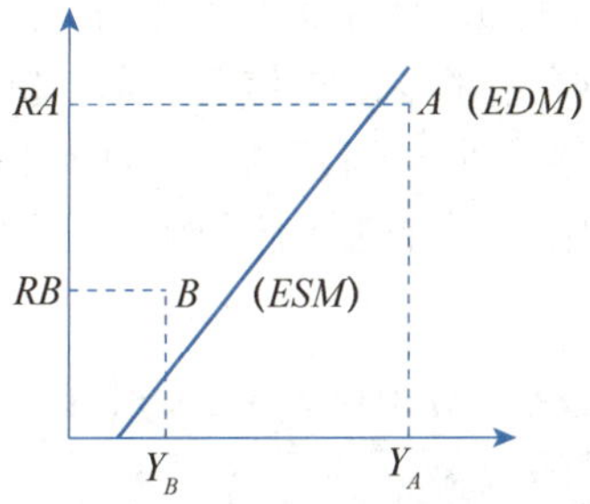

图 9—9　*LM* 的 *EDM* 和 *ESM*

2.3　产品市场和货币市场的一般均衡：*IS—LM* 模型

2.3.1　*IS—LM* 模型

前面的分析表明，在 *IS* 曲线上，有一系列利率与相应国民收入的组合可使产品市场达到均衡，在 *LM* 曲线上，又有一系列利率和相应国民收入的组合可使得货币市场达到均衡。对于宏观经济来说，均衡意味着产品市场和货币市场同时达到均衡，因此，只有将 *IS* 曲线和 *LM* 曲线结合起来才有可能找到一个同时能使产品市场和货币市场达到均衡的收入与利率的组合。

一般说来，*IS* 曲线可以写成 $I(R)=S(Y)$，*LM* 曲线可以写成 $M=L(Y)+L(R)$，由于货币供给量被视作给定的量，因此，在这个二元方程组中，变量只有利率 *R* 和收入 *Y*，解出这个方程组，就可得到 *R* 和 *Y* 的一般解。下面沿用前文的例子来说明整个宏观经济如何达到均衡。

IS 曲线：$I=1\,250-250R$，$S=-500+0.5Y$，当 $I=S$ 时，$Y=3\,500-500R$。

LM 曲线：$M=m=1\,250$，$L=0.5Y+1\,000-250R$，当 $L=m$ 时，$Y=500+500R$。

两个市场同时均衡时：$Y=3\,500-500R=Y=500+500R$，可得 $R=3$（%），$Y=2\,000$（亿美元）。

据此，可以作出 *IS—LM* 模型，如图 9—10 所示。

从图 9—10 中可以看出，由 *E* 点代表的 2 000 亿美元和 3%的利率是能使产品市场和货币市场同时实现均衡的国民收入和利率。这时投资 $I=1\,250-250\times3=500$（亿美元），

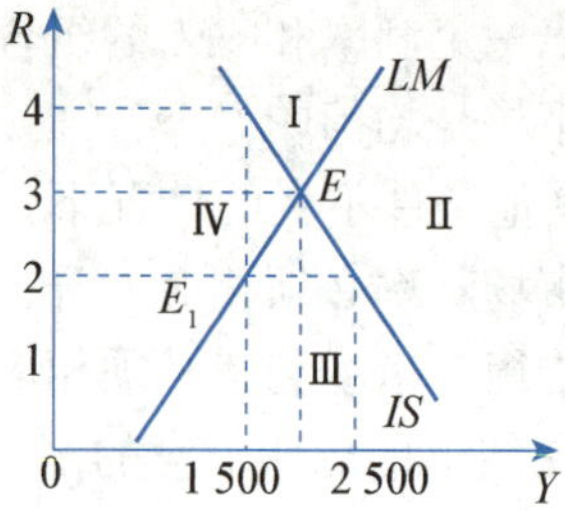

图 9—10 IS—LM 模型

储蓄 $S=-500+0.5\times200=500$（亿美元），因而实现了产品市场的均衡。同时货币需求 $L=0.5\times2\,000+1\,000-250\times3=1\,250$（亿美元），正好等于货币供应量，从而货币市场也实现了均衡。

除 E 点以外，图 9—10 中所有的点均不能同时使产品市场和货币市场达到均衡。从图 9—10 中可以看出，IS 曲线和 LM 曲线将坐标平面平分成四个区域：Ⅰ、Ⅱ、Ⅲ和Ⅳ，这四个区域中都存在着产品市场和货币市场的非均衡状态。例如，区域Ⅰ中的任何一点，一方面在 IS 曲线右上方，因此有投资小于储蓄的非均衡，另一方面又在 LM 曲线左上方，因此有货币需求小于供给的非均衡。其余三个区域中的非均衡关系也可以这样推知。这四个区域中的非均衡关系见表 9—5。

表 9—5　　*IS—LM* 模型中的非均衡区域

区域	产品市场	货币市场
Ⅰ	$I<S$ 有超额产品供给	$L<M$ 有超额货币供给
Ⅱ	$I<S$ 有超额产品供给	$L>M$ 有超额货币需求
Ⅲ	$I>S$ 有超额产品需求	$L>M$ 有超额货币需求
Ⅳ	$I>S$ 有超额产品需求	$L<M$ 有超额货币供给

各个区域中存在的各种不同的组合的 IS 和 LM 非均衡状态，会得到调整。IS 不均衡导致国民收入变动：投资大于储蓄会导致国民收入上升，投资小于储蓄会导致国民收入下降。LM 不均衡会导致利率变动：货币需求大于货币供给会导致利率上升，货币需求小于货币供给会导致利率下降。这种调整最终都会趋向均衡利率和均衡国民收入。

2.3.2 均衡国民收入和均衡利率的变动

有了消费函数或者储蓄函数、投资函数、货币的交易性需求、预防性需求和投机性需求函数和一个既定数量的货币供给量，就可以导出一个 $IS—LM$ 模型。同时，从前文的分析可知，在三部门条件下，IS 曲线的位置还要受到政府支出和税收的影响。

在其他条件不变的情况下，如果 IS 曲线向右上方移动，均衡国民收入增加，均衡利率上升；如果 IS 曲线向左下方移动，均衡国民收入减少，均衡利率下降。在其他条件不变的前提下，如果 LM 曲线向右下方移动，均衡国民收入增加，均衡利率下降。因此，各种影响 IS 曲线和 LM 曲线位置的因素的变化都会改变均衡国民收入和均衡利率。具体而言，有以下七种情况。

（1）消费增加，IS 曲线向右上方移动，引起均衡国民收入增加，均衡利率上升。当消费减少时，IS 曲线就会向左下方移动，引起均衡国民收入减少，均衡利率下降。

（2）储蓄增加，*IS* 曲线就会向左下方移动，引起均衡国民收入减少，均衡利率下降。当储蓄减少，*IS* 曲线就会向右上方移动，引起均衡国民收入增加，均衡利率上升。

（3）投资增加，*IS* 曲线就会向右上方移动，引起均衡国民收入增加，均衡利率上升。当投资减少，*IS* 曲线会向左下方移动，引起均衡国民收入减少，均衡利率下降。

（4）当政府购买支出增加或者税收减少时，*IS* 曲线就会向右上方移动，引起均衡国民收入增加，均衡利率上升。当政府购买支出减少或者税收增加，*IS* 曲线就会向左下方移动，引起均衡国民收入减少，均衡利率下降。

（5）当货币的交易性需求和预防性需求增加，*LM* 曲线就会向左上方移动，引起均衡国民收入减少，均衡利率上升。当货币的交易性需求和预防性需求减少，*LM* 曲线就会向右下方移动，引起均衡国民收入增加，均衡利率下降。

（6）当货币的投机性需求增加，*LM* 曲线就会向右下方移动，引起均衡国民收入增加，均衡利率下降。当货币的投机性需求减少，*LM* 曲线就会向左上方移动，引起均衡国民收入减少，均衡利率上升。

（7）当货币供给增加，*LM* 曲线就会向右下方移动，引起均衡国民收入增加，均衡利率下降，当货币供给减少，*LM* 曲线就会向左上方移动，引起均衡国民收入减少，均衡利率上升。

均衡国民收入和均衡利率变化后，又会引起其他宏观经济变量的变化。例如，当均衡国民收入增加后，就会引起消费需求的增加。当考虑到劳动力市场时，国民收入的增加还会引起就业量的增加和失业率的下降。当均衡利率下降后，就会引起投资需求的增加，从而引起总需求的增加，等等。

3 总需求—总供给模型

在前面讨论国民收入决定的分析中，均假设总供给是可以适应总需求的增加而增加，因而社会总价格水平保持不变。但是在现实生活中，总供给不能够无限增加，物价水平也在不断地变化，且在产品市场和货币市场之外，现实经济中还存在着劳动市场，这些因素都会影响到国民收入的决定，因此，接下来将拓展前面的分析，将上述这些因素纳入总需求—总供给模型，来讨论国民收入是如何决定的。

3.1 总需求曲线

总需求（aggregate demand）是指整个经济社会在每一价格水平（这里的价格水平指的是社会总价格水平，而不是指某一种具体商品的价格）上对产品和劳务的需求总量。社会总需求决定了社会总支出水平，因此通常用社会总支出水平来衡量总需求。在一个对外开放的经济社会中，经济主体包括居民、厂商、政府和国际部门，其各自的支出分别为消费需求、投资需求、政府购买需求和净出口需求。如果用 AD 代表总需求、C 代表消费需求、I 代表投资需求、G 代表政府购买需求、$X-M$ 代表净出口需求，则 $AD=C+I+G+X-M$。由此可以画出总需求曲线，所谓总需求曲线是表明产品市场与货币市场同时达到均衡时总需求与价格水平之间的关系。如图 9—11 所示。

在图 9—11 中，横轴 OY 代表国民收入，纵轴 OP 代表价格水平，总需求曲线 AD 是一条向右下方倾斜的曲线。这说明了总需求与价格水平呈反向变动，即价格水平上升，总

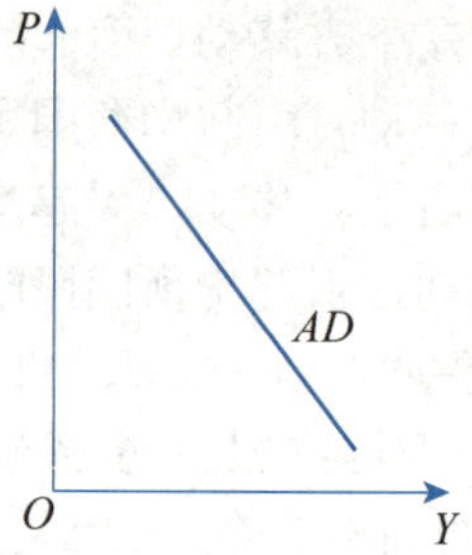

图 9—11 总需求曲线

需求减少，价格水平下降，总需求增加。

总需求之所以与价格水平呈反向变动，可以用 *IS—LM* 模型来解释。在 *IS—LM* 模型中，货币供给量是指实际货币供给量，取决于名义货币供给量和价格水平，即 $M=m/P$。当名义货币供给量不变时，实际货币供给量与价格水平呈反向变动，即价格水平上升，实际货币供给量减少；价格水平下降，实际货币供给量增加。在货币需求不变的情况下，实际货币供给量减少使利率上升，利率上升又使投资减少，总需求减少；反之，实际货币供给量增加使利率下降，利率下降又使投资增加，总需求增加。这样，总需求与价格水平就呈反向变动。

总需求的变动会引起总需求曲线的移动。总需求增加时，总需求曲线向右上方平行移动；总需求减少时，总需求曲线向左下方平行移动。总需求由消费需求、投资需求、政府购买需求和国外的净出口需求四个部分构成，当这四个部分中的任何一部分发生变动时，总需求曲线都将发生变化。例如，在其他条件不变的情况下，居民的消费欲望增强了，消费需求的增加导致总需求增加，总需求曲线向右上方移动，在图 9—12 中表现为 *AD* 平行移动到 AD_2。再如，在其他条件不变的情况下，政府实施紧缩性的财政政策，其购买需求下降，导致总需求下降，总需求曲线向左下方平行移动，在图 9—12 中表现为 *AD* 平行移动到 AD_1。

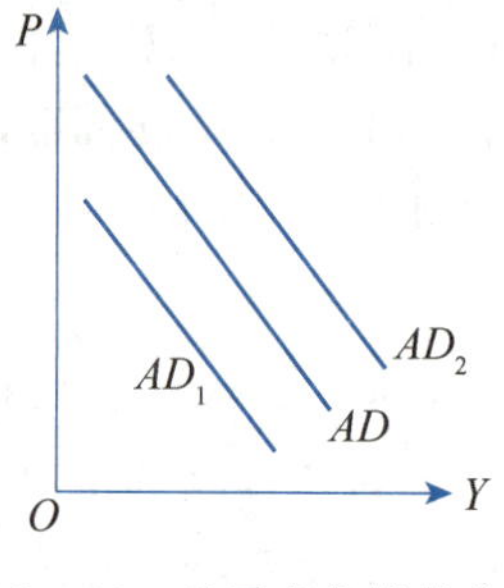

图 9—12 总需求曲线的移动

3.2 总供给曲线

3.2.1 总供给与总供给曲线

总供给是经济社会在每一价格水平上提供的产品和劳务的总量。总供给取决于资源利用的情况，在不同资源利用的情况下，总供给与价格水平之间的关系是不同的，可以利用总供给曲线来加以说明。所谓总供给曲线是表明产品市场和货币市场同时达到均衡时，总供给与价格水平之间关系的曲线。如图 9—13 所示。

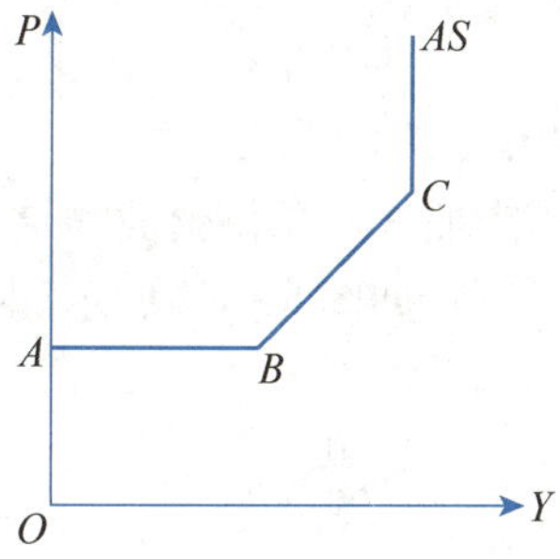

图 9—13　总供给曲线

3.2.2　总供给曲线的三种形态

从图 9—13 中可以看出，总供给曲线有以下三种情况。

（1）资源未充分利用阶段（即 A—B 段）。这时总供给曲线是一条与横轴平行的线，这表明总供给的增加不会引起价格水平的变动，造成这种情况的原因只有一个，即社会上有大量资源闲置，所以可以在不提高价格水平的情况下，增加总供给。这种情况是由凯恩斯提出来的，所以这种水平的总供给曲线也称为“凯恩斯主义总供给曲线”。

（2）资源接近充分利用阶段（即 B—C 段）。这时总供给曲线是一条向右上方倾斜的线，这表示总供给的增加会引起价格的变动。这时因为资源接近充分利用的情况下，产量增加会引起生产要素价格的上升，从而成本增加，进而导致总价格水平上升。这种情况是在短期中存在的，所以这种向右上方倾斜的总供给曲线被称为“短期总供给曲线”。

（3）资源充分利用阶段（即 C 点以上部分）。这时总供给曲线是一条垂线，这表明无论价格水平如何上升，总供给也不会增加。这是因为从长期来讲，人类所拥有的资源总是有限的，当资源已得到充分利用时，即经济中实现了充分就业（宏观经济学中的充分就业是指包括资本、劳动和自然资源在内的所有生产要素都得到充分利用的状态，而不仅仅是指劳动人口的充分就业状态），无论如何提高价格，总供给也不会增加。从长期的角度来看，资源总是会实现充分就业的，因此，这种垂直的总供给曲线被称为“长期总供给曲线”。

3.2.3　总供给曲线的移动

凯恩斯主义总供给曲线的存在有两个前提条件：一是货币工资和价格均具有向下刚性，即只会上升不会下降；二是时间较短，即使不存在刚性工资和价格，工资和价格也没有足够的时间来进行调整。长期总供给曲线的存在也有两个前提条件：一是货币工资和价格可以迅速或立即自行调节，使得实际工资处于充分就业的水平；二是在长期中，即使货币工资和价格不能迅速或立即自行调节，工资和价格也有足够的时间来进行调整，使得实际工资处于充分就业的状态。从现实经济运行来看，很难具备“凯恩斯主义总供给曲线”和“长期总供给曲线”存在的前提条件，因此，这两条总供给曲线是两种极端情况。

但短期总供给曲线是可以变动的。在价格不变的情况下，影响短期总供给的因素主要包括两个方面：一是技术进步因素和资源供给因素，在价格不变的情况下，生产技术提高了，同样的资源供给会有更大的产出水平，因此，总供给增加，总供给曲线向左下方移动；二是在价格不变和生产技术不变的情况下，资源供给增加也会产生更高的产出水平，因此，总供给增加，总供给曲线向左下方移动，反之，如果资源供给减少，则总产出水平下降，即总供给减少，总供给曲线向右上方移动。

3.3 总需求—总供给模型

3.3.1 总需求—总供给模型的含义

总需求—总供给模型是将总需求曲线和总供给曲线结合在一起来说明均衡国民收入与均衡的价格水平如何决定的一个模型，如图 9—14 所示。

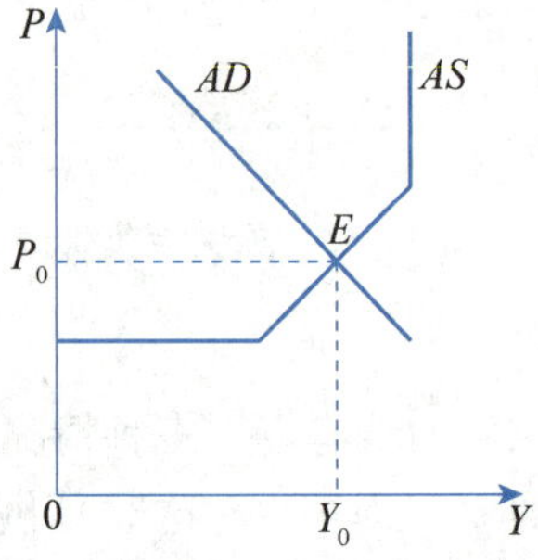

图 9—14 总需求—总供给模型

在图 9—14 中，总需求曲线 AD 与总供给曲线 AS 相交于 E 点，此时总需求等于总供给，国民经济处于均衡状态，E 点对应的 Y_0 即为均衡国民收入，均衡的价格水平为 P_0。

与 IS—LM 模型不同的是，总需求—总供给模型综合考虑了产品市场、货币市场和劳动市场三个市场的均衡，同时也分析了国外对于本国的需求情况（即净出口 $X-M$ 部分），因而更加接近现代宏观经济体系的实际运行情况，对于一个对外开放的国家的经济运行状况也更有解释能力。

3.3.2 总需求变动对国民收入与价格水平的影响

由于总供给曲线由三个部分组成，所以利用总需求—总供给模型分析总需求变动对国民收入和价格水平的影响时，必须考虑到总供给曲线的不同情况。依据总供给曲线的不同情况，可以将其分成以下三种情况。

1. 资源未充分利用阶段（即凯恩斯主义总供给曲线阶段）

此时经济运行一般处于萧条时期，经济萧条时期是指实际国民收入水平低于潜在国民收入的时期，此时大量的资源闲置，因而此时总供给曲线的形态是一条水平直线，即前文所说的凯恩斯主义总供给曲线，如图 9—15 所示。由于有多余的资源，因而总需求的增加不会引起价格水平的增加，而且只会使国民收入水平增加。

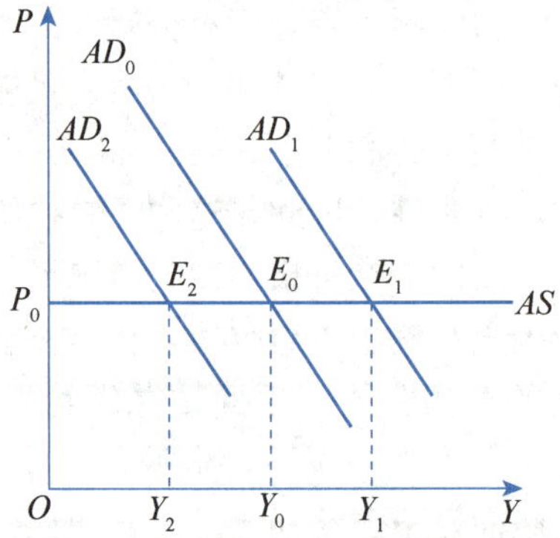

图 9—15 凯恩斯主义总供给曲线

在图 9—15 中，AS 为水平直线，与 AD_0 相交于 E_0，决定了国民收入为 Y_0，价格水平为 P_0。此时如果总需求增加，即总需求曲线从 AD_0 向右上方平行移动到 AD_1，决定了新的国民收入为 Y_1，而价格水平仍为 P_0，这就说明了总需求的增加使国民收入由 Y_0 增加到 Y_1，而价格水平不变。相反，如果总需求减少，即总需求曲线从 AD_0 向左下方平行移动到 AD_2，AD_2 与 AS 相交于 E_2，决定了国民收入为 Y_2，价格水平仍为 P_0，这表明总需求减少使国民收入从 Y_0 下降到 Y_2。总之，在有大量资源闲置的情况下，总需求增加会导致国民收入增加，总需求减少会导致国民收入减少，而价格均保持不变。

2. 资源接近充分利用阶段（即短期总供给曲线阶段）

在这种总供给曲线时，总需求的增加会使国民收入增加，价格水平也上升；总需求的减少会使国民收入减少，价格水平也会下降。也就是说，总需求的变动引起国民收入与价格水平的同方向变动。图 9—16 中，AS 为短期总供给曲线，AS 与 AD_0 相交于 E_0，决定了国民收入为 Y_0，价格水平为 P_0。如果总需求增加，总需求曲线由 AD_0 移动到 AD_1，这时 AD_1 与 AS 相交于 E_1，决定了国民收入为 Y_1，价格水平为 P_1，这就表明，总需求增加使国民收入由 Y_0 增加到 Y_1，使价格水平由 P_0 上升为 P_1。如果总需求减少，总需求曲线由 AD_0 移动到 AD_2，这时 AD_2 与 AS 相交于 E_2，决定了国民收入为 Y_2，价格水平为 P_2，这就表明，总需求减少使国民收入由 Y_0 减少到了 Y_2，使价格水平由 P_0 下降为 P_2。

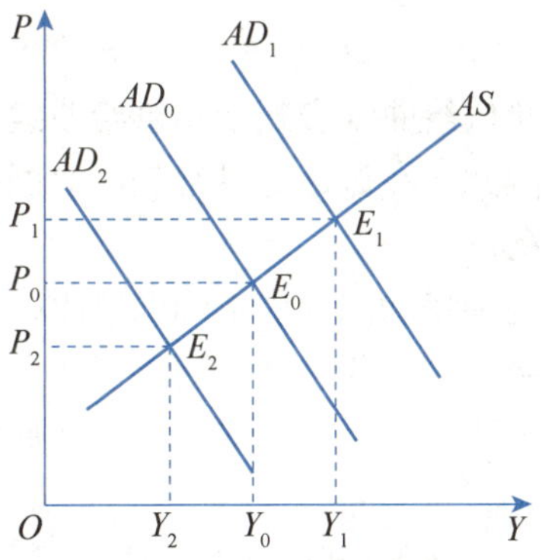

图 9—16　短期总供给曲线

3. 资源充分利用阶段（即长期总供给曲线阶段）

由于资源已得到了充分的利用，总供给曲线为一条垂直于横轴的直线，所以总需求的增加只会使价格水平上升，而国民收入不会变动；同样，总需求的减少也只会使价格水平下降，而国民收入不会变动，即总需求的变动会引起价格水平的同方向变动，而不会引起国民收入的变动。如图 9—17 所示。

在图 9—17 中，AS 为长期总供给曲线，AS 与 AD_0 相交于 E_0，决定了充分就业的国民收入水平 Y_f，价格水平为 P_0。如果总需求增加，总需求曲线由 AD_0 移动到 AD_1，这时 AD_1 与 AS 相交于 E_1，决定了国民收入仍为 Y_f，价格水平为 P_1，这就表明，总需求增加使价格水平由 P_0 上升为 P_1，而国民收入仍为 Y_f。如果总需求减少，总需求曲线由 AD_0 移动到 AD_2，这时 AD_2 与 AS 相交于 E_2，决定了国民收入仍为 Y_f，价格水平为 P_2，这就表明，总需求减少使价格水平由 P_0 下降为 P_2，而国民收入仍为 Y_f。

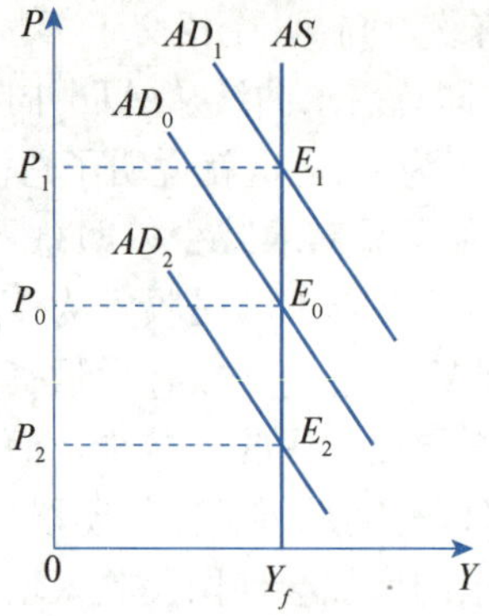

图 9—17　长期总供给曲线

综合上面的三种情况，总需求变动会对国民收入和价格水平产生如下影响：当总供给曲线处于水平阶段时（凯恩斯主义总供给曲线），总需求变动不会引起价格水平的变动，总需求增加会导致国民收入增加，总需求减少会导致国民收入减少；当总供给曲线处于向右上方倾斜阶段时（短期总供给曲线阶段），总需求增加会导致国民收入和价格水平同时上升，总需求下降会导致国民收入和价格水平同时下降；当总供给曲线处于垂直阶段时（长期总供给曲线），总需求变动不会引起国民收入变动，总需求增加，价格水平增加，总需求下降，价格水平下降。

3.3.3　总供给变动对国民收入和价格水平的影响

前文提到过，凯恩斯主义总供给曲线和长期总供给曲线是两种极端情况，现实经济中较常见的是短期总供给曲线，因此，在讨论总供给变动对国民收入和价格水平的影响时通常只讨论短期总供给变动的情况。

短期总供给是会变动的，这种变动同样会影响国民收入与价格水平，在总需求不变时总供给的增加，即产量的增加会使国民收入增加，价格水平下降；而总供给的减少，即产量的减少会使国民收入减少，价格水平上升，如图 9—18 所示。

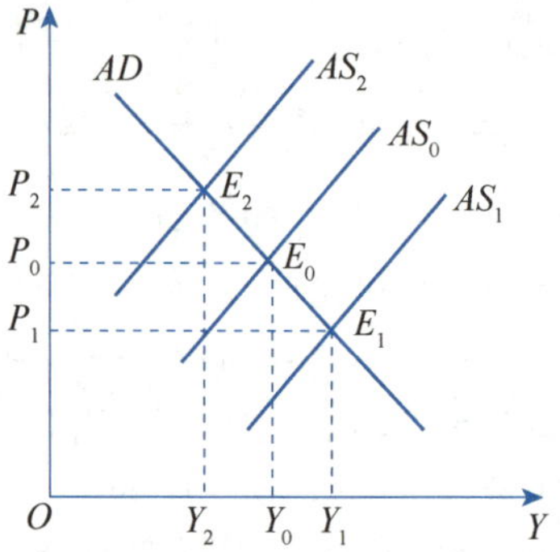

图 9—18　短期总供给变动的影响

在图 9—18 中，AS_0 与 AD 相交于 E_0，决定了国民收入水平为 Y_0，价格水平为 P_0。当总供给增加时，总供给曲线由 AS_0 移动到 AS_1，AS_1 与 AD 相交于 E_1，决定了国民收入为 Y_1，价格水平为 P_1，这表明由于总供给的增加，国民收入由 Y_0 增加到了 Y_1，而价格水平由 P_0 下降为 P_1。当总供给减少时，总供给曲线由 AS_0 移动到 AS_2，AS_2 与 AD

相交于 E_2，决定了国民收入为 Y_2，价格水平为 P_2，这表明由于总供给的减少，国民收入由 Y_0 减少到了 Y_2，而价格水平由 P_0 上升为 P_2。

国民收入决定理论是宏观经济学的核心，它为分析各种宏观经济问题提供了一种重要的分析工具。国民收入决定理论对于失业、通货膨胀、经济周期和经济增长等问题均具有较强的分析价值。

4　原理与知识小结

4.1　国民收入决定理论是宏观经济学的核心，它为分析各种宏观经济问题提供了一种重要的分析工具，宏观经济学中的失业、通货膨胀、经济周期和经济增长等问题均可以运用国民收入决定理论进行分析。

4.2　在一个只有产品市场而没有货币市场的宏观经济中，均衡国民收入受到了消费、投资、政府行为和进出口等诸多因素的影响，并且由于乘数原理的存在，上述这些因素的变动会导致均衡国民收入数倍的变动。四部门经济的简单国民收入决定模型如下：

$$Y=\frac{1}{1-b+m}(a-bT_0+bTR_0+I_0+G_0+X_0-M_0)$$

4.3　在现实世界中，货币是市场经济中最重要的润滑剂，也就是说现实世界中既有产品市场，也存在着货币市场。*IS* 曲线是用来描述产品市场均衡的曲线，是一条向左下方倾斜的曲线；*LM* 曲线是用来描述货币市场均衡的曲线，是一条向右上方倾斜的曲线。*IS—LM* 模型说明了在均衡国民收入决定中，产品市场与货币市场是互相影响的，二者共同决定了均衡的国民收入水平，这就是 *IS—LM* 模型的核心思想。

4.4　与 *IS—LM* 模型不同的是，总需求—总供给模型综合考虑了产品市场、货币市场和劳动市场三个市场的均衡，同时也分析了国外对于本国的需求情况（即净出口 $X-M$ 部分），因而更加接近现代宏观经济体系的实际运行情况，对于一个对外开放的国家的经济运行状况也更有解释能力。

4.5　宏观经济学认为存在着三种不同形态的总供给曲线：水平阶段的凯恩斯主义总供给曲线，向右上方倾斜的短期总供给曲线，垂直于横轴的长期总供给曲线。总需求的变动在总供给曲线的不同阶段会产生不同的影响：在水平阶段，总需求增加只会增加总收入而不会影响一般价格水平；在右上方倾斜的阶段，总需求增加同时会引起总收入和一般价格水平的上升；在垂直阶段，总需求的增加只会引起一般价格水平上升而不会增加国民收入水平。

任务 3　问题研讨

1. 什么是乘数？
2. 什么是 *IS* 曲线和 *LM* 曲线？
3. 什么是总供给曲线？它有哪三种不同的形态？

4. 假定某经济社会的消费函数为 $C=100+0.8YD$（YD 为可支配收入），投资支出 $I=50$，政府购买 $G=200$，政府转移支付 $TR=62.5$，税收 $T=250$，试求均衡的国民收入和各种乘数。（单位均为亿元）

5. 已知投资增加 80 亿元，边际储蓄倾向为 0.2，试求乘数、收入的变化量及其方向、消费的变化量。

6. 假设，$I_0=1\,800$ 亿元，$C=400+0.8\,y$（亿元），求投资乘数、均衡国民收入和消费量。

7. 已知：$C=50+0.75\,y$，$I=I_0=150$，单位为 10 亿元。试求：

（1）均衡时的国民收入、消费、储蓄和投资各为多少？

（2）如果投资增加 250 亿元，在新的均衡下，国民收入、消费和储蓄各为多少？

（3）如果消费函数的斜率增大或减少，乘数将有何变化？

8. 已知消费函数为 $C=120+0.75y$，单位为亿元。试回答：

（1）消费水平达到 1 120 时，国民收入应为多少？

（2）边际消费倾向及边际储蓄倾向各为多少？

（3）国民收入为 3 000 时，消费水平为多少？

任务 4　项目实训

项目目标

1. 加深对国民收入决定理论的理解。
2. 掌握投资对国民收入的影响。
3. 掌握消费对国民收入的影响。
4. 能对国民收入决定进行简单的分析。

中国举办奥运会对经济的作用

项目要求

1. 提供给学生有关的网站。
2. 对信息进行整理和分析。
3. 小组内交流和讨论。
4. 教师点评。

项目十　失业和通货膨胀原理与应用

学习目标

1. 知识目标：掌握失业的种类及原因，掌握通货膨胀的种类及原因，了解菲利普斯曲线。

2. 技能目标：能够运用菲利普斯曲线对现实中的失业和通货膨胀现象做出简单的分析。

3. 态度目标：养成勤奋严谨的学习习惯和创新思考的职业精神。

学习型工作任务

任务 1　案例剖析
任务 2　失业和通货膨胀原理
任务 3　问题研讨
任务 4　项目实训

任务 1　案例剖析

1. 通货膨胀降低人们的实际购买力?

如果你问一个普通人，为什么通货膨胀是坏事？他将告诉你，答案是显而易见的：通货膨胀剥夺了他辛苦赚来的美元的购买力。当物价上升时，每 1 美元收入能购买的物品和劳务都少了。因此，看来通货膨胀直接降低了生活水平。

但进一步思考就发现这个回答有一个谬误。当物价上升时，物品与劳务的购买者为他们所买的东西支付得多了。但同时，物品与劳务的卖者为他们所卖的东西得到的也多了。由于大多数人通过出卖他的劳务，例如他的劳动，而赚到收入，所以收入的膨胀与物价的膨胀是同步的。因此，通货膨胀本身并没有降低人们的实际购买力。

人们相信这个通货膨胀谬误是因为他们没有认识到货币中性的原理。每年收入增加10%的工人倾向于认为这是对他自己才能努力的奖励。当6%的通货膨胀率把这种收入增加降低为4%时，工人会感到他应该得到的收入被剥夺了。事实上，实际收入是由实际变量决定的。例如，物质资本、人力资本、自然资本和可以得到的生产技术。名义收入是由这些因素和物价总水平决定的。如果美联储把通货膨胀从6%降到零，我们工人们每年的收入增加也会从10%降到4%。他不会感到被通货膨胀剥夺了，但他的实际收入并没有更快地增加。

如果名义收入倾向于与物价上升保持一致，为什么通货膨胀还是一个问题呢？结果是对这个问题并没有一个单一的答案。相反，经济学家确定了几种通货膨胀的成本。这些成本中的每一种都说明了持续的货币供给增长事实上以某种方式对实际变量有所影响。

2. 央行副行长称贸易顺差过大系通胀之源

本报讯（记者郭少峰）昨天，在北京大学举行的第24次CMRC朗润预测报告会上，中国人民银行副行长、国家外汇管理局局长易纲表示，到2010年年底中国外汇储备累计为2.85万亿美元，中国央行抛出了近20万亿元人民币来对冲。

易纲认为，“贸易顺差过大是通胀的源头”，应该用多种手段渐进式治理通胀。

“贸易顺差过大是通胀的源头”

易纲表示，“十二五”期间，中国经济扩内需、调结构、减顺差、促平衡刻不容缓，但减顺差不是压出口，重点是增加进口。

“贸易顺差过大是通胀的源头。”他分析说，经常项目或贸易顺差过大，使得人民币升值压力较大，为了保持人民币汇率相对稳定，央行必须购回美元，从而被迫投放基础货币。较多的货币推高了通货膨胀，进而物价上涨。

“奖出限入”老思路要改变

转变经济增长模式或转变经济发展方式虽然写入官方文件多年，但中国经济结构失衡依然没有明显改变。易纲认为，“十二五”期间，原有的工作思路需要改变。

改革开放初期，中国外汇储备少，便采用“奖出限入”政策。目前，很多地方政府仍然鼓励创汇，但创汇已经使国际收支极不平衡。

他指出，当前国际收支不平衡问题比较突出，主要矛盾已由外汇短缺转为贸易顺差过大，外汇储备增长过快。他还指出，外汇储备投资实物能力很有限，“铁矿石和石油越卖越贵，黄金市场容量小，兼并收购敏感，租用土地难度大。”

去年355亿美元热钱入中国

易纲表示，保持人民币汇率基本稳定，目的是为结构调整赢得时间。中国做到了渐进式改革，保持人民币汇率在合理均衡水平上的基本稳定，同时用大规模对冲收回流动性，保持了物价的基本稳定。当前采取一系列人民币汇率渐进式变革虽然有效缓解了国际收支不平衡的矛盾，但问题并未解决。

易纲认为，1994年—2002年，中国热钱在流出，流出最严重的一年是在1998年。热钱的净流入是发生在2003年—2010年。他指出，据测算，十年来境外流入中国的热钱为2 890亿美元，2010年为355亿美元，其实热钱流入并不高，不用过分紧张。

支招“治通胀应用‘中药’药方”

易纲分析，当前于中国不利的“怪圈”是：美国开动机器印制钞票，用于购买中国商品；大量美元流入我国，人民银行购汇，外汇储备增加；外汇储备投资美国资产，投资经营和保值增值难度越来越大；零利率意味着美国国债的收益率很低。易纲表示，战略上要想办法跳出这种恶性循环的“怪圈”，变被动为主动。

他称，应对当前发达国家量化宽松政策，治理通胀应采取宏观经济手段、法律和行政手段等多种手段多管齐下，要采用“一服中药”的方式渐进进行，而坚决避免采取极端的手段应对当前面临的通胀。

易纲认为，扩内需、调结构、减顺差、促平衡是应对当前国际国内经济金融形势的关键，要综合运用经济、法律和必要的行政手段，力争在2011年做到：内需扩大一点，对外需求依赖减少一点；工资和社保提高一点；资源产品价格改革推进一点；资本项目对外直接投资放宽一点，更方便一点；汇率弹性增加一点；物价涨一点；顺差缩小一点；增长速度放慢一点，质量提高一点。

资料来源：《新京报》，2011-02-27。

任务2　失业和通货膨胀原理

1　失业分析

1.1　失业及失业率

劳动就业是每个人的权利，也是绝大多数人获得收入、维持生存的主要手段，但是在现实生活中，总是有一部分人无法就业。当然，失业现象并非仅存在于我国，目前世界上所有的国家，无论是发达国家，还是发展中国家，都不同程度上存在着失业问题。

宏观经济学有四大目标，即充分就业、经济增长、物价稳定和国际收支平衡。其中充分就业是宏观经济学的第一目标，可见宏观经济学对于就业问题的重视程度。宏观经济学中所讲的充分就业有两种理解：一是广义的理解，是指所有的生产要素都参与生产的状态，即所有的生产要素都就业才是充分就业；二是狭义的理解，专指劳动这种生产要素，即经济中消灭周期性失业的就业状态。由于衡量资本和自然资源的就业比较困难，所以通常所说充分就业是指劳动这种生产要素。

失业（unemployment）是指有劳动能力、愿意接受现行工资水平但仍然找不到工作的现象。所有那些未曾受雇以及正变换工作岗位或未能按当时通行的实际工资率找到工作的、有劳动能力的人都是失业者。失业人口与就业人口的和就是劳动人口，失业人口占劳动人口的比重即为失业率。

1.2　失业的种类及原因

1.2.1　自愿失业与非自愿失业

失业有很多种类，根据主观愿意就业与否，失业分为自愿失业与非自愿失业。

自愿失业是指工人所要求的实际工资超过其边际生产率，或者说不愿意接受现行的工作条件和收入水平而未被雇用而造成的失业。由于这种失业是由于劳动人口主观不愿意就业而造成的，所以被称为自愿失业，无法通过经济手段和政策来消除，因此不是经济学所研究的范围。

非自愿失业是指有劳动能力、愿意接受现行工资水平但仍然找不到工作的现象。这种失业是由于客观原因所造成的，因而可以通过经济手段和政策来消除。经济学中所讲的失业是指非自愿失业。

1.2.2 摩擦性失业、结构性失业和周期性失业

非自愿失业又可以分成摩擦性失业、结构性失业和周期性失业。

1. 摩擦性失业

摩擦性失业是指生产过程中难以避免的、由于转换职业等原因而造成的短期、局部失业。这种失业的性质是过渡性的或短期性的。它通常起源于劳动的供给一方，因此被看做是一种求职性失业，即一方面存在职位空缺，另一方面存在着与此数量对应的寻找工作的失业者。这是因为劳动力市场信息的不完备，厂商找到所需雇员和失业者找到合适工作都需要花费一定的时间。摩擦性失业在任何时期都存在，并将随着经济结构变化而有增大的趋势。但从经济和社会发展的角度来看，这种失业存在是正常的。

2. 结构性失业

结构性失业是指劳动力的供给和需求不匹配所造成的失业，其特点是既有失业，也有职位空缺，失业者或者没有合适的技能，或者居住地点不当，因此无法填补现有的职位空缺。结构性失业在性质上是长期的，而且通常起源于劳动力的需求方。结构性失业是由经济变化导致的，这些经济变化引起特定市场和区域中的特定类型劳动力的需求相对低于其供给。造成这种情况可能由以下原因导致：一是技术变化，原有劳动者不能适应新技术的要求，或者是技术进步使得劳动力需求下降；二是消费者偏好的变化，消费者对产品和劳务的偏好的改变，使得某些行业扩大而另一些行业缩小，处于规模缩小行业的劳动力因此失去工作岗位；三是劳动力的不流动性，流动成本的存在制约着失业者从一个地方或一个行业流动到另一个地方或另一个行业，从而使得结构性失业长期存在。

3. 周期性失业

周期性失业是指经济周期中的衰退或萧条时，因社会总需求下降而造成的失业。当经济发展处于一个周期中的衰退期时，社会总需求不足，因而厂商的生产规模也缩小，从而导致较为普遍的失业现象。周期性失业对于不同行业的影响是不同的，一般来说，需求的收入弹性越大的行业，周期性失业的影响越严重。也就是说，人们收入下降，产品需求大幅度下降的行业，周期性失业情况比较严重。通常用紧缩性缺口来说明这种失业产生的原因。紧缩性缺口是指实际总需求小于充分就业的总需求时，实际总需求与充分就业总需求之间的差额，图 10—1 说明了紧缩性缺口与周期性失业之间的关系。

在图 10—1 中，横轴 OY 代表国民收入，纵轴 AD 代表总需求。当国民收入为 Y_f 时，经济中实现了充分就业，Y_f 为充分就业的国民收入，实现这一国民收入水平所要求的总需求水平为 AD_f，即充分就业的总需求。但实际的总需求为 AD_0，这一总需求水平决定的国民收入为 Y_0，Y_0 小于 Y_f，这就必然引起失业。Y_0 小于 Y_f 是由于 AD_0 小于 AD_f 造成的。因此，实际总需求 AD_0 与充分就业总需求 AD_f 之间的差额就是造成这种失业的根源。这种失业是由于总需求不足引起的，故而也称为“需求不足的失业”。

除了这几种主要失业类型外，经济学中常说的失业类型还包括隐藏性失业。隐藏性失

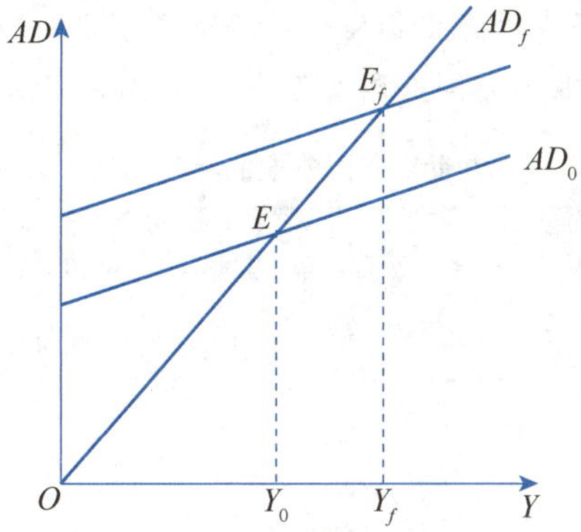

图 10—1　紧缩性缺口

业是指表面上有工作，但实际上对产出并没有作出贡献的人，即有“职”无“工”的人，也就是说，这些工作人员的边际生产力为零。当经济中减少就业人员而产出水平没有下降时，即存在着隐藏性失业。美国著名经济学家威廉·阿瑟·刘易斯（William Arthur Lewis）曾指出，发展中国家的农业部门存在着严重的隐藏性失业。

1.2.3　失业的影响

失业会产生诸多影响，一般可以将其分成两种：社会影响和经济影响。

失业的社会影响虽然难以估计和衡量，但它最易为人们所感受到。失业威胁着作为社会单位和经济单位的家庭的稳定。没有收入或收入遭受损失，户主就不能起到应有的作用。家庭的要求和需要得不到满足，家庭关系将因此而受到损害。西方有关的心理学研究表明，解雇造成的创伤不亚于亲友的去世或学业上的失败。此外，家庭之外的人际关系也受到失业的严重影响。一个失业者在就业的人员当中失去了自尊和影响力，面临着被同事拒绝的可能性，并且可能要失去自尊和自信。最终，失业者在情感上受到严重打击。

失业的经济影响可以用机会成本的概念来理解。当失业率上升时，经济中本可由失业工人生产出来的产品和劳务就损失了。衰退期间的损失，就好像是将众多的汽车、房屋、衣物和其他物品都销毁掉了。从产出核算的角度看，失业者的收入总损失等于生产的损失，因此，丧失的产量是计量周期性失业损失的主要尺度，因为它表明经济处于非充分就业状态。20 世纪 60 年代，美国经济学家阿瑟·奥肯（Arthur M. Okun）根据美国的数据，提出了经济周期中失业变动与产出变动的经验关系，被称为奥肯定律。

奥肯定律的内容是：失业率每高于自然失业率一个百分点，实际 GDP 将低于潜在 GDP 两个百分点。换一种方式说，相对于潜在 GDP，实际 GDP 每下降两个百分点，实际失业率就会比自然失业率上升一个百分点。

西方学者认为，奥肯定律揭示了产品市场与劳动市场之间极为重要的关系，它描述了实际 GDP 的短期变动与失业率变动的联系。根据这个定律，可以通过失业率的变动推测或估计 GDP 的变动，也可以通过 GDP 的变动预测失业率的变动。例如，实际失业率为 8%，高于 6%的自然失业率 2 个百分点，则实际 GDP 就将比潜在 GDP 低 4%左右。

【原理应用】

失业造成的经济损失

奥肯定律告诉我们，失业会造成产出损失，从而导致整个社会财富缩水和居民生活水下降，那么，失业究竟会造成多大的产出损失呢？经济学家们给出了其分析结论。表10—1给出了20世纪中的高（低）失业率期间美国实际产出相对潜在GDP的减少量。

表10—1　　20世纪美国失业的经济损失

时期	平均失业率（%）	产出损失	
		GDP损失（1990年价格，10亿美元）	占该时期GDP百分比
大危机时期（1930年—1939年）	18.2	2 420	27.6
大滞胀时期（1975年—1984年）	7.7	1 480	3.0
新经济时期（1985年—1999年）	5.7	240	0.3

资料来源：萨谬尔森：《经济学》（第十七版），北京，人民邮电出版社，2004。

从表10—1中可知，美国最大的经济损失发生在大萧条时期。而20世纪70年代和80年代的石油危机与通货膨胀也使产出损失高达1万多亿美元。相比之下，1985年—1999年的稳定增长时期，经济周期的损失非常小。

1.2.4　自然失业率

充分就业是宏观经济学的首要目标，那么如何才算得上是充分就业呢？经济当中能不能实现充分就业呢？前文的分析让我们认识到现实生活中永远达不到100%的就业率，因为即使有足够的职业空缺，失业率也不会等于零，也仍然会存在摩擦性失业和结构性失业。在一个变化快速的现代社会中，永远存在着职业流动和行业的结构性兴衰，所以，总有少部分人会处于失业的状态。

因此，现代经济学认为，当一个社会中的周期性失业被消灭，只剩下摩擦性失业和结构性失业等失业类型时，这个社会就实现了充分就业。

与充分就业相对应的一个概念是自然失业。自然失业率（natural rate of unemployment）是指在没有货币因素干扰的情况下，让劳动市场和商品市场的自发供求力量起作用时，总需求和总供给处于均衡状态下的失业率。换句话说，自然失业率就是指经济中消灭了周期性失业以后的失业率，即摩擦性失业和结构性失业占劳动人口的比重。自然失业率并不是一个固定不变的值，它随着经济社会的发展而变化，一般由政府根据有关调研数据来确定，如美国在一个较长的时期内确认其自然失业率为5%，也就是说当美国的失业率在5%或以下时，政府就不会采取有关措施来干预劳动市场的运行。因此，如何确定一个符合本国国情的自然失业率，是各国政府面临的一个较大的课题。

2　通货膨胀分析

2.1　通货膨胀的含义、衡量与类型

2.1.1　通货膨胀的含义

通货膨胀（inflation）是指物价水平在一定时期内持续地、普遍地上升过程，或者说货币实际购买力在一定时期内持续的下降过程。理解通货膨胀要注意两点：一是少数几种商品的价格上涨不能称为通货膨胀，必须是大部分商品的价格同时上涨；二是偶尔的价格

上涨也不能称为通货膨胀，必须是物价在一段时间内持续的上涨。

2.1.2　通货膨胀的衡量

衡量通货膨胀的指标是物价指数。物价指数是表明商品价格从一个时期到下一个时期变动程度的指数。物价指数一般采用加权平均的方式，即根据某种商品在总支出中所占的比重来确定其价格的加权数的大小。物价指数的计算公式如下：

$$物价指数=\frac{\sum P_t Q_t}{\sum P_0 Q_t}\times 100\% \tag{10.1}$$

式中，P_0、P_t 是基期和本期的价格水平；Q_t 是本期的商品量。

需要特别指出的是，上式中采用的是报告期加权平均法。计算物价指数还有一种方式，即采用基期加权法——用基期的商品量作为权数来计算物价指数。

根据计算物价指数时包括的产品和劳务种类的不同，可以计算出以下三种主要的物价指数。

1. 消费者价格指数

消费者价格指数（consumer price index，CPI）。消费者价格指数也称零售物价指数或生活费用指数，是衡量各个时期居民个人的日常生活用品和劳务的价格水平变化的指标。这是与居民个人生活最为密切的物价指数，因为这个指标最能衡量居民货币的实际购买力水平。

2. 生产者价格指数

生产者价格指数（producer price index，PPI）。生产者价格指数又称批发价格指数，是衡量各个时期生产者在生产过程中用到的产品的价格水平的变动而得到的指数。通常这些产品包括产成品和原材料。

3. GDP 折算指数

GDP 折算指数是衡量各个时期所有产品和劳务的价格变化的指标。可以根据物价指数计算出一定时期内物价上升或下降的精确幅度，也就是通常所说的通货膨胀率，所谓通货膨胀率，是指从一个时期到另一个时期内价格水平变动的百分比。其计算公式为：

$$通货膨胀率=\frac{P_t-P_{t-1}}{P_{t-1}}\times 100\% \tag{10.2}$$

式中，P_t 和 P_{t-1} 分别为 t 时期和（$t-1$）时期的价格水平。

假定某国去年的物价水平为 102，今年的物价水平上升到 108，那么这一时期的通货膨胀率，就为（108－102）÷102＝5.88%。

2.1.3　通货膨胀的类型

对于通货膨胀的类型，可以从三个不同的角度来进行划分。

1. 按价格上升的速度分类

按价格上升的速度可以将通货膨胀分成以下三类。

（1）温和的通货膨胀。温和的通货膨胀是指每年物价上升的比例在 10%以内。一般认为这种温和的通货膨胀不会对经济造成巨大的恶性影响，甚至还有经济学家认为这种缓慢而持续的价格上升能对经济和收入的增长有积极的刺激作用。

（2）奔腾的通货膨胀。奔腾的通货膨胀是指年通货膨胀率在10%以上和在100%以下。这时，货币流通速度提高而货币的实际购买力下降，这种通货膨胀对于经济具有较大的破坏作用，因为当这种通货膨胀发生以后，由于价格上涨速度快、上涨幅度大，公众预期价格还会进一步的上涨，因而会采取各种手段来保持自己的利益，如将货币换成房产、汽车、黄金和珠宝等保值商品，或者大量囤积商品，从而使得产品市场和劳动市场的均衡遭到破坏，正常的经济运行秩序被破坏，经济体系受损。

（3）超级通货膨胀。超级通货膨胀指通货膨胀率在100%以上。发生这种通货膨胀时，价格持续猛涨，人们都尽快地使货币脱手，从而大大加快货币流通速度。其结果是货币完全失去了人们的信任，货币的购买力大幅下降，各种正常的经济联系遭到破坏，以致使货币体系的价格体系最后完全崩溃，在严重的情况下，还会引起社会动乱。

2. 按照对不同商品的价格影响分类

按照对不同商品的价格影响大小加以区分，存在着以下两种通货膨胀的类型。

（1）平衡的通货膨胀。即每种商品的价格都按相同的比例上升。这里所指的商品价格包括生产要素以及各种劳动的价格，如工资率、租金、利率等。

（2）非平衡的通货膨胀。即各种商品价格上升的比例并不完全相同。如近年来，我国房地产价格上升迅速，而一般日用消费品如家电、电脑、汽车等商品的价格反而有下降趋势。

3. 按照人们的预期程度分类

按照人们的预期程度加以区分，可以将通货膨胀分成以下两种。

（1）未预期的通货膨胀。即人们没有预料到价格会上涨，或者是价格上涨的速度超过了人们的预计。

（2）预期到的通货膨胀。即人们预料到价格会上涨。

这两种通货膨胀对人们正常生活的影响是不同的。未被预期的通货膨胀可能会导致货币工资率的上升滞后于物价的上涨，从而使利润上升，至少暂时会有一种扩大就业、扩大总产出水平的效应。如果通货膨胀事先已经完全预料到，那么各经济主体将按其预期来调整其经济行为，如工会在物价上涨前就要求增加工资，从而使通货膨胀的短期扩张效应不会产生。

【原理应用】

通货膨胀

在经济学中，通货膨胀意指整体物价水平持续性上升。一般性通货膨胀为货币之市值或购买力下降，而货币贬值为两经济体间之币值相对性降低。前者用于形容全国性的币值，而后者用于形容国际市场上的附加价值。两者之相关性为经济学上的争议之一。

通货膨胀之反义为通货紧缩。无通货膨胀或极低度通货膨胀称之为稳定性物价。

在若干场合中，通货膨胀一词意为提高货币供给，此举有时会造成物价上涨。若干学者（奥地利学派）依旧使用通货膨胀一词形容此种情况而非物价上涨本身。因此，若干观察家将美国20世纪20年代的情况称之为“通货膨胀”，即使当时的物价完全没有上涨。

以下所述，除非特别指明，否则“通货膨胀”一词意指一般性的物价上涨。

通货膨胀之反义还可为“通货再膨胀”，即在通货紧缩的情况下物价上涨，或紧缩的程度降低。也就是说，一般物价水平虽然下降，但幅度缩小。相关词为“通货膨胀率减缓”，即通货膨胀上升速率减缓，但不足以造成通货紧缩。

部分学者认为，中文“通货膨胀”一词字面上容易给人通货本身价值增加的联想，建议改称“物价膨胀”，但并未广获使用。

通货膨胀的测量由观察一经济体中大量的劳务所得或物品价格的改变而得，通常是基于由政府所收集的资料，而工会与商业杂志也做过这样的调查。物价与劳务所得两者共同组成物价指数，是整组物品的平均物价水平的测量基准。通货膨胀率为该项指数的上升幅度。物价水平量测整体物价，而通货膨胀是指整体物价的上扬幅度。

对通货膨胀没有单独性的确实量测法，因为通货膨胀值取决于物价指数中各特定物品的价格比重，以及受测经济区域的范围。通用的量测法包括以下几种。

（1）生活指数（cost of living index，CLI）。生活指数为个人生活所需费用的理论增幅，可以用消费者物价指数来概估。经济学家对特定的CPI值应估计为高于或低于CLI值有不同的看法。这是因为CPI值公认具有“偏向性”（bias）。CLI可用“购买力平价”（purchasing power parity，PPP）来调整以反映区域性商品与世界物价的广泛差距。

（2）消费者物价指数（consumer price index，CPI）。消费者物价指数测量由“典型消费者”所购物品的价格。在许多工业国家中，该指数的年度性变化百分比为最通用的通货膨胀曲线报告。该项测量值通常用于薪资报酬谈判中，因为雇员希望薪资（名目）能相等或高于CPI。有时劳资合约中会包含按生活指数调整条款（cost of living escalators），表示薪资会随CPI的升高自动调整，通常于通货膨胀发生之后调整，幅度较实际通货膨胀率低。

（3）生产者物价指数（PPI）。生产者物价指数测量生产者收购物料的价格，与CPI于物价津贴、盈利、与税负上有所不同，导致生产者的所得与消费者的付出产生差距。PPI反应于CPI升高而上升，具有典型的延迟。虽说其具有多样化的组合，一般相信这种延迟的特性使得根据今日的PPI通货膨胀粗估（rough-and-ready）明日的CPI通货膨胀成为可能。

（4）批发物价指数（wholesale price index）。批发物价指数测量选择性货品的批发价格变化（特别是销售税），与PPI极为类似。

（5）商品价格指数（commodity price index）。商品价格指数测量选择性商品售价之变化。若使用金本位制，则其所选择的商品为黄金。

（6）GDP平减指数（GDP deflator）。GDP平减指数为基于国内生产总值的计算：名义GDP与经通货膨胀修正后的GDP（即不变价格（constant-price）GDP或实质GDP）两者间所使用的金钱的比例。这是对价格水平最宏观的测量。该指数也用来计算GDP的组成部分，如个人消费开支。美国联邦储备改用个人消费平减指数（personal consumption deflator）及其他平减指数作为制订“反通胀政策”的参考。

（7）个人消费支出价格指数（personal consumption expenditures price index，PCEPI）。2000年2月17日，美国在半年一度的国会金融政策报告（亦即Humphrey-Hawkins报告）中，联邦公开市场委员会FOMC（Federal Open Market Committee）声称将主要的通货

膨胀测量法自 CPI 改为连锁式个人消费开支价格指数。

因为每一种测量法都基于他种测量法，并以固定模式结合在一起，经济学家经常争议在各测量法及通货膨胀模式中是否有"偏差"存在。

现存的争论为应否计入关于快乐论的调整部分，包含人们会在高物价的地区不可企及时搬迁到较便宜的地区。也有人认为指数中的购屋部分极度低估了日常生活费用对房价的冲击，亦极度低估了医疗费用在退休者的日常费用中的重要性。

2.2 通货膨胀的原因

2.2.1 需求拉动型通货膨胀

需求拉动型通货膨胀又称超额需求型通货膨胀，是指总需求超过总供给所引的一般物价水平普遍而持续的上涨。通俗地说，这种通货膨胀是"过多的货币追逐过少的商品"，因而物价上涨。

下面用图 10—2 来说明总需求是如何拉动物价上涨的。在图 10—2 中，横轴 Y 表示国民收入，纵轴 P 表示一般物价水平，AD 为总需求曲线，AS 为总供给曲线。总供给曲线 AS 起初为水平状态，这表示在国民收入水平较低时，总需求的增加不会引起价格水平的上涨，图中总需求从 AD_0 增加到 AD_1，国民收入也从 Y_0 的水平上升到 Y_1，但价格水平仍保持在 P_1 水平；当国民收入增加到 Y_1 时，总需求继续增加，此时将导致国民收入和一般价格水平同时上升，图中总需求从 AD_1 增加到 AD_2 时，国民收入从 Y_1 增加到 Y_2 的水平，价格也从 P_1 上升到 P_2 的水平，也就是说，在这个阶段，总需求的增加，在提高国民收入的同时也拉升了一般价格水平；当国民收入增加到潜在的国民收入水平即 Y_f 时，此时国民经济已经处于充分就业的状态，在这种情况下，总需求的增加只会拉动价格上升，而不会使国民收入增加。图中总需求从 AD_3 上升到 AD_4，国民收入仍然保持在 Y_f，但物价水平从 P_3 上升到 P_4 水平。

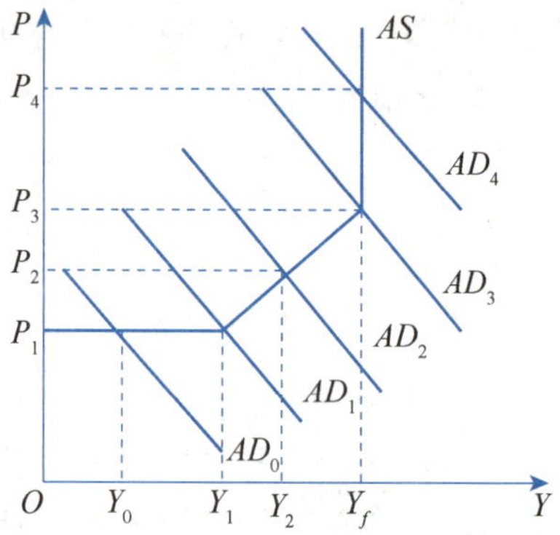

图 10—2 需求拉动的通货膨胀

也就是说，当经济体系中有大量资源闲置时，总需求的增加不会引起物价上涨，只会导致国民收入增加；当经济体系中的资源接近充分利用时，总需求的增加会同时拉升国民收入和一般价格水平，当经济体系中的资源利用达到充分就业状态时，总需求的增加不会使国民收入增加，而只会导致一般价格水平的上升。

2.2.2 成本推动型通货膨胀

成本推动型通货膨胀又称成本通货膨胀或供给通货膨胀，是指在没有超额需求的情况下，由于供给方面成本的提高所引起的通货膨胀。成本的增加意味着只有在高于以前的价格水平时，才能达到与以前同样的产量水平，即总供给曲线向左上方移动。在总需求不变的情况下，总供给曲线向左上方移动使国民收入减少，价格水平上升，这种价格上升就是成本推动的通货膨胀，如图 10—3 所示。

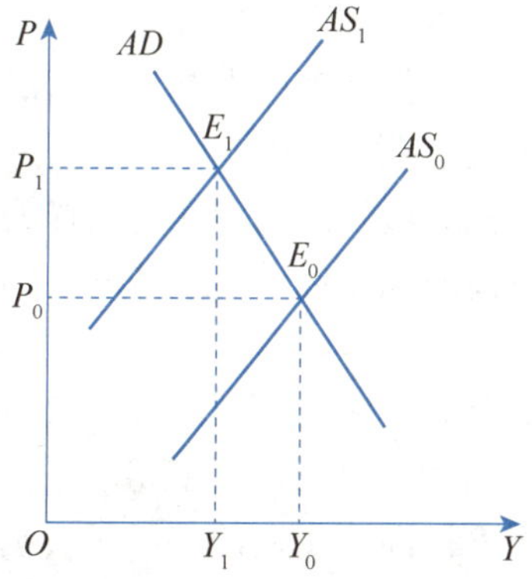

图 10—3 成本推动的通货膨胀

在图 10—3 中，原来的总供给曲线 AS_0 与总需求曲线 AD 决定了国民收入水平为 Y_0，价格水平为 P_0，成本增加后，总供给曲线向左上方移动到 AS_1，总需求保持不变，从而决定了新的国民收入为 Y_1，价格水平为 P_1。价格水平由 P_0 上升到 P_1 是由于成本的增加所引起的，这即是通常所说的成本推动的通货膨胀。

引起成本增加的原因并不完全相同，因此，成本推动的通货膨胀又可以根据其原因的不同而分为以下几种。

(1) 工资成本推动的通货膨胀。工资是厂商成本中的主要构成部分之一，工资水平的上升会导致厂商成本增加，厂商因此而提高产品和劳务的价格，从而导致通货膨胀。在劳动市场存在着工会的卖方垄断情况下，工会利用其垄断地位要求提高工资，雇主迫于压力提高了工资后，就会将提高的工资加入成本，提高产品和劳务的价格，从而引起通货膨胀。工资的增加往往是从个别部门开始的，但由于各部门之间工资的攀比行为，个别部门工资的增加往往会导致整个社会的工资水平上升，从而引起普遍的通货膨胀。而且这种通货膨胀一旦形成，还会形成"工资—物价螺旋式上升"，即工资上升引起物价上升，物价上升又引起工资上升。这样，工资与物价不断互相推动，形成严重的通货膨胀。

(2) 利润推动的通货膨胀。利润推动的通货膨胀也称价格推动的通货膨胀，指市场上具有垄断地位的厂商为了增加利润而提高价格所引起的通货膨胀。在不完全竞争的市场中，具有垄断地位的厂商控制了产品的销售价格，从而可以提高价格以提高利润。这种通货膨胀是由于利润的推动而产生的，尤其是在工资增加时，垄断厂商以工资的增加为借口，更大幅度地提高物价，使物价的上升幅度大于工资的上升幅度，其差额就是利润的增加，这种利润的增加使物价上升，形成通货膨胀。西方的经济学者认为，工资推动和利润推动实际上都是操纵价格的上升，其根源在于经济中的垄断，即工会的垄断形成工资推动，厂商的垄断引起利润推动。

（3）原材料成本推动的通货膨胀。原材料成本推动的通货膨胀是指厂商生产中所需要的原材料价格上升推动产品和劳务的价格上升而形成的通货膨胀。在现代经济中，某些能源或关键的原材料供给不足，会导致其价格上升，进而引起厂商成本上升，如石油价格的上升，或者是某种进口原材料价格上升等，最典型的事例是 20 世纪 70 年代覆盖整个西方发达国家的滞胀（即经济停滞和通货膨胀同时并存），其主要根源之一就在于当时石油价格的大幅上升。

2.2.3 结构性通货膨胀

结构性通货膨胀是指在没有需求拉动和成本推动的情况下，只是由于经济结构因素的变动，引起的一般价格水平的持续上涨。

从生产率提高的角度来看，社会经济结构存在着这样的特点，即一些部门生产率提高的速度快，另一些部门生产率提高的速度慢；从经济发展的过程看，社会经济结构存在着这样的特点，即一些部门正在迅速发展，另一些部门则日趋衰落；从同世界市场的关系看，社会经济结构存在着这样的特点，一些部门（开放部门）同世界市场的联系十分密切，另一些部门（非开放部门）同世界市场没有密切联系。一般来说，生产率提高速度快的部门工资水平提高快，而生产率提高速度慢的部门工资水平提高慢，但是处于生产率提高速度慢的部门的工人要求“公平”，由于工会的存在，他们要求提高工资水平往往会实现，从而使得整个社会的工资增长率超过劳动生产率，从而引起通货膨胀，这种通货膨胀也即是结构性通货膨胀。同样，在迅速发展的部门和日趋衰落的部门、开放部门和非开放部门之间也会产生这种情况。

当然，通货膨胀是现代经济社会中常见的也是复杂的一个社会经济现象，其产生的根源往往不仅仅是上述三种原因中的某一种，而是由其中的两种或三种原因共同交织在一起，这就需要根据不同的情况进行具体分析。

2.3 通货膨胀对经济的影响

通货膨胀既会对个人的经济生活产生各种影响，也会对整个社会的经济生活产生重大影响，一般可以将通货膨胀对经济的影响分成两种，即通货膨胀的收入再分配效应和通货膨胀的产出效应。

2.3.1 通货膨胀的收入再分配效应

通货膨胀意味着人们手中持有货币的购买力下降，从某种程度上来讲，是人们过去劳动成果的缩水，也就是说通货膨胀会导致人们的实际收入水平发生变化，这就是通货膨胀的再分配效应，但是通货膨胀对不同经济主体的再分配效应是不同的。

（1）通货膨胀不利于靠固定货币收入维持生活的人。对于固定收入阶层来说，其收入是固定的货币数额，落后于上升的物价水平，也就是说他们获得货币收入的实际购买力下降，其实际收入因通货膨胀而减少，如果他们的收入不能随通货膨胀率变动的话，他们的生活水平必然降低。

在现实生活中，靠政府救济金维持生活的人比较容易受到通货膨胀的冲击，因为政府的救济金发放水平的调整相对较慢。此外，工薪阶层、公务员以及其他靠福利和转移支付维持生活的人，都比较容易受到这种冲击。而那些收入能随着通货膨胀变动的人，则会从通货膨胀中得益。例如，在扩张中的行业工作并有强大的工会支持的工人就是这样，他们的工资合同中订有工资随生活费用的上涨而提高的条款，或有强有力的工会代表他们进行谈判，在每个新合同中都有可能得到大幅度的工资增长。

（2）通货膨胀对储蓄者不利。随着价格上涨，存款的购买力就会降低，那些持有闲置货币和存款在银行的人会受到严重打击。同样，像保险金、养老金以及其他固定价值的证券财产等，它们本来是作为防患未然和养老的，在通货膨胀中，其实际价值也会下降。

（3）通货膨胀还会在债务人和债权人之间产生收入再分配的作用。具体地说，通货膨胀牺牲了债权人的利益而使债务人得益。例如，A 向 B 借款 1 万元，约定一年以后归还，假定这一年中发生了通货膨胀，物价上升了一倍，那么一年后 A 归还给 B 的 1 万元只能购买到原来一半的产品和劳务，也就是说通货膨胀使 B 损失了一半的实际收入。

为了反映通货膨胀对于借贷款人实际收入的影响，一般用实际利率来代替名义利率，实际利率等于名义利率减去通货膨胀率。假设银行存款利率为 5%，而通货膨胀率为 10%，则此时存款的实际收益率为－5%（5%－10%＝－5%）。

实际研究表明，第二次世界大战以来，西方国家政府从通货膨胀中获得了大量的再分配的财富，其来源有以下两个方面。

一方面，政府获得了通货膨胀税收入。因为政府税收中有部分税收是累进的，如个人收入所得税，在通货膨胀期间，一些个人的名义收入增加了，原来不用交税的，现在需要交税了，另一些本来交税的人则进入更高的纳税级别，政府因而获得了更多的税收。因此，有些西方的经济学家认为，希望政府去努力制止通货膨胀是比较难的。

另一方面，现代经济中，政府都把发行公债作为筹集资金手段和政府调控经济的手段，从而使政府都负有较大数额的国债，通货膨胀使政府作为债务人而获益。

2.3.2 通货膨胀的产出效应

一般认为，温和的通货膨胀对经济发展比较有利。因为人们消费时有“买涨不买跌”的倾向，即当人们认为物价会涨时，会采取及时消费的策略，消费增加会刺激厂商扩大生产规模，从而就业增加，国民收入上升；而当人们认为物价将下跌时，会采取持币等待的策略，消费减少会导致厂商缩小生产规模，从而失业增加，国民收入下降。当然，这只是一般的分析，通货膨胀的产出效应有以下三种情况。

（1）随着通货膨胀出现，产出增加。这就是需求拉动型通货膨胀的刺激，促进了产出水平的提高，这种情况产生的前提条件是有一定的资源闲置。当一个经济体系有一定的资源闲置的情况下，物价温和的上涨会刺激人们的购买欲望，从而增加消费，拉动就业和产出水平的提高。

（2）成本推动的通货膨胀引致失业，也就是说通货膨胀引起就业和产出水平的下降。这种情况产生的前提条件是经济体系已经实现了充分就业，在这种情况下，如果发生成本推动的通货膨胀，则原来总需求所能购买的实际产品的数量将会减少，也就是说，当成本推动的压力抬高物价水平时，既定的总需求只能在市场上支持一个较小的实际产出。所以，实际产出会下降，失业会上升。如 1973 年，石油输出国组织的石油价格翻了两番，从而引发了成本推动的通货膨胀，1973 年—1975 年美国等主要发达国家的物价水平迅速上升，与此同时，美国的失业率从 1973 年的不到 5%上升到了 1975 年的 8.5%。

（3）超级通货膨胀导致经济崩溃。首先，当物价持续上升时，居民户和企业都会产生通货膨胀的预期，即估计物价会再度升高。在这种情况下，人们就不会让自己的储蓄和现行的收入贬值，而宁愿在价格上升前将货币花掉，从而产生过度的消费购买，导致储蓄和投资都会减少，产出水平下降。其次，随着通货膨胀而来的是生活费用的上升，劳动者会要求提高工资，企业成本上升，导致企业生产规模缩小，产出水平下降。再次，企业在通货膨胀率上升时会力求增加存货，以便在稍后按高价出售以增加利润，从而使得市场可供销售的货物可能减少，物价将进一步上升。最后，当出现恶性通货膨胀时，情况会变得更坏，经济体系极有可能陷入崩溃。

【原理应用】

如何治理通货膨胀?

由于通货膨胀对于经济的正常发展有相当的不利影响，所以许多国家都十分重视平抑通货膨胀。主要的治理措施有以下几种。

(1) 控制货币供应量。由于通货膨胀作为纸币流通条件下的一种货币现象，其最直接的原因就是流通中的货币量过多，所以各国在治理通货膨胀时所采取的一个重要对策就是控制货币供应量，使之与货币需求量相适应，减轻货币贬值和通货膨胀的压力。

(2) 调节和控制社会总需求。对于需求拉上型通货膨胀，调节和控制社会总需求是个关键。这主要通过实施正确的财政和货币政策来实现。在财政政策方面，就是通过紧缩财政支出，增加税收，谋求预算平衡、减少财政赤字来实现。在货币政策方面，主要是紧缩信贷，控制货币投放，减少货币供应量。财政政策和货币政策想配合综合治理通货膨胀，其重要途径就是通过控制固定资产投资规模和控制消费基金过快增长来实现控制社会总需求的目的。

(3) 增加商品有效供给，调整经济结构。治理通货膨胀的另一个重要方面就是增加有效商品供给，主要的手段有降低成本，减少消耗，提高经济效益，提高投入产出的比例，同时，调整产业和产品结构，支持短缺商品的生产。

(4) 其他政策。治理通货膨胀的其他政策还包括限价、减税、指数化等。

3 菲利普斯曲线分析

前文的分析表明，失业与通货膨胀是短期宏观经济运行中存在的两个主要问题，经济决策者在解决这两个问题的时候，往往会碰到这样一个矛盾，即降低通货膨胀与降低失业率这两个目标是互相冲突的。利用总供给—总需求模型来分析，当政府希望通过财政政策或货币政策来扩大总需求来增加就业的时候，客观上得到的结果是产出增加、就业增加、一般价格水平上升，也就是说就业的增加是以物价的上升为代价的。相反，如果政府紧缩总需求的话，则会使得通货膨胀下降的同时，失业率又增加了，因此，有必要从理论上探讨失业和通货膨胀之间的关系，在宏观经济学中，失业和通货膨胀的关系主要是用菲利普斯曲线来说明的。

3.1 菲利普斯曲线的含义

1958 年，在英国任教的新西兰经济学家菲利普斯在研究了 1861 年—1957 年的英国失业率和货币工资增长率的统计资料后，提出了一条用以研究失业率和货币工资增长率之间替代关系的曲线，在以横轴表示失业率，纵轴表示货币工资增长率的坐标系中，画出一条向右下方倾斜的曲线，这就是最初的菲利普斯曲线（Phillips Curve）。该曲线表明：当失业率较低时，货币工资增长率较高；反之，当失业率较高时，货币工资增长率较低，甚至为负数。

菲利普斯曲线本来只是用来描述失业率与货币工资增长率之间的关系，但后来有的经济学者认为，工资是成本的主要构成部分，从而也是产品价格的主要构成部分，因此，可以用通货膨胀率来代替货币工资增长率。这样一来，菲利普斯曲线就变成了一条用来描述失业率与通货膨胀率之间替代关系的曲线了：当失业率高时，通货膨胀率就低；当失业率低时，通货膨胀率就高。菲利普斯曲线如图 10—4 所示，横轴代表失业率 u，纵轴代表通货膨胀率 π，向右下方倾斜的曲线 PC 即为菲利普斯曲线。菲利普斯曲线说明了失业率与通货膨胀率之间存在着替代关系。

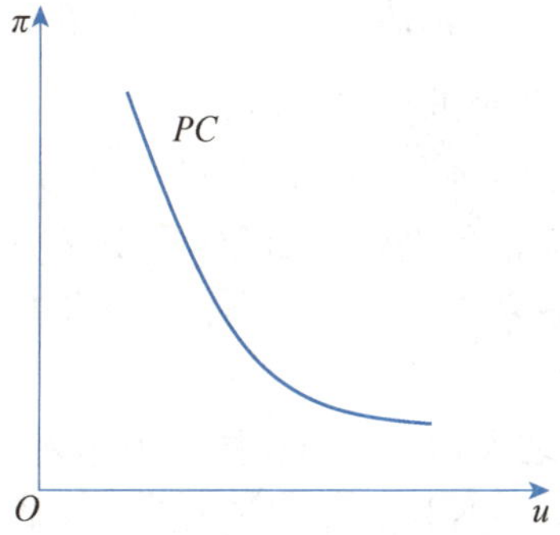

图 10—4　菲利普斯曲线

3.2　菲利普斯曲线的应用

菲利普斯曲线为政府实施经济干预、进行总需求管理提供了一份可供选择的菜单。它意味着可以用较高的通货膨胀率为代价，来降低失业率或实现充分就业；而要降低通货膨胀率和稳定物价，就要以较高的失业率为代价。也就是说，失业率与通货膨胀率之间存在着一种“替换关系”，想要降低或增加其中的一个，就要以增加或降低另一个为代价。

具体而言，一个经济社会首先要确定一个临界点，由此确定一个失业与通货膨胀的组合区域。如果实际的失业率和通货膨胀率组合在组合区域内，则政策的制定者不用采取调节措施，如果在区域之外，则可根据菲利普斯曲线所表示的关系进行调节。图 10—5 说明了这种调节的过程。

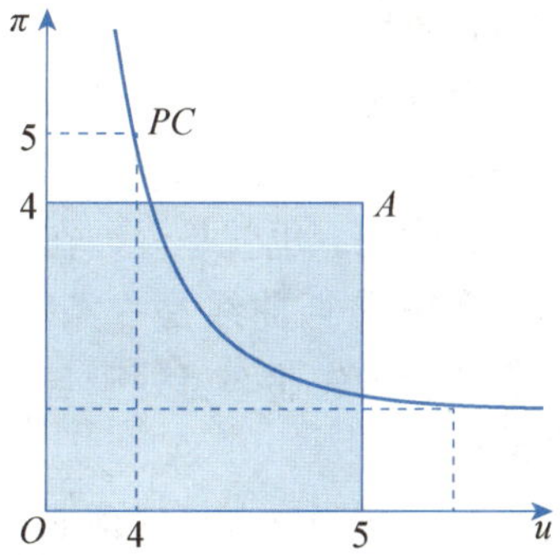

图 10—5　菲利普斯曲线的应用

在图 10—5 中，假定当时失业率和通货膨胀率在 4%以内时，经济社会被认为是安全的或可以容忍的，这时在图中就得到了一个临界点，即 A 点，由此形成的一个四边形的区域，称其为安全区域，如图中的阴影部分所示。

如果该经济社会的实际失业率与通货膨胀率组合将落在安全区域内，则政策制定者无须采取任何措施（政策）调节。

如果实际的通货膨胀率高于 4%，例如达到了 5%，该经济社会的失业率仍在可接受的范围内，经济政策制定者可以采取紧缩性政策，以提高失业率为代价降低通货膨胀率。从图中可以看到，当通货膨胀率降到 4%以下时，经济社会的失业率仍然在可以接受的范围内。

如果实际的失业率高于 4%时，例如为 5%，这时根据菲利普斯曲线，政策制定者可采取扩张性政策，以提高通货膨胀率为代价降低失业率，从图中可以看出，当失业率降到 4%以下时，经济社会的通货膨胀率仍然在可接受的范围内。

3.3 短期菲利普斯曲线与长期菲利普斯曲线

菲利普斯曲线所揭示的失业与通货膨胀的替换关系与美国等西方发达国家 20 世纪五六十年代的通货膨胀率和失业率的数据较为吻合，但到 20 世纪 70 年代末期，由于滞胀的出现，失业与通货膨胀之间的这种替换关系不存在了，于是对失业与通货膨胀之间的关系又有了新的解释。

1968 年，美国货币学派代表人物弗里德曼指出了菲利普斯曲线分析的一个严重缺陷，即它忽略了影响工资变动的一个重要因素——工人对通货膨胀的预期。他认为，企业和工人关注的不是名义工资，而是实际工资，当劳资双方谈判新工资协议时，他们都会对新协议期的通货膨胀进行预期，并根据预期的通货膨胀相应地调整名义工资水平。根据这种观点，人们预期通货膨胀率越高，名义工资增加就越快，由此，弗里德曼提出了短期菲利普斯曲线的概念。

这里所说的"短期"是指从预期到需要根据通货膨胀作出调整的时间间隔。短期菲利普斯曲线就是预期通货膨胀保持不变，表示通货膨胀率与失业率之间关系的曲线。在短期中，工人来不及调整通货膨胀预期，预期的通货膨胀率可能低于以后实际发生的通货膨胀率。这样，工人所得到的实际工资可能小于先前预期的实际工资，从而实际利润增加，刺激了投资，就业增加，失业率下降。在这个前提下，通货膨胀率与失业率之间存在替换关系。也就是说向右下方倾斜的菲利普斯曲线在短期内是可以成立的，因此，在短期中引起通货膨胀率上升的扩张性财政政策与扩张性货币政策是可以起到减少失业的作用的。这就是通常所说的宏观经济政策的短期有效性。

在长期中，工人将根据实际发生的情况不断调整自己的预期，工人预期的通货膨胀率与实际发生的通货膨胀率迟早会一致。这时工人会要求增加名义工资，使实际工资不变，从而通货膨胀就不会起到减少失业的作用。也就是说，在长期中，失业率与通货膨胀率之间并不存在替换关系，因此，长期菲利普斯曲线是一条垂直于横轴的线。并且，在长期中，经济总能实现充分就业，经济社会的失业率将处于自然失业率的水平，因此，通货膨胀率的变化不会影响长期的失业率。

由于人们会根据实际发生的情况不断调整自己的预期，所以短期菲利普斯曲线将不断移动，从而形成长期菲利普斯曲线，如图 10—6 所示。

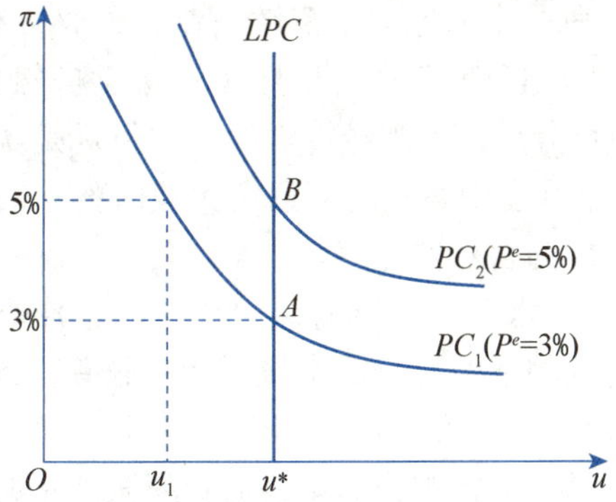

图 10—6 从短期 *PC* 到长期 *PC*

在图 10—6 中，假定某一经济体系处于自然失业率 u^*、通货膨胀率为 3%的 A 点，此时若政府采取扩张性政策，以使失业率降低到 u_1。由于扩张性政策的实施，总需求增加，导致价格水平上升，通货膨胀率也上升至 5%。由于在 A 点处，工人预期的通货膨胀率为 3%，而现在实际的通货膨胀率为 5%，高于其预期的通货膨胀率，从而工人的实际工资下降，导致厂商生产积极性提高，产出水平和就业率增加，于是失业率下降到 u_1。于是就会发生图中短期菲利普斯曲线 PC_1（$P^e=3\%$）所示的情况，失业率由 u^* 下降到 u_1，而通货膨胀率则从 3%上升到 5%。

当然，这种情况只是短期的，经过一段时间，工人们会发现价格水平的上升和实际工资的下降，这时他们便要求提高货币工资，与此同时，工人们会相应地调整其预期，即从原来的 3%调整到现在的 5%，伴随着这种调整，实际工资回落于原有的水平，相应地，企业生产和就业也都回到了原有的水平，失业率又回到了原来的 u^*，但此时，经济已经处于具有较高通货膨胀率预期（即 5%）的 B 点。

以上过程重复下去，在短期内，由于工人不能及时改变预期，存在着失业和通货膨胀之间的替换关系，表现在图形上，便有诸如 PC_1、PC_2……的各条短期菲利普斯曲线。随着工人预期通货膨胀率的上升，短期菲利普斯曲线不断地上升。

从长期来看，工人预期的通货膨胀与实际的通货膨胀是一致的，因此，企业不会增加生产和就业，失业率也就不会下降，从而便形成了一条与自然失业率重合的长期菲利普斯曲线 LPC。在图 11—6 中，垂直于自然失业率水平的长期菲利普斯曲线表明，在长期中，不存在失业与通货膨胀的替换关系。换句话说，长期菲利普斯曲线告诉我们，从长期来看，政府运用扩张性政策不但不能降低失业率，还会使通货膨胀率不断上升，这也就是通常所说的宏观经济政策的长期无效性。

4 原理与知识小结

4.1 失业与通货膨胀是现代经济发展的两大顽症，任何国家或地区的经济发展都无法避免这两大问题的冲击，由于这两大经济现象会对一国或地区的国民经济和居民生活造成巨大影响，因此，是宏观经济学的两大中心问题。

4.2 失业是指有劳动能力、愿意接受现行工资水平但仍然找不到工作的现象。经济学中所说的失业指的非自愿失业。失业可以分为摩擦性失业、结构性失业和周期性失业等不同的种类，此外，还有一种失业被称为隐蔽性失业。失业会对国民经济造成巨大损失，奥肯定律即提示了这一规律，其内容是，失业率每高于自然失业率一个百分点，实际GDP将低于潜在GDP两个百分点。宏观经济学的一大目标是实现充分就业，充分就业并不等于100%就业，而是一个社会中消灭了周期性失业时的状态，此时只剩下摩擦性失业和结构性失业，此时失业率即为自然失业率。

4.3 通货膨胀一般指物价水平在一定时期内持续的、普遍的上升过程，或者说货币实际购买力在一定时期内持续的下降过程。衡量通货膨胀有三种主要价格指数：消费者价格指数（简称CPI），生产者价格指数（简称PPI），GDP折算指数。其中消费者价格指数与居民日常生活最为相关，因而通常被作为衡量通货膨胀的指标。造成通货膨胀的原因主要有总需求拉动、成本推动和经济结构变化等。

4.4 菲利普斯曲线是一条用来描述失业与通货膨胀之间关系的曲线，现代经济学认为，在短期中，失业与通货膨胀之间存在着替代关系，即政府可以通过一定的政策牺牲失业率来降低通货膨胀率，反之也成立；在长期中，失业与通货膨胀之间并不存在替代关系，因而在长期中政府的宏观经济政策是无效的。

任务3 问题研讨

1. 什么是失业？失业有哪些种类？

2. 什么是需求拉动的通货膨胀？

3. 什么是隐蔽性失业？

4. 作图说明需求拉动的通货膨胀是如何产生的？

5. 市场经济中有没有可能“消灭”通货膨胀和失业？为什么？

6. 如何理解“自然失业率”？

7. 周期性失业和结构性失业的区别是什么？

8. 如果通货膨胀和通货紧缩是宏观经济政策必选其一的状况，你认为哪一种政策倾向更好一点？

9. 通货膨胀对不同收入的人产生的影响是否相同？

10. 当物价指数（CPI）上升10%时，人们的收入也随之增长10%。在这种情况下，人们的利益是否受到损害？当物价指数上升80%时，人们的收入增长了100%，在这种情况下，通货膨胀是否还会对经济造成危害？

11. 经济学家约翰·梅纳德·凯恩斯写道：“列宁曾声称，摧毁资本主义的最好方法是摧毁其通货。通过一个持续的通货膨胀过程，政府可以秘密而隐蔽地把其公民的大部分财富收归国有。”试证明列宁论断的正确性。

12. 超速通货膨胀在那些中央银行独立于政府其他部门的国家中是很少见的。为什么会这样？

13. 考虑通货膨胀对只由两个人组成的经济的影响：鲍伯是种黄豆的农民，瑞塔是种大米的农民。鲍伯和瑞塔是经济中仅有的两个人，而且，他们俩总是消费等量的大米和黄豆。在2010年，黄豆价格是1美元，大米价格是3美元。

(1) 假设2011年黄豆价格是2美元，而大米价格是6美元。通货膨胀率是多少？鲍伯的状况是变好了、变坏了，还是不受价格变动的影响？瑞塔呢？

(2) 现在假设2011年黄豆价格是2美元，大米价格是4美元。通货膨胀率是多少？鲍伯的状况是变好了、变坏了，还是不受价格变动的影响？瑞塔呢？

(3) 假设2011年黄豆价格是2美元，大米价格是1.5美元。通货膨胀率是多少？鲍伯的状况是变好了，变坏了，还是不受价格变动的影响？瑞塔呢？

(4) 对鲍伯和瑞塔来说什么更重要——是整体通货膨胀率，还是黄豆与大米的相对价格？

任务4 项目实训

项目目标

1. 理解并能运用失业理论分析失业问题。
2. 理解并能运用通货膨胀理论分析通货膨胀问题。
3. 培养运用菲利普斯曲线分析现实问题的能力。

1 失业问题分析

项目要求

1. 提供给学生有关的网站。
2. 搜集失业信息。
3. 对信息进行整理和分析。
4. 小组内交流和讨论，加深对失业问题的理解。
5. 教师点评。

2 通货膨胀问题分析

项目要求

1. 提供给学生有关的网站。
2. 搜集通货膨胀信息。
3. 对信息进行整理和分析。
4. 小组内交流和讨论，加深对通货膨胀问题的理解。
5. 教师点评。

项目十一　汇率与国际收支原理与应用

学习目标

1. 知识目标：了解影响汇率的因素和外汇收支的有关账户，掌握名义汇率、实际汇率的概念及汇率的标价方法。

2. 技能目标：能够运用汇率的相关知识分析实际的经济问题。

3. 态度目标：养成勤奋严谨的学习习惯和创新思考的职业精神。

学习型工作任务

任务 1　案例剖析
任务 2　汇率与国际收支原理
任务 3　问题研讨
任务 4　项目实训

任务 1　案例剖析

易纲谈人民币汇率制度的最佳选择

近日，中国人民银行副行长、国家外汇管理局局长易纲接受了《中国改革》执行总编辑胡舒立采访。现刊登如下。

人民币汇率制度的最佳选择、最终目标与时间表

胡舒立：2010 年 6 月 19 日，中国人民银行宣布，在 2005 年汇改的基础上进一步推进人民币汇率形成机制改革。为什么选择这个时机继续推进汇改？如何评价迄今为止汇改取得的成果？

易纲：中国实行以市场供求为基础、参考一篮子货币进行调节、有管理的浮动汇率制度。实际上，这是中国社会主义市场经济体制目前的最好选择。为什么说这是中国的最佳

选择呢？对汇率制度的改革，实际上从1994年就开始启动了。1994年1月1日汇率并轨，随后，整个外汇市场就建立起来了。从1994年到1996年，人民币是双向浮动的，升值了约5%，美元兑人民币从大约8.71元，到了8.28元。后来，亚洲金融危机爆发以后，泰铢和韩元大幅贬值。中国坚持人民币不贬值。所以，从1997年一直到2005年，8.28元基本没有动。这并不是说我们放弃了这个理念，相反，我们坚持这个理念，依然认为这样一种有管理的浮动货币是符合中国国情的汇率机制，但是，这里面存在惯性或者说“路径依赖”。实事求是地说，这件事情还是比较艰难的。结果，到了2005年7月21日，汇改重新启动，这就有了2005年到2008年这三年的浮动。

这期间，人民币实际上是双向浮动的，而且跟一篮子货币的走向是相符合的。但是，2008年，又发生了一系列事件，开始是“次贷危机”，尔后贝尔斯登破产，2008年的9月15日雷曼兄弟倒闭更把金融危机推向高潮。从那以后，人民币基本维持在6.83元上下窄幅波动的水平。一直到今年6月19日，我们又进一步推进人民币汇率改革。

回顾这段历史，可以看出，这是我们一直坚持的机制。只不过因为危机或其他因素，才有了这么多插曲。但是，这个方向是中国最好的选择，这个方向我们应该坚持。

胡舒立：那最终目标是什么呢？

易纲：我们的最终目标，使人民币成为可兑换货币，这在党的十四届三中全会上，也就是1993年的秋天就已经决定了。

胡舒立：那么，人民币可兑换和汇率之间应该是种什么关系？是说它自由浮动以后才能够自由兑换，还是有管理的浮动汇率机制下也可自由兑换？

易纲：这是一个比较富有理论色彩的问题。通常，可兑换的货币，其汇率是自由浮动的。

在历史上，在布雷顿森林会议以后，35美元等于一盎司黄金，美元与黄金挂钩，其他主要货币再跟美元挂钩，这实质上是一个固定汇率体系。但是，当布雷顿森林体系在20世纪70年代解体以后，主要国际货币与黄金脱钩，固定汇率体系解体。从理论上说，可兑换货币应当是浮动汇率的货币。浮动汇率这一机制，本身就是可兑换货币的稳定器，正因为它浮动，才能保证它的“可兑换”。如果要永远坚持35美元等于一盎司黄金，美元兑黄金的承诺实际上实现不了。而如果它是浮动的，它才能够实现可持续的可兑换。

还有一个极端的例子就是香港等地实行的货币局制度，它是一种特殊的安排，放弃了货币政策。一个规模小并且完全开放的经济体才能实施这种制度。但这些经济体应该视为例外，不具有普遍性。一般的可兑换货币，其汇率机制应当是灵活的。一个比较发达的国家，或者一个比较成熟的新兴市场国家，它最终应当选择货币政策的独立性和资本自由流动。那么，它不能够坚持的是什么呢？就是固定汇率。美国、欧元区就是这样。美元和欧元波动较大，这是一种市场行为。

胡舒立：那人民币可兑换目标多长时间达到？有没有时间表？

易纲：在我国，可兑换还没有一个官方时间表。但是，国际货币基金组织统计过，一般的国家，从经常项目可兑换到资本项目可兑换的时间，平均用时大概是7年到10年左右。中国是1996年实现经常项目可兑换的。

从那时到现在，已经是15年了，这已经长于国际上的平均值了。我们没有时间表，但是，参考国际上的做法，人们可以对此事有一个大致判断。主要原因在于，中国很大，发展又不平衡，这个问题就更加复杂，认识的统一上也更加困难。

胡舒立：对于货币升值，我们都知道外部压力比较明显，而中国经济自身对此也有需求。综合而言，人民币迄今不能浮动的压力主要来自哪些方面呢？

易纲：一种货币，其汇率浮动真正起作用的是实际有效汇率。实际上，有两个渠道可使实际有效汇率发生变化。一个渠道就是名义汇率的调整。还有一个渠道是通过国内价格上升：有升值压力，但可以不调名义汇率，通货膨胀也可以起到调整实际有效汇率的作用。

实际上，过去这十多年，这两个渠道中国都用了。我们既用了名义汇率的调整，同时，中国通过价格渠道做出的调整也很大。想想看，这些年房价涨了多少？

胡舒立：现在，经过几轮汇改，人民币升值预期是不是已经减弱了？还需要继续用通货膨胀的方式来调吗？

易纲：应当说压力已经减弱了很多，十年来，北京、上海的房价涨了多少？一般物价上涨了多少？这些涨价其实都是对不均衡的调整。如果十年前拿美元换成人民币并在中国买房，能赚多少？现在看来能赚的不多了。其他的资产也调得差不多了。这说明现在人民币汇率其实离均衡水平，比十年以前已经近了很多。

所以，现在，我们不具备汇率大幅波动的基础，有条件保持灵活的汇率机制，也可以保持汇率在合理均衡水平上的基本稳定。

什么事都是有利有弊的。中国经济劳动生产率的不断提高决定了货币币值的总体趋势。在此趋势下，升值可以抑制通货膨胀。升值多一点，通货膨胀就可以少一点。如果名义汇率不动，那通货膨胀就得多一点。有人说，老百姓不用进口产品，升值对他们没好处，这是不对的。比如，豆油，中国的大豆已经超过一半是进口的，千家万户都得吃豆制品，豆粕还可养猪，有多少人不吃猪肉？如果不升值，那大豆、豆油、豆粕的价格都得比现在贵20%以上。现在为什么这些产品国际价格虽然大涨，但在中国的价格没涨那么多？就是因为人民币升值了，而大豆价格基本上是用美元计价的。原油、铁矿石的道理也是相同的，其实，原油和铁矿石跟千家万户也是相连的。升值首先抑制了输入型通货膨胀。

另外，中国有这么多公民出国旅游，送孩子留学，这些人都受益了。受益者应当说是“沉默的多数”。但是，受损者的声音强，主要是出口行业，他们认为日子过不下去了，肯定要失业了。

在2005年汇改以前，有关部门做过企业的换汇成本调查，调查的结果是，国有企业的换汇成本是8.11元，私人部门企业的换汇成本是8.07。换汇成本指的是只要汇率低于这个水平，这些企业就会亏损。如果真是这样的话，2005年汇改第一天，人民币汇率就跳到8.11元了，那出口企业应该会出现大面积亏损。但是，汇改以来，中国在2005年—2008年期间出口每年是以超过20%的幅度在增长。就是说，汇率调整并没有影响出口，出口反而大幅度增长，产业升级、技术进步、产品更新换代、提高中国产品的增加值，在这一期间都发生了。

所以，我们得动态地看这个问题。政府也从政策上千方百计地创造有利条件和环境，比如，提供对冲工具、远期结汇、远期售汇等工具，帮助进出口企业来对冲风险。

还有一个论点，就是升值等于外汇储备亏损。在2007年升值比较快的时候，就有观察家说，外汇储备一个季度就亏一艘航空母舰。现在，我们有2.45万亿美元外汇储备

（相当于16万亿多人民币），当人民币升值的时候，这些外汇储备用人民币来标值就少了，他说这个就等于亏了。其实，这个账算得是不对的。因为首先，我们没有亏，什么时候才亏呢？只有把外汇从美元换成人民币的时候才会亏，但我们并没有换，所以称不上亏。这种算法完全是账面转换。

如果非要进行这种账面计算，就要同时计算中国的人民币资产如果以美元计算“赚”了多少。让我们只算其中一部分。中国金融和房地产资产加起来，有大约两百万亿元人民币（超过外汇储备的10倍）。如果人民币升值，这些资产用美元来标价，相当于赚出至少十艘航空母舰。当然，实际上这两者都没有发生。

胡舒立：对，他没有算人民币的资产，而且，中国人的存款也可以升值。

易纲：是这样的。所以，这个问题要全面地看。总之，亏和赚事实上都没发生，只是用不同的报告货币产生的一个视角的错觉。当然，美国的通胀会造成我国外汇储备的购买力下降，可以认为是损失。但多年以来，外汇储备的收益率是高于美国的通胀率的。

胡舒立：如果汇率不正常，就会对资源和环境产生压力，你能详细讲讲吗？

易纲：如果名义汇率扭曲，它会产生一系列后果。汇率是一种价格，其扭曲必然带来资源配置的扭曲。我们通常说要扩大内需。假如汇率不对，外需赚钱很容易，企业就不会往内需使劲。汇率扭曲也不利于扩大消费，不利于扩大服务业。

胡舒立：面对通货膨胀压力，有人主张升息，这与汇率杠杆能互相替代吗？

易纲：利率是资金的价格，汇率是一种货币相对其他货币的比价；利率和汇率互相替代的作用十分有限。它们有一个离均衡点有多远的问题。这可以引起无穷的争论，因为谁也不知道均衡点究竟在哪里。从理论上来说，供求关系决定均衡点。最好的情形，就是汇率很接近均衡点，利率也是很接近均衡点。

如果加息，那这种货币就会走强，近来，许多货币都加息了，但是，美元、欧元、日元、英镑，都没有加息。理想状态是汇率和利率各司其职，因为它们的角色是不一样的。

胡舒立：长期使用固定汇率，造成了一定的扭曲，现在变成浮动，此时，除了观念上的问题，最大的威胁还是投机攻击吧？

易纲：是。所以，我们应当不断地释放这些风险。随着市场的作用越来越大，投机汇率就会变成“鸡肋”，食之无味、弃之可惜，没什么赚头。

胡舒立：外汇改革走走停停，是不是在节奏把握上，还是稍微有点慢了？

易纲：中国是一个发展中的大国，30多年来，中国创造了人类历史上的经济发展的奇迹。从这个意义上说，中国的宏观经济政策实现了转轨。有些观察家认为，这个不市场化了，那个改革滞后了，但是，从1994年到现在，中国维持了高增长，而且自1994年那轮通货膨胀以后，没有出现过太高的通货膨胀。

综合看，中国的宏观经济政策，应当是接近最优的。我们走走停停，可能有些人认为，汇改稍微慢了一些，这个问题可以讨论和反思。但是，应该说，宏观政策总体上还是非常成功的。

胡舒立：那为什么要选择现在这个时机来恢复汇率的弹性呢？主要是由于这个时段风险比较小，还是认为外部压力变得更大呢？

易纲：中国做出这个决定，主要是基于国内的考虑，自主做出了决定。我刚才说了，全球金融危机使得汇率稳定了一段时间。实际上，现在危机也还不可以说完全过去了，比如，今年又发生了欧洲的主权债务危机，但是，总体来讲，形势比危机高潮时好多了。一方面，危机在消退，另一方面，去年增长率又调高了，从8.7%调到9.1%了。对美国、欧洲和日本经济的预测大多也认为，2010年是复苏之年。综合国内和国际的情况，从中国的角度来考虑，我觉得现在恢复这个弹性，条件是成熟的。

胡舒立：但是，怎么评价汇率改革在外部失衡中的作用呢？

易纲：国外的学者是从他们的框架来分析的，认为汇率对再平衡，是一个非常重要的因素。其实历史表明，汇率确实很重要，但是它不是一个决定性变量。回顾日本和德国的历史，就可以看得很清楚。日元和德国马克在上世纪70年代、80年代的升值，并没有导致日本和德国的顺差马上消失。这一点对中国的情况也适用。但是这个问题最难的一个回答，是反过来问，假如汇率升值也还无法调整中国的顺差，那么，升值不是只占便宜不吃亏吗？你想，如果我升值了，我买你什么都便宜了，结果我自己的顺差还没调下去，那不是你升值就只占便宜不吃亏了吗？这个问题更难回答。

怎样才能成为“游戏规则”的制定者?

胡舒立：中国能否成为“游戏规则”的制定者？

易纲：这是一个大问题。我们常说，要参与国际游戏规则的制定。所谓国际货币体系，谁是游戏规则的制定者呢？显然是美国等主要发达国家。那么，它为什么是游戏规则制定者呢？是因为美元等市场是开放的，是世界金融市场的主市场。那么，在这些市场上，不论股票，还是债券，市场的游戏规则制定者当然是美欧等国当局。我们为什么不能当游戏规则制定者？如果中国的市场开放，只要人家进了中国的市场，那中国货币当局和监管当局当然是游戏规则制定者，这是毫无争议的。

胡舒立：我最近采访俄罗斯第一副总理舒瓦洛夫，他认为人民币迟早要成为储备货币，而卢布最多成为区域性货币。你怎么看？

易纲：我们自己可不能觉得中国了不得了，忘乎所以，这是非常有害的。中国还是一个发展中国家，要有自知之明。

胡舒立：那人民币有没有可能成为储备货币呢？世界有没有这种需求呢？

易纲：这种说法，有一半是给中国戴高帽，有一半也反映了他们的一种预测。我们要谦虚谨慎，还是要韬光养晦。如果别人选择人民币作储备货币，我们也不阻挠，这是市场需求。但是，我们不去使劲地推动，我觉得这是一种最好地、最优地选择。千万不要人家一给戴高帽，就觉得人民币真的离储备货币很近，其实差得很远。

胡舒立：一种货币成为储备货币是市场自然的选择结果呢？还是需要政府来一锤定音，还是二者互相推动？

易纲：一种货币成为储备货币，首先是凭借所在国家或国家联盟的经济实力；其次是其文化凝聚力和感召力；最后，是政治和军事的实力。

经济实力是第一。文化是第二，文化的感召力是非常重要的，你的核心价值观，能不能被广大的国家和地区接受。真正的储备货币，一定是在全世界相对而言，其背后的文化和价值观是有影响力的。

不要低估欧美修复能力

胡舒立：前两年，金融危机比较深重的时候，外界，包括中国有些人，对美国过分看空，然后对欧元过分看好。然后，这次欧洲债务危机表明，“老欧洲”也不值得唱多。以前，投资者对美国的问题估计不足，现在又似乎把美国看得太空了。

易纲：我只谈谈中国的外汇储备投资。我们坚持外汇储备多元化、分散化，指的是币种和资产两个层次。币种上，就是在美元、欧元、日元、英镑、新兴国家货币等，都要有分散化投资。在决定投资某个币种后，接下来就要决定在这个币种上，是买债券，还是买其他资产，就是说，在资产上也要分散化。回到你刚才提出的问题，我们并没有一会特别看空美元、一会特别看空欧元。我们这么大个盘子，也不可能在很短时间内做出调整。我们坚持分散化原则，实际上是一个资产配置原则。

这一资产配置原则又是根据什么决定的呢？是参考中国的实体经济定的，按中国贸易的比例，然后是FDI的比例，还有一个因素是结算的比例。

胡舒立：中国外汇储备以往很少评论具体投资，但近期就“两房”问题连续表态，“两房”为什么这么重要？

易纲：“两房”之所以重要，是因为它们在美国房地产市场中起着关键的作用，而且对金融市场稳定至关重要。次贷危机爆发初期，美国政府还依赖这两家机构缓解危机，随着危机深化两家机构也出现了问题，美国政府随后接管了“两房”，目前财政部已拥有“两房”约80%的股份，是最大股东。此次“两房”根据交易所相关规定退市，但对“两房”的债券未造成负面影响。近期外汇局的回应是希望帮助大家理解外汇储备资产是安全的，管理是有效的。

胡舒立：金融危机发生之后，欧洲、美国做了一些调整、修复，你怎么看待它们的修复能力？

易纲：他们的修复能力是很强的，我们千万不要低估了美国和欧洲。美国通过的金融监管改革法案，是继格拉斯—斯蒂格尔法案和克林顿总统签署的现代金融服务法案后的又一个里程碑，这是对过去几十年的历史，特别是这轮金融危机的反思。这个法案，再加上英国最近新的金融监管框架的路线图，还有G20指导下的金融稳定理事会，国际货币基金组织、巴塞尔委员会、国际清算银行，制定出了一系列金融监管标准，构成了未来十年，甚至更长时间内全世界金融监管标准和监管框架。在这种监管框架下，他们的修复能力是比较强的，修复速度是比较快的。

对国际金融监管框架的建立，欧洲人也做出了很多贡献。当然，在美国监管改革法案通过后，美国人走在了前头。

胡舒立：最近，我跟高盛副主席迈克·埃文斯谈了一下。他说，高盛准备彻底调整其策略。原来，整个华尔街对美国金融法案还比较抵制。他说高盛要调整定位，拥护金融改革。第二，针对SEC的，要搞一个和解。他说，我们必须承认自己有错，尽管这个个案有政治因素。大家对改革法案评价这么高，为什么美国推得还这么难呢？共和党为什么强烈反对？

易纲：推动难，主要是因为利益。这个法案中一些伤害投资银行、商业银行利益的一些条款，已经磨得平和了许多，做了一些妥协。总的来讲，我觉得这个法案是比较正面的，为什么呢？迅速地出台这个法案，比悬而不决好得多。悬而不决就是不确定性，这个法案一出台，等于靴子落地了，市场上预期就稳定了，市场就可以正常运作了。

以平和心态看待中国经济增长

胡舒立：我还想问一下宏观这块，你现在觉得全球经济“二次探底”的可能性大不大?

易纲：简单地回答，我认为“二次探底”的可能比较小。但是，准确的解释取决于如何定义“二次探底”。今年美国经济增长在2.5%～3.5%是比较靠谱的，日本今年应该是正增长，甚至比2%还要高一点。欧洲可能在0.5%～1.5%。这样的结果肯定称不上“二次探底”。当然美国的房地产和就业情况不好，还存在许多不确定性。

胡舒立：现在，中国经济有没有可能掉下来？上半年是11.1%。

易纲：中国经济增长全年可达9%以上，这应当说是相当高的增长了。高增长也是一个情结。现在，我希望多输入一些平和的心态。这样，能够使得中国的经济增长期持续得更长一些。中国实际上现在已经是世界第二大经济体了。经济基数越来越大，增长率肯定应该逐步慢下来，这是第一点。第二点，环境的约束已经到了空前紧张的时候了。地下水、空气、碳排放，等等。还有一个就是资源的约束，包括能源的进口。按照人类经济增长的规律来讲，今后中国经济增长肯定会逐步放慢一些的。改革开放30多年来，我国年均GDP增长率在9.5%以上，新世纪的头十年，我国增长率已经超过10%了。第二个十年，如果平均增长率在7%～8%的话，我觉得就是很高的增长率，问题是我们能不能维持住这样一个增长率。然后，我们还要看第三个十年，要能够维持5%～6%的增长，那么，中国就实现了50年的快速增长。这在人类历史上是没有过的。

中国经济的问题是增长的质量，这就是我们为什么现在要调结构、要转变发展方式，其真正含义都是在提高增长的质量和效益。应该把自己的心态调得更加平和一点。

资料来源：外汇局网站，2010-07-30。

任务2　汇率与国际收支原理

1　汇率分析

1.1　汇率的概念及标价

汇率是一个国家的货币折算成另一个国家货币的比率。汇率表示的是两个国家货币之间的互换关系。在开放经济中，为了保持收支平衡，必须使汇率接近于货币价值。因为在生产能力、消费者偏好和收入既定的条件下，如果汇率高于货币价值，即货币升值，将使进口增加，出口减少，收支平衡受到破坏；如果汇率低于货币价值，即货币贬值，出口上升，进口减少，收支平衡同样受到破坏。

汇率的标价方法主要有直接标价法和间接标价法两种。

直接标价法是用单位外国货币表示本国货币的标价方法（如1美元=7.162人民币）。用这种标价法，单位外币折算的本国货币量减少，外国货币贬值，本国货币升值。相反，若一单位外币折算的本国货币量增加，外国货币升值，本国货币贬值。

间接标价法是用单位本国货币表示外国货币的标价方法（如1人民币=100日元）。用这种标价法，单位本国货币折算的外国货币量增加，表示本国货币升值，外国货币贬值。相反，如果一单位本国货币折算的外国货币量减少，表示本国货币贬值，外国货币升值。

1.2　汇率制度

世界上的汇率制度主要包括固定汇率制与浮动汇率制。

固定汇率制是指一国或一地区货币同他国货币的汇率基本固定，波动仅限于在一定的幅度之内。在这种制度下，中央银行固定了汇率，并按这一水平进行外汇的买卖。中央银行必须为任何国际收支盈余或赤字按官方汇率提供外汇。当有盈余时购入外汇，当有赤字时售出外汇，以维持固定的汇率。

浮动汇率制是指一国中央银行不规定本国货币与他国货币的官方汇率，汇率由外汇市场的供给和需求关系自发地决定。浮动汇率制又分为自由浮动制与管理浮动制。前者指中央银行对外汇市场不采取任何干预措施，汇率完全由外汇市场的供求力量自发地决定；后者指实行浮动汇率制的国家，对外汇市场进行各种形式的干预活动，主要是根据外汇市场的供求情况售出或购入外汇，通过对外汇的供给和需求来影响汇率。

西方各国在 20 世纪 70 年代之前实行固定汇率制，即按照以美元为中心的国际金融体系（又称布雷顿森林体系）所实施的固定汇率制。此后，由于美元危机，布雷顿森林体系崩溃，西方各国相继放弃了固定汇率制而采用了浮动汇率制。目前，世界上有 80 多个国家仍然采用固定汇率制，60 多个国家则是采取不同程度的浮动汇率制。

1.2.1　固定汇率制

在第二次世界大战接近尾声的 1944 年，同盟国中的主要工业化国家的经济代表们在美国东北部新罕布什尔州的布雷顿森林举行了一次重要会议。这次会议的主要宗旨是讨论战后的世界经济格局，并确定在各工业化国家之间实行固定汇率（事实上允许兑换率有 1%的上下浮动）。这就是著名的布雷顿森林体系。当时积极倡导固定汇率体系的是英国政府代表凯恩斯。由于实行了固定的汇率体系，战后工业化国家的金融市场都相对稳定，利率波动很小且长期处于较低的水平，这对战后增加投资恢复经济十分有利。固定汇率还使得国际贸易相对稳定，各国的通货膨胀率也相对较低，这些因素都对工业化国家的经济在战后平稳增长起到了促进作用。但是，在 20 多年的实行过程中，各国也都逐渐意识到固定汇率的一些缺陷和不足之处，其中最大的问题就是在固定汇率体系下货币政策很难有所作为。因而许多国家在使用了一段固定汇率之后，就放弃了这一体系。到了 20 世纪 70 年代初，所有的工业化国家又都恢复了浮动汇率。下面探讨实行固定汇率的国家应注意的问题。

实行固定汇率制度且资本流动性较高的国家之间的利率必须保持密切的联系。假如英国和瑞士之间的汇率是固定的，投资者可以很容易地将其资金在英国英镑和瑞士法郎之间变换，则两国的利率必须同步变化。两国利率之间的任何差异都会吸引国际投机者卖出一种货币并买入另一种货币进行获利，直到使两国利率达到同一水平。

实行固定汇率有利于一国经济的稳定，也有利于维护国际金融体系与国际经济交往的稳定，减少国际贸易与国际投资的风险。但是，实行固定汇率要求一国的中央银行有足够的外汇或黄金储备。如果不具备这一条件，必然出现外汇黑市，黑市的汇率要远远高于官方汇率，这样反而会不利于经济发展与外汇管理。

1.2.2　浮动汇率制

20 世纪 70 年代以来，世界上主要的工业化国家都认为在浮动汇率体系下使用经济政策更加灵活自如，从而放弃了第二次世界大战之后所使用的固定汇率体系。中国自实行开放政策以来，也正在积极准备向浮动汇率体系过渡。

现举例说明浮动汇率（均衡汇率）。如图 11—1 所示，假定只有中国与美国两个国家参与的外汇市场，横轴 Q 代表外汇（美元）的数量，自由浮动汇率就是能使外汇市场上对美元的需求和对美元的供给相等的汇率。

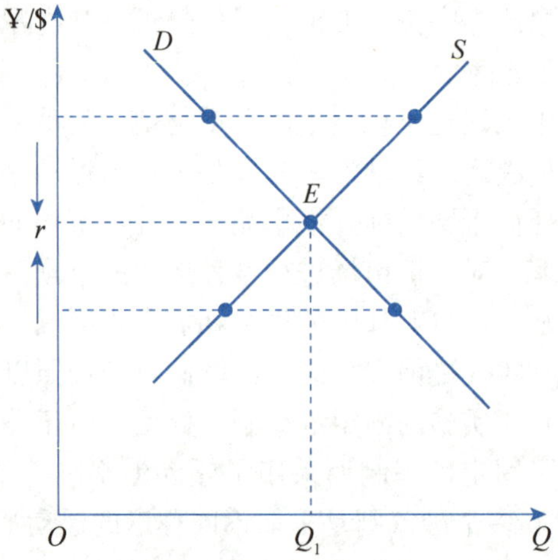

图 11—1 汇率的决定

中国对美元的需求产生于中国对美国产品和劳务及各种资产（包括股票、债券等）的需求。当兑换 1 美元需要支付较多的人民币时，以人民币单位衡量的美国产品和劳务的价格较高。因此，中国对美国的产品、劳务及各种资产的需求量较低，从而导致中国对美元的需求量较小。反之，当兑换 1 美元需要支付较少的人民币时，中国对美国的产品和美元的需求量较大（根据这种关系，可得出对美元的需求曲线）。

美元供给产生于美国对中国产品、劳务及各种资产的需求。美元的供给与汇率的关系和对美元的需求与汇率的关系正好相反。当 1 单位美元可以兑换较多的人民币时，以美元单位衡量的中国产品、劳务及资产的价格较低，美元供给较大（根据这一关系，可以画出美元供给曲线）。在图 11—1 中，美元的供给曲线 S 与对美元的需求曲线 D 相交于 E 点，E 点对应均衡水平 r（均衡汇率）。当实际汇率高于均衡汇率 r 时，对美元的需求小于供给，汇率会下降；当实际汇率低于均衡汇率 r 时，对美元的需求大于美元的供给，汇率会上升。在自由浮动汇率制度下，汇率会自动上升至均衡汇率水平。

1.3 名义汇率

名义汇率是指一国通货交换另一国通货的比率。如某一时间银行标出的汇率是 100 日元兑换 1 元人民币。银行买卖日元的价格之间还会有一些差额，这种差额是银行提供这种服务的一些利润，可以忽略这种差额。

汇率可以用两种方法来表示，如果汇率是 100 日元兑 1 元人民币，那么，它也就是 1 日元兑 1/100（0.01）元人民币。一般用每一元人民币兑外国货币的单位来表示名义汇率，即间接标价法。例如，1 元人民币兑 100 日元。

如果汇率的变动使 1 元人民币能买到更多外国货币，这种变动称为人民币升值。如果汇率的变动使 1 元人民币能买到的外国货币减少，这种变动称为人民币贬值。例如，当汇率从 1 元人民币兑 100 日元上升到 120 日元，就可以说人民币升值了。同时，由于 1 日元现在购买的中国通货减少了，可以说日元贬值了。当汇率从 1 元人民币兑 100 日元下降为 90 日元时，可以说人民币贬值了，而日元升值了。

新闻媒体经常报道一种货币是坚挺的或是疲软的。这些通常指名义汇率的近期变动。当一种通货升值时，即为坚挺货币，因为它可以购买更多外国通货。同样，当一种通货贬值时，它是疲软的。

对于任何一个国家来说，存在许多名义汇率，可以用人民币来购买日元、美元、英镑等。当经济学家研究汇率的变动时，通常用这些汇率的平均指数。正如消费物价指数 CPI 把经济中的许多价格变为物价水平的一种衡量指标一样，汇率指数也把许多汇率变为一种国际通货价值的衡量指标。因此，当讨论人民币升值或贬值时，通常是指一种考虑到许多单个汇率的汇率指数。

1.4　实际汇率

实际汇率是用一国的商品与劳务与另一国的商品与劳务交换的比率。如 1 千克肉，美国的价格是中国的两倍。就可以说，实际汇率是中国（肉）兑 1/2 美国（肉）。应该注意的是，和名义汇率一样，实际汇率也可以用单位国内商品的外国商品单位量来表示。

实际汇率与名义汇率是紧密相关的。假设 1 千克中国牛肉卖 30 元人民币，而 1 千克日本牛肉卖 4 000 日元，那么中国牛肉与日本牛肉之间的实际汇率是多少呢?

首先必须用名义汇率把价格变为一种共同的通货。如果名义汇率是 1 元人民币兑 100 日元，那么，1 千克中国牛肉的价格等于 3 000 日元。中国牛肉价格是日本牛肉的 3/4。实际汇率是 1 千克中国牛肉兑 3/4 千克日本牛肉。

可以用以下公式总结实际汇率的计算：

$$\text{实际汇率}=(\text{名义汇率}\times\text{国内价格})/\text{国外价格}$$

用上面例子来说明：

$$\begin{aligned}\text{实际汇率}&=(100\text{ 日元}\times 30)/4\,000\text{ 日元}\\&=3\,000\text{ 日元}/4\,000\text{ 日元}\\&=3/4\end{aligned}$$

实际汇率取决于名义汇率和用本国货币衡量的两国商品的价格。

实际汇率非常重要。实际汇率是一国进出口多少的决定因素。假设一个中国人要决定是在美国的夏威夷度假还是到意大利的威尼斯度假。他一定会问人民币与美元及里拉的汇率。如果他通过比较成本来决定在哪里度假，他要把决策放在实际汇率的基础之上。

为了衡量实际汇率，需要用到物价指数，例如消费物价指数 CPI。通过用中国的物价指数（P）、国外的物价指数（P^a），以及人民币和外国通货之间的名义汇率（E），可以用以下公式计算中国和其他国家之间的整个实际汇率：

$$\text{实际汇率}=(E\times P)/P^a$$

实际汇率是衡量国内得到的物品与劳务相对于国外得到的物品与劳务的价格。一国的实际汇率是其物品与劳务净出口的决定因素。中国实际汇率升值（上升），意味着相对于外国物品而言，中国物品变得贵了。这种变化使得国内与国外消费者减少购买中国物品，而更多地购买外国物品。结果，中国出口减少而进口增加，这两种变化都减少了中国的净出口。相反，中国实际汇率贬值（下降），意味着与外国物品相比，中国物品变得便宜了，因此，中国的净出口会增加。

2 汇率与国际收支分析

2.1 影响汇率的因素

如果对某国的货币需求增加（其他条件相同），则该国的货币将升值；如果需求减少，则该国货币将贬值。如果某国的货币供给增加，则该国的货币将贬值；如果供给减少，则该国货币将升值。如果一个国家的货币升值，某些其他国家的货币将相对于它贬值。

2.1.1 消费者偏好的变化

消费者对某国商品偏好的任何变化可能会改变对该国的货币需求和汇率。如果中国纺织品对美国客户有吸引力，那么美国人为了购买更多的中国纺织品，将在外汇市场上提供更多的美元。美元的供给曲线将会迅速地向右移动，美元将会贬值而人民币会升值。如果美国的汽车在中国变得更加流行，中国对美元的需求会增加，将导致美元升值，人民币贬值。

2.1.2 购买力平价理论

购买力平价理论认为，汇率使各国货币的购买力相等，即一单位的任何一种通货应该能在所有国家买到等量的物品。根据这种理论，英镑在日本、美国、意大利、泰国和其他国家具有同样的购买力。实际汇率偏离了购买力平价，但相对价格水平的变化仍是汇率变化的一个决定因素。假如英国国内价格水平迅速上升而在日本却保持不变，那么英国的消费者将寻求低价的日本产品，从而增加了对日元的需求。日本则会减少对英国产品的购买，从而减少日元的供给，需求和供给的这些变化一起使日元升值，英镑贬值。

2.1.3 两国间相对收入的变化

如果一个国家的收入增长比其他国家快，其货币可能会贬值。原因是一国的进口直接随其收入水平变化而变化。随着中国总收入的上升，中国人既会购买更多的国内产品，也会购买更多的外国产品。如果在中国经济迅速发展的同时，日本经济处于停滞状态，中国从日本进口产品，因此对日元的需求也将增加，日元对人民币的价格上升，意味着人民币将贬值。

2.1.4 两国间相对价格水平的变化

两个国家相对价格水平的变化能够改变货币的需求和供给，进而改变两个国家货币之间的汇率。

2.1.5 相对利率

两个国家之间相对汇率的变化也能改变它们的汇率。假设美国的实际利率上升，而日本的实际利率保持不变。此时，日本居民会发现美国是一个进行金融投资的好地方。为了从事这些投资，他们需要在外汇市场上将日元换成美元。日元供给的增加将导致日元贬值，美元升值。

2.1.6 投机

货币投机者是那些希望通过买卖货币后再出售或再购买而获利的人。假设投机者预期中国经济比美国经济增长得更快，价格水平也比美国上升得更快，这些预期转变成一种人民币将贬值美元将升值的预测，持有人民币的投机者将因此试图把人民币换成美元。这种努力将增加对美元的需求，引起人民币贬值。一个自我实现的预期发生了，投机者依据这些变化即将发生的信念所采取的行动导致了美元升值，人民币贬值。因此，投机能引发汇率的变化。

2.2　国际收支

国际收支是一国居民与世界其他地区的居民进行交易的记录。国际收支的主要账户有商品和服务账户（经常账户）与资本账户，表 11—1 展示的是某国的国际收支平衡表。

表 11—1　　某国的国际收支

项目（a）	贷方（+）(b)	借方（—）(c)	净额（d）
Ⅰ. 经常项目			
1. 货物品贸易额	2 000	—2 610	—610
2. 劳务和其他			+190
3. 经常项目平衡差额			—420
Ⅱ. 资本项目			
1. 资本流量	820	—490	
2. 资本项目平衡差额			+330
Ⅲ. 统计误差			+80
需要清偿的总额			—10
Ⅳ. 官方结算差额			
（美国官方储备资产变动净额）			+10
形式上的总计净额			0

2.2.1　国际收支平衡表

国际收支平衡表是反映一定时期一国同外国的全部经济往来的收支流量表。它是对一个国家与其他国家进行经济技术交流过程中所发生的贸易、非贸易、资本往来以及储备资产的实际动态所作的系统记录，是国际收支核算的重要工具。通过国际收支平衡表，可综合反映一国的国际收支平衡状况、收支结构及储备资产的增减变动情况，为制定对外经济政策，分析影响国际收支平衡的基本经济因素，采取相应的调控措施提供依据，并为其他核算表中有关国外部分提供基础性资料。

1. 商品和服务账户

商品和服务账户记录商品与服务的交易，也记录转移支付。服务包括运费、版权支付与利息支付。服务还包括净投资收入，即本国在国外资产所得到的利息与利润减去外国人在本国拥有的资产所得到的收入。转移支付包括汇款、捐赠和援助。贸易金额只记录商品贸易。贸易余额加上服务贸易和净转移，则得到经常账户余额。

国际收支核算的简单原则是在任何交易中，一国居民付出的款项就是该国国际收支中的亏损项目。因此，就某国而言，进口汽车、赠送礼物给外国人、购买国外的土地或者在国外银行存款都是亏损项目。与此相反，盈余项目的例子是某国向国外出售商品，外国人由于使用某国技术支付给某国的许可证费用，某国居民收到国外支付的退休金及外国购买某国资产等。

如果出口超过进口加上对外国人的净转移支付，即如果从商品与服务贸易及转移支付中所得收入超过为这些项目进行的支出，则经常项目出现盈余。

2. 资本账户

资本账户记录国际间的资本流动。凡是外国对本国居民的贷款，外国购买本国的实物资产和金融资产的交易都是资本流入，或称资本输入。凡本国居民对国外的贷款，以及他们购买外国的实物资产或金融资产的交易都是资本流出，或称资本输出。资本账户记录着一国资本的输入输出情况，如政府、国际金融机构、商业银行和跨国公司的投资等。

当某国从出售股票、债券、土地、银行存款及其他资产中所得收入超过某国自己购买外国资产的支付时，则该国资本账户出现盈余，也称作净资本流入。

2.2.2 对外账户的平衡

国际收支的中心论点是个人与厂商必须支付其在国外的购买。如果个人支出多于其收入，其亏空必须以出售资产或借款方式获得资金进行支付。同样，如果一国的经常账户出现赤字，即支出于国外的大于它出售给世界其他地方所得收入（贸易赤字、逆差），这项赤字必须以出售资产或向国外借债方式，获得资金加以弥补。这种出售与借款意味着该国资本账户出现盈余。因此，贸易和服务账户即经常账户的任何赤字必须有一笔抵消性的资本流入，以提供资金加以弥补。

贸易和服务账户赤字＋净资本流入＝0

此公式表明，即使一国没有资产可以出售，无外汇储备可以利用，也没有任何人愿意借款给它，不论如何痛苦与困难，该国也必须实现其经常账户的平衡。

将资本账户分为两个独立部分是有用的。一国的私人交易与官方储备交易，相当于中央银行活动。经常账户赤字可由居民私人出售国外资产或向国外借款，或者也可以由政府提供资金弥补经常账户赤字，政府减少其外汇储备，在外汇市场出售外币。反之，出现盈余时，私人领域可以利用其收到的外汇收入，偿还债务或购买海外资产。另一办法是中央银行可购买私人领域赚得的（净）外国通货，增加中央银行的储备。

官方储备又称为官方的黄金和外汇储备，由一个国家官方的货币机构持有。黄金和外汇通常被称为储备资产。增加官方储备也称作国际收支总盈余。

国际收支盈余＝官方外汇储备的增加＝经常账户盈余＋净私人资本流入

如果经常账户与私人资本账户均为赤字，那么国际收支总额出现赤字，即中央银行损失了储备。一个账户出现盈余而另一个出现相等数量的赤字，则国际收支总额为零——既不是盈余，也不是赤字。

2.3 “传递”对国民收入均衡的冲击

传递是指一个国家发生国民收入不均衡（失业、通货膨胀、“滞胀”）如何对其他国家发生影响，以至于影响其国民收入均衡。

（1）通过国际贸易渠道的“传递”。其“传递”过程是：世界市场价格波动—国内开放部门价格变动—国内非开放部门价格变动；国内价格波动—产量与就业变动。

（2）通过国际资本流动渠道的“传递”。例如，某国出现资本过剩或资本严重缺乏，国内利息率大幅度下降或提升，引起本国资本的流出或者国际资本的流入，导致国际金融市场的利息率大幅度波动。这又进一步引起国际资本流动，并对其他国家的利息率发生影响。如果一国经济严重衰退并迫使它从国外抽回资金，停止向国外供给信贷，从而引起其他国家的企业发生支付困难，导致其他国家金融市场的紧张情况；或者，一国经济衰退时，无法到期偿还欠国外的债务，使国外的债权人受损，从而引起国际金融市场混乱。

(3) 通过利率和汇率方式的“传递”。假如，美国国内投资债券收益率为11%，其他国家则低于11%，许多国家的投资者会把其手中的本国货币换成美元，所有人都竞相争购美元，美元升值；在美国，进口货价格便宜，出口产品价格上升，出口小于进口，就业机会下降。由于进口货便宜，许多人会购买进口货，国内通货膨胀率会下降，但国内生产会下降，就业机会减少。这时，美国为了避免国外资本流入过多，将会扩大信贷，增加货币流通量，使国内通货膨胀率上升，降低债券投资的实际收益率，直到资本不再流入，本国货币贬值，汇率下跌，其他各国持有美元者会纷纷抛售美元。结果，美国出口产品价格下降，进口产品价格上升，出口大于进口，这等于把“失业”传递到国外。

2.4 开放经济的增长

开放经济中的经济增长比简单经济要复杂得多，也比简单的投资和储蓄复杂。储蓄和投资的决定因素是稳定的经济环境、对财产权的保障及有吸引力的投资氛围。

(1) 开放经济中的经济增长要确保本国在生产过程中采用最实用的技术。获得前沿技术的途径可以与外国公司合作，设立合资企业。

(2) 贸易政策。开放的贸易体系会提高本国竞争力和促进最新技术的应用。通过维持较低的关税和其他贸易壁垒，一国可以确保本国企业受到竞争的激励。

(3) 重视无形资本的作用。一个重视投资于人力资本的国家的经济往往是良好的，在危机面前有更强的抵御能力。许多国家有宝贵的自然资源，诸如森林、矿产、石油和天然气、渔业和耕地等，有效地加以使用可以确保效率。

(4) 市场机制。成功地开放经济（如欧洲的荷兰，亚洲的韩国等），为投资者和企业家提供了一个安全的环境，现在的中国也为投资者提供了一个良好的投资环境。良好的投资环境要有一整套法律监督的产权政策、知识产权保护办法，政府还要坚持不懈地与腐败作斗争。腐败是强加于企业和居民之上的最有利可图的私人税收体系，它带来产权的不确定性，增加成本，阻碍投资。

税收合理且可以预测，通货膨胀率保持较低水平，从而债权人不担心通货膨胀会吞掉他们的收益。汇率相对稳定，同时具有可兑换性，以保证资金能够方便且廉价地进出国内货币体系。那些提供有利的制度体系的国家可以吸引大量的外资流入。开放的经济，促进经济增长应确保其经济对国内外投资者具有吸引力，要保持高储蓄率和高投资率，以及确保企业采用最先进的技术。

3 原理与知识小结

3.1 汇率是一个国家的货币折算成另一个国家货币的比率。汇率表示的是两个国家货币之间的互换关系。

3.2 世界上的汇率体系主要包括固定汇率制与浮动汇率制。

3.3 影响汇率的因素主要有：消费者偏好的变化，两国间相对收入的变化，两国间相对价格水平的变化，购买力平价理论，相对利率，投机。

3.4 国际收支是一国居民与世界其他地区的居民进行交易的记录。国际收支的主要账户有商品和服务账户（经常账户）与资本账户。

任务3 问题研讨

1. 什么是名义汇率和实际汇率?

2. 一国的汇率上升对净出口有何影响?

3. 简要分析浮动制度的利弊。

4. 如何分析一国的国际收支状况?

5. 下列这些交易如何影响美国的出口、进口，以及净出口。

(1) 一个美国艺术教授暑假参观欧洲的博物馆。

(2) 巴黎的学生纷纷去看阿诺德·施瓦辛格的电影。

(3) 你的朋友购买了一辆沃尔沃新车。

(4) 牛津大学的学生买了一条李维斯牛仔裤。

(5) 加拿大公民为了避开加拿大的销售税在美国北部的一家商店购物。

6. 小麦、银行服务、电脑软件、汽车等每种产品（服务）的国际贸易一直在增加。试分析其中的原因。

7. 说明国外直接投资与国外有价证券投资之间的差别。谁更可能进行国外直接投资——公司还是个人投资者? 谁更可能进行国外有价证券投资?

8. 下列交易如何影响美国的资本净流出? 此外，说明每一项涉及直接投资还是有价证券投资。

(1) 美国一家移动电话公司在捷克共和国建立了一个办事处。

(2) 伦敦的哈罗德公司把股票出售给通用电气公司的养老基金会。

(3) 本田公司扩大其在俄亥俄玛丽维尔的工厂。

(4) 富达共同基金把其大众汽车公司的股票卖给一个法国投资者。

9. 假设国民储蓄不变，资本净流出的增加会使一国国内资本的积累增加、减少还是没有影响?

10. 大多数主要报纸的经济版都有说明人民币汇率的表格。找出一个来并用它回答下列问题。

(1) 这个表表示名义汇率还是实际汇率，试解释之。

(2) 中国和美国之间以及中国和日本之间的汇率是多少? 计算美国和日本之间的汇率。

(3) 如果在下一年中国的通货膨胀超过了日本，根据你的预计，相对于日元而言，人民币升值还是贬值?

11. 如果人民币升值，试解释下列每一个群体的人幸福还是不幸福。

(1) 持有中国政府债券的荷兰养老基金会。

（2）中国制造业。

（3）计划到中国旅游的澳大利亚旅游者。

（4）一家想购买国外资产的中国企业。

12. 在下列每一种情况下，试解释中国的实际汇率会发生什么变动。

（1）中国的名义汇率未变，但中国的物价上升快于外国。

（2）中国的名义汇率未变，但外国的物价上升快于中国。

（3）中国的名义汇率下降了，中国和国外的物价都没有变。

（4）中国的名义汇率下降了，国外物价的上升快于中国。

13. 举出单一价格规律可能成立的三种物品以及单一价格规律不能成立的三种物品，并证明你的选择。

14. 一罐软饮料在美国价格为 0.75 美元，在墨西哥为 12 比索。如果购买力平价论成立，比索 1 美元的汇率是多少？如果货币扩张引起墨西哥的物价翻了一番，以致软饮料价格上升到 24 比索，比索与美元的汇率会发生什么变动？

15. 假设美国大米每吨卖 100 美元，日本大米每吨卖 16 000 日元，而且名义汇率是 1 美元兑 80 日元。

（1）解释你如何从这种情况中赚到利润。每吨大米你能赚到多少利润？如果其他人利用同样的机会，日本和美国的大米价格会发生什么变动？

（2）假设大米是世界上唯一的商品，美国和日本之间的实际汇率会发生什么变动？

任务 4　项目实训

项目目标

1. 理解并能运用汇率理论分析经济问题。
2. 理解并能运用国际收支理论分析经济问题。

1　人民币升值与贬值问题分析

项目要求

1. 提供给学生有关的网站。
2. 搜集人民币汇率信息。
3. 对信息进行整理和分析。
4. 小组内交流和讨论，加深对失业问题的理解。
5. 教师点评。

2　人民币顺差与逆差问题分析

项目要求

1. 提供给学生有关的网站。

2. 搜集人民币国际收支相关信息。
3. 对信息进行整理和分析。
4. 小组内交流和讨论，加深对通货膨胀问题的理解。
5. 教师点评。

项目十二　经济周期与经济增长原理与应用

学习目标

1. 知识目标：了解经济周期及经济增长的特点、分类及原因。
2. 技能目标：能够利用经济周期和经济增长理论分析实际的经济问题。
3. 态度目标：养成勤奋严谨的学习习惯和创新思考的职业精神。

学习型工作任务

任务 1. 案例剖析
任务 2. 经济周期与经济增长原理
任务 3. 问题研讨
任务 4. 项目实训

任务 1　案例剖析

1. 中国经济发展不服从经济周期规律吗

在我国相当流行的一种看法，就是中国经济发展可以不受经济周期规律的制约，可以超越经济周期规律之上，可以实现“直线式”的经济增长。

正是在这种观念的支配之下，绝大多数人对这次剧烈的美国金融风暴完全没有警觉，对这次中国经济急剧减速完全没有警觉，对中国股市的这次猛烈的熊市完全没有警觉，并且在大风暴来临之前采取了完全相反的、事后被证明方向错误的政策行动。

要搞市场经济，就必须尊重市场规律，而市场规律中的首要一条规律，就是经济周期规律。认真研究并努力掌握经济周期分析的理论及方法，对时刻保持清醒的头脑，主动而正确地应对复杂环境，特别是外部环境的急剧逆转，有着非常重要的帮助。让我们举例来说明掌握周期分析理论及技术对判断中国经济走向的帮助。见下面的例 1 和例 2。

例 1：根据周期模型于 1998 年对未来周期阶段的预判

1998 年 4 月，我们根据自己建立的中国经济周期模型预判中国经济在未来的走向，认为中国经济将在 2000 年前后（正负一年）达到一个谷底（经济减速期的谷底）。而事后的事件发展证明，中国经济正是在我们所推断的那一时期达到一个减速期的谷底（事后正好与亚洲金融危机相对应）。这一案例一方面说明外部环境对中国经济有着明显影响，另一方面也说明经济运行有着不以人的主观意志和主观愿望为转移的客观规律。

例 2：根据周期模型于 2006 年—2007 年对未来周期阶段的预判

在 2006 年和 2007 年，我们根据自己建立的中国经济周期模型和世界经济周期模型，推断中国经济在未来 5～8 年内的走向，认为中国经济将在 2011 年前后（正负一年）达到一个谷底（经济减速期的谷底）。同时，在 2006 年时，我们推断美国股市和经济将在 1～3 年之内遇到一个 4～5 年的严重熊市。在 2007 年时，我们推断这一危险已经迫在眉睫。请注意，当我们在 2006 年—2007 年根据经济周期模型作相应地推断时，还没有发生美国的金融危机及国际金融危机。或这一危机刚刚开始而没有被人们所明显察觉。目前的事态发展证明，中国经济正在进入一个减速期，美国和世界大多数国家都卷入了金融风暴。我们在一两年前所作出的预判很可能是正确的（目前的事态发展也正好与美国金融风暴相对应）。这一案例和前一案例一样，一方面说明外部环境对中国经济有明显影响，另一方面也说明经济运行有着不以人的主观意志和主观愿望为转移的客观规律。

目前的事实说明，以"周期规律和周期理论"为指导来看问题，比用"直线式"的思维方式看问题，更要接近事物的客观真相。

资料来源：《中国证券报》，2009-01-09。

2. 世界经济转型下的中国经济战略选择

一、关注金融危机背后的世界经济转型

（1）从长周期看，当前的世界金融危机，在本质上属于世界产业周期的危机。世界经济发展史表明，全球性经济危机往往会成为催生重大科技创新和新兴产业崛起的动力与契机。1857 年的世界经济危机引发了以电气革命为标志的第二次技术革命，1929 年的世界经济危机引发了第二次世界大战后以电子、航空航天和核能等技术突破为标志的第三次技术革命。2000 年美国的高科技泡沫破裂后，标志着 IT 产业作为推动美国与世界经济增长引擎时代的结束。正是在 IT 产业作为经济增长引擎力结束后，缺乏新的引擎产业跟进，形成产业空洞的背景下，在高科技时期形成巨额剩余的资本开始流向房地产业与金融业。由金融投资家与房地产商合谋演绎出了支撑美国经济增长的畸形引擎产业：虚拟经济。从这个角度看，这次全球性的金融危机本质上是产业周期危机，所以，我们应对金融危机的着力点，不仅仅是金融秩序重建，还有实体产业动力再造。

（2）新能源革命的背后酝酿着世界经济的转型：从工业经济向生态经济转型。酝酿中新经济有以下三个标志。

一是新能源革命解决了在工业经济模式的框架内无法解决的人类文明难题。能源与环境是制约工业经济模式持续发展的世界难题。自从 20 世纪 70 年代人类发现这个难题以来，在持续的探索中越来越发现在工业经济的框架内无法解决。工业经济替代农业经济是从对土地资源的依赖，转向对土地之下的化石能源的开发，启动了一个全新的财富生产模式与生产方式。以可再生能源为核心的新能源革命，则标志着人类又一个全新财富生产模式与生产方式的诞生。

二是新能源将成为引爆一系列新兴产业与新技术诞生的先导产业或龙头产业。人类经济史上每一次技术与产业革命，都是从先导产业发展开始，然后引爆出一系列新兴产业和新产品诞生。衡量是否属于先导产业有三大特性：该产业必须是牵动全局的龙头产业，属于全覆盖的普适技术，构成经济发展的基础产业。目前正在酝酿中的新能源革命完全具备上述三个条件。

三是驱动新能源革命的利益驱动机制已经成熟。长期以来，尽管全世界都认为解决能源与环境问题非常重要，但却未能成为各国竞相投资的对象。这是因为，解决能源与环境问题的投资属于财富扣除的投资，属于投资与获利不对称的世界性公共产品。进入 21 世纪以来，经过 40 多年的积累性发展，支持新能源发展技术（如风电、太阳能光伏与光热）的适用性与经济性开始达到与市场接轨程度。在这次应对危机的刺激经济计划中，能源与环境一下子成为世界发达国家竞相投资的对象，这绝不是发达国家对保护世界环境的道义水平大幅提升的结果，而是标志着推进能源与环境利益驱动机制开始形成。金融危机之所以成为新能源革命的契机，就在于经济危机使传统的产业与原有利益驱动机制造成重创的背景下，凸现了成长中新产业的优势，才使边缘化的产业进入政府决策与企业投资的视野。

二、奥巴马新政旨在推动经济转型，抢占新经济高地

一是奥巴马新政以发展新能源为核心抢占新经济高地。美国应对金融危机的思路，是把金融危机作为实体经济空心化危机来对待；把发展新能源作为复兴美国经济、占领新经济高地的战略性产业来对待。

二是奥巴马新政着眼于经济发展的长远目标与结构调整，而不是眼下的经济增长。奥巴马上台以来，所走的三步棋，都是围绕如何推进结构性变革，强化经济竞争机体，提高竞争力而展开。第一步棋，出台在国会通过总量投资为 7 870 亿美元的《美国复兴与再投资法案》，确立以发展新能源为核心的复兴美国经济的长期目标。第二步棋，对处在危机中的企业进行压力测试，强化美国经济微观组织机能。第三步棋，是经过半年的酝酿，奥巴马于 2009 年 6 月 17 日在白宫公布了《金融监管改革方案》，从制度创新的高度启动金融体制改革，为美国新经济航行创造良好的金融环境。

三是奥巴马新政把高科技与生态理念相结合聚焦的生态经济，上升到重塑美国形象与提升美国竞争力的战略高度来对待。早在 20 世纪 80 年代在世界经济处在拐点时期，美国勇敢地放弃了传统的制造业，把冷战时期积累起来的信息技术转向民用领域，把高科技作为国家战略主攻方向，由此使美国成为 90 年代高科技经济的最大赢家。具有原创与冒险精神传统的美国往往在重大变革的时期，能够从战略的高度进行决断与选择，值得我们研究与借鉴。

三、20 世纪 80 年代日本转型失败的教训值得反思

早在 20 世纪 80 年代日本获得追赶战略的巨大成功之后，也遭遇到与今天的中国类似的世界经济转型期。80 年代当世界经济面临着从电气化经济向信息经济转型时，当时的

日本与美国采取两种不同的发展战略，结果导致了在90年代后走向了两条完全不同的发展道路。日本在80年代转型的失败，有以下几个问题值得反思。

一是日本没有意识到“跟从增长模式”的局限性，反而误认为是创造了奇迹的增长模式。日本在第二次世界大战后获得的高增长，是一种典型“跟从增长模式”。这种增长模式的优势来自两个方面：其一把西方技术引入后，通过二次创新形成一定的技术优势。其二处在经济成长初期的低成本优势，所获得的承接欧美产业转移的优势。利用“跟从增长模式”的这两个优势，日本经济获得了赶超式增长的效应，而且“挤压”了美欧国家发展的空间。

“跟从增长模式”的优势就是在学习中跟上别人，而不是在原创中引领潮流。当日本利用这种增长模式完成对欧盟的追赶后，也就意味跟从增长模式的使命完成，需要“从跟从增长模式”向“独创增长模式”转型。但日本并没有认识到“跟从增长模式”的局限性，事实上无论是日本，还是欧美都被这种暂时赶超式增长所迷惑。日本也不断有评论家口出狂言，称“21世纪将是日本的世纪”。20世纪80年代末，美掀起日本“威胁论”，得到了各界广泛认同。由此引发一系列欧美与日本的博弈。今天来看，这显然是一个认识的误区，日本无法通过“跟从增长模式”形成对欧美的威胁。

二是面对世界经济转型，日本未能作为战略性反应，继续沿着传统思路进行。80年代末，面对世界经济的转型，一方面美国在国内开始从传统产业向高科技产业进军；另一方面在对外战略上，通过日元升值对日本经济进行打压。在美国的压力下，日本错误地把扩大内需作为打造新经济增长的战略来实施。在满足于已有经济增长成果中，对世界经济转型失去敏感性。把保经济持续增长的战略重点，仍然放在已有的传统产业领域，把几十年经济增长获得的巨大剩余用于增加国内消费的领域，结果大量剩余资本进入房地产与股市，导致房地产泡沫破裂，由此引发金融危机，并从此使日本经济陷入十年低迷之中。而在同一时间，美国从增量、拐点思维的高度，把社会资源配置到高新技术的新经济领域，结果使美国成为90年代信息经济最大赢家。

三是日本把经济衰退根源，归咎于金融政策的失误，一直未能从增长方式、战略决策、产业结构上找原因，使应对危机错上加错。在整个90年代后，当日本陷入困境之后，仍未从增长模式上反思原因，而是按照凯恩斯理论和货币理论，错误地把经济衰退的原因归咎于金融危机，而对日本特有的政府主导型经济、大企业垄断、员工终身制等抑制创新机制的制度与结构未能进行根本性改革，使日本经济一直在跟从战略的迷途中徘徊。

四、走出惯性思维，推进中国转型战略的若干思考

中国走向转型的三个优势：一是我们已开始意识到导入增长模式的极限性。虽然我们尚未从模式的高度，但已经从增长方式转型层面开始认识。二是对正在发生的新能源革命与世界经济转型，有很强的敏感性。三是中国的低成本优势仍然会在新经济中发挥作用。日本进入20世纪80年代之后的低成本优势已经丧失。在80年代日本的人均GDP与劳动力价格已经与欧美发达国家持平。

但同时，我们也面临着三大障碍：一是既得利益的障碍。进入21世纪，中国经济进入重化工阶段以来，在社会财富的倍增过程中，形成了两个既得利益的集团，即垄断性企业集团和各级地方政府。由于垄断企业集团是政府税源经济所在，利益相关性使两种利益

集团相互依赖，成为影响中国转型战略决策的障碍。二是成功导致惯性思维的障碍。中国改革取得了世界公认的成功。在这种成功面前，我们正在重复着80年代日本经济增长成功的情景。在“中国威胁论”中形成自我强大的感觉，使我们有可能重犯日本的错误，忘记了“导入增长模式”的局限性。如果在成功导致惯性思维的作用下，把昨天成功的经验，简单地运用到明天，沿着直线思路走下去，中国经济转型就会成为纸上谈兵。三是转型动力不足的障碍。重大的经济转型往往来自危机创造的契机，是由于危机为转型提供一种动力。此次金融危机，中国是受影响最小的国家之一，而且也是世界普遍看好能够最先走出危机的国家。这自然是一件好事，但给中国迎接世界经济转型的挑战与机遇也带来另一个障碍，容易使我们在满足于保增长所获得的良好态势中，失去转型的动力。

为此，我提出推进中国战略转型的若干对策。

一是强化对导入增长模式局限性的认识。从应对世界经济与中国转型的高度，反思中国改革模式的局限性，反思新中国成立60年所经历成功转型的经验与教训。如果没有1978年中国经济与社会从以政治为中心向以经济为中心的转型，就没有今天中国经济发展的成就。同样，如果我们不能及时实现经济增长模式的转型，我们也不会有更美好的明天。以此强化全党的危机意识与转型意识。

二是实现从保增长调控向促转型的调控转变。前半年宏观数据显示，中国经济增长开始出现企稳回暖增长。这标志着应对经济危机的保增长调控已经取得成效。在这样一种情况下，中国应对危机的调控面临着从以修复危机创伤的保增长调控，向以新增长动力再造的转型调控转变。

三是在生态文明观的指导下深化政府职能转型改革，破解政府被既得利益束缚的困局。破解既得利益障碍的关键，是推动政府职能、管理方式与管理目标的转型改革。按照十七大提出生态文明观的要求，以推进经济生态化、GDP绿色化、生活低碳化为转型目标，推进政府管理职能与管理目标转型，是实施战略转型的关键所在。

四是建议加强对在生态文明观指导下的生态经济的战略对策与理论研究，为中国应对生态经济时代提供理论支撑。从经济形态变革高度，从世界经济转型的大视野，探讨生态文明与生态经济的发展规律，探索适应中国与世界和谐发展的新增长模式与新文明模式，是继建立中国特色市场经济体制之后，又一个新的选择与挑战。

资料来源：张孝德：《世界经济转型下的中国经济战略选择》，载《学习时报》，2009-11-07。

任务2　经济周期与经济增长原理

1　经济周期分析

自从1825年，资本主义世界爆发了第一次以普遍生产过剩为特征的经济危机以来，资本主义国家的经济就是在繁荣与萧条中交替发展着的。经济沿着经济发展的总体趋势的增长过程中，常常会出现上下波动，呈现出周期变动的特征。不少经济学家开始注重研究经济波动的理论，用以解释产生经济周期的原因。为什么会产生经济周期？长期以来西方经济学家对于这个问题进行了大量研究，提出了种种不同的说明和解释，形成了众多的经济周期理论。

1.1 经济周期的含义

1.1.1 什么是经济周期

经济学家给经济周期下了这样一个定义：经济活动水平的一种波动（通常以国民收入来代表），它形成一种规律性模式，即先是经济活动的扩张，随后是收缩，接着是进一步扩张。这类周期随着产量的长期趋势进程而出现。

这种周期性波动主要表现在国民生产总值、工业生产指数以及就业和通货膨胀等综合经济指标的波动上。经济波动是指国民经济中的许多重要变量（如国民收入、投资和储蓄、物价水平、利润率、利息率、就业量等）每年均不是按相同的幅度增长，而是在一定时期内呈现出波浪式的上升与下降。国民经济表现出的有规律的扩张与收缩相互交替的运动过程，就是经济周期。

1.1.2 经济周期的四个阶段

一个经济周期通常分为萧条、复苏、繁荣、衰退四个阶段。假定一个经济周期从繁荣阶段开始，此时的经济处于高水平时期，消费旺盛，就业增加，产量扩大，社会总产出逐渐达到最高水平。繁荣阶段不可能长期保持下去，当消费趋缓、投资下降时，经济就开始下滑，走向衰退阶段。在衰退阶段初期，由于消费需求的减少，投资也逐步减少，进而生产下降、失业增多。随着消费的不断减少，产品滞销，价格下降，企业利润减少，致使企业投资进一步减少，相应地，社会收入也不断减少，最终使得经济跌落到萧条阶段。在萧条阶段，经济活动处于最低水平，这一阶段存在着大量的失业，大批生产能力闲置，工厂亏损甚至倒闭。随着时间的推移，现有设备不断损耗和消费引起的库存减少，企业开始增加投资，于是就业开始增加，产量逐渐扩大，经济便进入复苏阶段。复苏阶段是经济走出萧条并走向上升的阶段。这一阶段的生产和销售逐渐回升，就业增加，价格有所上涨，整个经济呈现上升的势头。随着就业与生产的继续扩大，价格上升，经济又走向繁荣阶段，开始了又一个经济循环。

1.2 经济周期的阶段

经济周期可以分为两个大的阶段，即扩张阶段和收缩阶段。收缩阶段常常短于扩张阶段，其振幅可能是收敛性的、发散性的或稳定性的。通常把经济周期分为四个阶段：繁荣，即经济活动的扩张或上升阶段；衰退，即由繁荣逐步走向下降的阶段；萧条，在这一阶段中，经济活动达到最低点；复苏，即由萧条逐步恢复过来，生产有所回升的阶段。其中繁荣与萧条是两个主要阶段，衰退与复苏是两个过渡性阶段。

图 12—1 是一个典型的表示经济周期的曲线图，说明了四个阶段的特点。

图 12—1 中纵轴 Y 代表国民收入，横轴 t 代表时间（年份），向右上方倾斜的直线 N 代表正常的经济活动水平，是经济的长期增长趋势线，由于经济在总体上保持着或多或少的增长，所以经济增长的长期趋势是正斜率的。A 点为顶峰，A—B 段为衰退，B—C 段为萧条，C 点为谷底，C—D 段为复苏，D—E 段为繁荣，E 点为顶峰。A—E 段即为一个周期。A—C 段为衰退与萧条，就是收缩阶段，C—E 段为复苏与繁荣，就是扩张阶段。收缩阶段总的经济趋势是下降，扩张阶段总的经济趋势是上升。

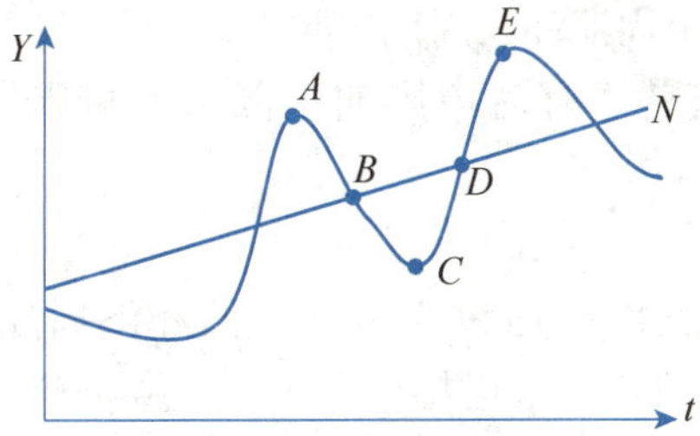

图 12—1　经济周期

经济周期的四个阶段各有自己的特点。

1. 繁荣阶段

繁荣阶段的经济活动水平高于正常水平，经济活动较为活跃，需求不断增加，产品销售通畅，产量不断上升，投资持续增加，信用扩张，价格水平上升，就业不断扩大，经济持续扩张，公众对未来乐观。繁荣的最高点称为顶峰，这时就业与产量水平达到最高。不过，繁荣阶段一般持续时间不长，当需求扩张开始减速时会诱发投资减速，经济就会从顶峰开始滑落。通常当国内生产总值连续两个季度下降时，可以认为经济已经走向衰退。

2. 衰退阶段

衰退阶段经济活动水平开始下降，消费需求也开始萎缩，闲置生产能力开始增加，企业投资开始以更大的幅度下滑，产出增长势头受到抑制，国民收入水平和需求水平进一步下降，最终将使经济走向萧条阶段。经济从顶峰下降，但仍未低于正常水平。

3. 萧条阶段

萧条阶段指国民收入与经济活动低于正常水平的一个阶段。经济处于收缩较为严重的时期，生产急剧减少，投资减少，信用紧缩，就业减少，失业严重，公众对未来悲观，企业投资降至低谷，一般物价水平也在持续下跌。当萧条持续一段时间后，闲置生产能力因投资在前些阶段减少逐渐耗尽，投资开始出现缓慢回升，需求水平开始出现增长，经济逐渐走向复苏阶段。

4. 复苏阶段

这时经济开始从谷底回升，但仍未达到正常水平。经济活动走向上升通道，经济活动开始趋于活跃，投资开始加速增长，需求水平也开始逐渐高涨，就业率上升，产出水平不断增加。随着经济活动不断恢复，整个经济走向下一个周期的繁荣阶段。

危机在经济周期理论的学术意义下，指的是从繁荣走向萧条时的转折点，而复苏则是指从萧条走向繁荣的转折点。现今西方经济文献中，危机这个词通常限用于金融市场上的极度混乱，而不考虑这种扰乱所出现的经济周期的阶段。

在经济分析中，根据经济周期不同阶段的特点和经济统计资料，就可以确定经济处于周期的哪一个阶段，从而采用相应的政策来进行调节。

1.3　经济周期的分类

经济周期不同于自然界中观察到的许多周期波动，它在其频率、幅度和持续时间上不是整齐划一的。这是由于影响经济活动的因素不同，当宏观经济受到冲击时，反应有大有小，根据经济周期交替变动时间长短的不同，经济学家把经济周期分为不同的类型。一般把经济周期划分为短周期、中周期和长周期等类型。这些不同的类型混杂在一起，使宏观经济出现纷繁复杂的变动态势，有时中周期中混杂着短周期，而长周期中又混杂着中周期。

1.3.1 中周期

中周期又叫中波，是指长度平均为 8～10 年的经济周期。关于中周期的研究较早。1860 年，法国经济学家克里门特·朱格拉（Clèment Juglar）在《论法国、英国和美国的商业危机及其发生周期》一书中系统地分析了这种周期，朱格拉把这种周期分为繁荣、危机和清偿三个时期，并强调银行信贷对危机发展的影响。因此，中周期又叫朱格拉周期。这是人们最为关注的一类周期。中周期通常与固定资产的大规模更新联系在一起，当资产的平均使用寿命为 10 年左右时，每隔 10 年会出现一个固定资产更新的高峰期，由此带来投资扩张，总需求也随之扩张，使经济走向繁荣。当固定资产集中更新过程结束后或者趋于缓和后，投资开始下降，从而使经济走向衰退。美国经济学家汉森根据统计资料计算出美国 1795 年—1937 年间共有 17 个这样的周期，其中平均长度为 8.35 年。

1.3.2 短周期

短周期又叫短波，是指长度平均约 40 个月的经济周期。短周期由美国经济学家基钦（J. Kitchen）于 1923 年提出，所以，短周期又叫基钦周期。宏观经济学中一般把平均长度约为 40 个月的短周期称为基钦周期。短周期通常与总需求水平的短期波动相关，当总需求出现暂时的冲击时，初始总需求的扩张引发经济开始扩张，并进一步扩散到国民经济的各个领域，从而形成经济的短期繁荣。当总需求的暂时扩张没有持续性时，由于缺乏后续的推动，宏观经济开始下跌，从而走向衰退和萧条。

1.3.3 长周期

长周期是指长度平均为 50 年的经济周期。这一划分是前苏联经济学家尼古拉·康德拉季耶夫（Nikolai D. Kondratieff）于 1926 年发表的《经济生活中的长波》一文中提出的，故长周期还可称为康德拉季耶夫周期。康德拉季耶夫是根据美国、英国、法国等国一百多年批发物价指数、利率、对外贸易、煤炭产量与消耗量等的变动，认为存在一种更长的周期，其平均长度为 50 年左右。他坚持认为，长波的存在“不论怎样，是很可能的”，后来经济学界把这种约 50 年的长周期称为康德拉季耶夫周期。长周期一般与重大的发明和发现有关，当出现重大发明和发现后，引发经济较长时间范围的创新活动，使经济在较长时间内持续扩张。当这种发明或创新的潜力被利用完全时，经济又开始走向较长时期的下滑过程。

1.3.4 库兹涅茨周期

美国经济学家西蒙·史密斯·库兹涅茨（Simon Smith Kuznets）在 1930 年根据英、美、法等国 19 世纪初到 20 世纪初 60 种工农业主要产品产量和 35 种工农业主要产品价格的变动情况，提出了平均时间长度为 15～25 年的周期。这是一种长期的也是一种短期的周期现象，短期波动与信贷市场关系密切，而长期波动则与人口变动状况有关。由于这种周期与建筑业的繁荣和衰退密切相关，后来将这种周期称为建筑业周期或库兹涅茨周期。

1.3.5 熊彼特周期

熊彼特经济周期理论是以技术创新为基础研究经济周期运动的理论。1939 年美籍奥国经济学家约瑟夫·阿洛伊斯·熊彼特（Joseph Alois Schumpeter）在《经济周期》一书中，对康德拉季耶夫长周期、朱格拉周期和基钦周期进行了综合分析。熊彼特以重大的创新为标志，把资本主义经济发展分为三个长周期：一是从 18 世纪 80 年代到 1840 年，是产业革命发展时期，纺织工业的“创新”在其中起了重要作用；二是从 1842 年到 1897 年，是蒸汽和钢铁时代；三是从 1897 年到 20 世纪 50 年代，是电气、化学和汽车工业时代。

在每个长周期中仍有中等创新所引起的波动，这就形成若干个中周期。在每个中周期中还有小创新所引起的波动，这就形成若干个短周期。熊彼特认为，从历史上看，一个长周期中有 6 个中周期和 18 个短周期。短周期约为 40 个月，中周期约为 9～10 年，长周期为 48～60 年。经济增长正是经由经济周期的变动实现的。

1.4 经济周期的波动原因

由于经济周期的复杂性和经济周期之间的许多差异，它们的基本特征和原因一直是长期争论的问题。对造成经济周期性波动的原因，西方经济学家作了不少探讨。早期的托马斯·罗伯特·马尔萨斯（Thomas Robert Malthus）与西斯蒙第（Sismondi）等人、近代以霍布森（Hobson）为代表的学者，持消费不足的观点。他们认为，衰退的原因在于收入中用于储蓄的部分过多，用于消费的部分不足。由于收入分配不均，产生富人储蓄过度，致使消费品需求无法赶上消费品供给的增长，引起经济萧条，最终导致经济波动。

以哈耶克（Hayek）、路德维希·冯·密塞斯（Ludwig Von Mises）和古斯塔夫·卡塞尔（Gustar Cassel）为代表的经济学家们认为，由于投资过度，造成了重生产资本品的产业、轻生产消费品的产业，从而导致产业结构的失衡，引起经济周期性的波动。经济扩张时，资本品增长速度比消费品快，经济衰退时，资本品下降速度也比消费品快。资本品投资的波动造成了整个经济波动。

以庇古、凯恩斯为代表的经济学家则持心理预期论的观点，他们认为，经济周期波动的原因在于公众心理反应的周期变化。由于生产者对经济繁荣、衰退、萧条、复苏阶段的不同心理预期，当人们对前途抱乐观态度时，投资和生产增加，经济走向繁荣；当人们对前途抱悲观态度时，投资和生产下降，经济走向衰退，引发了经济周期性的波动。

经济学家威廉·斯坦利·杰文斯（William Stanley Jevous）认为，由于太阳黑子周期性地造成恶劣的气候，导致了农业减产，进而波及互有联系的工业、商业等产业，对购买力、投资等方面产生消极影响，从而引起整个社会经济的萧条。太阳黑子的周期出现，致使国家经济的波动也相应地周期产生。

以拉尔夫·乔治·霍特里（Ralph George Hawtrey）为首的经济学家认为，经济波动是银行货币和信用波动的结果。按照这一理论，银行货币和信用的扩张导致利率下降，从而引起投资增加，经济走向繁荣；反之，银行货币和信用的紧缩导致利率上升，从而引起投资减少，经济走向衰退。

经济学家熊彼特、汉森（Hansen）等人认为，创新是经济周期波动的主要原因。技术革新和发明有它的高潮和低潮，引发了旧的均衡的破坏和向新的均衡的过渡。持续不断地创新，会产生持续不断的新的平衡，从而引发了一次又一次经济周期的产生。

盖拉斯基、杜夫特以后的诺德豪斯等经济学家持政治说观点。他们中有的人认为，由于政府为阻止周期性的通货膨胀而采取了相应的紧缩措施，人为地制造了一次停滞和衰退，从而引起经济的周期波动。有的人认为，每届到期的政府为了树立良好的政府业绩以争取选民而采取了扩张性的经济政策，以谋求连任；新一届政府上台后就要采取经济紧缩政策，以消除经济扩张政策所带来的经济问题。由于政府的选举与产生具有周期性，因此经济也出现了相应的周期。这是政府干预经济所造成的新型的经济周期，原因在于充分就业和价格水平稳定之间存在着矛盾。

以萨缪尔森、约翰·希克斯（John Hicks）等为代表的经济学家，运用乘数和加速数的交互作用，来解释经济周期运动的产生。

综合以上各种不同的周期理论，大致可以分为外部因素和内部因素两大类，诸如太阳黑子、科技创新、政府行为等属于外部因素；心理预期、消费投资以及乘数—加速数作用等属于内部因素。

1.5 乘数—加速数模型

现代凯恩斯主义将乘数理论与加速数原理结合，也就是把投资乘数对收入的影响与加速数原理中收入对投资的影响结合起来，提出“乘数—加速数原理”的动态经济模型，用以解释经济周期性波动的原因及波动的幅度。乘数—加速数模型是从两个角度来说明经济的波动：一方面用加速数理论说明国民收入对投资的作用；另一方面用乘数理论说明投资对国民收入的作用。两者形成一个相互决定的体系，以说明经济周期是由经济本身的内部的动力相互决定的。

美国经济学家汉森和萨缪尔森认为，凯恩斯的乘数理论只说明了投资变化引起国民收入和就业的变化，而没有说明收入变化反过来又会引起投资的变化。只有将加速数原理和乘数理论有机地结合起来，才能充分估计乘数的作用，并解释经济增长中的周期波动现象。他们提出了乘数一加速数模型，该模型又叫“汉森—萨缪尔森模型”。

1.5.1 乘数—加速数模型的基本公式

乘数—加速数模型基于以下收入函数：现期收入等于现期消费、现期投资、自发支出之和，即：

$$Y_t = C_t + I_t + G$$

式中，Y_t 为现期国民收入；C_t 为现期消费；I_t 为现期投资；G 为自发支出（如政府支出、自发投资、自发消费）。

假设现期消费是上期收入 Y_{t-1} 的函数，现期投资是本期消费增量（$C_t - C_{t-1}$）的函数，则有：

消费函数 $C_t = \beta Y_{t-1}$

投资函数 $I_t = a(C_t - C_{t-1})$

式中，β 为边际消费倾向；a 为加速系数。

将 $C_t = \beta Y_{t-1}$ 式、$I_t = a(C_t - C_{t-1})$ 式代入 $Y_t = C_t + I_t + G$ 式中，可得：

$$Y_t = \beta Y_{t-1} + a(C_t - C_{t-1}) + G$$

根据 $C_t = \beta Y_{t-1}$ 式可知：

$$C_{t-1}=\beta Y_{t-2}$$

将 $C_t=\beta Y_{t-1}$ 式、$C_{t-1}=\beta Y_{t-2}$ 式代入 $Y_t=\beta Y_{t-1}+a(C_t-C_{t-1})+G$ 式中，经整理可得：

$$Y_t=(1+a)\beta Y_{t-1}-a\beta Y_{t-2}+G$$

这就是汉森—萨缪尔森（乘数—加速数）模型。

1.5.2 经济波动的形式

在乘数—加速数模型中，由于加速系数（a）、边际消费倾向（β）的不同值，将会使经济波动呈现出以下五种形式：

（1）减幅振荡，指国民收入波动幅度逐渐缩小，最后趋于消失。

（2）增幅振荡，指国民收入波动的幅度越来越大。

（3）同幅振荡，指国民收入波动的幅度在一定范围内保持不变。

（4）在某种干扰下，国民收入波动的水平以递减的速度上升或下降，没有振荡地从初始的均衡达到新的均衡。

（5）在某种干扰下，国民收入波动的水平以递增的速度上升或下降。

汉森和萨缪尔森把乘数与加速数的作用结合起来，说明经济会自动地呈现周期性的波动，并决定了经济周期的各个阶段。萨缪尔森认为，加速原理和乘数相互作用造成一个越来越严重的通货收缩（或通货膨胀）的螺旋。由于加速原理的作用，产量或销售量的增加会引起投资加速度增加；同时，因乘数原理所起的作用，即投资的增加反过来又会引起产量或销售量的成倍增加。结果，社会经济呈上升的膨胀螺旋。这时经济波动处于复苏的阶段。但是，由于边际收益递减规律的作用，在一定技术条件下，当实际产出水平接近潜在国民收入时，经济增长速度必将出现递减趋势，经济周期就从复苏阶段过渡到高涨阶段。根据加速原理的作用，如果产量增加速度递减，则总投资将以更快的速度下降，结果将导致社会经济呈下降的紧缩螺旋。这时经济波动处于衰退的阶段。但是，这种紧缩螺旋不会无限制地下降，亦有一个极限。这个极限就是由于重置投资的存在，使总投资不能小于零，同时，边际消费倾向也不可能等于零，这样，经济的收缩就有了一个限度。一旦经济下降到这一限度，就会停止收缩。这时经济波动处于萧条阶段。由于重置投资的乘数作用仍然起着作用，就会使收入逐渐上升。这样，经济由于收入与投资相互影响而再一次增长起来。此时，经济波动再次处于复苏阶段，一个新的周期又重新开始。

由上可知，经济的膨胀与收缩是交替出现的，尽管在某一时期，膨胀时期和收缩时期的时间跨度可能由于各种原因而发生变化，但是，这种交替为西方经济学家所主张的政府对经济进行必要的干预以缓和经济波动并维持经济长期稳定的增长建立了理论基础。

2 经济增长分析

人类要生存和发展，其前提就是物质产品的增加。可以说经济增长是宏观经济中既古老又新颖的主题之一。1776 年亚当·斯密的《国民财富的原因和性质的研究》，就是最早的经济增长理论。现代经济增长理论是在凯恩斯主义出现之后形成的。英国经济学家罗伊·福布斯·哈罗德（Roy Forbes Harrod）1939 年发表的《论动态理论》一文，1948

年出版的《动态经济导论》一书以及美国经济学家埃弗塞·多马（Evsey David Domar）1946 年发表的《资本扩张、增长率与就业》和 1947 年发表的《扩张与就业》两篇论文，标志着现代经济增长理论的开端。现代经济增长理论研究国民收入的长期增长趋势，是国民收入决定理论的长期化与动态化。

2.1 经济增长的含义与特征

2.1.1 经济增长的含义

经济学界对经济增长的理解并不完全一致。美国经济学家库兹涅茨给经济增长下了一个经典性的定义：“一个国家的经济增长，可以定义为给居民提供种类日益繁多的经济产品的能力长期上升，这种不断增长的能力是建立在先进技术以及所需要的制度和思想意识之相应的调整的基础上的。”这个定义包括了以下三个组成部分。

（1）经济增长集中表现在经济实力的增长上，而这种经济实力的增长就是商品和劳务总量的增加，即国民生产总值的增加。如果考虑到人口的增加和价格的变动，也就是人均实际国民生产总值的增加。所以，经济增长最简单的定义就是国民生产总值的增加。这里需要注意的是，经济增长仅仅是国民生产总值的增加，而不是其他。例如，经济增长并不等于社会福利或个人幸福感的增加，因为国民收入增加当然是社会福利的增进的基础，但在某些情况下，经济增长并不一定能增加社会福利或个人幸福感。

（2）技术进步是实现经济增长的必要条件。即只有依靠技术进步，经济增长才是可能的，没有技术进步经济增长是不可能的。在影响经济增长的各种因素之中，技术进步是第一位的。

（3）经济增长的充分条件是制度与意识的相应调整。只有社会制度与意识形态适合于经济增长的需要，技术进步才能发挥作用，经济增长才有可能。社会制度与意识形态的某种变革是经济增长的前提。

库兹涅茨的这个定义是对各国经济增长历史经验的高度概括，体现了经济增长的实质。这一定义已被经济学家们广泛接受，并作为研究经济增长问题的出发点。

2.1.2 经济增长的基本特征

从经济增长定义出发，库兹涅茨总结出了经济增长的六个基本特征。

（1）按人口计算的产量的高增长率和人口的高增长率。

（2）生产率本身的增长也是迅速的，这包含所有投入生产要素的产出率是迅速提高的。例如，劳动生产率和其他要素生产率的迅速提高。这反映了由于技术进步所引起的生产效率的提高。

（3）经济结构的快速改变。包括从农业转移到非农业上，以及从工业转移到服务业；生产单位生产规模的变化；劳动力职业状况变化；消费结构变化，等等。

（4）社会结构与意识形态的迅速改变。例如，城市化以及教育与宗教的分离就是整个社会现代化的一个组成部分，也是经济增长的必然结果。

（5）经济增长在世界范围内迅速扩大，经济发达国家要向其他国家争取市场和原料。

（6）世界增长的情况是不平衡的，先进国家和落后国家之间人均产出水平有很大差距。

这六个特征中，前两个数量特征属于总和的比率，中间两个属于结构的转变，后两个属于两个国际间扩散。这六个特征是密切相关的，它们标志着一个特定的经济时代。

【延伸阅读】

经济增长与经济发展本来是意义相同可以互用的两个词，但是由于在第二次世界大战后西方经济学中产生经济增长理论的同时，出现了另一个新分支——发展经济学，因此把这两个词的意义作了一定的区分，以经济增长来说明发达国家的经济进展，而用经济发展来说明发展中国家的经济变化。但在一定情况下，这两个词还是可以替代的。例如讨论到发达国家早期的经济进展时，往往使用经济发展一词。如果说经济增长是一个“量”的概念，那么经济发展就是一个比较复杂的“质”的概念。经济增长是以国民生产总值表示的产量的增加或人均产量的增加；经济发展不但意味着产量的增加，而且表明产品种类的改变，生产和分配产品的技术和体制的改进。增长可能是由于投入量的增加所导致的产出量的增加，也可能是生产效率提高的结果；发展不但具有这些内涵，而且还包括产品构成的变化和生产过程中各种投入量所作贡献的相对变化等情况在内。此外，增长是可计量的客观的量，它表示劳动力、资本、贸易和消费等总数的扩大；而发展则描述生产技术、社会观念、经济体制和物质福利等经济发展基本因素的改变和改善。

资料来源：罗志如：《当代西方经济学说》，北京，北京大学出版社，1998。

2.2　经济增长的源泉

经济增长是产量的增加，因此关于经济增长的源泉，宏观经济学通常借助于生产函数来研究。总生产函数是总产量与生产中使用的全部生产要素投入量之间的函数关系。用公式来表示则是：

$$Y_t = A_t f(L_t, K_t)$$

式中，Y_t、L_t、K_t 分别为 t 时期的总产出、投入的劳动量和投入的资本量；A_t 为 t 时期的技术状况。

可以得到一个表达投入要素增长率、产出增长率与技术进步增长率之间关系的方程，即经济增长率的分解式：

$$G_Y = G_A + \alpha G_L + \beta G_K$$

式中，G_Y 为经济增长率；G_A 为技术进步增长率，G_L、G_K 分别为劳动和资本的增长率，α、β 为参数，分别是劳动和资本的产出弹性。

从经济增长率的分解式中可知，产出的增加可以由三种力量（或因素）来解释，即劳动、资本和技术进步，或者说经济增长的源泉是劳动、资本的增长和技术进步。

1. 劳动

劳动是指劳动力的增加。劳动力的增加又可以分为劳动力数量的增加与劳动力质量的提高。这两个方面对经济增长都是重要的。劳动力数量的增加可以有三个来源：一是人口的增加；二是人口中就业率的提高；三是劳动时间的增加。劳动质量的提高则是文化技术水平和健康水平的提高。劳动力是数量和质量的统一。一个高质量的劳动力，可以等于若干质量低的劳动力。劳动力数量的不足，可以由质量的提高来弥补。

2. 资本

资本的概念分为物质资本与人力资本。物质资本又称为有形资本，是指设备、厂房、存货等的存量。人力资本又称无形资本，是指体现在劳动者身上的投资，如劳动者的文化技术水平、健康状况等。这里研究的是物质资本。英国古典经济学家亚当·斯密曾把资本作为国民财富增加的源泉。

3. 技术进步

技术进步在经济增长中的作用，体现在生产率的提高上，即同样的生产要素投入量能提供更多的产品。技术进步在经济增长中起了最重要的作用。根据罗伯特·索洛（Robert Merton Solow）估算，1909 年—1940 年，美国 2.9%的年增长率中由于技术进步而引起的增长率为 1.49%，即技术进步在经济增长中所作出的贡献占 51%左右。而且，随着经济的发展，技术进步的作用越来越重要。历史上，经济增长从来不是一种简单复制的过程，不像增加钢铁厂或电厂的数目那么容易。事实上，使欧洲、北美和日本的生产潜能获得巨大提高的正是永无止境的发明和技术创新。

这里所分析的经济增长的源泉是指经济因素，它所假定的前提是社会制度和意识形态已经符合了经济增长的要求。但在不具备这一假设条件时，社会制度和意识形态对经济增长是很重要的。非经济因素，尤其是政治因素，也是经济增长中应考虑的。一个社会只有在具备了经济增长所要求的基本制度条件，有了一套能促进经济增长的制度之后，这些经济因素才能发挥其作用。战后许多发展中国家之所以经济发展缓慢，关键并不是缺乏资本、劳动或技术，而是没有改变封建制度，甚至奴隶制度。

2.3 经济增长模型

所谓经济模型表现的是一国经济中关键性变量之间的因果关系，以便显示该国经济的运转方式。所谓经济增长模型则是研究一个国家国民收入增长过程的经济模型。增长过程中最基本的元素是储蓄、投资、要素投入量与产量的关系，各要素投入量之间的关系和技术进步的作用等。经济学家们曾建立了为数众多的经济增长模型。在此，介绍其中三个最有影响的经济增长模型：哈罗德—多马经济增长模型、新古典经济增长模型、新剑桥经济增长模型。

2.3.1 哈罗德—多马经济增长模型

哈罗德和多马等人的增长模型就是根据不同的假定条件，研究一国经济在什么样的情况下，可以实现长期的充分就业状态的增长，即实现稳定的增长。哈罗德—多马经济增长模型简称哈罗德—多马模型，是在 20 世纪 40 年代分别由英国经济学家哈罗德和美国经济学家多马提出来的。他们所提出的模型基本相似，所以被称为哈罗德—多马模型。

1. 哈罗德—多马经济增长模型的假定

哈罗德—多马经济增长模型的假定包括以下几个方面：(1) 经济社会生产单一产品；(2) 只有劳动和资本两种生产要素；(3) 在一定时期内技术水平不变，故资本一产量比率不变，规模报酬也不变，也不存在折旧问题；(4) 在边际消费倾向不变的条件下，储蓄率不变；(5) 劳动力按照一个固定不变的比率增长。

在这些假定基础上，哈罗德一多马经济增长模型集中考察了社会再生产过程中的几个变量以及它们之间的相互关系，提出了一个国家在长期内实现经济稳定、均衡增长所需具备的条件。

2. 哈罗德经济增长模型

哈罗德认为，一个社会的资本（存量）和该社会的总产量或实际国民收入之间，存在着一定的比例，该比例被称为资本—产量比率。

哈罗德模型是从国民收入、资本—产量比率和储蓄率三个经济变量及其相互关系的分析中来考察决定经济增长的因素。用 G 表示经济增长率，Y 表示国民收入，ΔY 表示国民收入的增量，则有：

$$G=\frac{\Delta Y}{Y}$$

用 v 表示资本—产量比率，即前面提到的加速系数 a，则有：

$$v=\frac{K}{Y}=\frac{\Delta K}{\Delta Y}=\frac{I}{\Delta Y}$$

用 s 表示储蓄—收入比率（储蓄率），则有：

$$s=\frac{S}{Y}$$

把 $v=\frac{K}{Y}=\frac{\Delta K}{\Delta Y}=\frac{I}{\Delta Y}$式和 $s=\frac{S}{Y}$式作些变化，分别变成 $I=\Delta Y\cdot v$、$S=s\cdot Y$ 的形式，使 $I=S$，经整理，并用 G 表示 $\Delta Y/Y$，于是得到 G、v、s 三者之间的如下关系：

$$G=\frac{s}{v}$$

上式就是哈罗德模型的基本公式，它说明了两方面的问题：一是经济增长率与储蓄率成正比，储蓄率越高，经济增长率越高；二是经济增长率与资本—产量比率成反比，即资本—产量比率越高，经济增长率越低。

哈罗德经济增长模型是以凯恩斯收入理论为基础的动态经济分析。

3. 多马经济增长模型

多马经济增长模型研究的是三个变量及其相互关系，这三个变量是指收入增长率（G）、储蓄在收入中的比例（s）和资本生产率（又称投资效率，即每单位资本的产出或收入，由 σ 代表）。前两个变量与哈罗德公式中的两个变量是一致的，后一个变量即资本生产率 σ 实际上就是哈罗德的资本一产量比率的倒数。多马的基本公式是：

$$G=s\sigma$$

将 $G=\frac{\Delta Y}{Y}$，$s=\frac{S}{Y}$，$\sigma=\frac{\Delta Y}{I}$代入 $G=s\sigma$ 中，得：

$$\frac{\Delta Y}{Y}=\frac{S}{Y}\cdot\frac{\Delta Y}{I}$$

即：

$$S=I$$

由于多马模型的基本公式 $G=s\sigma$ 与哈罗德的基本公式 $Gv=s$ 是完全一致的，因此，西方经济学家一般把两个模型相提并论，称作“哈罗德—多马模型”。

从以上分析可以看到，哈罗德—多马经济增长模型是建立在凯恩斯储蓄—投资理论基础上的，是凯恩斯理论的发展。但是，哈罗德—多马经济增长模型与凯恩斯理论又有明显的区别。

首先，凯恩斯理论是从短期的角度、静态的方法来说明投资和储蓄的均衡以及由此实现的国民收入均衡。哈罗德—多马经济增长理论则将凯恩斯的储蓄—投资的分析加以长期化、动态化。所谓长期化，就是将人口、资本和技术等关系经济增长的因素看做是随着时间的推移而变动的变量；所谓动态化，就是阐述长期内投资和储蓄的均衡及其对国民收入均衡变动的影响。

其次，凯恩斯短期静态的投资—储蓄分析理论，只注意增加投资对刺激收入增长的重要作用，而哈罗德—多马经济增长理论则强调投资既增加需求又增加供给的双重作用。前者可以称为投资的需求效应，后者可以称为投资的供给效应。

4. 均衡增长率、实际增长率和自然增长率

(1) 均衡增长率。均衡增长率是指经济在实现充分就业条件下均衡的、稳定的增长所需要的增长率。在经济稳定增长条件下，只有保证使增加的储蓄能全部转化为投资，才能使总供给和总需求相等，实现均衡增长。假设在充分就业条件下人们愿意的储蓄率为 s_w（称合意的储蓄率），用 v_w 表示合意的资本—产出比率（用投资—收入增量比率 $I/\Delta Y$ 表示），为了必须使投资者在保证实现最大利润条件下愿意按资本—产出比率增加投资，则为实现充分就业的有保证的均衡经济增长率（G_w）应是：

$$G_w=\frac{s_w}{v_w}$$

实际的资本存量等于合意的资本存量，实际的与合意的资本存量增长率等于投资增长率，亦等于储蓄增长率，同时，总供给等于总需求（储蓄＝投资）时，经济就能在保持充分就业条件下获得均衡增长。

(2) 实际增长率及其与均衡增长率之间的关系。实际增长率就是在事后统计的实际达到的增长率。$G=s/v$ 中的数字 s、v 如果是实际的统计数字，则 G 就是实际增长率，此时的 G 可表达为 G_A。实际增长率可能大于均衡增长率，亦可能低于均衡增长率。

如果均衡增长率高于实际增长率，实际资本存量超过合意的资本存量（企业家所需要的资本存量），表示有过剩的资本存量。这是因为，较低的经济增长率造成的商品滞销，必然导致库存增加、生产能力过剩。在这种情况下，企业家就要用逐步削减投资的办法来减少库存，使实际资本存量降低到与合意的资本存量相当的水平。由此造成的实际投资下降，会通过乘数和加速系数作用而引起经济过程的累积性收缩，其结果是经济的衰退与萧条。

反之，如果实际增长率大于均衡增长率，就会有实际资本存量小于合意资本存量的情况出现。在资本不足的情况下，企业家就会通过增加投资使实际资本存量同合意资本存量相当。这就意味着实际的储蓄率或实际的投资率会大于合意的储蓄率或合意的投资率，从而使实际的需求大于合意的供给。这样就会形成经济的累积性的扩张，可能导致通货膨胀。

以上两种情况都会导致社会经济发生短期性的周期波动，经济会处于收缩与扩张的不断交替中。只有当实际增长率等于合意的增长率时，经济才能保持在充分就业条件下的长期、稳定的增长。

(3) 自然增长率与均衡增长率的关系。自然增长率是指与人口增长率相对应的经济增长率。从长期的经济发展来看，人口的增长和技术的进步对经济增长的影响是极其重要的。哈罗德的增长模型中引进了这两种因素，把人口增长归纳为劳动力增长、把技术进步归为劳动生产率增长。用 n 代表劳动力增长率，ε 代表劳动生产率增长率，则经济的自然增长率（G_n）等于两者之和，即

$$G_n=n+\varepsilon$$

如果劳动力增长率 $n=1\%$，劳动生产率增长率 $\varepsilon=5\%$，则自然增长率为 6%。这样，保证实现长期充分就业的均衡增长率就是 6%。如果均衡增长率偏离自然增长率，就会使经济出现波动。

当均衡增长率大于自然增长率，说明储蓄和投资的增长率超过了人口增长与技术进步所能允许的程度，这时的生产增长受到劳动力的不足与技术水平的限制，将会出现储蓄与投资过度现象，也就是社会总供给大于社会总需求，从而使经济呈现长期停滞的趋势。反之，当均衡的增长率小于自然增长率，说明储蓄和投资的增长率还没有达到人口增长同步所允许的程度。这时，生产的增加不会受劳动力不足与技术水平的限制，生产者将增加雇用工人以扩大再生产，从而使经济出现长期的繁荣、扩张的趋势。

哈罗德认为，只有实际增长率、合意增长率、自然增长率这三个增长率相等，即 $G_A=G_w=G_n$，经济社会才能实现合乎理想的长期的均衡增长，$G_A=G_w=G_n$ 也就是理想的、长期的均衡增长条件。但是，事实上要达到实际增长率、合意增长率、自然增长率三者一致是极其困难的，因为要达到三个增长率相等必须取决于其他六个要素。三个增长率常常不一致，就导致了经济的长期波动。

综上所述，哈罗德—多马模型得出的结论是：1）尽管经济在长期中均衡增长的可能性是存在的，但经济的长期均衡增长的可能性极小；2）一般情况下，资本主义经济很难稳定在一个不变的增长速度上，表现出的是或者连续上升或者连续下降的剧烈波动状态。

2.3.2　新古典经济增长模型

一部分西方学者认为哈罗德的结论过于悲观，而且也不符合第二次世界大战后资本主义发展的事实。第二次世界大战后西方各国的发展经验表明，各国国民收入虽然经常处于波动之中，然而没有出现哈罗德—多马模型所指出的那种大起大落的状态。为了改变这一情况，西方经济学家继哈罗德、多马之后，在 20 世纪 50 年代提出了一系列经济增长模型，组成了经济增长理论的核心。其中比较著名的是美国经济学家索洛提出的新古典经济增长模型。

新古典经济增长模型简称新古典模型，是由美国经济学家索洛等人提出来的。他们认为，哈罗德—多马模型所指出的经济增长途径是很难实现的。这也就是说，在现实中，由于各种因素的影响，实际增长率、有保证的增长率和自然增长率很难达到一致。因此，他们把哈罗德—多马模型所指出的经济增长途径称为“刃锋”。他们的模型就是要通过改变资本—产量比率来解决这一“刃锋”问题，并且考虑技术进步对经济增长的作用，在模型中把第二种生产要素（劳动）和第三个独立的经济变量（技术变量）引入方程。

1. 新古典经济增长理论的基本假设

新古典经济增长理论的基本假设包括以下几个方面：(1) 只生产一种产品；(2) 生产

中只使用两种生产要素资本与劳动，在完全竞争的市场条件下，劳动和资本可以通过市场调节而充分地相互替代；(3) 生产的规模报酬不变；(4) 假定生产中资本与劳动的比率是可以变的，可以考虑到技术进步的情况。

2. 新古典经济增长模型的基本公式

新古典经济增长模型的基本公式是：

$$G=a\left(\frac{\Delta K}{K}\right)+b\left(\frac{\Delta L}{L}\right)+\frac{\Delta A}{A}$$

式中，$\frac{\Delta K}{K}$代表资本增加率；$\frac{\Delta L}{L}$代表劳动增加率；a 代表经济增长中资本所作的贡献比例；b 代表经济增长中劳动所作的贡献比例，a 与 b 之比即资本—劳动比率；$\frac{\Delta A}{A}$代表技术进步率。

新古典经济增长模型的含义有以下几个方面。

(1) 决定经济增长的因素是资本的增加、劳动的增加和技术的进步。

(2) 资本—劳动比率是可变的，从而资本—产量比率也就是可变的，这是对哈罗德—多马模型的重要修正。

(3) 资本—劳动比率的改变是通过价格的调节来进行的，如果资本量大于劳动量，则资本的相对价格下降，劳动的相对价格上升，从而就使生产中更多地利用资本，更少地利用劳动，通过资本密集型技术来实现经济增长。

3. 经济长期稳定增长的条件

新古典模型从资本—产量比率的角度探讨了经济长期稳定增长的条件。这一模型认为，在长期中实现均衡的条件是储蓄全部转化为投资，即对凯恩斯储蓄等于投资这一短期均衡条件长期化。这种情况下，如果储蓄倾向不变，劳动增长率不变，则长期稳定增长的条件就是经济增长率 $\Delta Y/Y$ 与资本存量增长率 $\Delta K/K$ 必须相等，即：

$$\frac{\Delta Y}{Y}=\frac{\Delta K}{K}$$

如果$\frac{\Delta Y}{Y}=\frac{\Delta K}{K}$，这就意味着收入的增加快于资本存量的增长，从而资本生产率提高。这会刺激厂商用资本代替劳动。使用的资本量的增加，一方面使资本边际生产率下降，另一方面使资本价格提高，从而最终会减少资本使用量，最后达到$\frac{\Delta Y}{Y}=\frac{\Delta K}{K}$。可见，通过市场调节，会使经济在长期中保持$\frac{\Delta Y}{Y}=\frac{\Delta K}{K}$，从而实现稳定增长。

新古典经济增长理论从 20 世纪 60 年代到 80 年代中期一直在经济增长的研究中占据主导地位，然而随着时间的推移，新古典经济增长理论也暴露出一些不足。从理论方面来说，新古典经济增长理论假定经济中的生产函数具有规模报酬不变的性质，即投入增加一倍，产出也相应增加一倍，这一假定往往与事实不符。新古典经济增长理论在解释现实方面也碰到了很大的麻烦。新古典经济增长理论的一个重要结论是，不同国家的经济增长具有趋同性，即有着相同技术和人口增长率的国家最终会接近于相同的稳定增长率。然而，根据世界银行在1992年公布的世界发展报告所提供的数据，在1965—1990年这25年中，美国人均收入年增长率为1.7%，日本为4.1%，韩国为7.1%，巴西为3.3%，墨西哥为2.8%，印度为1.9%。这些数据显示，在诸如25年的长期中，各国之间存在着增长率上的较大差异。这明显与新古典增长理论的趋同论点相悖。

2.3.3　新剑桥经济增长模型

新剑桥经济增长模型简称新剑桥模型，是由英国经济学家琼·罗宾逊（John Robinson）、尼古拉斯·卡尔多（Nicholas Kaldor）等人提出来的。新剑桥模型着重分析收入分配的变动如何影响决定经济增长率的储蓄率，以及收入分配与经济增长之间的关系。

1. 新剑桥模型的基本假设

新剑桥模型的基本假设有：(1) 资本—产量比率保持不变，即常数；(2) 均衡条件为$I=S$；(3) 社会成员分为工资收入者（工人）和利润收入者（资本家）两个阶层，两者的储蓄倾向都是固定的，而且利润收入者的储蓄率大于工资收入者的储蓄率。

2. 新剑桥模型的基本公式

新剑桥模型的公式为：

$$G=\frac{S}{C}=\frac{\frac{P}{Y}\cdot S_P+\frac{W}{Y}\cdot S_W}{C}$$

式中，C仍然是资本—产量比率；$\frac{P}{Y}$是利润在国民收入中所占的比例；$\frac{W}{Y}$是工资在收入中所占的比例，国民收入分为利润与工资两部分，所以$\frac{P}{Y}+\frac{W}{Y}=1$；$S_P$是利润收入者的储蓄倾向；$S_W$是工资收入者的储蓄倾向。根据假设，利润收入者的储蓄倾向大于工资收入者的储蓄倾向，即$S_P>S_W$，而且S_P与S_W都是既定的。

从上式中可以看出，在S_P与S_W既定时，储蓄率的大小取决于国民收入分配的状况，即利润与工资在国民收入中所占的比例。在$S_P>S_W$的假定之下，利润在国民收入中所占的比例越大，则储蓄率越高；相反，工资在国民收入中所占的比例越大，则储蓄率越低。

在资本—产出比率不变的情况下，增长率取决于储蓄率，储蓄率越高则增长率越高。而要提高储蓄率，就要改变国民收入的分配，使利润在国民收入中占更大的比例。因此，经济增长是以加剧收入分配的不平等为前提的。经济增长的结果，也必然加剧收入分配的不平等。这是新剑桥模型的重要结论。

3. 新剑桥经济增长模型的特点

新剑桥经济增长模型具有以下特点。

(1) 新剑桥模型是哈罗德—多马模型的延伸。和哈罗德—多马模型一样，其基本观点是增长率决定于储蓄率或投资率，而资本—产出比例是固定不变的。

(2) 新剑桥模型把经济增长与收入分配结合起来，说明经济增长过程中收入分配的变化趋势以及收入分配关系对经济增长的影响。

(3) 新剑桥模型认为，在社会分化为两个阶级“资本家和工人”的条件下，经济增长加剧了收入分配比例失调，而收入分配比例失调反过来又影响经济增长。要解决这一问题，重要的不是简单地谋求经济快速增长而是消除收入分配比例失调的状况。

(4) 新剑桥模型否定了新古典经济增长模型的思路，即持续稳定增长取决于投入要素比例的变化和技术进步，而认为要实现持续稳定增长必须靠国家政策对分配比例失调进行干预。

【原理应用】

联大聚焦发展问题

联合国大会从2008年4月1日起举行为期两天的特别会议，讨论如何才能按时实现联合国千年首脑会议中提出的千年发展目标。千年发展目标规定，到2015年各国要在贫困人口减半、普及初等教育、减低儿童死亡率、防治疟疾等8个主要指标上达到标准。但至今时间已过半，各方面取得的进展仍不平衡，如果不加倍努力，将很难如期实现目标。

回顾从2000年以来各国为实现千年目标所做的努力，不可否认，已经取得一定进展。如亚洲不少国家经济快速发展，使大量人口脱离了贫困；儿童死亡率不断下降，入学率有很大提高等。但与千年发展目标相对照，不少国家还没有达到预期水平。根据联合国统计，在消除贫困方面，撒哈拉以南的非洲国家的贫困人口还在增加，预计到2015年将达到3.6亿人。在教育方面，全球还有7 200万学龄儿童没有进入学校。卫生情况也不乐观，每年有50万妇女因生育而死亡，1 000万儿童在五岁以前夭折。值得指出的是，目前的世界经济状况给实现千年发展目标带来了新的挑战。首先，因美国次贷危机而引发的全球经济增长放慢，必然影响许多发展中国家的经济增长。其次，消除贫困面临的首要问题就是增产粮食和发展农业。但目前许多发展中国家对农业投资不足，这对发展中国家非常不利。面对如此严峻的形势，正如联大主席克里姆所说，实现千年发展目标，实际上是对发展领域内全球伙伴关系的考验。"我们现在是与时间赛跑。不能再等，必须今天就开始。2008年是行动之年"。

联合国秘书长潘基文在年初就提出，把2008年称作"最底层10亿人口年"，就是要把解决最贫困人口问题，作为今年工作的优先任务，这与联大这两天的会议目标一致。实现千年发展目标，重点在非洲。秘书长特别任命了一个"千年发展目标非洲指导小组"，该小组专家提出了一系列建议，比如，制订"非洲绿色革命"计划，加快非洲农业发展和消除贫困的速度；加强非洲国家的基本建设投资；推广利用当地食品的"学校就餐计划"等。如果能顺利实行，将大大推动非洲国家实现千年发展目标。

2008年9月25日，新一届联大开幕之后，联大主席和秘书长将再次召开关于千年目标问题的高级别会议。千年发展目标究竟能否如期实现，各国领导人的政治意愿和决心至关重要。

资料来源：何洪泽：《联大聚焦发展问题》，载《人民日报》，2008-04-04。

3 原理与知识小结

3.1 经济周期是指一国总体经济活动中经济扩张和收缩的交替，它可划分为两个主要阶段即衰退和扩张，顶峰和谷底是周期的转折点。每次经济周期并不完全相同，但却具有共同的特点。西方经济学家根据周期的长短把经济周期划分为中波、短波、长波及熊彼特的综合和库兹涅茨周期等类型。

3.2　经济学家提出种种理论来解释经济周期的原因，一是在经济体系之外的某些要素的波动中寻找根源的外因论，二是在经济体系内部寻找原因的内因论。而乘数—加速原理通过分析乘数和加速度的相互作用如何导致总需求发生有规律的周期波动来解释经济周期，它属于内因论。

3.3　经济增长一般是指一国的商品和劳务总量的增加，它取决于人力资源、自然资源、资本形成、技术变革和创新这四个因素。

3.4　经济增长模型主要研究的是如何才能实现经济稳定的增长、哪些因素影响经济增长。哈罗德—多马模型认为经济增长取决于储蓄率，实际增长率、有保证的增长率和自然增长率之间的相互关系决定了经济的收缩与扩张，三者相等才能保证经济的长期稳定增长。

新古典模型认为，决定经济增长的因素是资本的增加、劳动的增加和技术的进步，实现经济长期稳定增长的条件是国民收入的增长率等于资本存量的增长率，市场机制的作用会实现这一目标。

新剑桥模型认为应该通过改变国民收入的分配比例来改变社会储蓄率，以使有保证的增长率等于自然增长率，这样就能实现充分就业条件下的经济的长期稳定增长。

新经济增长模型强调知识技术在经济增长中的决定作用，提出了要素收益可以递增的新观点。

任务3　问题研讨

1. 阐述经济增长和经济发展的关系。

2. 简述经济增长的源泉。

3. 试述经济周期的概念及其繁荣、萧条阶段的特征。

4. 已知经济增长率为4%，资本—产出比率为3，按哈罗德模型，储蓄率是多少才能保证经济有这一增长率？假定资本增长率为2%，劳动增长率为0.7%，产出或收入增长率为3.1%，资本占国民收入份额$\alpha=0.25$，劳动产出占国民收入份额$\beta=0.75$，在以上假定条件下，技术进步对经济增长的贡献是多少？

5. 包括美国在内的大多数国家都从其他国家进口大量物品与劳务。但有人认为，只有一国本身能生产大量物品与劳力时，它才能享有高生活水平。你能使这两个事实一致吗？

6. 现在中国的人均收入大约是一个世纪前的8倍。许多其他国家也在这一时期内经历了巨大的增长。你的生活水平不同于你的曾祖父母的一些特殊方面是什么？

7. 你认为近年来还有其他经济部门出现了就业减少的现象吗？从整个社会的角度来看，你认为这个部门就业的变化代表了成功还是失败？

8. 假定社会决定减少消费并增加投资。

(1) 这种变化会如何影响经济增长?

(2) 哪些社会群体会从这种变化中获益?哪些集团会受到损害?

9. 社会选择把多少资源用于消费和把多少资源用于投资。这些决策中的一部分涉及私人支出;另一些涉及政府支出。

(1) 说明代表消费的一些私人支出形式以及代表投资的一些私人支出形式。

(2) 说明代表消费的一些政府支出形式以及代表投资的一些政府支出形式。

10. 投资于资本的机会成本是什么?你认为一国有可能对资本"过度投资"吗?人力资本投资的机会成本是什么?你认为一国会对人力资本"过度投资"吗?试解释之。

11. 假设一家完全由德国公民拥有的汽车公司在美国开办了一个新工厂。

(1) 这代表了哪一种外国投资?

(2) 这种投资对美国的 GDP 有什么影响?对美国 GDP 的影响大还是小?

12. 20 世纪 80 年代日本投资者在美国进行了大量直接投资和有价证券投资。那时许多美国人对这种投资不满。

(1) 在哪个方面美国接受这种日本投资比不接受好?

(2) 在哪个方面美国人进行这种投资会更好?

13. 1992 年在南亚一些国家中,每 100 个上了初中的年轻人中只有 56 个年轻妇女。说明年轻妇女有更多教育机会后可以加快这些国家经济增长的几种方法。

14. 国际资料表明,政治稳定与经济增长是正相关的。

(1) 政治稳定通过什么机制引起强劲的经济增长?

(2) 强劲的经济增长通过什么机制引起政治稳定?

任务 4 项目实训

项目目标

1. 理解并能运用经济周期理论分析经济周期问题。
2. 理解并能运用经济增长理论分析经济增长问题。
3. 培养运用模型分析现实经济问题的能力。

1 经济周期问题分析

项目要求

1. 提供给学生有关的网站。
2. 搜集经济周期信息。
3. 对信息进行整理和分析。
4. 小组内交流和讨论。
5. 教师点评。

2　经济增长问题分析

项目要求

1. 提供给学生有关的网站。
2. 搜集经济增长信息。
3. 对信息进行整理和分析。
4. 小组内交流和讨论。
5. 教师点评。

项目十三　宏观经济政策原理与应用

学习目标

1. 知识目标：了解货币政策和财政政策的概念；掌握货币政策和财政政策对经济的影响。
2. 技能目标：能够运用财政政策和货币政策工具分析经济运行中的问题。
3. 态度目标：养成勤奋严谨的学习习惯和创新思考的职业精神。

学习型工作任务

任务 1　案例剖析
任务 2　宏观经济政策原理
任务 3　问题研讨
任务 4　项目实训

任务 1　案例剖析

1. 减税刺激经济?

1961 年当一个记者问肯尼迪总统为什么主张减税时，肯尼迪回答："为了刺激经济。"他的目的是实行减税，减税增加了消费支出，扩大了总需求，并增加了生产和就业。

虽然税收变动会对总需求有潜在的影响，但也有其他影响。特别是，通过改变人们面临的激励，税收还会改变物品与劳务的供给。肯尼迪建议的一部分是投资税减免，它给投资于新资本的企业减税。高投资不仅直接刺激了总需求，而且也增加了经济长期的生产能力。因此，通过较高的需求增加生产的短期目标与通过较高的总供给增加生产的长期目标是相对称的。而且，实际上当肯尼迪提出的减税最终在 1964 年实施时，它促成了一个经济高增长的时期。

自从1964年减税以来，决策者不时地主张把财政政策作为控制总需求的工具。正如布什总统企图通过减少税收扣除来加快从衰退中复苏。同样，当克林顿总统1993年入主白宫时，他的第一批建议之一就是增加政府支出的“一揽子刺激”。他宣布的目的是帮助美国经济更快地从刚刚经历的衰退中复苏。但是，一揽子刺激最后遭到了失败。许多议员认为克林顿的建议太晚了，以至于对经济没有多大帮助。此外，一般认为减少赤字鼓励长期经济增长比短期总需求扩张更重要。

资料来源：www. tjufe. edu. cn。

2. 经济开门红背后的四大隐忧

一季度中国经济出现开门红，考虑到去年较低的基数效应，二季度中国经济表现可能会更好。这原本不仅对于中国，对于全球都应是一个好消息。对内而言，6.5%～7%的增速被视作平衡增长与就业的合理区间；对外而言，中国经济的海外影响力在日益增加，经济放缓不可避免地会减少对大宗商品的需求。

然而，近期的经济企稳似乎并未给投资者带去多少信心。4月15日一季度数据发布之后，A股上证指数从最高3 089点回落到了3 000点以下，并屡屡试图考验2 900点。更加值得警惕的是，近期中国债券市场上风险增加，债券违约与取消发行频频出现，违约主体也从民企传导到了国企、央企，投资者避险情绪加大。

那么，当前市场的担忧在哪里？归纳下来，我们认为，当前投资者对于经济的担忧主要体现在以下几点：

担忧之一：美联储下半年货币政策收紧

今年2月底G20上海全球央行行长和财长会议后，全球央行协调稳增长措施加大，这体现在由中国央行率先降准，其后美联储暂缓加息，以及欧、日在负利率的基础上加大宽松等举措上。其中，在我们看来，最为不易的便是美联储态度的转向。

3月美联储议息会议上，美国再次将货币政策外溢性考虑其中，结合当时美国内部好坏不一的经济数据，美联储鸽派占据上风，不仅宣布暂缓加息，而且把对全年加息的预测从4次下降为2次，将加息时点推迟到6月以后。

然而，下半年的情况目前还无法进行准确判断，特别是近期美联储官员表态的分歧较大，鹰派声音此起彼伏，让市场感到担忧。

鹰派表态给下半年的美联储政策走势增加了不确定性，而考虑到两年内每次加息预期浓烈，新兴市场国家经济都遭受了大规模的动荡，我们预计下半年美联储政策走势的不明朗，或将加剧全球金融动荡与资本快进快出的风险。

担忧之二：中国经济企稳是否可持续

从国内情况看，虽然一季度中国经济实现开门红，特别是3月经济指标大幅反弹，但并未让投资者感到过多意外，相反，更多担忧在于考虑到当前经济复苏主要来自于新一轮稳增长政策，主要体现在房地产投资与固定资产投资拉动，其可持续性令人担忧。

例如，房地产市场方面，受前期央行降准降息、契税调整、房贷首付比例下降以及公积金政策调整等多项利好因素影响，一季度中国房地产销售火爆，前3个月商品房销售额累计同比增长54.1%。在此带动下，房地产开工与投资均有大幅增长。1～3月房地产新开工面积增长19.2%，与去年全年负的两位数开工增速形成鲜明对比。

基建投资方面，同样得益于前期宽松货币政策带来的资金成本下降，财政政策的积极支持，特别是专项建设基金，即从去年以来政策性银行如国开行、农发行向邮储定向发行的支持基建投资项目金融债的不断扩容，使得今年以来基建投资保持了强劲的态势，带动固定资产投资企稳反弹。1—3 月基建投资同比增速接近 20%，与房地产投资一起是支持投资企稳、经济反弹的主要动力。

相较于两者的强势反弹，制造业受困于产能过剩，一季度同比增长仅为 6.4%；更令人担忧的是，公共部门投资对私有部门产生了明显的挤出效应，这似乎也有悖于结构调整的方向。例如，1—3 月民间固定资产投资增长 5.7%，增速比 1—2 月回落 1.2 个百分点，而去年以来民间投资也有所回落，但幅度远远小于当下。如今，在全国固定资产投资企稳反弹之际，民间投资增速出现腰斩，这显然不是一个好现象，显示公共部门对民间的挤出效应突出。

担忧之三：刺激政策是否有过早退出的可能

正如上面所言，当前经济企稳反弹基础尚不牢靠，主要与稳增长政策加码密切相关。目前来看，宽松政策似乎也面临不少压力，是否有过早退出的可能？货币政策方面，一季度新增贷款与社会融资规模均创历史新高，M2 也高于全年 13%的目标。实际上，考虑到当前 7.2%的名义 GDP，13%的 M2 目标已经十分宽松了。但如今大宗商品价格企稳、钢价反弹、猪肉价格超预期上涨，通胀是否会卷土重来？

此外，去库存与居民加杠杆似乎是同步的，一季度居民住房贷款增加 1 万亿元，创季度新高。与此同时，资产价格也在持续上涨积累风险，3 月百城房价指数环比上涨 1.9%，连续 11 个月上涨。其中，一、二线城市涨幅居前，特别是在一线城市出台更严厉的调控措施之后，二线城市成为新一轮房价领涨对象，近来杭州、南京、苏州涨幅明显。资产价格的快速上涨与宽松政策有关，因此，防范新一轮房价泡沫也会制约宽松货币政策方向。

除此以外，前期四万亿元经济刺激计划对如今经济困境的影响较大，对稳增长政策的力度也存在制约。为避免重蹈覆辙，越来越多的投资者预期，政府可能会在经济企稳之时，退出宽松政策；有投资者担忧，在基础尚不牢固、仅靠政策支持实现企稳的中国经济，一旦脱离了政策支持，是否还能有这样的表现？

担忧之四：供给侧改革如何落地

供给侧改革是去年年底以来中国决策层为中国提供的“新药方”。

我们看到，此前备受期待的国企改革、财税改革、户籍改革、土地改革等，如今步履维艰。特别是国企改革，存在多重目标，如何解决尚没有答案。

在此背景下，当前推出的去产能与去杠杆政策也让人担忧，受制于国企改革进展缓慢，是否在执行中存在风险？例如，我们认为，当前决策层去产能的思路体现了一种平衡思维，既要去产能，又要保就业，面临着理想状态下推进的不确定性。

而广受关注的债转股又如何实行？债转股意在帮助高杠杆企业脱困且降低银行债务风险，理论上可行，但似乎更应该是市场行为，在国有企业改革推迟、企业经营行为无法实现市场化运作的当下，如何通过避免向“僵尸企业”纾困让银行行使股东权力？

综上，我们认为，当前中国经济企稳对于中国甚至全球经济而言都是个利好，但投资者仍然存有不少担忧，且在我们看来，上述担忧有其合理之处，这体现了全球投资者对于现有经济增长动力与政策方向的迷茫。这不仅体现在中国，在全球各国都适用。这从今年日本央行、欧洲央行、新西兰央行、瑞典央行量化宽松后，其货币居然都出现了不同寻常的升值态势，便能说明全球投资者对于央行宽松政策能否有效存在质疑。

我们将当前全球各大央行面临的这种窘境称之为货币政策不可承受之重。如何走出泥潭，各国协调稳增长的措施固然不可或缺，但在投资者避险情绪增加的背景下，能够真正扭转局面、提振投资者信心的，恐怕也唯有一再强调的结构性改革。与其他国家相比，中国好在仍有财政政策空间，若国企改革、要素市场改革等能得到切实推进，中国摆脱货币依赖、重塑经济增长的机会要大于其他国家。

资料来源：沈建光、张明明：《经济开门红背后的四大隐忧》，载《第一财经日报》，2016-04-29。

3. 宏观调控不能光靠货币政策

近些年来，中央银行始终处于宏观调控的风口浪尖，在经济出现过热迹象的时候，外界期望央行加快紧缩，而在经济遭遇境内外诸多不确定性时，呼吁央行相机抉择的声音又多了起来。不可否认，作为宏观调控的重要部门，为经济运行创造良好货币环境是央行的分内之责。但在非典型的经济环境当中，更需要理性分析货币政策的作用路径和更加重视经济问题的深层次原因，而不能让货币政策独自挑起千斤重担。

经济学里著名的“不可能三角”理论认为，在资本自由流动、汇率固定的情况下，一个国家的中央银行不可能拥有独立的货币政策。事实上，我国央行近年来正是在这个三角当中小心权衡。

虽然说我国目前资本项目没有实现完全可兑换，但套利资金进入我国的难度并不是很大，这从外汇储备超常规增长可以看出。与此同时，人民币实行有管理的浮动汇率制度，还没有实现真正意义上的自由浮动。两个方面的条件决定了中央银行制定和执行货币政策过程中的较大难度，央行要做到尽善尽美实属不易。

投资增长过快、信贷投放过多和贸易顺差过大是近年来一直影响我国经济健康运行的主要问题。在“三过”问题当中，贸易顺差过大是直接原因。顺差的不断增长直接带来外汇储备快速增长和基础货币的大量投放，随之而来的是流动性过多和信贷投放的扩张，进而导致投资高速增长。国际收支失衡的根本原因还在于国内经济的失衡，因此解决问题的关键是增加国内吸收，即尽快扩大内需。

从开放经济条件下的宏观经济平衡关系看，储蓄缺口等于贸易缺口，国内消费不足就需要通过增加国外消费弥补，容易引发对外需的依赖，进而导致国际收支顺差过多和汇率升值压力增大。从国内经济平衡关系看，消费不足是导致储蓄过多的最直接因素，而储蓄过多则容易引发投资的过快扩张，进而可能会产生盲目投资、重复建设、产能过剩等一系列问题。

正是因为看到了经济当中的根本问题，央行在昨日公布的货币政策报告当中呼吁，应该尽快增加消费需求，促进内需增长。因为只有解决了国内消费需求不足的问题，才能改变经济增长过多依赖投资和出口的局面，改变产业结构对重化工业和制造业的依赖，减少资源消耗和环境污染，最终实现可持续发展。

扩大内需的职责不为央行所独有，而是需要多项政策相互配合。央行能够做到的是，采取综合措施对冲流动性和加强信贷调控，为经济增长和结构调整创造平稳的货币金融环境。治本之策还是要加大结构改革力度，尽快在平衡增长方面取得新的进展。

央行在货币政策执行报告中提出的建议是，进一步扩大内需特别是消费需求，加快服务业发展，提高经济抵御外部变化的能力。进一步调整和优化财税政策，为扩大消费内需和促进服务业发展创造更为有利的财税环境，加快推进社会保障等各项体制性改革，消除制约结构调整的体制性因素。

治理通胀是当前经济宏观调控中的核心问题，央行也认为应当把控制物价上涨、抑制通货膨胀放在更加突出的位置。目前来看，央行仍然是更加依赖数量型调控工具，把控制货币供应量作为货币政策的中间目标，通过有效管理流动性来抑制总需求过快增长。

提高利率的确是治理通胀的典型政策，但在目前食品价格对整体价格上涨贡献超过8成的情况下，完全依靠价格型政策手段无法收到良好效果。而且，西方主要经济体的降息政策也极大地制约了我国的加息空间，利率政策更大的意义是引导居民对通胀的预期。“稳妥利用利率工具，在抑制需求膨胀、稳定通货膨胀预期中发挥作用”，从货币政策执行报告中这段对于利率政策的表述，可以大致看出央行的态度。

资料来源：《证券时报》，2008-05-15。

4. 全球通胀来袭 货币政策如何抉择

越来越多的经济学家相信，全球通胀浪潮已经袭来，中国货币政策面临着前所未有的挑战。

2008年以来，包括发达国家、新兴市场国家、石油出口国家在内的世界上多数国家开始为国内高通胀而忧心忡忡。美国2008年1—3月核心CPI涨幅均保持在2.3%以上的高位；欧元区3月CPI同比上涨3.6%，创下历史高点；俄罗斯4月CPI涨幅达14.3%；韩国、印度、印尼、新加坡、菲律宾等国通胀水平都创下多年新高。

全球通胀水平同时上升有多种原因：上一轮全球流动性过剩推高价格；消费升级、人口增加、能源短缺导致大宗商品尤其是农产品价格高涨；次贷危机以来，以美国为首的央行降息、注入流动性，继续刺激流动性泛滥；全球化带来劳动力成本上升；等等。

2008年5月份，国际油价突破130美元/桶，玉米价格继续创新高。油价和粮价成为未来全球通胀压力加大的最直接因素。有专家预测，以美元计价的平均生活成本将会在几年内翻番。

解决通胀问题已成为世界各国央行行长们的“心病”，而目前在货币政策上的博弈也成为央行行长们的无奈选择。美联储选择降息和贬值，以本国和世界通胀上升为代价换取经济复苏；欧洲央行只好按兵不动，但欧元被动升值的压力已影响到出口和经济增长，同时通胀水平却按捺不住地上升。加拿大、英国等跟随美国降息，但通胀水平应声抬高。专家指出，面对全球通胀，各国央行都不愿单方面率先采取紧缩货币政策（如升息），它们担心这样的单独行动，不仅抑制通胀的效果有限，反而可能会牺牲自身经济增长，成为美国次贷危机的附带牺牲品。

面对高通胀时代的到来和政策抉择的复杂国际环境，中国货币政策应作出什么样的抉择？观察家有以下几点认识。

一是对于2007年开始的这一轮高通胀的原因、严重性应有更加深刻的认识。输入型通胀对2008年及未来我国通胀的压力在加大，通胀持续时间、波及范围可能超出预期。尽管由于2007年基数的因素，CPI涨幅可能呈现逐渐放缓的走势，但对于高通胀尤其是输入型通胀的威胁不能掉以轻心。具体政策上，为了抑制输入型通胀，不少国家寻求本国货币与美元脱钩，人民币升值的趋势可能在中短期内难以改变。本币升值部分抵消了美元计价的高油价对国内价格带来的压力。

二是中国货币政策受到全球尤其是美联储政策的制约。货币调控要寻求全球范围内的合作。周小川上周五指出，美联储大幅降息和注入流动性的做法造成新兴国家通胀加重，呼吁全球进行更高层面的宏观调控，以应对次贷、通胀、商品价格等问题。专家称，全球货币政策的合作首先体现在利率政策上。美国持续降息和美元贬值，中国的利率政策就只能谨慎，转而寻求数量工具实现紧缩的目的。

三是抑制这一轮全球性高通胀不能只靠货币政策。世界各国都在寻求货币以外的其他政策渠道缓解通胀问题，加强货币、财政、贸易、产业、环保各种政策手段的配合。中国也不例外。货币政策应对以食品为首的价格上涨能力有限，应发挥其他政策工具的作用，其中促进农业生产以扩大供给、加大对低收入者的补贴显得尤为重要。

资料来源：《中国证券报》，2008-06-02。

任务 2　宏观经济政策原理

1　宏观经济政策的目标与手段

1.1　政府及其职能

政府是国民经济中最大的消费者，也是最大的生产者，政府部门消费与生产的职能与目的，是提供公共物品，行使公共职能，实现公共利益。具体来说，政府参与经济活动是为了履行下述几项职能。

1. “守夜人”职能

政府是社会经济生活中最主要的制度供给者，它需要履行维护社会秩序和市场经济秩序的职能，防止和惩处各种破坏秩序和损害他人正当利益的行为。尤其是在市场经济条件下，政府有责任维护市场正常的交易秩序，防止各种巧取豪夺的掠夺行为；维护市场竞争秩序，限制垄断；对市场实施必要的监督，制定和监督实施规则；防范或化解国民经济的整体风险，等等。总之，政府具有维护经济安全和经济秩序的职能。

2. 公共物品职能

政府是公共物品的最大提供者。随着社会的进步和经济的发展，公共物品的服务越来越广泛，从而政府作为公共物品生产者和供给者的职能也愈益扩大。政府提供公共物品的根本目的是弥补市场失灵，保障和增进公共利益，提高社会福利水平。现在由政府供给的公共物品的范围包括基础设施、公共事业、科学研究、教育事业、卫生保健服务、文化设施和文化事业、国防及安全、生态环境保护和改善，等等。

3. 宏观调控职能

政府这方面的职能是为了稳定经济增长和促进经济发展。政府通过经济、行政和法律等手段，控制经济周期性波动，调整国民经济总量和促进国民经济结构的必要调整，保持经济稳定、持续、健康地增长，并促进经济发展。

4. 增进社会公平的职能

市场机制促进了效率的提高，但也容易造成收入分配差距的拉大，如果任其自然发展，易于引起强烈的社会不公和尖锐的社会矛盾。政府承担着维护社会稳定、增进社会公平的职能，通过对收入分配的调节、发展教育等措施，达到社会公平的目的。

1.2 宏观经济政策目标

当代西方宏观经济学将下述四个方面作为宏观经济政策（macroeconomic policy）的目标，即充分就业、物价稳定、长期经济增长和国际收支平衡。

宏观经济政策的目标是指一国政府在对宏观经济进行调节与控制时所要求取得的经济与社会的效益。在上述四个政策目标中，充分就业并不是人人有工作，通常是指在社会可接受的范围内而存在的失业率基础上的总就业水平。

物价稳定是指在社会所能接受的通货膨胀率基础上的、政府所需维持的一种低而稳定的通货膨胀率。

长期经济增长是指政府所要求达到的、既能满足社会发展的需要，同时又使人口增长和技术进步所能达到的适度的长期经济增长率。

国际收支平衡是指既无赤字又无盈余的国际收支。因为无论是国际收支赤字还是国际收支盈余，对国内经济发展都有不利的影响。

由于在现实经济中，一国政府常常不是将一个而是将几个目标同时作为经济政策实施的目标，而这些政策目标之间常常存在着矛盾，因而政府就必须根据具体情况和具体要求不断地协调政策。这四个政策目标之间的矛盾表现在以下几个方面。

（1）充分就业与物价稳定的矛盾。为实现充分就业，就需运用扩张性财政政策和货币政策，而这些政策又会由于财政赤字的增加和货币供给量的增加而引起通货膨胀。

（2）充分就业与经济增长的矛盾。经济增长与充分就业虽有一致的方面，即经济增长会提供更多的就业机会，但也有矛盾的一面，即随着经济增长中的技术进步，会引起资本对劳动的替代，相对地缩小对劳动的需求，使部分工人特别是文化技术水平低的工人失业。

（3）国际收支平衡与充分就业的矛盾。充分就业的实现会引起国民收入的增加，而在边际进口倾向既定的情况下，这又会引起进口的增加，从而使国际收支状况恶化。

（4）物价稳定与经济增长的矛盾。在经济增长的过程中常会伴随通货膨胀，而过高的通货膨胀又会阻碍经济的进一步增长。

上述矛盾要求政策的制定者要么先确定重点政策目标，依主次顺序决定先采用什么政策，再采用什么政策；要么设法对这些政策目标进行协调。

1.3 宏观经济政策工具

宏观经济政策工具是用来达到政策的手段。一般说来，政策工具是多种多样的，不同的政策工具都有自己的作用，但也往往可以达到相同的政策目标。在宏观经济政策工具中，常用的有需求管理、供给管理等。

1.3.1 需求管理

需求管理是通过调节总需求来达到一定政策目标的宏观经济政策工具。这是由凯恩斯首先提出的。凯恩斯主义者认为，决定就业与物价水平的关键是总需求，因此，宏观经济政策应该是对总需求进行调节与控制。需求管理的基本原则是：当总需求小于总供给时，经济中存在失业，所以应该刺激总需求；当总需求大于总供给时，经济中存在通货膨胀，这时应抑制总需求。通过对总需求的调节，使总需求等于总供给，从而实现充分就业和物价稳定。需求管理的政策工具主要是财政政策和货币政策。

1.3.2 供给管理

供给管理是需求管理的对称，它是通过控制总供给来稳定经济的宏观政策。供给就是生产，在短期内影响供给的主要是生产成本，特别是工资成本；长期内影响供给的主要是生产能力，即经济潜力的增长。供给管理的政策主要包括以下几个方面。

（1）收入政策。通过控制工资与物价，抑制成本推进的通货膨胀。

（2）人力政策。通过改善劳动市场的结构，建立更多的职业介绍机构，加强劳动市场的信息交流，或鼓励劳动力的流动，来降低自然失业率。

（3）经济增长政策。通过增加生产要素的数量，提高生产要素的效率来提高经济的生产潜力，促进经济增长。

一般认为，只有把需求管理与供给管理结合起来才能达到稳定经济的目的。这里介绍的是需求管理的政策工具，即货币政策与财政政策。

2 货币政策分析

2.1 货币政策工具

货币政策一般是指各国政府通过中央银行运用货币政策工具来调节货币供给量，以实现经济发展既定目标的经济政策手段。货币政策的研究范围包括货币政策的最终目标、货币政策的中间目标、货币政策的工具等。

货币政策工具亦称货币政策手段，是指货币当局直接控制的能够通过金融途径影响经济活动，以达到货币政策目标的经济手段。它主要包括公开市场业务、再贴现率和法定存款准备金率。

2.1.1 公开市场业务

公开市场业务是指中央银行在金融市场上公开买卖有价证券（主要是政府债券、国库券）的业务活动。通过这种业务活动，可以调节实际的货币供应量。当金融市场上资金缺乏时，中央银行可以在公开市场上购进有价证券，这实际上相当于中央银行向社会投入了一笔基础货币。这些基础货币流入社会公众手中，直接增加社会的货币供给量。当金融市场资金过多时，中央银行可以在公开市场上卖出有价证券，回笼货币，紧缩信用，从而引起货币供给量的减少。

中央银行在运用公开市场业务工具时，是逆经济风向行事的，如果经济形势趋于萧条，即总支出不足或失业有所增加时，中央银行应在公开市场上购买政府债券，以便降低利率，刺激经济发展；如果经济发展趋于过热增长，即总支出过大或价格水平上升时，中央银行应该在公开市场上卖出政府债券，以提高利率，抑制经济增长。

2.1.2 再贴现率

再贴现率指中央银行对商业银行及其他金融机构的放款利率。中央银行通过制定或调整再贴现率来干预和影响市场利率及货币市场的供给和需求，从而调节市场货币供应量。

当中央银行认为有收缩银根的必要时，可以提高再贴现率，使商业银行取得资金的成本提高，商业银行就会减少对中央银行资金的需求，也就减少了可贷资金。另一方面，商业银行向企业发放贷款的利率也会提高，企业贷款需求也就减少。相反，中央银行降低再贴现率，商业银行在低成本条件下，必将增加贷款，扩大货币供给，刺激社会需求。此外，再贴现率的变动还可以产生告示性效果。当中央银行提高再贴现率时，社会公众可能把这视为一种中央银行抑制扩张的迹象。于是，人们会改变自己的消费与储蓄决策。

再贴现率政策的主要意义在于以下两个方面。

一是与公开市场业务相配合，通过改变再贴现率可以限制或鼓励银行的借款，从而达到调整银行存款和利率的目的。

二是可以影响人们的预期。社会公众把再贴现率的变化视为中央银行对经济的预测及其政策立场的一个指示器，当中央银行提高再贴现率时，社会公众可以把它视为抑制过度扩张的一个迹象，并且会感到没有理由再担心通货膨胀。这样，公众会减少一些膨胀性行为，诸如抢购商品、要求提高工资等。

再贴现率这一货币政策工具也有一定的局限性。由于商业银行具有多种获取资金的渠道，向中央银行借款只是众多筹资渠道之一，因此，再贴现率作为一种货币政策工具的有效性还是有限的。

2.1.3 法定存款准备金率

各国中央银行都以法律形式规定商业银行按一定比率提取存款准备金交存中央银行，这个比率称为法定存款准备金率，它是各国中央银行调节货币供给量的重要政策工具。

中央银行集中存款准备金，是为了保证商业银行的信用支付能力、防止商业银行发生支付危机所采取的措施，也是中央银行调节商业银行信贷规模，影响货币供应量的一种经济手段。

如果提高存款准备金率，商业银行吸收同样存款上缴中央银行的存款准备金就增多，商业银行贷款规模下降，必然使投资减少。同时，存款准备金率提高，则货币乘数小，即存款的创造能力小，货币供给减少，从而使 GDP 减少和失业增加。相反，如果降低存款准备金率，使商业银行贷款规模增大，必然使货币乘数增大，即存款的创造能力大。这两个结果都使 GDP 增加和就业增加。

中央银行在运用存款准备金率时，也是逆经济风向而行。如果经济形势趋于萧条，则降低存款准备金率，相反经济形势处于扩张状态，则提高存款准备金率。

2.2 货币政策工具的运用

货币政策工具的运用主要通过中央银行进行，针对不同经济状况，中央银行分别采取“紧”或“松”的货币政策。

在经济繁荣时期，总需求大于总供给，为了抑制总需求，就要运用紧缩性货币政策。其中包括在公开市场上卖出有价证券，提高再贴现率并严格贴现条件，提高存款准备金率，等等。这些政策可以减少货币供给量，提高利息率，抑制总需求。

在经济萧条时期，总需求小于总供给，为了刺激总需求，就要运用扩张性的货币政策。其中包括在公开市场上买进有价证券，降低再贴现率并放松贴现条件，降低存款准备金率，等等。这些政策可以增加货币供给量，降低利息率，刺激总需求。

2.3 货币政策的局限性

中央银行通过货币政策，控制货币供应量，从而相应地影响市场利率水平，实现宏观调控目标。货币政策常常是为了稳定经济，减少经济波动，但是，在一些具体情况下，在实践中也存在一些局限性。

经济衰退时期，尽管中央银行采取扩张性措施，如降低存款准备金率和再贴现率等，使得市场利率下降以促使商业银行扩大放款。但是，商业银行往往为了安全而不肯冒此风险。此时，厂商认为市场前景暗淡，预期利润率低，从而不愿为增加投资而向银行借款。

通货膨胀时期，尽管中央银行采取措施提高利率，但企业会认为此时有利可图，从而置较高利率于不顾，一味增加借款。

由于保险公司等非银行金融机构吸收了大量的储蓄存款，经常寻找投资和放款的有利时机，从而部分地抵消了紧缩性货币政策的作用；商业银行、企业掌握大量的短期有价证券，只要它们需要，就随时出售以换取现金。因此，中央银行可能在通货膨胀时期难以完全控制投资总额，在一定程度上妨碍货币政策预期目标的实现。

货币政策的效果可能被货币流通速度的变化所抵消。在经济繁荣时期，人们对前景预期乐观而增加支出，在物价上涨时，人们宁愿持有货物也不愿意持有货币，于是货币流通速度加快，产生扩大货币供应量的效果；在经济衰退时期，实行扩张性货币政策，扩大货币供给量，但由于人们压缩开支，使货币流通速度放慢，产生减少货币供应量的效果。

货币政策从决定到执行比财政政策要迅速得多，但在预期和执行时机问题上，却遇到了与财政政策一样的困扰。因此，有时候甚至成为引发经济波动的潜在因素。

【原理应用】

加息“靴子”为何意外落下　货币政策加速回归稳健

中国人民银行25日晚发布公告称，自26日起，金融机构一年期存贷款基准利率分别上调0.25个百分点，其他各档次存贷款基准利率相应调整。专家表示，此举是为了促使货币政策尽快加速回归常态化和正常化，进而抑制通胀预期。

这是央行今年继10月20日之后的第二次加息，也是自中央宣布实施稳健货币政策以来的首次加息。

2010年即将过去，正当市场以为年内不会再加息时，加息的“靴子”却意外落下。“这是今年以来六次上调存款准备金率、一次加息之后的又一次重要的货币政策调整，显示货币政策加速回归‘稳健’”，国务院发展研究中心金融研究所副所长、中国银行业协会首席经济学家巴曙松说。

利于加强通胀预期管理，防范资产泡沫

当前，我国内外部流动性充裕，通胀预期较强，通胀压力不断加大，11月份的CPI同比涨幅达到5.1%，“负利率”不断加剧。在“负利率”的背景下，居民储蓄难以保值增值，纷纷流出银行体系，可能加大物价压力和资产泡沫。央行四季度储户调查显示，45.2%的城镇居民倾向于“更多投资（如购买债券、股票、基金等）”，37.6%倾向于“更多储蓄”，“更多投资”已取代“更多储蓄”成为居民的第一选择。

“加息向老百姓释放了这样一个信号，那就是你的存款放在银行是安全的，不会缩水”，央行货币政策委员会委员、清华大学中国与世界经济研究中心主任李稻葵说：“这有利于加强通胀预期管理，防范资产价格泡沫。”

这次加息也凸显出货币政策的前瞻性。由于影响今年物价上涨的因素明年都将继续存在并可能进一步加大，今年价格对明年有2个百分点以上的翘尾影响，还可能出现其他新涨价因素，因此明年物价上涨压力很大。“明年1月份和6月份的翘尾影响最大，可达3个百分点左右，因此明年一季度可能出现阶段性物价高点，或许前三月每个月的CPI都会超过4%”，巴曙松说，“在物价高点到来之前就加息，货币政策紧缩操作明显提前，有利于降低社会对2011年物价过快上涨的担忧。”

另一方面，2011年是“十二五”开局之年，各方面发展热情高，基于流动性偏多之上的货币信贷扩张压力必然较大。“加息加大了资金借贷成本，有利于抑制信贷过快增长，防止投资膨胀、乱铺摊子、盲目重复建设，有利于促进经济结构调整和发展方式转变。”对外经贸大学金融学院院长丁志杰说。与“热钱”博弈，意在防止其大规模流入。

为什么在12月11日国家统计局公布11月CPI数据前后、市场加息预期强烈时不加息，而在时近年末、市场预期减弱时却果断加息？

李稻葵说出了其中的奥妙：“在美元、欧元、日元等国际主要货币利率接近零利率、人民币升值预期较强的情况下，加息很可能吸引‘热钱’流入。这次加息时点选择的非常好。欧美国家正逢圣诞假期，股市休市、居民放假，资金调动不便，不利于‘热钱’流入。”

李稻葵还认为，央行在市场预期强时不加息、预期弱时加息，也是与“热钱”的一种博弈，意在虚虚实实，让“热钱”这种投机性短期资本难以预测，防止其大规模流入。

加息难抑楼市需求，调控任务仍然艰巨

近期，各地楼市再次出现成交量快速上涨的局面，房价也随之有所上扬。业内人士认为，央行此次加息将进一步增加购房持有成本，强化近期各级政府出台的调控政策，能在一定程度上起到抑制购房需求的作用，使楼市进一步降温。但是，相对近两年来房价大幅上涨，两次加息所增加的购房成本十分有限，难以抑制旺盛的自住型购房需求。加息与调控政策的叠加效应，还需要观察，楼市调控任务仍然艰巨。

对购房影响较大的5年期以上贷款基准利率由6.14%上调至6.4%。以购房者贷款100万元、20年等额本息还款计算，如果是购买首套房仍可享受八五折优惠利率，加息前月还款为6 721元，加息后增加至6 845元，增加124元。如果是购买二套房，按1.1倍利率计算，加息前月还款7 603元，加息后月还款7 777元，增加174元。

目前已经有房贷的购房者，将从2011年1月1日起全部执行新利率，也就是将累计接受2次加息的影响。仍按上述贷款额和期限计算，首套房和二套房累计分别增加月供217元和303元。相比部分城市房价从2009年年初到目前上涨已超过一倍的状况，利息增加对购房者的影响将十分有限。而近期，无论是首套房住房需求、超前住房需求、改善型住房需求都依然旺盛。同时，外资进入我国房地产市场的速度较快，商务部最新统计数据显示，从今年6月起，我国房地产开发资金来源中的外资同比增幅开始转正，且增长迅速，1—10月累计增幅达48.04%。加息能在一定程度上抑制这些需求，但楼市调控要取得实效，还需要多项政策的落实。

并非所有贷款客户都适合提前还贷

对正在还房贷的购房者而言，在加息背景下，是不是应该提前还贷？对此，中原地产市场研究部张大伟认为，提前还贷首先必须了解清楚所贷款银行的相关要求，如需提前多少天，是否收取及收取多少违约金。其次一定要提前准备必需的相关文件。第三，提前还贷勿忘退保及解抵押，贷款人提前结清全部尾款后，银行会出具结清证明，借款人携带银行开具的贷款结清证明原件、原保单的正副本和发票，打电话给相关保险公司，预约退保即可。借款人在办理贷款时，银行都会办理抵押登记。如果结清贷款的话，一定不要忘记去解抵押这个环节。最后，需要着重提醒的是，不一定所有贷款客户都适合提前还贷，已经签约的七折利率贷款客户，相比目前的CPI，现在的七折利率可以说非常低，这部分购房者的资金利用成本非常低，不建议提前还贷。

对于等额本金还款已超过5年的客户来说，由于贷款早期还款中大部分为利息，超过5年后可以说每月还款额中本金已大于利息，所以从资金利用成本的角度来看，不一定适合提前还贷，或许可考虑其他收益率更高的投资渠道。

资料来源：《人民日报（海外版）》，2010-12-26。

3 财政政策分析

3.1 财政政策的构成

财政政策是指政府审慎地利用其权力，根据对客观经济形势的分析，有意识地变动财政收支，以实现充分就业、物价稳定、经济增长和国际收支平衡的一系列经济政策措施。

财政政策是国家干预经济的主要政策之一。国家财政由政府收入和支出两个方面构成。

3.1.1 政府收入

政府收入包含税收和公债两个部分。

1. 税收

税收是政府财政收入中的最主要部分。税收是国家凭借其政治权力按照事先公布的法定标准无偿地参与国民收入分配以取得财政收入的一种手段。我国税收占全部财政收入的90%以上。税收按课税对象分为流转税类（包括增值税、消费税、关税等）、收益税类（包括企业所得税、外资企业所得税、个人所得税等）、财产税类（包括房产税、契税、车船使用税等）、资源税类（包括资源税、土地使用税、耕地占用税、土地增值税等）和行为税类（包括印花税、屠宰税、城乡维护建设税、证券交易税等）。例如为了体现公平分配，我国目前对收入比较多的居民开征了个人所得税；消费高档的名烟、名酒、化妆品、小轿车等，要缴纳消费税；对在银行存款的居民开征利息所得税；另外将要开征遗产税和赠予税。而对生活在城市贫困线以下的居民则给予最低的生活保障。税收具有强制性、无偿性、固定性的特征，这三个基本特征只有同时具备，才是税收，否则，就不是税收。

2. 公债

公债是政府财政收入的又一组成部分。公债又称国债、国库券，是国家债务的简称，是指国家以债务人的身份通过有偿的信用方式所取得的财政收入。它是政府根据有偿的信用原则通过发行债券向国内外筹措财政资金的一种形式。其中，对内发行的叫国内公债，简称“内债”；对外发行的叫国外公债，简称“外债”。

国债主要有以下三个基本特征。

(1) 自愿性。自愿性是指国债的发行或认购建立在认购者自愿承购的基础之上，即认购人买与不买，买多买少，何时购买，完全由认购人视其个人或单位情况自主决定。这一形式特征使国债明显有别于其他财政收入形式。在计划经济时期，我国国债的购买有非自愿性购买的例子，但目前我国正处于市场经济时期，购买国债免收利息所得税，居民都争先恐后地购买国债。

(2) 有偿性。国债的认购者与国家之间是一种债权债务的关系，国家以发行国债的方式所取得的财政资金，到期不仅要还本，还要付息。国债这种有借有还的信用原则，与税收的无偿性显然不同。

(3) 灵活性。灵活性是指国债的发行与否及其发行规模由政府视财力状况和国民经济的发展需要灵活加以确定，而非通过法律形式预先规定。

国债的三个基本特征是密切联系，缺一不可的。国债的自愿性决定了国债的有偿性；国债的自愿性和有偿性又决定和要求其发行上的灵活性。国债作为债务范畴，与其他债务形式相比较，还具有安全性的特点。所谓安全性，是指投资者购买国债到期收回本金及取得利息的风险小。发行国债需要注意的问题是国家所具有的到期还本付息的能力和百姓所具有的购买国债的能力。

国债主要有以下五个方面的功能。

(1) 弥补财政赤字。弥补财政赤字的手段通常有动用财政结余、发行国债和发行货币三种。在现代社会中，财政结余一般很少或没有，远不足以弥补财政赤字。发行货币弥补财政赤字，往往会带来流通中的货币量超过货币必要量，引发通货膨胀，给经济增长带来负效应。因此，弥补财政赤字的最佳手段是发行国债。

(2) 从个人手中吸收游离的资本，形成巨额资金，用于国家投资，对于整个社会经济的发展十分有利。

(3) 起到延缓税收课征的作用。当国家由于各种紧急或临时情况需要加大财政支出或现实财政收入不能相应同时增加时，如果采用大幅度征税的办法，则会造成社会负担过重，形成对社会生产力的严重损害。这时若采用国债筹资，则对社会经济的压力相对减轻，可以减轻目前公众的负担，又能体现公平负担的原则。

(4) 实施财政政策手段。通过发行国债可吸收社会上的闲散资金，扩大社会有效需求，有利于克服经济衰退，促进经济发展。在经济繁荣时期，国家通过增加税收以偿还国债，能够抑制经济过旺势头，有利于经济的稳定，减轻经济周期的波动性，使国家已有的社会资金得到充分的运用。

(5) 国债是实行货币政策的重要工具。在物价上涨迅猛时，政府可以通过发行国债吸收社会资金，以减少货币流通量，起到平抑物价的作用。在银行贷款利率上升时，国债价格必然下跌，这时国家应偿还债务，收买债券，增加社会货币资金的供给量，以保证国民经济的正常运转。我国发行的国债主要是长期国债，而国外发行的国债主要是短期国债。

3.1.2 政府支出

政府支出是指整个国家中各级政府支出的总和，由许多具体的支出项目构成，主要可分为政府购买支出和政府转移支出两类。

政府购买支出是指政府对商品和劳务的购买，如购买机关公用品、政府雇员报酬等。政府购买支出是一种实质性支出，有商品和劳务的实际交易，所以形成了社会需求和购买力，是国民收入的一个组成部分。

政府转移支出是政府在社会福利保险、贫困救济和救助等方面的支出。政府转移支出不能算作国民收入的组成部分。

3.2 财政政策工具

要实现财政政策目标，财政当局必须有工具可供操作。财政政策工具是财政当局为实现既定的政策目标所选择的操作手段。西方政府为实现既定的经济政策目标，调整支出和收入的财政政策工具主要有变动政府购买支出、改变政府转移支付、变动税收和公债。

3.2.1 政府购买支出

政府购买支出是决定国民收入大小的主要因素之一，其规模直接关系到社会总需求的增减。政府购买支出对整个社会总支出水平具有十分重要的调节作用。在总支出水平不高时，政府可以提高购买支出水平，如举办公共工程，增加社会的整体需求水平，以此同衰退进行斗争。反之，当总支出水平过高时，政府可以采取减少购买支出的政策，降低社会总体需求，以此来抑制通货膨胀。因此，变动政府购买支出水平是财政政策的有力手段。

3.2.2 政府转移支付

政府转移支付也是一项重要的财政政策工具。在总支出不足时，失业增加，这时政府应增加社会福利费用，提高转移支付水平，从而增加人们的可支配收入和消费支出水平，社会有效需求因而增加；在总支出水平过高时，通货膨胀率上升，政府应减少社会福利支出，降低转移支付水平，从而降低人们的可支配收入和社会总需求水平。除了失业救济、养老金等福利费用外，其他转移支付项目如农产品价格补贴也应随着经济风向而改变。

3.2.3 税收

税收作为政府收入手段，既是国家财政收入的主要来源，也是国家实施财政政策的一个重要手段。与政府购买支出、转移支付一样，税收同样具有乘数效应，即税收的变动对国民收入的变动具有倍增作用。在需求不足时，可采取减税措施来抑制经济衰退；在需求过旺时可采取增税措施来抑制通货膨胀。

3.2.4 公债

公债也是一种有效的财政政策工具。公债的发行，既可以筹集财政资金，弥补财政赤字，又可以通过公债的发行与在资金市场的流通来影响货币的供求，从而调节社会的总需求水平，对经济产生扩张或抑制性效应。因此，公债也是实现财政政策目标的工具之一。

3.3 财政政策的运用

3.3.1 酌情使用的财政政策

1. 扩张性的财政政策

当经济社会的总需求小于总供给，经济出现衰退和失业时，政府应采取刺激需求的扩张性财政政策。政府应通过削减税收，降低税率，增加支出或双管齐下，以刺激总需求。

2. 紧缩性的财政政策

当总需求大于总供给，产生通货膨胀时，政府应增加税收或削减开支，以抑制总需求，这种政策称为紧缩性的财政政策。

3.3.2 非酌情使用的财政政策

1. 自动稳定器

自动稳定器也叫内在稳定器，是指经济系统本身存在的一种会减少各种干扰对国民收入冲击的机制，能够在经济繁荣时期自动抑制膨胀，在经济衰退时期自动减轻萧条，无须政府采取任何行动。西方学者认为，现代的西方财政制度本身就具有自动稳定经济的功能。当经济发生波动时，财政制度的内在稳定器就会自动发挥作用，调节社会总需求水平，减轻以致消除经济波动。财政制度的这种内在稳定经济的功能主要通过下述三项制度得到发挥。

(1) 政府税收的变化。当经济衰退时，国民产出水平下降，个人收入减少，在税率不变的情况下，政府税收会自动减少，留给人们的可支配收入也会自动地少减少一些，从而使消费和需求也自动地少下降一些。

(2) 政府转移支付的变化。它包括政府的失业救济和其他社会福利支出。当经济出现衰退与萧条时，失业增加，符合救济条件的人数增多，失业救济和其他社会福利开支就会相应增加，这样就可以抑制人们的收入特别是可支配收入的下降，进而抑制消费需求的下降。当经济繁荣时，失业人数减少，失业救济和其他福利费用支出会自然减少，从而抑制可支配收入和消费的增长。

(3) 农产品的支持价格。多年来，世界各国政府一般都对农产品价格实行补贴支持政策。在经济衰退时期，社会总需求普遍下降，对农产品的需求也在下降之列，而且农产品市场具有完全竞争的性质，相对于其他产品而言，其市场价格下降的幅度会更大一些。这时政府便按支持价格制度给予农场主补贴。这样既避免了农产品价格进一步下跌，又增加了财政支出，扩大了社会总需求。

总之，当总收入增加时，税收自动且及时地增加，失业保险、贫困救济、农产品价格支持等转移支付的减少，有助于抑制经济膨胀；当总收入下降时，税收自动且及时地减少，各项转移支付的增加，又有助于缓和经济的衰退。因此，自动稳定器能够减轻经济周期的波动幅度，降低波峰高度，提高谷底高度。但是，由于内在稳定器仅仅是对经济波动做出稳定性反应，在波动产生之前并不能发生作用。同时，它也不能充分调节社会需求，从而不能消除经济危机。因此，要实现充分就业、经济稳定增长及物价稳定等目标，还必须依赖酌情使用的财政政策的积极作用。

2. 实际的预算与充分就业的预算

充分就业的预算是指既定的政府预算在充分就业的国民收入水平（即潜在的国民收入水平）上所产生的政府预算。实际的预算是以实际的国民收入水平来衡量预算状况的。因此，二者的差别就在于充分就业的国民收入与实际的国民收入水平的差额。一般来讲，当实际国民收入水平高于充分就业的国民收入水平时，则充分就业预算小于实际预算；若实际国民收入水平低于充分就业的国民收入水平时，则充分就业预算大于实际预算。当然，也会出现实际国民收入和潜在的国民收入相等，充分就业预算与实际预算相等的情况。

充分就业预算的概念的提出具有以下两个十分重要的作用。

一是充分就业预算把收入水平固定在充分就业的水平上，消除经济中收入水平周期性波动对预算状况的影响，从而就能更准确地反映财政政策对预算状况的影响，并为判断财政政策是扩张性的，还是紧缩性的，提供一个较为准确的依据。若充分就业预算增加了或赤字减少了，财政政策就是紧缩的，反之，政策是扩张的。

二是使政策制定者充分注重充分就业问题，以充分就业为目标确定预算规模，从而确定财政政策。

因此，充分就业预算这一概念得到较为广泛地运用。但必须注意的是，这一概念同样存在一定的缺陷，因为充分就业的国民收入或潜在国民收入本身就是难以准确估算的。

3.4 功能财政和财政预算

3.4.1 功能财政

政府在财政方面的积极政策主要是为实现无通货膨胀的充分就业水平的产出和收入而努力。当实现这一目标时，预算可以是盈余，也可以是赤字。这样的财政是功能财政。

功能财政思想是凯恩斯主义者的财政思想。他们认为不能用财政预算收支平衡的观点来对待预算赤字和预算盈余，而应从反经济周期的需要来利用预算赤字和预算盈余。当国民收入低于充分就业的收入水平（即存在通货紧缩缺口）时，政府有义务实行扩张性财政政策，增加支出或减少税收，以实现充分就业。当存在通货膨胀缺口时，政府有责任减少支出，增加税收。功能财政思想认为，政府为了实现充分就业和消除通货膨胀，需要赤字就赤字，需要盈余就盈余，而不应为实现财政收支平衡而妨碍政府财政政策的正确制定和施行。

可见，功能财政是斟酌使用的财政政策的指导思想，而斟酌使用的财政政策是功能财政思想的实现和贯彻。它的提出，是对原有财政平衡预算思想的否定。

3.4.2 财政预算

财政预算也称国家预算，是事先编制的财政收支计划，它可以通过预算的总规模及其收支结构、预算收支的平衡与差额、预算方式的单式与复式等变化，调节宏观经济的总量与结构。预算一经法定程序批准，就具有法律效力，其规模和结构体现了宏观经济政策的意图，制约着政府的收支范围的方向。

国家预算对宏观经济运行的调控主要是通过赤字、盈余或平衡等不同的预算政策来实现。由于国家财政可向中央银行透支、借款或公开发行国债，使得其预算支出并不完全受限于预算收入，而是具有一定弹性的。因此，预算的收支活动中，其收支数额的变动和相应的结构调整均能不同程度地影响宏观经济的运行。同时，预算收支的价值形态也决定其直接调节对象为货币流通量。根据宏观经济的运行情况，调整预算收支规模就可以调节货币流通量的增减变化，从而实现社会总供求的平衡。此外，调整预算支出各项目的具体数额也能够起到刺激或抑制局部需求的作用。

3.5 赤字与债务

3.5.1 赤字

赤字又称预算赤字，是一国政府财政年度支出超过年度收入的差额。西方自由放任主义的财政理论认为，健全的政府财政应当保持预算收支的平衡，量入为出，避免发生预算赤字。随着资本主义矛盾的发展和激化，经济危机不断爆发，资本主义经济越来越需要政府力量的支持和调节。于是，国家干预主义的财政理论提出，保持财政预算平衡和量入为出不但是不必要的，而且在一定条件下是有害的。在经济衰退时期，政府税收减少，而用于失业保险、贫困救济的支出增加，出现财政预算赤字，这可以减轻社会需求的下降，缓和经济波动。此时，如果单纯为了保持财政预算平衡，而增加税收或削减政府支出，则势必导致社会需求的猛烈下降，加剧经济危机。反之，在经济繁荣时期，政府税收增加，而用于各种救济的政府支出减少，造成财政预算盈余，这可以抑制社会需求上升，减轻经济膨胀。此时，如果为了使预算平衡，减少征税或扩大支出，就必然扩大社会需求，加剧物价上涨。他们主张财政平衡是不必要的。自从以凯恩斯为代表的国家干预主义为大多数西方经济学家和政府接受以来，平衡财政越来越成为一种理想，赤字财政却成为西方国家对经济进行宏观调控的重要手段，于是赤字也就成为一种普遍现象。以美国为例，1961—1991 年的这 30 个财政年度中，除 1969 年略有预算盈余外，每年均有预算赤字，而且赤字数额越来越大。

3.5.2 债务

预算赤字也就是政府的债务，预算赤字要靠政府举债来解决。预算赤字引起的政府债务通常被称为公债。中央政府的公债称为国债，地方政府的公债被称为地方债或地方公债。国债是以中央政府承诺偿还的信用为依据组织的收入，国债是弥补财政赤字的手段，是政府的负债。国债是政府宏观调控（包括长期发展）的手段。从宏观上看，收支不平衡是可能的，政府负债也是必要的调控手段。把微观上要求财政收支平衡的规律推导为宏观上也必须平衡的观点是没有根据的。同样，把政府负债直接和财政困难相联系也是不可靠的。

3.6 财政政策的局限性

对财政政策的分析表明，如果要扩张经济就需要增加政府支出或者削减税收，以提高总需求；如果要紧缩经济就应采取相反措施。这种决策看起来相当简单，但在实际生活中却很难取得预期的效果。

3.6.1 财政政策在税收政策方面的局限性表现

（1）为防止通货膨胀而增加税收，以压缩社会总需求，抑制物价上涨。但是，如果对企业利润增加课税，企业为了保持原有利润，会抬高商品价格；如果对商品增加课税，税收就要加在商品价格上。因此，通过税收负担的转嫁过程，增税必然会引起物价上涨，从而限制了税收政策用以抑制物价上涨的作用。如果对个人所得增加税收，将直接降低个人可支配收入及个人消费水平。这会与因对企业征税而引起的物价上涨结合起来，遭到国民的反对，实施起来有一定难度。

（2）为防止经济衰退而减少税收，以扩大社会总需求，减缓经济滑坡，这只是良好的愿望而已。其实，在萧条时期减税，人们并不一定将因少纳税而多留下的钱用于购买商品，而可能用于储蓄。因此，减税并不见得能够带来消费或投资的增加。

3.6.2 财政政策在支出政策方面的局限性表现

（1）政府减少对商品的购买将直接影响大企业的收益，因此会遭到它们的强烈反对。

（2）政府削减转移支付将直接减少人们的收入，甚至影响其基本生活，因此会遭到公众的反对。

（3）在萧条时期，政府转移支付的增加，虽然提供了增加消费与投资、扩大总需求的可能性，但如果人们将这笔收入用于储蓄而非商品购买时，这种可能性就不能成为现实。

（4）在通货膨胀时期，政府削减支出，但由于其中部分财政支出具有刚性，使得财政支出难以大幅度压缩。

【原理应用】

我国财政赤字政策的走向选择

财政赤字政策是宏观经济政策的重要组成部分，它既是应对短期经济波动、熨平经济周期的重要手段，在经济发展某些阶段上也是扩大公共投资、提高经济长期增长率的重要方式。从历史上看，美国、日本和欧洲的赤字率在短期内都曾出现过较大的波动。例如，从1981年—2000年的20年间里，美国、日本、法国、德国和英国的赤字率最高分别达到过6%、7.3%、6.0%、3.3%和7.7%，但其长期赤字率则基本稳定在2.5%左右。上述几国过去20年间平均赤字率分别为2.6%、2.5%、3.1%、2.2%和2.6%。这说明在一定时期根据实际需要实行一些短期的财政赤字，以此换来财政长期的平衡是必要的。归根结底，财政平衡是要以经济长期持续发展为基础，脱离经济总体情况的财政平衡既无意义也不可持续。

一般认为赤字对宏观经济的影响有以下几类，一是导致通货膨胀率提高；二是挤出私人投资；三是降低储蓄率进而影响资本形成和长期经济增长率。但是以上这些结论都是在假设经济处于充分就业状态下得出的，当经济运行处于不充分就业状态时，以上这些结论都不能成立。经济运行处于不充分就业状态的标志是需求不足、生产能力利用率低，失业率高等。这时增加赤字可以降低失业率，提高经济资源的利用率，改善全体人民的福利。在这种情况下政府支出不但不会挤出私人投资，还会由于乘数效应而带动、挤入私人投资。

不仅处于经济周期不同阶段的赤字对经济的影响不同，不同性质的政府支出对经济的影响也是不同的。长期以来，在西方国家统计中，对政府支出没有严格区分投资性支出和消费性支出，很多分析只是笼统地把政府支出作为非生产性的消费支出，由此得出了高赤字将降低储蓄率、减少资本形成并影响长期经济增长率的结论。但实际上，政府投资也可以成为资本形成的重要渠道，这对私人部门发展相对滞后的后发国家更是如此。政府公共投资形成的基础设施是高生产性资本，对一国经济长期发展起到重要的推动与保障作用。从另一方面看，政府的投资支出同时形成了资产，政府总的资产负债状况没有恶化，这和其他性质的政府支出只增加政府债务，不增加政府资产的情况迥然不同。从历史上看，政府支出中投资比例较高的日本的经济增长率也一直高于其他西方国家，日本长期发行建设国债为政府投资项目融资取得了很好的成效。在国际上，赤字只为政府投资支出融资的规则被称为黄金法则（Golden Rule）。日本在20世纪80年代财政重建时实行这一法则，既保证了经济增长又在一定程度上改善了财政状况。英国从1997年也开始采用黄金法则。

无论是从我国目前所处的发展阶段来看，还是从我国政府的决策机制来看，我国当前都有实施积极财政政策的有利条件。要积极利用财政政策来促进社会基础设施建设和经济结构的战略性调整，促进建立和完善社会主义市场经济基本制度，提高公共服务水平、推动全面建设小康社会。中国财政收支的黄金法则应是：赤字只能为公共投资、社会保障基金和重点公共服务领域融资，这几项赤字合计最高不应超过当年 GDP 的 5.5%。也就是说，在经济增长的最低谷年份，财政赤字最高不能超过 5.5%。这是一个既能够积极利用财政政策促进经济发展，又具有充分谨慎性的比例，美、日、法、意等国历史上都有过财政赤字达到 6%左右，而后随着经济的好转又重新实现财政平衡的先例。除黄金法则之外，还应设立一个财政可持续性的原则，以避免债务余额在 GDP 中的比例失控。这一原则可以表述为当政府债务余额达到 GDP 的 60%左右，应把债务余额增长率和债务利率之和控制在 GDP 名义增长率之下，这样，债务余额在 GDP 中的比例就不会继续升高。

4　原理与知识小结

4.1　宏观调控的目标一般包括充分就业、物价稳定、经济增长和国际收支平衡。

4.2　赤字财政政策是凯恩斯主义的理财原则。弥补财政赤字的办法：一是通过中央银行增发货币，二是发行公债。凯恩斯主义认为，为弥补财政赤字而增发的公债有利无弊，既不会形成社会负担，也不会加剧国民收入分配的不平等。

4.3　货币政策工具包括调整再贴现率、进行公开市场业务和改变法定准备率。

4.4　宏观财政政策和宏观货币政策各有自己的特点，在不同的情况下效果也各不相同。因此，政府在调节政策干预经济活动时，应进行相机抉择。

任务 3　问题研讨

1. 货币政策的工具有哪些？

2. 法定存款准备金率的提高对货币市场上的利率有何影响？投资如何变化？总需求如何变化？

3. 货币政策的局限性有哪些？

4. 财政政策的工具有哪些？

5. 一国采取扩张性的财政政策有哪些方式？

6. 什么是充分就业的预算盈余？

7. 自动稳定器对一国的经济起什么作用？

8. 想稳定经济的决策者必须确定货币供给、政府支出或税收变动是多少？为什么对决策者来说，选择他们行动的适当力度是困难的？

9. 为什么降低通货膨胀的利益持久而成本是暂时的？为什么增加通货膨胀的成本持久而利益是暂时的？运用菲利普斯曲线解释你的答案。

10. 假设中央政府减税并增加支出，这使预算赤字提高到 GDP 的 12%。如果名义 GDP 每年增加 7%，这种预算赤字能永远维持下去吗？试解释之。如果这种预算赤字规模保持 20 年，未来你的税收和你孩子的税收会发生什么变动？今天你能做些什么事来抵消这种未来的影响？

11. 解释下列每一种政策如何在各代人中再分配收入，是从年轻人再分配给老年人，还是从老年人再分配给年轻人？

（1）预算赤字增加。

（2）更慷慨地补贴教育贷款。

（3）更多地投资于高速公路与桥梁。

（4）社会保险津贴根据通货膨胀指数化。

12. 调查表明，在美国大多数人反对预算赤字，但同样的这些人选出了在 20 世纪 80 和 90 年代通过总是有严重赤字的预算的议员。为什么对预算赤字的反对在原则上比在实际中要强烈？

13. 有人认为，预算赤字减少了子孙后代的收入，但在衰退时期可以刺激产量和收入。解释这两种说法的正确性。

14. 如果社会选择多储蓄，它面临的基本权衡取舍是什么？

15. 假设政府降低储蓄收入的税率。

（1）谁最直接地从这种减税中获益？

（2）随着时间推移，资本存量会发生什么变动？每个工人可得到的资本会发生什么变动？生产率会发生什么变动？工资会发生什么变动？

（3）根据你对（2）的答案，长期中谁从这种减税中获益？

任务 4　项目实训

项目目标

1. 理解并能运用宏观财政政策理论分析经济问题。
2. 理解并能运用宏观货币政策理论分析经济问题。
3. 理解并能运用需求侧管理和供给侧管理理论分析经济问题。

1　需求侧管理分析

项目要求

1. 提供给学生有关的网站。
2. 搜集需求侧管理信息。
3. 对信息进行整理和分析。
4. 小组内交流和讨论。
5. 教师点评。

2　供给侧管理分析

项目要求

1. 提供给学生有关的网站。

2. 搜集供给侧管理信息。
3. 对信息进行整理和分析。
4. 小组内交流和讨论。
5. 教师点评。

参考文献

1. 高鸿业．西方经济学（第二版）．北京：中国人民大学出版社，2000.
2. 尹伯成．西方经济学简明教程（第四版）．上海：上海人民出版社，2003.
3. 梁小民．西方经济学教程．北京：中国统计出版社，2000.
4. 梁小民．高级宏观经济学教程．北京：北京大学出版社，1994.
5. 郭鹏．经济学教程．上海：上海财经大学出版社，2007.
6. 尹伯成．西方经济学简明教程（第四版）．上海：上海人民出版社，2003.
7. 郭鹏．经济学教程．上海：上海财经大学出版社，2007.
8. 王海滋．西方经济学．武汉：武汉理工大学出版社，2006.
9. 缪代文．宏观经济学与微观经济学．北京：高等教育出版社，2004.
10. 韩景华．经济学原理．北京：清华大学出版社，北京交通大学出版社，2005.
11. 牛国良．西方经济学．北京：高等教育出版社，2002.

图书在版编目（CIP）数据

经济学原理与应用/殷建国，罗碧华主编．—北京：中国人民大学出版社，2016.8
21世纪高职高专精品教材．经贸类通用系列
ISBN 978-7-300-23189-1

Ⅰ.①经… Ⅱ.①殷… ②罗… Ⅲ.①经济学-高等职业教育-教材 Ⅳ.①F0

中国版本图书馆CIP数据核字（2016）第183132号

21世纪高职高专精品教材·经贸类通用系列
经济学原理与应用
主　编　殷建国　罗碧华
副主编　李予东　程云翔　张继宏　曾天地
Jingjixue Yuanli yu Yingyong

出版发行	中国人民大学出版社		
社　　址	北京中关村大街31号	**邮政编码**	100080
电　　话	010－62511242（总编室）		010－62511770（质管部）
	010－82501766（邮购部）		010－62514148（门市部）
	010－62515195（发行公司）		010－62515275（盗版举报）
网　　址	http：//www.crup.com.cn		
	http：//www.ttrnet.com（人大教研网）		
经　　销	新华书店		
印　　刷	涿州市星河印刷有限公司		
规　　格	185 mm×260 mm　16开本	**版　　次**	2016年8月第1版
印　　张	19.25	**印　　次**	2019年9月第6次印刷
字　　数	457 000	**定　　价**	39.80元
